高等院校工商管理专业系列教材

跨国公司管理
(第 2 版)

邹昭晞　李志新　邓　飞　主　编

清华大学出版社
北　京

内 容 简 介

本书是国内本科院校经济与管理类专业基础教材，论述跨国公司的管理。全书共分 10 章，内容包括：跨国公司概述；跨国公司的理论与政策；跨国公司外部环境分析；跨国公司市场进入与开发；跨国公司全球资源寻求战略；跨国公司的国际战略；跨国公司研发国际化；跨国公司国际财务管理；跨国公司的组织结构与管理；跨国公司利益相关者与社会责任。

本书内容设计上突出跨国公司管理的特点，尽量减少与企业管理相关课程内容的重复；在各章融入中国跨国公司管理的内容；内容取舍紧密结合近年来跨国公司管理的发展状况。全书注重理论联系实际，每章均有案例研究、习题等，可以作为高等院校经济管理类专业的教材，也可供企业界和其他经济管理部门的相关人员阅读参考和自学使用。

本书封面贴有清华大学出版社防伪标签，无标签者不得销售。
版权所有，侵权必究。举报：010-62782989，beiqinquan@tup.tsinghua.edu.cn。

图书在版编目(CIP)数据

跨国公司管理/邹昭晞，李志新，邓飞主编. —2 版. —北京：清华大学出版社，2018（2024.7重印）
(高等院校工商管理专业系列教材)
ISBN 978-7-302-48666-4

Ⅰ. ①跨… Ⅱ. ①邹… ②李… ③邓… Ⅲ. ①跨国公司—企业管理—高等学校—教材 Ⅳ. ①F276.7

中国版本图书馆 CIP 数据核字(2017)第 266707 号

责任编辑：李玉萍　陈冬梅
封面设计：刘孝琼
责任校对：王明明
责任印制：曹婉颖

出版发行：清华大学出版社
网　　址：https://www.tup.com.cn，https://www.wqxuetang.com
地　　址：北京清华大学学研大厦 A 座　　　邮　编：100084
社 总 机：010-83470000　　　邮　购：010-62786544
投稿与读者服务：010-62776969，c-service@tup.tsinghua.edu.cn
质量反馈：010-62772015，zhiliang@tup.tsinghua.edu.cn
课件下载：https://www.tup.com.cn, 010-62791865

印 装 者：天津鑫丰华印务有限公司
经　　销：全国新华书店
开　　本：185mm×230mm　　印　张：21　　字　数：450 千字
版　　次：2012 年 12 月第 1 版　2018 年 4 月第 2 版　印　次：2024 年 7 月第 4 次印刷
定　　价：55.00 元

产品编号：074339-02

第 2 版前言

随着中国整体经济发展进入新常态模式，中国国际投资合作进入一个历史性转变的新阶段，成为资本净输出国。"一带一路"倡议的提出，更加快了中国企业走出去的步伐。

此次再版《跨国公司管理》教材，将进一步梳理中国企业从"引进来"到"走出去"的历史进程，充分展示中国企业国际投资合作新的发展变化，力求逐步将《跨国公司管理》教材研究主体从发达国家跨国公司转向中国跨国公司。

与 2013 年 2 月出版的《跨国公司管理》相比，第 2 版的写作做了如下修改和变动。

对原第一章中"近 25 年来跨国公司的发展及其新趋势"和"中国跨国公司的发展"、第二章中"经济政策与跨国公司"、第三章中"全球商务环境"几个部分的资料和数据做了大量更新。这些更新的资料和数据呈现出近年来中国在经济全球化中日益提高的地位和中国跨国公司迅猛发展的态势。

对原各章的"引导案例"和"实训课堂"中的案例进行更新，以近期的中国跨国公司的案例替换原版中的案例，并将每章"实训课堂"中的案例从 1 个增至 2 个，以便更好地对教材正文中的知识点进行解释与运用。与之相配合，各章正文中的内容则力求更加精练和简洁，删掉了一些已经过时的小案例。

教材内容上的修改主要体现在第六章"跨国公司的国际战略"中加入"新兴市场的企业战略"部分，以反映发展中国家跨国公司从防御走向全球竞争的发展历程，也是对发展中国家跨国公司理论最好的诠释。

第 2 版的《跨国公司管理》共分 10 章，各章的主要内容说明如下。

第一章的主题是跨国公司概述。作为本书开篇之作，本章介绍跨国公司的基本概念、跨国公司的发展历史，以及中国跨国公司的发展进程。

第二章的主题是跨国公司的理论与政策。企业为什么要跨国经营？企业跨国经营对于东道国与母国的影响如何？对于这些基本问题的研究构成了跨国公司理论体系的基本框架，也成为各国政府对于跨国公司行为控制的主要依据。本章阐述跨国公司对外直接投资的决定因素、跨国公司对东道国和母国的作用以及国家层面与国际层面关于跨国公司的经济政策。

第三章的主题是跨国公司外部环境分析。本章首先介绍跨国公司外部环境的若干特征，进而从全球商务环境和东道国环境两个层面进行跨国公司外部环境分析。

第四章的主题是跨国公司市场进入与开发。企业进入国外市场是一个循序渐进的过程，本章介绍跨国公司进入国外市场的主要方式，以及实现这些方式的不同途径。

第五章的主题是跨国公司全球资源寻求战略。跨国公司全球资源寻求战略沿着 3 个链

Preface 前言

条展开；价值链中研究开发、生产制造与市场营销三者的相互协调；供应链中国际生产的资源寻求决策；价值系统(产业链)的整合与竞争优势的构建等。

第六章的主题是跨国公司的国际战略。全球化与本土化是跨国公司两种基本的国际战略，企业要在建立国际品牌和本土化之间取得平衡。本章介绍跨国公司几种国际战略的形成与选择、国际战略的实施路径，以及新兴市场企业的企业战略。

第七章的主题是跨国公司研发国际化。本章主要阐述研发国际化的相关概念、跨国公司研发国际化的发展趋势、研发活动国际化的驱动因素与东道国区位决定因素、在国外开展研发活动的经营模式，以及防范技术外溢风险的手段等。

第八章的主题是跨国公司国际财务管理。本章从跨国公司国际财务组织与体系、资金融通与管理、财务风险管理、国际税务管理、金融创新 5 个方面阐述跨国公司国际财务管理的基本内容。

第九章的主题是跨国公司的组织结构与管理。本章重点阐述跨国公司各种组织结构的概念、适用条件和优缺点，在此基础上介绍"结构跟随战略"的相关理论，以及从法律形式上划分的下属公司的两种类型——分公司与子公司。

第十章的主题是跨国公司利益相关者与社会责任。本章阐述跨国公司主要的利益相关者和利益追求，以及与之相关的冲突管理和跨国公司的社会责任。

为便于读者的学习，本书在每一章开始时都给出了"学习要点及目标""核心概念""引导案例"，以便读者领略该章的主要思想。在每一章结束时，都针对该章内容给出"本章小结"，概括该章的要点。在每一章的"本章小结"后都列出以案例分析为主要形式的"实训课堂"，以及"思考讨论题"，以便于读者检查自己的学习效果。

本书适用于国内本科院校经济与管理类专业的学生和具有同等文化程度的自学者，以本科生为主，也可供研究生班学员、MBA 学员使用，还可供广大实际经济工作者自学参考。

本书由邹昭晞、李志新、邓飞主编，编写过程中参阅、引用了很多相关著作、教材和论文，在此对所有相关人员表示衷心的感谢！

由于编者的水平和经验有限，书中难免有疏漏之处，恳请同行及读者斧正。

编　者

第1版前言

随着中国经济融入世界经济的步伐加快,越来越多的跨国公司来中国投资,中国企业也逐渐走向世界。了解跨国公司的有关理论和经营管理实务,对于加快中国经济发展具有重要意义。

跨国公司管理是经济、管理类的专业课程。我们曾在1996年出版教材《国际企业管理概论》,又于2004年出版教材《跨国公司战略管理》。与前两部教材相比,本教材的编写具有以下特点:内容取舍紧密结合近年来跨国公司管理的发展状况,各章实例和案例主要采用近10年内中外跨国公司的实践;在各章较大篇幅地增添了中国跨国公司管理的内容,特别是各章之后的案例以中国跨国公司的实践为主;内容设计突出跨国公司管理的特点,尽量减少与企业管理相关课程内容的重复。

本书共分10章,各章的主要内容说明如下。

第一章的主题是跨国公司概述。作为本书开篇之作,本章介绍跨国公司的基本概念、跨国公司的发展历史及中国跨国公司的发展进程。

第二章的主题是跨国公司的理论与政策。企业为什么要跨国经营?企业跨国经营对于东道国与母国的影响如何?对于这些基本问题的研究构成了跨国公司理论体系的基本框架,也成为各国政府对于跨国公司行为控制的主要依据。本章阐述跨国公司对外直接投资的决定因素、跨国公司对东道国和母国的作用以及国家层面与国际层面关于跨国公司的经济政策。

第三章的主题是跨国公司外部环境分析。本章首先介绍跨国公司外部环境的若干特征,进而从全球商务环境和东道国环境两个层面进行跨国公司外部环境分析。全球商务环境分析为跨国公司选择在何处发展其国际业务提供基础性的信息,当跨国公司基本确定了进入国家(地区)后,还必须对东道国的投资环境进行具体的分析。

第四章的主题是跨国公司市场进入与开发。企业进入国外市场是一个循序渐进的过程,本章介绍跨国公司进入国外市场的主要方式,以及实现这些方式的不同途径。

第五章的主题是跨国公司全球资源寻求战略。跨国公司全球资源寻求战略沿着3个链条展开:价值链中研究开发、生产制造与市场营销三者的相互协调;供应链中国际生产的资源寻求决策;价值系统(产业链)的整合与竞争优势的构建等。

第六章的主题是跨国公司的国际战略。全球化与本土化是跨国公司两种基本的国际战略,企业要在建立国际品牌和本土化之间取得平衡。本章介绍跨国公司两种国际战略的形成与选择以及国际战略的实施路径。

第七章的主题是跨国公司研发国际化。本章着重从跨国公司研发国际化角度研究跨国

Preface 前言

公司的研发管理,能够反映经济全球化背景下跨国公司研发管理的主要特征。主要阐述研发国际化的相关概念、跨国公司研发国际化的发展趋势、研发活动国际化的驱动因素与东道国区位决定因素、在国外开展研发活动的经营模式以及防范技术外溢风险的手段等。

第八章的主题是跨国公司国际财务管理。本章从跨国公司国际财务组织与体系、资金融通与管理、财务风险管理、国际税务管理、金融创新 5 个方面阐述跨国公司国际财务管理的基本内容。

第九章的主题是跨国公司的组织结构与管理。跨国公司组织结构演变基本轨迹是先在销售部下设出口部,接着经历母子结构阶段、国际部阶段,然后进入到全球性的组织结构阶段。进入 20 世纪 90 年代以后,经济全球化进程促使跨国公司的组织结构向更新的层次发展,跨国结构、网络结构、内部市场等新形式层出不穷。本章重点阐述跨国公司各种组织结构的概念、适用条件和优缺点,在此基础上介绍"结构跟随战略"的相关理论以及从法律形式划分的下属公司的两种类型——分公司与子公司。

第十章的主题是跨国公司利益相关者与社会责任。跨国公司的使命与目标是公司内外主要利益相关者利益与权力均衡的结果。因此,权力与利益相关者分析是跨国公司战略分析的重要组成部分,跨国公司战略的制定与实施与其利益相关者利益与权力的均衡密不可分。本章阐述跨国公司主要的利益相关者和利益追求及其与之相关的冲突管理和跨国公司的社会责任。

为便于读者的学习,本书在每一章开始时都给出了"学习要点及目标""核心概念""引导案例",以便读者领略该章的主要思想。在每一章结束时,都针对该章内容给出"本章小结",概括该章的要点。在每一章的"本章小结"后都列出以案例分析为主要形式的"实训课堂"以及多种形式的"思考讨论题",以便于读者检查自己的学习效果。

本书适合于国内本科院校经济与管理类专业的学生和具有同等文化程度的自学者,以本科生为主,也可供研究生班学员、MBA 学员使用,还可供广大实际经济工作者自学参考。

本书由邹昭晞、李志新共同编写,编写过程中参阅、引用了很多相关著作、教材和论文,在此对所有相关人员表示衷心的感谢!

为方便教师教学,本书配有内容丰富的教学资源包(包括电子课件、教案、案例库及案例分析、习题集及参考答案),下载地址: http://www.tup.tsinghua.edu.cn。

由于编者的水平和经验有限,书中难免有疏漏之处,恳请同行及读者斧正。

编 者

目 录

第一章 跨国公司概述 1

第一节 跨国公司的基本概念 1
一、跨国公司的定义 1
二、跨国公司的特征 5

第二节 跨国公司的发展历史 10
一、早期的跨国公司 10
二、第二次世界大战后跨国公司的发展 11
三、近25年来跨国公司的发展及其新趋势 18

第三节 中国跨国公司的发展 23
一、中国对外直接投资的发展 23
二、中国跨国公司的发展特点 25

本章小结 33
实训课堂 34

第二章 跨国公司的理论与政策 36

第一节 对外直接投资的决定因素 37
一、国际生产要素的最优组合 37
二、寡占市场(即寡头垄断市场)的反应 41
三、经过修正的产品周期理论——国际生产要素最优结合理论与寡占市场反应理论的结合 42
四、发展中国家对外直接投资理论的探讨 43

第二节 跨国公司对东道国和母国的作用 51
一、跨国公司与东道国的经济发展 51
二、跨国公司与母国的经济发展 69

第三节 经济政策与跨国公司 72
一、国家层面的政策与法规 72
二、国际层面的政策 78
三、企业社会责任标准对投资政策的影响 82

本章小结 83
实训课堂 84

第三章 跨国公司外部环境分析 88

第一节 跨国公司外部环境的若干特征 88
一、跨国公司外部环境的多样性 89
二、外部环境的复杂性 90
三、外部环境因素对内部环境的渗透 91

第二节 全球商务环境 92
一、全球人口、资源与环境 92
二、全球经济发展状况 94
三、全球贸易与投资发展状况 97

第三节 东道国环境 103
一、东道国宏观环境分析的主要因素——PEST分析 103
二、微观环境——产业与市场环境分析 109

本章小结 117
实训课堂 117

第四章 跨国公司市场进入与开发 122

第一节 跨国公司进入国外市场方式 122

一、企业进入外国市场的方式............122
　　二、进入东道国市场方式的选择............129
第二节　对外直接投资的主要途径............132
　　一、并购与新建两种途径的比较............132
　　二、并购与新建之间的选择............135
第三节　企业战略联盟............137
　　一、企业战略联盟的基本特征............137
　　二、企业战略联盟形成的动因............138
　　三、企业战略联盟的主要类型............139
　　四、战略联盟的管控............141
本章小结............142
实训课堂............143

第五章　跨国公司全球资源寻求战略......147

第一节　全球资源寻求战略的主要理论............148
　　一、产品寿命周期理论存在的局限............148
　　二、跨国公司资源寻求战略的理论基础——价值链、供应链与价值系统............148
第二节　以价值链为基础建立全球资源寻求战略............152
　　一、以价值链为基础建立全球资源寻求战略的步骤............152
　　二、价值链各功能的相互协调............152
第三节　资源寻求的供应链管理............157
　　一、内部资源寻求和外部资源寻求............157
　　二、中心资源寻求和分散资源寻求............160
　　三、国际生产中厂址选择的决定因素............162

第四节　价值系统与战略联盟............163
本章小结............164
实训课堂............165

第六章　跨国公司的国际战略............170

第一节　国际战略的形成与选择............171
　　一、国际战略的类型............171
　　二、国际战略的驱动因素............173
　　三、跨国公司战略新趋势............175
　　四、新兴市场的企业战略............176
第二节　国际战略的实施路径............181
　　一、国际化战略实施路径............182
　　二、一体化过程中的战略演进............184
本章小结............186
实训课堂............187

第七章　跨国公司研发国际化............192

第一节　相关概念............193
　　一、研发的定义............193
　　二、创新国际化的不同途径............194
　　三、创新型技术进步的阶段............194
　　四、跨国公司国外研发的分类............195
第二节　跨国公司研发国际化的发展趋势............198
　　一、跨国公司是研发的主力军............198
　　二、跨国公司研发正在国际化............200
　　三、发展中国家和地区成为跨国公司的研发场所............202
　　四、发展中国家跨国公司的国外研发也在不断扩大............203
第三节　跨国公司研发国际化的动因............204
　　一、研发活动国际化的驱动因素............204
　　二、研发活动的东道国区位决定因素............206

第四节　如何进行研发活动的国际化 209
　　　　一、研发国际化的主要方式 209
　　　　二、防范研发国际化技术外溢风险 211
　　本章小结 213
　　实训课堂 214

第八章　跨国公司国际财务管理 221

　　第一节　跨国公司国际财务组织与体系 222
　　　　一、跨国公司国际财务管理的特点与内容 222
　　　　二、跨国公司国际财务组织及体系设计 222
　　　　三、财务控制 225
　　　　四、大型跨国集团公司财务共享服务中心构建模式 226
　　第二节　跨国公司资金融通与管理 229
　　　　一、国际营运资本管理 229
　　　　二、中长期国际融资管理 231
　　　　三、国际融资战略设计 232
　　　　四、跨国公司融资战略的新趋势——高资本化 233
　　　　五、对外直接投资管理 234
　　第三节　跨国公司财务风险管理 236
　　　　一、宏观财务风险分析及对策 236
　　　　二、微观财务风险分析及对策 241
　　第四节　跨国公司国际税务管理 244
　　　　一、国际税收概述 244
　　　　二、国际税收权益分配关系的协调 245
　　第五节　跨国公司金融创新 249
　　　　一、金融创新对跨国公司财务管理的影响 250
　　　　二、金融创新在跨国公司财务管理中的具体运用 251
　　　　三、金融危机对跨国公司财务管理及金融创新的启示 252
　　本章小结 253
　　实训课堂 254

第九章　跨国公司的组织结构与管理 263

　　第一节　跨国公司组织结构的演变 264
　　　　一、出口部 264
　　　　二、母子公司结构 265
　　　　三、国际部 266
　　　　四、全球性结构阶段 267
　　　　五、网络结构 279
　　　　六、内部市场 281
　　第二节　跨国公司战略与组织结构 284
　　　　一、结构跟随战略 284
　　　　二、对结构跟随战略的不同看法 286
　　第三节　国外子公司与分公司的选择 287
　　　　一、两种形式的比较 287
　　　　二、子公司与分公司的选择 288
　　本章小结 289
　　实训课堂 290

第十章　跨国公司利益相关者与社会责任 294

　　第一节　跨国公司利益相关者 295
　　　　一、企业主要的利益相关者及其利益期望 295
　　　　二、跨国公司对外直接投资所涉及的利益相关者及其利益期望 296

三、利益相关者的利益矛盾与均衡 300

第二节 利益冲突与协调中跨国公司策略和行为选择 304

一、利益相关者讨价还价的行为模式 304

二、跨国公司决定行为选择的主要因素 306

三、力争利益矛盾与冲突有利结局的途径 309

第三节 跨国公司的社会责任 314

一、跨国公司社会责任所遵循的原则——全球契约 314

二、跨国公司履行社会责任的主要形式 315

三、推进与保障跨国公司履行社会责任的主要途径 317

本章小结 321

实训课堂 322

参考文献 325

第一章 跨国公司概述

【学习要点及目标】

- 掌握跨国公司的基本概念,了解跨国公司的基本特征。
- 了解跨国公司的发展历史。
- 了解中国跨国公司的发展进程。

【核心概念】

跨国公司 对外直接投资

【引导案例】

国际间直接投资与跨国公司发展近况

联合国贸易和发展会议报道,2015 年国际间直接投资强劲复苏:国际间直接投资流入总量跃升了 38%,达 1.76 万亿美元,这是 2008 年全球金融危机爆发以来的最高水平。联合国贸易和发展会议估计,全球国际间直接投资 2016 年下降 10%~15%,2017 年出现温和的恢复性增长,2018 年达到 1.8 万亿美元的水平。2016 年全球国际间直接投资再次下降的主要原因是:全球经济复苏仍然乏力,总需求持续疲弱,初级商品出口国经济面临困难,跨国公司利润下降,其中 5000 家最大企业的盈利水平在连续两年上升之后,在 2015 年降至金融危机以来的最低水平。

(资料来源:联合国贸易和发展会议.世界投资报告,2016)

【案例导学】

跨国公司作为国际直接投资的主体操作者,在经济全球化进程中所发挥的作用越来越大,也日益成为世界经济发展的"晴雨表"。本章将介绍跨国公司的基本概念、跨国公司的发展历史及中国跨国公司的发展进程。

第一节 跨国公司的基本概念

一、跨国公司的定义

企业跨越国界从事各种经营活动,必然要借助某一组织载体才能进行。这一组织载体是在第二次世界大战以后发展起来的一种国际企业组织形式。对此,学术界与实际工作部门曾有过多种称谓,如"多国公司(Multinational Corporation)""跨国公司(Transnational Corporation)""超国家公司(Supernational Corporation)""跨国企业(Transnational Enterprise)""国际公司(International Corporation)""世界公司(World Corporation)""全球公司(Global Corporation)"等不一而足。联合国经济社会理事会决定,自 1974 年起,联合国正式刊物、文件都一律采用"跨国公司"这一词语来称呼跨国投资经营的组织载体。

但是,多少年来,对跨国公司本身的定义也是见仁见智、众说纷纭。目前,根据标准的不同,各种国际组织、公私机构或专家学者对跨国公司的定义大致有以下几种。

(一)以地区分布为标准

哈佛大学"美国多国公司研究项目"提出,必须在 6 个以上国家设有子公司的,才算跨国公司。该项目主持人维农(Vernon)教授在其主要著作《国家主权处于困境中》中指出:"跨国公司是指控制着一大群在不同国家的公司的总公司……这些企业一般都有相当广泛的地区分布,一个在本国基地以外只在一两个国家拥有股权(子公司)的企业,就不将它列入跨国公司的行列。"[①]据此标准,在《财富》(Fortune)杂志开列的制造业 500 家大公司中,维农认为堪称跨国公司的只有 187 家,他们在全球的子公司和附属企业有五六千家。

联合国、欧共体和经社理事会等重要的国际组织并不要求跨国公司的机构必须分布在 6 个以上国家,而更强调必须在两个或两个以上国家拥有生产或服务设施。1973 年联合国经社理事会的知名人士小组(UN Group of Eminent Persons)在其报告《多国公司对发展和国际关系的影响》(The Impact of Multinational Corporation on Development and on International Relations)中认为:多国公司应在母公司以外至少两个国家拥有生产或服务设施,至于公司的法律组织形式并不重要。1973 年欧共体委员会公布的"准则"和 1976 年欧洲议会通过的"守则"都明确指出,凡在两个或两个以上国家有生产或服务设施的企业即为多国公司。1976 年经合组织公布的《多国企业准则》中亦有类似规定。

(二)以所有权为标准

"所有权"在西方文献中既指资产的所有权形式,又指企业拥有者和高层主管的国籍,还指一个企业拥有国外企业的股份或业务份额的多少。

资产所有权形式即指国营(国有)、私营、合作制或公私合营及合伙(Partnership)股份公司等。联合国经社理事会认为:"……至于公司的法律组织形式并不重要,可以是私人资本的公司,也可以是国有或合作社所有的实体。"经社组织的文件也认为,跨国公司的所有权形式可以是私有、国有或混合所有。但也有一些人认为跨国公司必定是国际垄断组织,是垄断资本主义所有制。

---

① 转引自罗进. 跨国公司在华战略[M]. 上海:复旦大学出版社,2001.

对于企业的国籍问题，则有各种不同的认识。美国学者梅森诺基(Maisonrouge)认为，跨国或多国公司的股权应是多国公民所有，管理也应是多国性的。麻省理工学院教授金德尔伯格(Kindleberger)则认为，跨国或多国公司的特征应是"无国籍性"的，即"并不忠于哪一个国家，也没有一个国家使它感到特别亲近"。而同为麻省理工学院的罗宾逊(Robinson)教授则认为，多国公司的国际化程度应低于跨国公司，反映在国籍上，就是多国公司的所有权和管理权主要属于一个国家的公民，其国籍与母公司的主要所有者和高层主管的国籍相同。而跨国公司的所有权分属于几个国家的公民，其决策亦是更加超越单个国家、民族的界限和偏见，"关键的决策人物已不再是居住在母公司的所在国"。

有些学者主张按照一个企业拥有国外企业的股份或业务份额多少来划分跨国公司。例如，美国法律规定一个企业拥有国外企业股份为 10%以上，才算作子公司；日本则规定一个企业拥有国外企业股份 25%以上，如果不足 25%，必须是采取非股权安排措施加以控制的公司才算作子公司。罗尔夫(Rolfe)认为："一个'国际公司'可以定义为：有 25%或者更多的国外业务份额的一个公司；'国外份额'的意思是指国外销售、投资、生产或雇佣人数的比例。"[①]

以公司国外经营活动的资产额、销售额、生产额、盈利额和雇员数量占整个公司百分比来划分，大多数人主张以国外销售额或生产额为主要指标，一般以 25%为界定。以部门活动来划分，有的人认为经营活动范围应扩大到服务业和其他部门，如贸易、金融、保险、航运等。

(三)以企业规模为标准

在人们的概念中，对世界经济影响巨大的跨国公司是巨型公司，因而，一些学者始终将巨大规模看作是企业国际化的先决条件。美国哈佛大学"多国公司研究项目"规定的跨国公司标准是：美国跨国公司应是年销售额 1 亿美元以上的企业；美国以外的欧洲和日本跨国公司应是年销售额超过 4 亿美元以上的企业。

(四)以全球战略和动机为标准

美国宾夕法尼亚大学教授帕尔穆特(Perlmutter)在《国际公司曲折演变》一文中认为，企业从国内走向国外，直到定位于全面的国际导向，其价值观念和行为方式通常要经历下述三个阶段。

(1) 母国取向。即以母国为中心进行决策，经营中也优先考虑母国企业的利益，并经常照搬母国的经营管理方式。尽管也雇用国外当地职工，但附属企业的高级主管依然由母国企业派遣，而且对母国职工的评价和信任高于当地职工。

(2) 东道国取向。即决策权开始分散和下放，不再集中于母国总部，经营中在考虑母国

[①] 转引自罗进. 跨国公司在华战略. 上海：复旦大学出版社，2001.

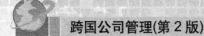

利益的同时，也兼顾国外当地企业的要求，考核国外附属企业的经营业绩时，已转向以当地环境和条件为依据。

(3) 世界取向。即从全球竞争环境出发来进行决策，在跨国经营中母国企业与国外企业的相互依存和配合协作大大加强，要求母国企业或国外企业都必须服从全球范围内的整体利益，考核企业业绩的标准也面向全球，对母国职工或东道国当地职工一视同仁，雇用当地职工人数增多、地位提高。

帕尔穆特认为，只有进入"世界取向"时，企业才算真正的跨国公司。

(五)联合国对跨国公司的定义

比较有权威性的定义是联合国跨国公司中心(United Nations Center on Transnational Corporations)于 1977—1986 年起草的《跨国公司行为守则草案》(该草案至今尚未获得联合国大会通过)中的提法："本守则中使用的'跨国公司'一词是指由在两个或更多国家的实体所组成的公营、私营或混合所有制企业，不论这些实体的法律形式和活动领域如何；该企业在一个决策体系下运营，以便通过一个或更多决策中心制定协调的政策和共同的战略；该企业中各个实体通过所有权或其他方式结合在一起，从而其中一个或更多的实体能够对其他实体的活动施行有效的影响，特别是与其他实体分享知识、资源和责任。"①

从 1995 年开始，联合国贸易和发展会议(United Nations Conference on Trade and Development, UNCTAD)在《世界投资报告》中对跨国公司的定义是："跨国公司是由母公司及其国外分支机构组成的股份制企业或非股份制企业(Incorporated Enterprise or Unincorporated Enterprise)。"母公司(Parent Corporation)是指通过拥有一定股权份额在母国以外控制其他实体资产的企业，通常情况下，拥有股份制企业 10%或更多的普通股股权份额或选举权，或非股份制企业的相当权益被认为是控制资产的最低限度。国外分支机构(Foreign Affiliate)是指投资者在他国拥有允许其参与企业管理的股权份额的股份制企业或非股份制企业(股份制企业 10%的股权，或非股份制企业的相当权益)。

《世界投资报告》中的国外分支机构是指跨国企业在东道国的子公司(Subsidiary Corporation)、附属企业(Associated Enterprise)和分公司(Branch)。子公司是指在东道国直接拥有 50%以上的股东选择权，有权指派或撤换多数管理、经营或监督人员的股份制企业。附属企业是指在东道国拥有不低于 10%，但不超过 50%股东选举权的股份制企业。分公司是指在东道国的独资或联合拥有的非法人企业，包括外国投资者的常设机构或办公室；外国直接投资者与一个或更多第三方的非股份合作或合资企业；外国居民直接拥有的土地、建筑物(政府机构拥有的建筑物除外)或其他不可移动设备与物件；外国投资者在他国拥有并

---

① United States Center on Transnational Corporations: The United Nations Code on Transnational Corporations, Series A No. 4, UNCTC Current Studies, 1986, p.29. 转引自吴文武. 跨国公司新论. 北京：北京大学出版社，2000.

运营一年以上的可移动设备(如船舶、飞机、油气开采设备)。

上述两个定义均具有较高的科学性和权威性。可以看出，与前几类定义相比，这两个定义对企业的规模、跨越国界的程度、所有权及全球战略等都没有严格的要求，可以较大限度地囊括"跨国经营"的企业，具有很强的包容性。两个定义之间也没有相悖之处，只是阐述的角度不同而已。

根据联合国有关机构的解释，联合国跨国公司委员会对跨国公司的定义，基于以下几点理由。[①]

(1) 囊括了所有行业的各种规模和不同的海外经营比重的企业，可以避免发生任何遗漏。

(2) 可以直接利用现成的多数国家政府公布的有关资料。

(3) 该定义充分吸收了其他国际机构有关文件中的说法，并以此为基础作了综合、补充和完善。

(4) 在发展中国家东道国看来，任何在其境内的外国企业都是外资企业，它们并不关心这些外资企业在国外拥有多少子公司。

鉴于本书的研究范围和目的，本书采用联合国跨国公司中心在《跨国公司行为守则草案》中对跨国公司所界定的相当包容的定义。但是应该看到，具有典型意义的跨国公司在其规模、跨越国界的程度、企业所有权及全球战略等诸多方面，仍然具有区别于一国企业的显著特征。

二、跨国公司的特征

(一)规模与实力

将巨大规模看作是企业跨国经营的先决条件是没有必要的，但是对世界经济影响巨大的跨国公司是规模巨大的企业。这些巨型公司是企业国际化经营的发展方向。同这一特征紧密相关的是跨国公司所经营的市场的寡头特征和行业中的先进技术、产品特征和大量的广告宣传活动。可以毫不夸张地说，每一家巨型跨国公司，都是国际经济领域中的一个游离于各国政府之外的王国。这类王国同时将三个经济空间囊括于其中，即将母国市场、东道国市场和公司下属单位之间的国际交换体系这三个经济空间统一于总部麾下。通过对这三个经济空间的控制，它们不再是微观经济系统中某一行业的孤立实体，而是一个个横贯宏观和微观经济领域之间，并且相互作用、相互渗透的王国。

早在20世纪70年代，跨国公司就因其宏大规模和雄厚实力而被称为冷战期间紧随美、苏两个超级大国之后的"第三大国"。许多西方经济学家指出，跨国公司的发展是战后"最值得重视的经济现象"，它的发展"同蒸汽机、电力和汽车的应用推广一样，是现代经济史

---

① 转引自罗进. 跨国公司在华战略. 上海：复旦大学出版社，2001.

上的一件重大事件"。①

随着国际化大生产的发展，跨国公司在世界经济全球化中所起到的作用越来越大。联合国贸易发展会议估计，2004 年跨国公司的数量从 1993 年的 37000 家增加至 70000 家，至少有 690000 家分支机构，其中几乎一半设在发展中国家。在全球跨国投资历史性高点的 2007 年，跨国公司的数量进一步增至 79000 家，外国分支机构数量也增至 790000 家，2007 年跨国公司雇员人数增加至约 8200 万，对外直接投资存量超过 15 万亿美元。2010 年随着金融危机后经济条件的改善，包括跨国公司的海外销售、雇员和资产在内的各项国际生产指标均呈上升趋势。2010 年全球跨国公司在国内和国外创造的增加值约为 16 万亿美元，约占全球 GDP 的 1/4。2010 年跨国公司外国分支机构的产值约占全球 GDP 的 10%以上和世界出口总额的 1/3。2015 年跨国公司外国分支机构的国际化生产活动进一步扩张，其销售额近 37 万亿美元，占世界出口总额的 37.4%；增加值近 8 万亿美元，占全球 GDP 的 10.8%。2015 年跨国公司外国子公司的就业人数达到 7950 万人。

如果把跨国公司在全球范围内的国际分包、生产许可证发放、合同制造商等活动都考虑在内，那么，跨国公司占全球 GDP 的份额就会更高。此外，据联合国贸易发展会议《世界投资报告 2016》报道，目前，全球 80%的贸易是由跨国企业一体化生产网络，即跨国企业业的对外投资所推动。

一些大跨国公司的经济规模超过了许多国家，包括许多中、小发达国家和大多数发展中国家。

(二)跨国化程度

哈佛大学"美国多国公司研究项目"主张把一个企业拥有的国外分支机构数量作为衡量是否属于跨国公司的标准，这一看法是基于一些跨国公司已经在世界各地建立了广泛的分支机构网的事实。联合国跨国公司中心关于跨国公司的定义取消了这一限制。但是，必须看到，当代跨国公司的国外分支机构在地域配置上的分散性程度已经随公司规模的逐步扩大而日趋提高。第二次世界大战前，多数跨国公司的国外子公司往往局限在一定区域的若干国家，尤其是制造业公司的规模和分支机构数目都比较小，因而分散性程度也比较低。20 世纪 50 年代以来，随着科技的发展和生产资本国际化程度的不断加深，平均每家跨国公司拥有的国外分支机构数量及其所在的东道国数量都在增加。目前，一家跨国公司在 10 个以上东道国设立分支机构的现象已相当普遍，据联合国贸易和发展会议(UNCTAD)的统计，2007 年全球跨国公司国外子公司的数量平均为 10 个。2015 年贸发组织跨国经营指数排名前 100 位的大型跨国企业，每家公司平均在 50 多个国家拥有 500 多家分支机构。

跨国公司体系内国外分支机构网的形成，开辟了在全球范围内进行一体化生产和市场购销活动的可能性。由于把生产加工的不同阶段分设在不同国家，或者由于各子公司专门

---

① 转引自吴文武. 跨国公司新论. 北京：北京大学出版社，2000.

生产整个生产线的某种特定部件，这就反过来扩大了企业的内部贸易。跨国公司的内部贸易已经构成国际贸易总额中一个十分重要的组成部分。

为了能够从多个方面反映跨国公司跨国化的程度，UNCTAD 又提出了"跨国化指数"的概念。跨国化指数是指跨国公司在海外的业务占其业务总量的比重，通常以 3 项比率来衡量，即国外资产/总资产、国外销售额/总销售额、国外雇员人数/雇员总人数，然后再把这些比率综合计算得出。据 UNCTAD 的统计，1998 年，世界 100 家最大跨国公司的跨国化指数平均为 53.9%，2011 年世界 100 家最大跨国公司的平均跨国指数增至 60.78%，2011 年发展中国家 100 家最大跨国公司的平均跨国指数也达到 40.13%。如果再考虑跨国公司在国外的间接投资以及与其他企业所结成的各种联盟，其跨国化程度会更高。

根据中国企业联合会、中国企业家协会 2016 年公布的《中国跨国公司 100 大分析报告》公布，2016 年中国跨国公司 100 强的平均跨国指数为 14.40%，比 2015 年提高了 0.74 个百分点，比 5 年前提高了 2.16 个百分点。浙江吉利控股集团有限公司的跨国指数多年居于首位，2016 年达到 65.43%（2015 年这一数值为 68.91%）。

(三)企业所有权

1. 股权与控制

美国经济学家林德(Lindler)和金德尔伯格(Kindlerberg)在他们合著的《国际经济学》一书中，对跨国公司的主要投资方式——对外直接投资给出以下定义："对一家大部分股权为投资国法人或居民所有的国外企业和通过贷款提供进一步购买这个国外企业股权的资金流动。"需要说明的是对于"大部分"股权含义的理解。在一般人看来，大部分股权就是指拥有 50%以上的股权。事实上，在现代股份公司制度中，由于股东高度分散，往往无须持股达 50%以上，而只在相对额上比他人控制更多的股权，即可达到控制某一企业的目的。对此，各国都有不同的规定。例如，美国把"大部分"股权的比例规定为 10%，而投资额在 10%以下的，均被视为有价证券投资，不在直接投资之列。日本规定，日方要在外国企业中出资比例达 25%以上才算对外直接投资。如果出资比例不足 25%，则还需要符合下列条件之一才算对外直接投资，即派遣董事、提供制造技术、供给原材料、购买产品、援助资金、缔结总代理合同、与投资企业建立其他永久性的经济关系，等等。目前不少人同意以 25%为界限，认为只有拥有一个企业 25%或更多的股份才可能控制一个公司，这才是确定对外直接投资的合理标准。

从历史上看，美国企业一直偏好建立拥有全部股权的子公司参与国际市场，其目的在于控制关键的决策并保护其技术专利权。其他国家的跨国公司在进入外国市场时，一般均采取较灵活的方法，不大坚持拥有全部股权形式的子公司。而在发展中东道国，也日益要求跨国公司允许东道国的投资者参股，其目的在于加强东道国对跨国公司的控制，并清除跨国公司某些明显滥用权力的弊病。

随着跨国经营的发展，人们逐渐认识到，在国际业务中跨国公司投资者即使处于少数股权的地位，仍可通过控制生产、工艺、技术和销售渠道；或掌握资金来源及运用有效手段选派经理人员(包括技术、财务等专业人员)；或在合资企业合同中规定外国公司享有少数否决权；或把经营管理置于另外规定的经营合同之下等来影响跨国公司的子公司。而东道国也可以通过立法对跨国公司在诸如雇用当地劳动力、汇回利润、技术转让和出口水平等方面的行为进行控制。因此，从这种意义上来说，拥有对企业的控股权与对企业的实际控制权并不能完全画等号。

事实上，规模巨大的跨国公司还常常借助"参与制"，以少量自有资本(采用直接投资的方式)控制他人的巨额资本。过去为控制一个公司大约需要占有 40%的股份，而今天为控制一个公司所需占有的股份已降到 10%～25%。跨国公司利用自己手中的金融资本，可控制他人的巨额资本，把触角延伸到世界市场的各个角落。

2. 企业国籍

兴起于 20 世纪 60 年代的跨国公司理论就是以国家为出发点，把跨国公司与起源国紧密联系在一起。然而，对于公司国籍的考察存在多种标准。在起源于英美法系的国家法律系统中，注册地是国籍的主要考察标准，而在大多数受欧陆法系影响的民法系统中，是通过公司管理中心所在地来确定国籍。此外，律师有时会将公司股东所属国作为公司的国籍所在地，在战争时期或政治局势紧张的情况下通常会采用这种标准。公司高管所属国或公司大部分业务所处的国家也是一种可能的考察标准。

由于企业国籍的多种标准，以及自 19 世纪以来大量人员和资本不断跨越国界流动，使企业的国界变得更加模糊，大量国际商业活动不能用国家来归类。经历几个世纪的纠缠不清，跨国公司的国界问题仍然难以取得统一的认识标准。19 世纪大量的国际商业组织都是世界性的；进入 20 世纪，世界性资本主义逐渐被更清晰的国家身份取代；第二次世界大战后，跨国公司的各国子公司体现出更强的地方色彩，公司的国界再次淡化。20 世纪 80 年代，国际化生产和技术创新等核心功能的国际化分布、一些跨国公司在国外市场雇用更多的员工并能销售更多的产品和服务，这些事实都推动了经济全球化进程，也促使"无国界的世界"这一名词的诞生。过去 25 年间，随着全球化步伐的加快，公司的国界变得更加模糊不清。

UNCTAD 在《世界投资报告 2016》中对于跨国企业的国籍状况做了如下阐述。

(1) 跨国企业复杂的所有权结构导致其国籍日益模糊。跨国企业经常通过涉及多个实体的多层次的所有权结构网络控制其海外分支机构。UNCTAD 全球跨国企业海外分支机构数据库(涵盖 450 万家外资企业)显示，全球跨国企业超过 40%的海外分支机构是由其母公司(最终所有人)通过复杂的跨境股权结构所持有，这些跨境股权链平均涉及 3 个国家或地区(司法管辖区)。外国投资者国籍变得日益模糊。大型跨国企业更倾向于采用复杂的股权控制结构。贸发组织跨国经营指数排名前 100 位的大型跨国企业，每家公司平均在 50 多个国家拥有 500 多家分支机构，内部所有权架构平均多达 7 个层级，平均每家在离岸金融及投资中心拥有近 70 个实体。

(2) 在复杂的所有权架构下，外资企业直接所有者与最终所有者国籍可能不同。UNCTAD 数据显示，跨国企业超过 40%的子公司及其他海外分支机构存在这一问题。这包括三种情况：①约 30%的外资子公司或分支机构由跨国公司通过东道国当地子公司间接持有；②超过 10%的分支机构系由跨国公司在第三国的子公司持有，即经过第三国的中转投资(transit investment)；③约 1%的"外资企业"实际上最终由本国实体所有，即本国公司通过海外子公司以"外资"的形式在本国设立的子公司，也就是所谓的返投资(round-tripping)。跨国企业通过冗长复杂的跨境所有权链条、第三地控股以及交叉持股、循环持股等手段，可以用低于 50%的少数股权控制海外实体，形成"事实上的控制"。

(3) 造成跨国企业复杂的所有权结构的原因不尽相同。在大多数情况下，跨国公司内部股权结构是在企业发展的过程中，随着业务的扩大自然形成的。在某些情况下，跨国企业内部复杂的股权结构可能是企业有意识地设计的结果，其中最为常见的是出于企业治理和风险管理的需要以及海外上市、融资、税收以及其他政策的考虑。但不可否认，一些跨国企业通过第三地特别是离岸金融、投资中心进行的海外投资以及返程投资，部分是由避税所推动的。

不论跨国企业复杂的所有权结构的形成是出于何种原因，这一现象对于各国国际投资政策及外资监管都提出了挑战。

3. 资产所有权形式

传统意义上发达国家的跨国公司是指垄断资本主义所有制，是私营企业。但是近年来国有跨国公司日益成为重要的直接外资来源。联合国贸易和发展会议报告，全球至少有 650 家国有跨国公司及其 8500 家外国子公司。虽然不到跨国公司总数的 1%，但是 2010 年其对外投资占全球直接对外投资的 11%。2012 年，国有跨国公司的数量又增至 845 家，其直接对外投资流量共计 1450 亿美元，占全球直接对外投资的 11%。

国有跨国公司的所有权和管理问题已经在一些东道国引发了公平竞争环境和国家安全等方面的关切，为这些公司的国际扩张带来了监管影响。

(四)全球经营战略

如前所述，帕尔穆特认为，只有以全世界为目标、实行全球中心战略的公司才是跨国公司。虽然联合国跨国公司中心对跨国公司的定义没有给予明确的要求，但是，随着国际经营能力和专门知识的增长而带动的跨国公司的发展，必然使公司的分散经营政策越来越转向世界范围的一体化经营。跨国公司的全球经营战略使其在全世界范围内实施生产要素的最优配置。它们把研究开发、生产加工、销售与服务等价值活动和业务流程像章鱼一样延伸到世界各地，而将最高决策权保留在总公司。一项全球战略的制订，意味着决策者不是简单、孤立地考虑一个特殊国家的市场和资源，不是处理国际业务中一时一地的得失，而是在技术日新月异的时代，遵循市场瞬息万变的变化规律，在多国的基础上，权衡世界市场和世界资源配置的效果,在全球市场的激烈竞争中,从全球经营总体战略角度,有计划地谋求最大限度的利益和最低限度的风险。

第二节　跨国公司的发展历史

一、早期的跨国公司

历史上,真正的国际贸易是伴随着民族国家的兴起而出现的。新航线和新大陆的发现,扩大了国际商业活动的可能性。新的企业组织——特权贸易公司的出现,意味着以往商人的个人冒险家事业的消亡和现代企业的诞生。

特权贸易公司是指16、17世纪重商主义时期,由英国皇室赐给特权,对海外殖民地贸易享有独占权利的公司,如1600年成立的东印度公司就是17世纪至19世纪中叶英国在印度乃至远东进行掠夺性贸易的殖民地公司。东印度公司曾在拥有1/5世界人口的地区经营了长达两个世纪。除东印度公司外,当时著名的特权贸易公司在非洲有皇家非洲公司,在西北美洲有英国的哈德逊湾公司,在荷兰有荷属东印度公司等。

这些公司以经营贸易和航运业为主,并逐步扩大到银行、金融业,如1864年成立的汇丰银行等。它们活动的范围由一国到另一国,由沿海伸向内地,并在所在地培植亲信,这在中国称之为买办,在君士坦丁堡称之为向导,在西非沿海地区称之为试用中间人。

特权贸易公司不利于各国民族经济的发展,遭到各国反对。1856年英国正式颁布股份公司条例,随之一大批股份制公司出现,这标志着现代资本主义企业问世。

欧洲产业革命后,广泛使用机器生产,急切需要廉价的工业原料,因此那些股份公司改变海外经营战略,由非生产性投资转向大规模的生产性投资——探矿业、开发土地、修铁路、建港口和加工装配厂。因此,从18世纪末产业革命到第一次世界大战这百余年间,贸易公司、家族银行及资源开发公司,即跨国公司的先驱,在海外市场一方面采购和推销产品,另一方面投资开采自然资源,进行工业生产活动。

第一次世界大战后,各国政府为了保护幼稚的民族工业,纷纷设置贸易壁垒,如提高进口关税、设立进口配额及实行外汇管制等,迫使原以出口为主的大公司不得不到国外生产和销售产品,所以这段时间国外投资发展较快。例如,德国的法本化学工业股份公司(Farbenindustrie)、拜耳(Bayer)、巴斯夫(BASF);比利时的苏尔维化学工业公司(Solvay);荷兰的飞利浦公司(Philips);德国的西门子公司(Siemens)、德律风根公司(Telefunken);瑞典的埃里克森电话工业公司(Eriksson);英国的帝国化学工业公司(ICI)等。到第二次世界大战前,这些公司中,已有公司发展到在5个以上国家建立永久性生产设施。

几百年来,企业的多国性活动的性质和经营方向发生了重大变化。跨国公司的早期业务活动有两大特点:一是业务活动的重心在各自的殖民地,不在其他国家;二是以经营"商品转移"业务为主,"制造"活动的成分几乎为零。产业革命后,采掘、冶金、机器制造和交通运输等部门普遍采用大机器生产。跨国公司的海外业务也逐渐由商品贸易转向生产性活动。当时西欧的资本流向亚洲、非洲、美洲(包括美国)等经济开发尚落后的地区,以发展交通运输、经济作物和资源开发为主。因此,跨国公司不仅有"商品转移",而且开始有"资金转移"。

19世纪末20世纪初,主要资本主义国家由自由资本主义进入垄断阶段,出现了同行业和跨行业的垄断集团。这些垄断集团为追逐垄断高额利润,不满足于国内市场,将"过剩资本"输出到资金少、地价低、工价低、原料便宜,因而利润比较高的国家和地区,在此设立分支机构,开始从经济上瓜分世界。

综上所述,早在16世纪就有企业的多国性活动,至今已有400多年历史。跨国公司的产生是发达资本主义国家生产和资本高度集中的结果,是第二次世界大战后科学技术和生产力空前发展的产物。

二、第二次世界大战后跨国公司的发展

两次世界大战期间,由于受1929—1933年经济危机的影响和各国对外资的多方排斥,跨国公司经营业务多以局部为重点,没有形成全球性规模。

第二次世界大战后,国际环境相对稳定,跨国公司迅速发展起来,很快成为世界经济中一股强大的势力。据联合国贸易和发展会议(UNCTAD)《世界投资报告》的统计,1968年全世界有跨国公司7276家;1973年全世界有跨国公司9481家;1993年全世界跨国公司数量达到37 000家,至少有170 000家国外分支机构,其中33 500家跨国公司的母公司设在发达国家。

第二次世界大战后的近半个世纪中,世界跨国公司的发展呈现出以下特点。

1. 全球直接投资逐渐呈现美国、西欧、日本"三足鼎立"(或"三极")的格局

(1) 第二次世界大战后美国跨国公司发展状况。第二次世界大战前,由于美国国内市场广阔,再加上许多企业没有经营国外业务的经验和人手,因而无论从数目还是从规模上考察,美国大企业的国际业务都不如欧洲企业。南北战争后,美国技术飞速发展,新技术、新发明要求寻找海外市场;同时1890年谢尔曼的"反托拉斯法",也促使美国必须开拓海外市场。

从20世纪40年代末到60年代末,美国跨国公司获得了空前迅猛的发展,奇迹般地在规模、国外生产和销售额方面均跃居世界之首。据UNCTAD资料,1968—1969年美国跨国公司为2468家,占主要资本主义国家跨国公司总数的33.9%,子公司为9691家,占主要资本主义国家跨国公司子公司总总数的35.5%;到1977年,美国跨国公司母公司增加到2826家,占发达资本主义国家跨国公司母公司总数的26.3%,子公司增加到26 844家,占发达资本主义国家跨国公司子公司总数的32.6%。从1977年开始,美国跨国公司母公司和子公

司占资本主义国家跨国公司总数的比重略有下降,其原因主要是加拿大、西欧和日本的跨国公司到 20 世纪 70 年代有了迅速的发展。这个时期虽然美国跨国公司占主要资本主义国家跨国公司总数的比重有所下降,但仍在发展,进入 20 世纪 80 年代后更有明显的增长。

伴随美国跨国公司数目的剧增,美国对外直接投资也在迅速增长。在 1967—1978 年的 12 年间,美国对外直接投资由 560.6 亿美元跃增到 1680.1 亿美元,增加了近 2 倍。这一期间美国对外直接投资所占整个资本主义国家对外总投资的比重在 45.5%～49.6% 之间,几乎占到一半。进入 20 世纪 80 年代,美国跨国公司对外直接投资仍然保持增长势头,1989 年美国跨国公司直接投资为 3734.36 亿美元,比 1987 年增长近 19%,比 1978 年增长 1 倍以上。

美国跨国公司的经济实力也日益雄厚。据美国商务部关于美国 298 家大型跨国公司及其 5237 家海外子公司的调查材料,1970 年其资产总额为 4529 亿美元,其中海外子公司的资产占 1024 亿美元,销售额达 1147 亿美元。而美国最大的 30 家跨国公司 1972 年资产总额达 1920 亿美元以上,比工业发达国家的全部黄金外汇还多 60%。1975 年美国跨国公司海外子公司的销售额超过了该年除美国、苏联和日本以外任何一个国家的国民生产总值;美国一个巨型跨国公司的销售额超过许多中等发达国家或石油输出国一个国家的国民生产总值。

(2) 第二次世界大战后西欧跨国公司发展状况。西欧跨国公司的产生先于美国跨国公司,参与世界范围内争夺市场的历史也更久远。但第二次世界大战后,随着美国对外直接投资的迅速增长,美国跨国公司获得了空前迅猛的发展,无论其数目、规模还是国外生产和销售均居世界首位。进入 20 世纪 70 年代后,由于美国社会各种矛盾交织,使美国跨国公司在战后所享有的绝对优势逐渐削弱。相反,西欧跨国公司由于欧洲共同体不断扩大而得到了迅速的恢复和发展。

据 UNCTAD 资料,1968—1969 年间,英国跨国公司为 1692 家,占主要资本主义国家跨国公司总数的 23.3%,子公司为 7116 家,占主要资本主义国家跨国公司子公司总数的 26.1%。到 1977 年,母公司与子公司分别增至 1706 家和 21 803 家,占总数的 15.9% 和 26.5%。20 世纪 60 年代后期至 70 年代后期,联邦德国、法国、瑞士和荷兰的跨国公司发展也很迅速。从这些国家跨国公司的合计数字来看,由 1968—1969 年间的 2207 家增至 1977 年的 3542 家,增加了 60% 以上;从其子公司数量来看,由 1968—1969 年间的 7513 家增至 1977 年的 18 564 家,增加了 1.4 倍以上。此外,比利时、丹麦、意大利和卢森堡等西欧国家的跨国公司数目也有一定程度的增加。

在 20 世纪 60 年代和 70 年代之交,正当美国跨国公司在亚、非、拉及西欧地区进行大量直接投资时,西欧跨国公司崛起。英国是仅次于美国的最大资本输出国。1978 年与 1967 年相比,英国跨国公司对外直接投资的账面价值增加了 1.34 倍。同期瑞士、荷兰和法国的跨国公司对外直接投资分别增加了 2.86 倍、1.16 倍和 1.48 倍。对外直接投资增长最快的是联邦德国,由 1967 年的 30 亿美元跃至 1978 年的 318 亿美元。据 1991 年 UNCTAD《世界投资报告》，1988年，欧共体对外直接投资额达3320亿美元(不包括内部直接投资)，占全世界直接投资比重的34%。

西欧国家经过20世纪50—60年代经济的恢复和发展，其跨国公司的经济实力不断加强。20世纪70年代西欧跨国公司在资本主义世界中已占有显著的地位。1979年在资本主义国家最大50家跨国公司中，西欧为20家，仅次于美国(22家)，但大大多于日本(6家)。在这50家巨型跨国公司的销售总额中，西欧跨国公司占37%，仅低于美国跨国公司(53%)，但大大高于日本跨国公司(7.4%)。同年，在除美国以外、年销售额达10亿美元以上的387家跨国公司中，西欧为221家，而名列前茅的15家最大的工业公司均为西欧的跨国公司。20世纪80年代，西欧跨国公司的经济实力进一步发展。1989年在世界最大50家跨国公司中，西欧为21家，不仅超过了日本，也超过了美国。从在世界最大的50家跨国公司销售额所占的比重看，日本明显上升，西欧虽有下降，但其下降幅度却小于美国。西欧跨国公司实力的加强还表现在它们在诸如汽车工业、化学工业和电子工业等方面同美国跨国公司争夺世界市场的竞争上。

(3) 第二次世界大战后日本跨国公司发展状况。第二次世界大战前，日本就在自己的殖民地(满洲、朝鲜和中国台湾)成立了采掘、交通运输、重化等方面的海外企业。战后初期，由于集中力量尽快恢复战争创伤，日本跨国公司发展几乎处于一种停滞状态。20世纪60年代中期以后，随着经济迅速地恢复和发展，日本跨国公司也得到了长足的发展和加强，并积极向海外进行扩张和渗透。

20世纪70年代初，日本政府提出了"跨国化"的口号，虽然日本战后第一批对外投资发生在1951年，但到1973年还只有32家企业进入跨国化阶段。其主要原因：一是由于第二次世界大战对日本经济破坏严重；二是由于日本政府的"贸易立国"政策放松对进口的控制，使许多工业部门减弱了出口能力和对外投资的能力。20世纪70年代后期，日本政府从"贸易立国"政策开始向"投资立国"政策转变，跨国公司如雨后春笋般迅速发展。据统计，截至1977年，日本跨国公司剧增至382家，比1973年增加10倍以上。1980—1985年间，日本跨国公司海外子公司和分支机构增加了30%。从此日本成为世界重要投资国。

第二次世界大战后，日本跨国公司对外直接投资经历了由小到大、从慢增长到迅速发展的过程。第二次世界大战后，日本跨国公司对外直接投资大致分为两个时期。第一个时期是1951—1957年，在这一时期，日本跨国公司对外直接投资份额很小。其主要原因：一是由于国际收支经常逆差和外汇储备极不稳定，日本政府对海外直接投资实行严格的控制政策；二是日本国内工人工资相对低廉，国内投资尚有利可图，私人垄断资本对海外投资欲望不甚强烈；三是因为经过第二次世界大战，日本企业的财力、物力和技术遭到了极为严重的破坏，日本企业全面丧失了国际市场的竞争能力。第二个时期是在1968年之后，这是日本对外直接投资高速发展的时期。1968—1979年日本对外直接投资增长7倍以上，同期对外直接投资累计增长14倍以上。1980—1984年间，日本跨国公司对外直接投资额占全世界直接投资额的8.9%，1985—1989年间，日本跨国公司对外直接投资额占全世界直接投资额的 18.8%。

伴随着日本跨国公司数目和对外直接投资额的剧增，跨国公司经济实力迅速加强。日本经过 20 世纪 50—60 年代经济的恢复和发展，其跨国公司在世界经济中日益占有显著的地位。到 1984 年在世界最大 500 家工业公司中日本已增至 147 家，约占总数的 30%，其销售额占 500 家公司销售总额的 1/4。日本跨国公司经济实力的加强还表现在国际市场竞争能力上。以汽车工业为例，日本汽车工业在第二次世界大战刚结束时几乎从零起步，到 1980 年已超过美国，跃居世界首位。日本已成为当今世界汽车工业王国。

综上所述，20 世纪 80 年代初，全球直接投资格局是由美国与西欧支配的两极体制。到了 20 世纪 90 年代初，随着日本这一对外直接投资大国的崛起，全球直接投资变成美国、西欧、日本"三足鼎立"(或"三极")的格局。

2. 投资的地区分布越来越多地集中在工业发达资本主义国家

第二次世界大战后，美国跨国公司对外扩张的地区结构从发展中国家向工业发达国家方向发展。第二次世界大战后初期到 20 世纪 50 年代中期，美国跨国公司扩张的重点是掠夺发展中国家的自然资源，因而国外子公司在那里增长迅速。从 20 世纪 50 年代后期开始，美国跨国公司的扩张战略由发展中国家向工业发达国家转移，以至在 1957—1966 年间其国外子公司数目在发展中国家的平均增长率为 7.4%，而在工业发达国家则达 10.6%。其中在西欧和日本分别高达 14.3% 和 16.2%。

美国跨国公司在扩张战略上向发达国家、特别是西欧发达国家转移的主要原因有以下几点。

(1) 欧洲是当时苏联与美国争霸世界的焦点。由于苏联一向把欧洲置于自己的注意中心，美国当然绝不退让，除了政治、军事等手段外，还通过自己的巨型跨国公司从经济上对西欧进行渗透和扩张，从而与苏联相抗衡。

(2) 西欧曾是资本主义的摇篮，生产和科学技术发展水平在世界上都是较高的。这为美国跨国公司以高、精、尖技术为主要手段向西欧的渗透和扩张提供了良好的条件。

(3) 尽管发展中国家劳动力、土地、原材料等价格具有区位优势，但是由于第二次世界大战后许多发展中国家对外国垄断企业实行的一系列国有化或其他限制性措施以及发展中国家时有的政局不稳等情况，因此，美国跨国公司宁愿把自己扩张的重点转移到欧洲发达国家，以获得经常的高于国内的垄断利润。

西欧跨国公司的垄断资本向美国经济领域扩张和渗透的程度日趋加强，主要表现为西欧垄断资本对美国直接投资的急剧增长。1960—1975 年间，来自西欧的直接投资占外国对美国直接投资的 67%。到 1989 年，西欧在美国直接投资额的比重略有下降，但绝对额仍有较大幅度提高。其中，英国、荷兰两国占的比重较大；联邦德国、法国虽然比重不大，但增长速度也很可观。西欧跨国公司对美国的直接投资主要集中在石油业、制造业和服务行业。

西欧跨国公司从 20 世纪 60 年代中期开始向美国进行直接投资的原因固然与西欧垄断资本自身力量的加强有关，但更重要的是，美国具有吸引西欧垄断资本迅速投资的许多因素。主要有以下几个。

(1) 20世纪60年代以来,美元危机频繁,美元的不断贬值,使西德马克、瑞士法郎、法国法郎及荷兰盾等货币的汇价有较大幅度的升值,这就为持有上述货币的西欧跨国公司能以较低廉的价格在美国收购企业或公司、为扩大自己的经营规模提供了有利的条件。

(2) 20世纪60年代以后,美国工业结构与其他主要发达资本主义国家一样,处于工业结构发生重大变化的时期。表现为美国传统工业部门日渐衰落,新兴工业部门日趋崛起。美国垄断资本在"老"部门中的地位和作用相对薄弱,这就为西欧跨国公司的"入侵"提供了良好的环境。

(3) 美国工人工资的增长率相对低于英国、法国、联邦德国等西欧国家工人工资的增长率,在一定程度上促使西欧垄断资本流向美国。

(4) 美国政府为了弥补国际收支逆差,在一定时间内和一定程度上对西欧垄断资本在国内投资持欢迎态度。

(5) 美国国内政局相对稳定,工人群众的游行示威、罢工斗争不像西欧国家频频发生,这也在一定意义上加速了西欧跨国公司在美国子公司的发展。

第二次世界大战后,日本跨国公司投资的地区结构也从发展中国家向发达资本主义国家发展。从制造业考察,战后很长的一个时期内,日本对亚洲和拉美地区的投资占其整个海外制造业投资的80%以上。20世纪70年代以后,随着发展中国家引进外资和技术政策的调整、日本经济的迅速发展和加强以及生产技术水平和产品竞争能力的急剧提高,日本对发达国家的投资比重明显地超过发展中国家。特别是进入20世纪80年代,日本跨国公司在本国"资本立国"方针指引下,大肆向美国进行扩张和渗透。据世界银行统计,截至1984年,日本企业对海外直接投资累计数额为710亿美元,其中在美国的投资为129亿美元,占日本海外投资总额的28%。同时,日本跨国公司向西欧地区扩张和渗透的势头也日趋加强,其投资主要集中在英国、荷兰、德国和法国。

3. 投资的部门结构变化

第二次世界大战后,美国、西欧、日本跨国公司对外扩张的部门结构变化的共同特点是从采掘业和石油业等部门向机械制造业发展。20世纪50—80年代后期,美国对国外制造业和商业的投资比重一直迅速增加;20世纪60—80年代美国对石油业的投资比重迅速下降,采矿、冶金业的投资比重也呈下降趋势。英国跨国公司投资结构的变化与美国相似,而西德、意大利、日本则正好相反。20世纪70年代初,日本海外采掘业投资占海外所有部门总投资额的31.3%,制造业投资占海外所有部门总投资额的26.8%,大大低于英国、美国和西德。其主要原因是日本资源极度匮乏,支撑日本经济实现高速增长的全部资源几乎都依赖国外,因此确保国内资源的稳定供给便成为日本跨国公司对外扩张和渗透的重要战略意图之一。进入20世纪80年代后,情况发生显著变化,日本跨国公司海外制造业所占比重大大超过海外采掘业。跨国公司投资部门的重点在发达国家和发展中国家并不一样。在发达国家，为垄断技术和占领市场，主要投资于制造业、商业、服务业、金融业；而在发展中国家，重点仍在采掘业、种植业和原料加工业。20世纪70年代以后，随着资本主义产业结构的变化，发展中国家制造业的投资比重也迅速增大。

4．发展中国家和地区与苏联—东欧国家跨国公司兴起并逐步形成一定规模

发展中国家和地区与苏联—东欧国家跨越国界企业的兴起始于20世纪60—70年代。起步阶段虽然数目和规模都很小，但是增长很快。

(1) 发展中国家跨国公司的发展。20世纪70年代中期以来，随着发展中国家对外直接投资的扩大，其跨国公司的数量、投资金额、投资项目及开拓地区都有相当可观的发展。据美国《幸福》杂志1977年统计，除美国以外，世界最大的500家工业公司中，发展中国家有33家，其中最大的一家是伊朗石油公司，销售额高达223亿美元；公司数量最多的是巴西和韩国，各占8家。20世纪80年代初，发展中国家的跨国公司共有963家，拥有国外分公司、子公司1964家，累计直接投资金额50亿～100亿美元，投资分布于125个国家和地区，参与直接投资的国家和地区约有41个。据1984年英国首次统计，"南方500家"中，有69家公司的销售额超过《幸福》杂志所载世界500家最大工业公司的最低标准。据联合国《世界投资报告》报道，1980—1984年，发展中国家跨国公司对外直接投资总额占全世界直接投资总额的1.6%；而到1985—1989年，这一数值增至3.2%。

发展中国家和地区的主要投资者有印度、中国香港、新加坡、韩国、巴西、墨西哥、哥伦比亚、秘鲁、委内瑞拉、巴基斯坦、马来西亚、埃及中国台湾等。

与发达国家相比较，发展中国家跨国公司有以下几个不同的特点。

① 企业股权。发展中国家和地区跨国公司90%以上都采用与当地企业合资经营的方式。这样做可以弥补它们本身资本、技术与管理力量的不足，同时借助合资各方的力量，也可以避免类似发达国家跨国公司同当地企业和政府之间的那种紧张和冲突。此外，这类企业的海外子公司拥有更多的自主权。

② 地区性。发展中国家跨国公司的子公司大多数分布在邻近的国家和地区。以东南亚为基地的跨国公司，其海外子公司有87%设在东南亚地区；以拉丁美洲为基地的跨国公司，其子公司有75%设在拉丁美洲地区。并且它们的对外投资多是"顺流而下"，即投向生产水平比自己低的国家。

③ 适用性。经过多年实践，发展中国家跨国公司发现，西方跨国公司的先进技术多属"资本密集型"和"能源密集型"技术，这类技术并不适合发展中国家的国情，相反会带来一系列社会经济问题，诸如环境、能源、资源、就业等。发展中国家积极开发和转让"适用技术"，即适合第三世界当时当地技术、经济、社会的结构条件的各种应用技术。在价格方面，它们大多采用适合当地价格水平的低价销售策略，以维护其市场地位。

④ 小型、灵活、多功能的技术设备。与西方跨国公司采用大规模的、专门化与标准化的技术设备相反，发展中国家的跨国公司海外投资的特点是小型、灵活、多功能，以投入

最少的技术设备生产较多品种的产品,以适应当地市场的需求。投资少、周转快、收效大,有利于发展中国家的经济发展。

(2) 苏联—东欧国家跨国公司的发展。继发展中国家之后,苏联—东欧国家从 20 世纪 60 年代后期开始在发达资本主义国家开办独资或合资企业,到 20 世纪 80 年代中期,已形成一定规模,成为向西方发达国家传统跨国公司挑战的又一个"竞争对手"。

苏联—东欧国家在西方国家开办的独资和合资企业 1962 年只有 50 家,1976 年苏联以及南斯拉夫等 8 个东欧国家在西方发达国家开办的企业超过了 700 家,其中南斯拉夫 432 家、苏联 100 家、匈牙利 60 家、波兰 40 家、保加利亚 20 家。在这 15 年间,苏联—东欧国家的国外企业增加了 13 倍,对外投资总额达到 10 亿美元,占 1985 年底世界对外直接投资总额 6250 亿美元的 0.2%。

由于历史条件、经济体制和经济发展水平的不同,苏联—东欧国家的跨国公司具有自己的特点,它们既不同于发展中国家新兴的跨国公司,又不同于发达资本主义国家传统的跨国公司。

① 直接投资的地理方向。苏联—东欧国家在国外直接投资的地理方向有 3/4 分布在西方发达国家,只有 1/4 投资在发展中国家。苏联—东欧国家在西方国家的投资重心在欧洲,除南斯拉夫外,这些国家投资在西方的企业数占海外企业总数的 89%。如此集中于西欧的原因是:相互间地理位置接近,同处欧洲,历史上有传统的经济联系;经济和技术发展水平也比较接近;彼此间有互补性的需要,前者向后者提供原材料与燃料,后者向前者提供资金和技术。

② 投资部门结构。苏联—东欧国家对外直接投资最主要的部门是市场购销行业,这是一种贸易公司性质的企业,它们占整个国外企业的 50% 以上,是对外直接投资的骨干项目。其次是经营运输业,占整个国外投资总额的 12%。再次是经营银行金融业,占整个对外直接投资总额的 7%。最后是经营采掘、加工、装配、制造业,占 4%,这类行业下设许多分支机构,也承接维修业务。

苏联—东欧国家在不同类型东道国投资的部门结构有所不同,它们在发达东道国以经营贸易、运输业、银行金融业为主,其中贸易公司占它们国外企业数的一半以上;而在发展中东道国的投资主要集中于采掘业、加工业、装配业和制造业。

③ 对外直接投资企业所有权格局。苏联—东欧国家的跨国公司主要采取合资企业形式,但它们在合资企业中主张拥有多数股权,并有相当数量的独资企业。苏联—东欧国家跨国公司在国外企业拥有的股权比西方跨国公司国际企业略低,比发展中国家跨国公司高得多。它们在不同类型东道国投资的所有权格局不尽相同。以苏联为例,苏联在西方开办的独资和拥有多数股权的企业占 81%,拥有半数和半数以下股权的企业占 19%;而在发展中国家开办的独资和拥有多数股权的企业占 43%,拥有半数和半数以下股权的企业占 57%。此外,不同行业其所有权的格局也不尽相同,苏联对银行金融和保险业的投资,往往是百分之百地拥有股权。

就合资形式而言，苏联—东欧国家的跨国公司可以分为设在东道国的双边合资企业及与他人合作设在第三国的多边合资企业。例如，波兰一家公司出资 15%，法国一家公司出资 51%，塞内加尔一家公司出资 34%，在塞内加尔建一个船厂。又如，匈牙利与法国合资在伊拉克建立公共汽车设备厂等。

三、近 25 年来跨国公司的发展及其新趋势

近 25 年来，伴随着经济全球化的进程，全球贸易快速发展，促使国际直接投资高速增长，已成为当今世界经济增长的重要驱动力。1990—2015 年世界商品贸易额年均增长 6.32%，国际间直接投资年均增长 18.19%，而同期全球 GDP 年均增长率仅为 5.01%。

1990 年以来全球国际直接投资额发展变化情况如图 1-1 所示。1990 年全球国际直接投资额为 2030 亿美元，此后逐年递增，2000 年达到 12 708 亿美元。之后受东南亚金融危机影响，2001 年、2002 年不断下降，2003 年降至 5596 亿美元。此后又逐年回升，2007 年达历史性高点——19 788 亿美元。受全球金融危机影响，2009 年大幅下降至 11 142 亿美元。2010 年比上年略有增加，为 12 400 亿美元。此后又动荡变化，2011 年增加至 15 244 亿美元，2014 年跌至 12 280 亿美元。2015 年国际间直接投资强劲复苏，达到 17 620 亿美元，这是 2008 年全球金融危机爆发以来的最高水平。

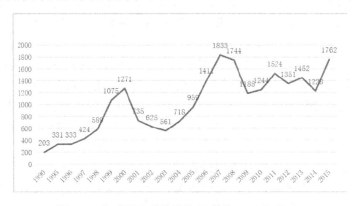

图 1-1　全球国际直接投资额(单位：10 亿美元)

(资料来源：UNCTAD. 世界投资报告)

据 UNCTAD 估算，全球国际间直接投资于 2016 年下降 10%~15%，2017 年出现温和的恢复性增长，2018 年达到 1.8 万亿美元的水平。

近 25 年跨国公司国际直接投资呈现出以下几个方面的特点。

1. 投资地区的变化

近 25 年跨国公司国际直接投资的地区由以发达经济体为主逐步转向发达经济体与发展

中经济体、转型期经济体各占半壁江山的态势。

如图 1-2 所示，2000 年以前，发达经济体直接外资流入量与发展中经济体和转型期经济体直接外资流入量占比分别为 73.4%和 26.6%。之后，这一数值的差距逐年缩小，2004 年发达经济体直接外资流入量与发展中经济体和转型经济体直接外资流入量占比分别为 56.2%和 43.8%。2004 年以后，这一数值的差距又开始增大，在全球跨国投资总量历史性高点的 2007 年，发达经济体直接外资流入量与发展中经济体和转型期经济体直接外资流入量占比分别为 68.1%和 31.9%。此后，这一数值的差距又逐年缩小，2010 年发展中经济体和转型期经济体直接外资流入量占比(51.6%)首次超过发达经济体占比(48.4%)，呈现出发达经济体与发展中经济体和转型期经济体各占半壁江山的态势。2012 年至 2013 年，发展中和转型期经济体与发达经济体直接投资流入量占比的差距逐步加大，2014 年差距达到最大后，2015 年发达经济体直接投资流入量占比(54.6%)又超过发展中和转型期经济体占比(43.5%)。

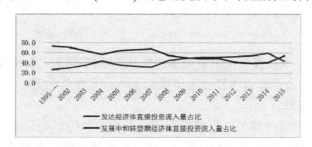

图 1-2　发达经济体与发展中和转型期经济体直接外资流入量占比比较(%)

(资料来源：UNCTAD. 世界投资报告)

在发达经济体中，直接投资流入量最多的是欧洲，2015 年欧洲直接投资流入量为 5 040 亿美元，占全球直接投资流入量的 29%。北美的直接投资流入量达到 4 290 亿美元，占全球的 25%。在发展中和转型期经济体中，直接投资流入量最多的是亚洲发展中经济体，总体直接投资流入量达到了 5 410 亿美元，是全球最大的直接投资流入地区。

2. 投资主体的特点

投资主体仍以发达经济体为主，发展中经济体和转型期经济体日益成为对外直接投资的重要来源。

如图 1-3 所示，2003 年以前发达经济体与发展中经济体和转型期经济体直接投资流出量占比的比例基本保持在 9∶1 的水平，2003 年以后，这一比例呈现逐年缩小的态势。2008 年全球金融危机后，发达经济体直接投资流出量占比显著缩小。2010 年，发达经济体与发展中经济体和转型期经济体直接投资流出量占比的比例接近 7∶3，来自发展中经济体和转型期经济体的私营企业和国有企业日益成为对外直接投资的重要来源。2015 年发达经济体与发展中和转型期经济体直接投资流出量占比的比例又开始拉开，接近 7∶3。

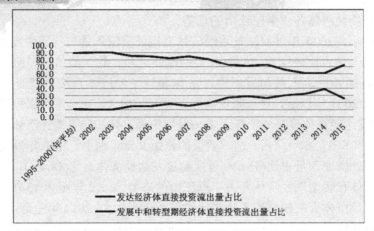

图 1-3　发达经济体与发展中和转型期经济体直接外资流出量占比比较(%)

(资料来源：UNCTAD. 世界投资报告)

在发达经济体中，直接投资流出量最多的仍然是欧洲联盟，2015 年欧洲直接投资流出量达到 5 760 亿美元，占全球直接投资流出量的 39%；其次是北美，为 3 670 亿美元，占全球直接投资流出量的 25%。

在发展中和转型期经济体中，直接投资流出量最多的仍然是亚洲发展中经济体，2015 年总体直接投资流出量达到了 2 730 亿美元，占全球直接投资流出量的 19%。

3. 投资领域的变化与发展

跨国公司涉足的领域不断扩大，投资领域逐步转向以服务业为主。服务业、制造业、采掘业、农业、低碳经济等领域的投资呈现出多种发展态势。

(1) 跨国公司在服务业投资的发展。在 20 世纪 70 年代初期，服务业仅占全世界外国直接投资存量的 1/4；1990 年这一比例占不到一半；而 2002 年，这一比例已上升到约占 60%，估计为 4 万亿美元。在同一时期，初级部门占全世界外国直接投资存量的比例由 9% 下降到 6%，而制造业降幅更大，由 42% 降至 34%。但是，在 2007 年开始的全球金融危机中，初级部门、制造部门和服务部门的直接投资都出现了下滑，而服务业首当其冲。主要服务产业(商业服务、金融、运输、通信和公用事业)的直接投资流量都在下降，金融业直接投资流量跌幅最大。然而，向服务业投资的长期转变仍在继续，2014 年服务业占全球外国直接投资存量的 64%，是制造业占比(27%)的 2.4 倍，是第一产业占比(7%)的 9.1 倍。

2015 年制造业的直接投资则有所增长。在制药等行业一些大规模并购交易的推动下，2015 年跨国并购制造业金额创下历史新高，达到 3 880 亿美元，超过了此前最高的 2007 年记录，这就使制造业占全球跨国并购总金额的比重提高到 50% 以上。

(2) 跨国公司在采掘业投资的发展。跨国公司涉足采掘业的历史盛衰交错。20 世纪初采掘业在外国直接投资中所占份额最大，反映出殖民强国的公司正在进行国际扩张。第二次世界大战后,随着越来越多的前殖民地获得独立和石油输出国组织的创建,这些跨国公司的支配地位逐渐衰落,采掘业在全球外国直接投资中的份额也随之下降。从20世纪70年代中期开始,石油、天然气和金属采矿业在全球外国直接投资中的份额不断下跌。然而,矿产品的供应对于经济发展来说必不可少,如果没有足够、可支付及有保障地获取这些原材料的可能性,任何现代经济都无法运行。进入21世纪后,对石油、天然气和各种金属矿产品需求的激增,导致矿产品价格上升,采矿业在全球外国直接投资中的份额有所增长,但仍然远远低于服务业与制造业。全球金融危机中采掘业的直接外资受到的影响较小,但在2010年,采掘业的直接外资也有所下滑。受2014年中期以来初级产品价格大跌的影响,采掘业的跨国公司开始大幅削减资本开支,2015年采掘业直接投资的减少甚至对直接投资的总额都产生了影响,尤其是在发展中国家。

(3) 跨国公司在基础设施产业投资的发展。

基础设施产业在吸收外国直接投资存量中的比例迅速扩大。1990—2006年期间,全球基础设施产业中的外国直接投资额增加了30倍,达到7860亿美元,其中发展中国家增加了28倍,达到约1990亿美元。整个期间,大多数基础设施产业中的外国直接投资都在持续增长,电力和电信行业增长最快,运输和供水行业增长较慢。2006年,在全球外国直接投资总存量中,基础设施产业所占比例接近10%,而1990年仅占2%。

20世纪90年代,越来越多的发展中国家允许外国直接投资和跨国公司进入其基础设施产业,其主要原因是政府资金紧张,跨国公司参与发展中国家基础设施建设为其带来了大量的资金流入。自1990年起,跨国公司调动资金程度的衡量指标——发展中国家基础设施中的外国直接投资存量开始迅速增长。1996—2006年期间,对发展中国家基础设施的外国直接投资承诺额为2460亿美元,平均占私营部门参与的全部基础设施投资承诺额的29%。这反映了跨国公司对发展中国家基础设施产业投资的重要性,其中在非洲占的比例最大(36%)。

(4) 跨国公司在农业投资的发展。近年来,一些因素推动了为数不少的发展中国家农业部门吸引国内企业或外国企业增加投资。推动农业投资的主要因素包括目标地区备有的土地和水资源情况、不同国家粮食需求的快速增长和粮食作物进口的增长等。这些国家既包括人口众多的新兴国家,如巴西、中国、印度和韩国;也包括土地和水资源稀少的发展中地区,如海湾合作理事会成员国。进一步刺激农业初级商品国际需求的其他因素还有全球使用生物燃料的各项举措,这些举措促进了对发展中国家甘蔗、谷物(如玉米)、油籽(如大豆)及非粮食作物(如麻风树种植)蜂拥而至的投资。这些趋势与过去几年粮食价格飞涨以及随后出现的大米等初级商品短缺现象交织在一起,引来了众多"新投资者",也引发了一些对农业和土地的投机性直接投资。

对农业进行商业投资是粮食危机之后发达国家和发展中国家跨国公司的一个共同特征,此外,粮食安全也成为新投资者的主要动力。

(5) 跨国公司低碳经济投资。低碳经济的思想在世界范围内广泛传播,影响着一国的发展战略、产业结构、企业经营决策及人们的生活方式。跨国公司应为转向低碳经济作出贡献，这不仅因为是它们在广泛的国际业务中排放了大量的温室气体，还因为它们最有能力创造和传播技术，以及为旨在减少温室气体排放的投资提供资金。跨国公司必然既是问题的一部分，又是解决办法的一部分。

低碳外国投资可以界定为：跨国公司通过股权(直接外资)和非股权参与方式，向东道国转让技术、做法或产品，从而大大降低这些国家的自身活动和相关活动及其产品和服务使用所产生的温室气体排放量。低碳外国投资还包括为获得或使用低碳技术、工艺和产品而进行的外国直接投资。

据 UNCTAD 估计，低碳外国直接投资已经达到很高的水平。2009 年，仅流向三大低碳商业领域(可再生能源、循环利用和低碳技术制造)的低碳直接外资就达 900 亿美元。如果考虑到其他产业内所含的低碳投资和跨国公司的非股权形式参与，则此类投资总额要大得多。跨界低碳投资潜力已然很大，而随着全世界转向低碳经济，这方面的潜力将是巨大的。

4. 投资方式的变化

在投资方式中，跨国(界)并购成为外国直接投资的主要方式，是影响直接外资流量起落的主要因素；世界范围内的跨国(界)非股权形式发展也十分迅速。

2007 年是全球外国直接投资的历史性高点。推动因素是跨国(界)并购历经 5 年繁荣期在 2007 年达到破纪录水平，通过跨国(界)兼并和收购继续进行的整合大大推动了外国直接投资的全球增长。2007 年，跨国(界)并购交易的金额达到 16 370 亿美元，比 2000 年的创纪录水平增长了 21%，占 2007 年全球外国直接投资流入量(19 790 亿美元)的 82.7%。2015 年，跨国并购金额从 2014 年的 4320 亿美元猛增至 7210 亿美元，成为当年全球直接投资强劲反弹的主要动力。与此同时，已公布的绿地投资项目也达到 7660 亿美元的较高水平。

此外，当今国际生产非股权形式的发展也十分迅速。大多数情况下，非股权形式的增长速度超出了其所在产业的增长速度。非股权形式包括合约制造、服务外包、订单农业、特许经营、许可经营、管理合约及其他类型的合约关系，跨国公司通过这些关系协调其在全球价值链的活动，并影响东道国公司的管理，而并不拥有其股份。据联合国贸易和发展会议估计，2010 年产生了 2 万多亿美元的非股权形式销售额，主要是在发展中国家。其中，合约制造和服务外包占 1.1 万亿～1.3 万亿美元，特许经营占 3300 亿～3500 亿美元，许可经营占 3400 亿～3600 亿美元，管理合约占 1000 亿美元。这些估算并不完整，仅包含每种非股权形式类型较为普遍的最重要产业，总值还不包括订单农业和特许权等其他在发展中国家十分重要的非股权形式。例如，跨国公司的订单农业活动遍布全球，涵盖 110 多个发展中国家和转型期经济体，涉及广泛的农业商品，而且在产出中占据了很大的份额。

5. 国有跨国公司的发展

国有跨国公司已日益成为重要的直接投资来源，一半以上的国有跨国公司位于发展中国家和转型期经济体。

2010年至少有650家国有跨国公司,它们构成直接外资重要的新兴来源。其8500多家子公司遍布全球,与大量东道国经济体有广泛接触。虽然数目相对较少(不到跨国公司总数的1%),但其直接投资数额巨大,接近2010年全球直接外资总流量的11%。在全球跨国公司100强中,国有跨国公司占据了19席,这体现了上述事实。

国有跨国公司类型多样。虽然发达国家仍然保有大量国有跨国公司,但一半以上(56%)的国有跨国公司都位于发展中国家和转型期经济体。与国有跨国公司大多集中于初级部门的普遍做法不同,它们类型多样,而且在服务部门尤为多见。

国有跨国公司在一些东道国引起了关于国家安全、企业公平竞争环境、治理和透明度的关注,为这些公司的国际扩张带来了监管影响。从母国的角度而言,令其关注的是对其国有跨国公司投资的开放程度。一些国际论坛正在进行讨论,以期处理这些问题。

第三节 中国跨国公司的发展

一、中国对外直接投资的发展

新中国成立以后,真正以经济利益为目的的对外直接投资始于1982年。中国对外直接投资从无到有、规模由小到大,其发展先后经历了1992年中国市场经济改革、1997年东南亚金融危机、2001年中国加入WTO、2002年之后中国政府开始实施"走出去"战略及2007年爆发的全球金融危机。纵观近30年的发展,中国对外直接投资有所波动,但总体上是不断上升和增长的。

中国对外直接投资按年均流量的发展主要可以分为3个阶段(见图1-4)。

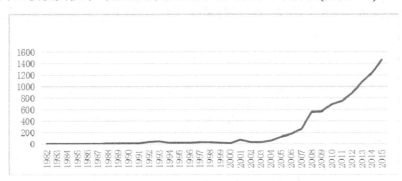

图1-4 1982—2015年中国对外直接投资流量(亿美元)

(数据来源:UNCTAD.世界投资报告;国家统计局.中国对外直接投资统计公报)

(1) 第一阶段:1982—1991年。改革开放初期,虽然中国政府开始出台一系列对外开放政策,但海外投资方面的政策与措施还很不完善;加之国内严重缺乏资本,政策偏向支持资本的流入，对外直接投资处于较低水平，增长比较缓慢。这一阶段的对外直接投资年均流量为 5.3 亿美元，存量规模也很小，1990 年仅为 24.9 亿美元(见表 1-1)。

(2) 第二阶段：1992—2003 年。这一阶段中国对外直接投资呈现出相对较大数额的增长，且增长速度稳定。每年流量为 20 亿～100 亿美元，年均流量为 29.1 亿美元。在此期间，中国政府确定了市场经济改革发展方向，中国海外投资伴随着国家经济增长而增长。受东南亚金融危机的影响，之后 3 年中国对外直接投资有所下降。在 2001 年中国加入 WTO 和"走出去"战略的刺激下开始反弹。这一阶段中国海外投资存量具备了一定的规模，年均增长率平稳，1993 年为 118.02 亿美元，2003 年达到 332 亿美元(见表 1-1)。

表 1-1 中国对外直接投资存量(亿美元)

年份	1982	1985	1990	1993	1995	2002	2003	2004	2005	2006
对外直接投资存量	0.4	1.3	25	118	173	299	332	448	572	906
年份	2007	2008	2009	2010	2011	2012	2013	2014	2015	
对外直接投资存量	1179	1840	2458	3172	4248	5319	6605	8826	10979	

(数据来源：UNCTAD. 世界投资报告；国家统计局. 中国对外直接投资统计公报)

(3) 第三阶段：2004 年至今。中国对外直接投资呈现指数增长态势，虽然在 2008—2009 年由于受到全球金融危机的影响略有停顿，但之后又形成跳跃式的增长。2004—2015 年中国对外直接投资流量年均增长率为 34.7%。这一阶段中国对外直接投资存量的增长也开始加速，2004 年年底为 447.7 亿美元，到 2015 年存量达 10 978.6 亿美元(见表 1-1)，年均增长率达到 33.8%。2015 年中国对外直接投资分别占全球当年流量、存量的 9.9%和 4.4%。2015 年中国对外直接投资流量名列全球国家(地区)排名第 2 位，存量位居第 8 位。2015 年中国对外直接投资额(1 456.7 亿美元)首超吸引外资额(1 262.7 亿美元)，中国开始步入资本净输出阶段(见图 1-5)。

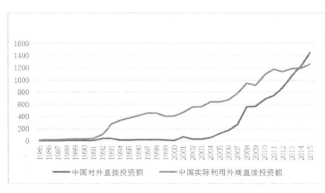

图 1-5 1985—2015 年中国双向直接投资额比较(亿美元)

(数据来源：UNCTAD. 世界投资报告；国家统计局. 中国对外直接投资统计公报)

促使这一惊人增长的原因表现在 3 个方面：其一是中国经济的高速发展促使中国公司逐渐发展壮大，所有权优势、内部化优势逐渐凸显，走向全球化经营是一个必然的趋势；其二是"走出去"战略和"一带一路"战略的实施对于中国海外投资井喷态势的出现无疑起到重要作用；其三，全球金融信贷危机的爆发给中国调整对外投资战略提供了契机。

综上，中国对外直接投资在 2003 年以前虽然出现过波动，但是发展较为平稳和缓慢，2003 年后中国对外直接投资发展迅速，近年来流量已经处在全球前列，形成了相对较大的规模，中国对外直接投资的发展令人振奋。

二、中国跨国公司的发展特点

伴随着中国对外直接投资的迅猛发展，作为对外直接投资的主力军，中国跨国公司迅速成长，成为全球成长最快的跨国公司群体。中国跨国公司的发展呈现出以下特点。

(1) 对外直接投资起步晚，增速迅猛，中国跨国公司日益壮大。

2004—2015 年，中国境内跨国投资企业数量从 5163 家发展至 20 200 家，2015 年中国跨国公司设立国(境)外企业数量发展至 3.8 万家，分布在全球 188 个国家(地区)；年末境外资产总额达到 4.37 万亿美元，向投资所在国家(地区)缴纳各种税金总额 311.9 亿美元；年末境外企业员工总数 283.7 万人。

中国企业联合会、中国企业家协会于 2011 年开始每年发布"中国 100 家最大跨国公司及跨国化指数"①，比较 2001—2016 年"中国 100 家最大跨国公司及跨国化指数"，可以看到中国跨国公司的代表企业日益壮大的发展状况。

① 规模继续扩大。

2016 年中国 100 大跨国公司海外资产总额达到 70 862 亿元(10 270 亿美元)，比 2011 年提高了 1.18 倍；2016 年中国 100 大跨国公司海外营业收入达到 47 316 亿元(6857 亿美元)，比 2011 年提高了 52.56%；2016 年中国 100 大跨国公司海外员工总数达到 1 011 817 人，比 2011 年提高了 1.40 倍；2016 年中国 100 大跨国公司入围门槛为 41.48 亿元(601 亿美元)，比 2011 年提高了 4.52 倍。

② 国际化程度稳步提高。

2016 年中国 100 大跨国公司的平均跨国指数为 14.40%，高于平均跨国指数的公司达到 43 家，比 2011 年提高了 2.16 个百分点。

但是，也应当看到，中国跨国公司的跨国指数仍然较低。2011 年世界 100 家最大跨国公司平均跨国指数为 60.78%，发展中国家 100 家最大跨国公司的平均跨国指数为 40.13%。2016 年中国 100 大跨国公司的平均跨国指数为 14.40%，不仅大大低于世界 100 家最大跨国

---

① 中国 100 家最大跨国公司由拥有海外资产、海外营业收入、海外员工的非金融企业，依据企业海外资产总额排序产生。

公司平均跨国指数，也与发展中国家 100 家最大跨国公司的平均跨国指数相距甚远。这反映出中国企业的对外投资尚未实现质的飞跃，多数跨国企业依然是"点式"和分散的对外投资，而非真正拥有全球一体化的生产体系和完整的全球产业链。

2016 年中国 100 家最大跨国公司及跨国指数详见表 1-2。

表 1-2　2016 年中国跨国公司 100 大及跨国指数

排名	公司名称	海外资产（万元）	海外收入（万元）	海外员工（人）	跨国指数（%）
1	中国石油天然气集团公司	88371552	81387296	120729	24.26
2	中国石油化工集团公司	50046256	53305508	56187	19.92
3	中国海洋石油总公司	47892423	17612348	8979	30.23
4	中国中信集团有限公司	40985730	4438657	18180	9.70
5	中国移动通信集团公司	40593214	11463919	7371	14.56
6	中国远洋海运集团有限公司	30902627	10673721	14451	37.05
7	中国中化集团公司	27506151	31243900	5539	56.62
8	中国铝业公司	18561709	1405737	2105	15.18
9	中国化工集团公司	17929225	14772768	50327	47.98
10	中国五矿集团公司	17737190	7272311	10884	32.81
11	联想控股股份有限公司	17504798	21187754	34584	57.22
12	华为技术有限公司	15360000	22910000	40800	41.09
13	中国交通建设集团有限公司	14668355	8487362	8850	13.83
14	海航集团有限公司	13866871	3593982	82800	29.63
15	中国建筑股份有限公司	12312766	6107836	17545	8.46
16	广州越秀集团有限公司	11644980	223734	1749	17.98
17	国家电网公司	11280080	1331950	2896	1.52
18	中国航空工业集团公司	11262901	4793726	29237	9.90
19	浙江吉利控股集团有限公司	10350390	13121955	24112	65.43
20	中国兵器工业集团公司	10319834	13115047	10499	22.95
21	中国兵器装备集团公司	10104043	11419777	5496	18.01
22	中国电力建设集团有限公司	8535104	6907625	85180	28.15
23	大连万达集团股份有限公司	6911112	2911414	23814	12.07
24	绿地控股集团股份有限公司	6245374	12919	260	3.82
25	北京首都创业集团有限公司	5999007	339225	1583	14.76
26	中国电子信息产业集团有限公司	5953801	10452227	38750	34.93
27	中国华能集团公司	5943710	1355205	565	3.86

第一章 跨国公司概述

续表

排名	公司名称	海外资产(万元)	海外收入(万元)	海外员工(人)	跨国指数(%)
28	潍柴控股集团有限公司	5877532	3973251	26682	42.97
29	中国联合网络通信集团有限公司	5805186	234525	465	3.27
30	中国铁道建筑总公司	5407904	2771573	6286	4.83
31	兖矿集团有限公司	5365331	808278	2278	11.89
32	腾讯控股有限公司	5363714	683776	8205	22.95
33	上海复星高科技(集团)有限公司	5332544	169285	27899	27.71
34	宝钢集团有限公司	4655902	6327459	1016	12.37
35	河钢集团有限公司	4420434	5818055	7000	12.76
36	中国铁路工程总公司	4103243	2953073	5920	4.16
37	TCL集团股份有限公司	4010542	4715772	2763	28.25
38	中国冶金科工集团有限公司	3775424	1614231	7456	7.75
39	中国有色矿业集团有限公司	3729213	4784914	11747	26.03
40	中兴通讯股份有限公司	3532748	4707789	7392	28.32
41	光明食品(集团)有限公司	3526300	2243200	15570	14.53
42	金川集团股份有限公司	3525036	3941454	2227	16.83
43	中国通用技术(集团)控股有限责任公司	3177184	1270165	734	10.65
44	国家开发投资公司	3001445	3373465	8988	16.85
45	国家电力投资集团公司	2886247	35348	561	1.45
46	广东省广晟资产经营有限公司	2822284	1368682	1372	19.02
47	鞍钢集团公司	2768466	715124	476	4.95
48	中国港中旅集团公司	2618519	580041	5624	20.33
49	首钢总公司	2356535	2269302	4334	8.65
50	神华集团有限责任公司	2341001	254223	449	1.26
51	中国航空集团公司	2299466	4227963	2411	16.99
52	中联重科股份有限公司	2288030	255455	396	10.47
53	中国能源建设集团有限公司	2182048	3026819	6953	8.97
54	上海汽车集团股份有限公司	2136629	1435182	1589	2.68
55	雅戈尔集团股份有限公司	2035269	2614848	23976	39.50
56	中国华电集团公司	2015278	132769	952	1.40
57	三一集团有限公司	1985000	398645	1097	9.95
58	美的集团股份有限公司	1973651	4941734	5032	18.56

续表

排名	公司名称	海外资产(万元)	海外收入(万元)	海外员工(人)	跨国指数(%)
59	万向集团公司	1952418	1987257	14717	31.14
60	中国中车集团公司	1906069	2551531	4467	6.21
61	中国黄金集团公司	1804175	220899	1966	8.19
62	紫金矿业集团股份有限公司	1799530	297214	4260	14.19
63	华侨城集团公司	1723938	404058	286	7.08
64	北京汽车集团有限公司	1629024	1265944	4920	3.85
65	广东粤海控股集团有限公司	1584047	225599	468	12.98
66	中国机械工业集团有限公司	1575173	6751214	1241	12.55
67	中国建筑材料集团有限公司	1463281	2263622	2091	5.34
68	济宁如意投资有限公司	1461233	2318292	5692	38.83
69	武汉钢铁(集团)公司	1448616	1953734	1320	9.43
70	海信集团有限公司	1440814	1963757	334	11.28
71	中国电信集团公司	1333249	738260	4565	1.57
72	中国大唐集团公司	1248879	160504	449	1.05
73	浙江龙盛控股有限公司	1212888	711078	2175	31.39
74	江苏新潮科技集团有限公司	1071969	227608	5167	29.96
75	北京建工集团有限责任公司	1007777	433026	340	10.83
76	奇瑞汽车股份有限公司	997489	176768	300	7.66
77	广东省航运集团有限公司	921659	347492	2863	64.29
78	上海建工集团股份有限公司	891824	383198	557	3.61
79	珠海格力电器股份有限公司	859999	1333489	253	6.44
80	新希望集团有限公司	826462	21743	3349	5.48
81	广东省广新控股集团有限公司	795302	953378	6119	19.17
82	中国恒天集团有限公司	770719	737615	6719	14.25
83	云南建工集团有限公司	753572	109767	347	3.52
84	徐州工程机械集团有限公司	735677	872657	3187	11.01
85	中国重型汽车集团有限公司	715946	809254	246	6.87
86	江苏沙钢集团有限公司	704064	812382	561	3.27
87	卧龙控股集团有限公司	699055	1070149	4708	32.29
88	铜陵有色金属集团控股有限公司	679523	189863	1088	4.74
89	正泰集团股份有限公司	662362	615268	305	10.70

续表

排名	公司名称	海外资产(万元)	海外收入(万元)	海外员工(人)	跨国指数(%)
90	白银有色集团股份有限公司	646343	92361	2761	10.88
91	云天化集团有限责任公司	585360	1430038	598	11.06
92	陕西煤业化工集团有限责任公司	573321	70107	1038	0.83
93	天津泰达投资控股有限公司	571033	148829	535	2.51
94	山东魏桥创业集团有限公司	568800	311270	3200	2.15
95	四川长虹电子控股集团有限公司	552535	1203509	572	7.02
96	马钢(集团)控股有限公司	539842	124020	479	3.35
97	宁波均胜电子股份有限公司	495805	556464	6901	62.64
98	重庆对外经贸(集团)有限公司	460663	289029	3316	31.17
99	中国航天科工集团公司	426079	501002	3413	2.34
100	深圳市中金岭南有色金属股份有限公司	414800	1032145	2622	37.33

注：海外资产与海外收入数额单位均为人民币。

(资料来源：中国企业联合会网站)

(2) 从对外直接投资存量考察中国跨国公司的主体结构，对外直接投资的主力军是国有企业和中央企业，但其比重在逐年下降；从企业个数考察，投资主体近年来逐渐呈现多元化格局。

如图 1-6 所示，2006—2015 年，国有企业在中国对外直接投资存量占比从 81%降至 50.4%。说明从对外直接投资存量考察，中国对外直接投资的主力军是国有企业，但比重在逐年降低。而从企业所有制细分类型占对外直接投资存量的比例考察，如图 1-7 所示，投资主体近年来逐渐呈现多元化格局：国有企业比重最大，2015 年达到 50.4%，其次是有限责任公司(32.2%)、股份有限公司(8.7%)、私营企业(2.1%)、股份合作企业(1.7%)、外商投资企业(1.5%)、港澳台投资企业(0.4%)、其他类型(2.7%)。

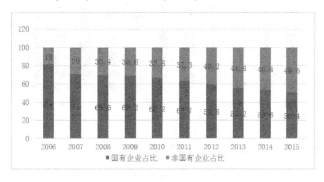

图 1-6　中国对外投资存量各类企业占比(%)

(数据来源：国家统计局. 中国对外直接投资统计公报)

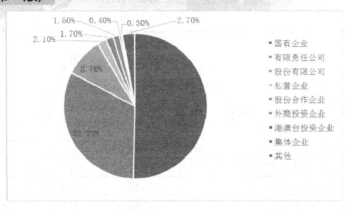

图 1-7　2015 年末中国对外非金融直接投资存量各类企业占比(%)

(数据来源：国家统计局. 中国对外直接投资统计公报)

2016 年中国 100 大跨国公司中，国有及国有控股公司占 81%，这一方面说明中国企业国际化的主力军仍然是国有及国有控股公司；另一方面也说明，国有及国有控股公司单个企业投资规模明显大于其他类型的企业。

图 1-8 显示了中国对外投资存量中央企业与地方企业占比比较。中央企业始终是中国对外直接投资的主力军，其占对外直接投资存量的比重远远高于地方企业，2004 年高达 83.7%。图 1-8 也显示，地方企业占对外直接投资存量的比重逐年增长，2015 年这一比重已经达到 36.7%，比 2004 年增加 20.4%，反映了地方企业的日益壮大。地方企业中对外直接投资存量最大的省份是广东，其次是上海，山东、浙江、北京等地区的企业近年来对外直接投资存量增长也很迅猛。

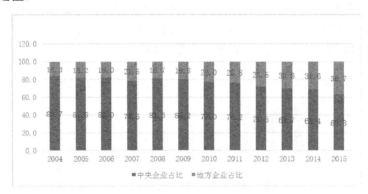

图 1-8　2004—2015 年中国对外投资存量中央企业与地方企业占比(%)

(数据来源：国家统计局. 中国对外直接投资统计公报)

"中国 100 家最大跨国公司及跨国指数"的评选结果也能够反映出同样的情况，2016 年中国 100 大跨国公司主要集中在经济发达地区，其中北京占 45%、广东占 13%、浙江占

7%、上海占6%、山东占5%，江苏、安徽各占3%，辽宁、湖南、四川、云南、甘肃各占2%。在北京的跨国公司包括中央企业和北京市地方企业。此外，广东、浙江、上海、山东等地的地方企业也成为中国100大跨国公司的主要构成部分。

(3) 从对外直接投资存量考察中国跨国公司对外投资的主要行业，比例较大的行业是商务服务业，制造业比例相对较小。

如表1-3所示，2006—2015年对外直接投资存量行业分布比例最大的是租赁和商务服务业(21.9%～37.3%)，以下依次是金融业(14.2%～19.9%)、批发和零售业(11.1%～17.2%)、采矿业(12.4%～20.2%)，交通运输、仓储和邮政业(3.6%～10.2%)、制造业(5.3%～8.5%)，制造业比重相对较小。

表1-3 2006—2015年各年末中国对外直接投资存量行业分布比例(%)

	2006	2007	2008	2009	2010	2011	2012	2013	2014	2015
租赁和商务服务业	21.9	25.9	29.7	29.7	30.7	33.5	33	29.6	36.5	37.3
金融业	17.6	14.2	19.9	18.7	17.4	15.9	18.1	17.7	15.6	14.5
批发和零售业	14.6	17.2	16.2	14.5	13.2	11.6	12.8	13.3	11.7	11.1
采矿业	20.2	12.7	12.4	16.5	14.1	15.8	14.1	16.1	14	13
交通运输仓储邮政业	8.5	10.2	7.9	6.8	7.3	5.9	5.5	4.9	3.9	3.6
制造业	8.5	8.1	5.3	5.5	5.6	6.3	6.4	6.4	5.9	7.2
建筑业	1.8	1.4	1.5	1.4	1.9	1.9	2.4	2.9	2.6	2.5
房地产业	0.2	3.8	2.2	2.2	2.3	2.1	1.8	2.3	2.8	3.1
科学技术服务地质勘查业	1.3	1.3	1.1	1.2	1.3	1	1.3	1.3	1.2	1.3
电力煤气水生供应业	0.0	0.5	1.0	0.9	1.1	1.7	1.7	1.7	1.7	1.4
农林牧渔业	0.9	1.0	0.8	0.8	0.8	0.8	1	1.1	1.1	1
信息计算机服务软件业	1.6	1.6	0.9	0.8	2.1	2.2	0.9	1.1	1.4	1.9
居民服务和其他服务业	1.3	1.1	0.4	0.4	1	0.4	0.7	1.2	1	1.3
文化体育和娱乐业						0.1	0.1	0.2	0.2	0.3
水利环境公共设施管理业	1.0	0.8	0.6	0.4	0.4	0.6			0.2	0.2
住宿和餐饮业	0.0		0.0	0.1	0.1	0.1	0.1	0.1	0.1	0.2
其他行业	0.6	0.2	0.1	0.1	0.1	0.1		0.1	0.1	0.1

(数据来源：国家统计局.中国对外直接投资统计公报)

(4) 从中国跨国公司对外直接投资国别(地区)结构考察，亚洲始终是中国企业对外直接投资的重点区域，国际避税地是中国对外直接投资的最大流向区域，对资源丰富的国家直接投资增长迅猛。

表1-4显示，中国对外直接投资存量地区中亚洲占有绝对优势，始终是中国企业对外直

接投资的重点区域。2006—2015年亚洲占中国对外直接投资存量的比例为63.9%~75.5%，其次是拉丁美洲，这一比例为11.5%~26.3%。以下依次是欧洲(2.8%~8.1%)、北美洲(2.0%~5.4%)、非洲(3.2%~4.2%)、大洋洲(1.3%~2.9%)。

表1-4 中国对外直接投资存量地区分布比例(%)

	2006	2007	2008	2009	2010	2011	2012	2013	2014	2015
亚洲	63.9	67.2	71.4	75.5	71.9	71.4	68.5	67.7	68.1	70.0
非洲	3.4	3.8	4.2	3.8	4.1	3.8	4.1	4.0	3.7	3.2
欧洲	3.0	3.8	2.8	3.5	5.0	5.8	7.0	8.1	7.9	7.6
拉丁美洲	26.3	20.9	17.5	12.5	13.8	13.0	12.8	13.0	12.0	11.5
北美洲	2.1	2.7	2.0	2.1	2.5	3.2	4.8	4.3	5.4	4.8
大洋洲	1.3	1.6	2.1	2.6	2.7	2.8	2.8	2.9	2.9	2.9

(数据来源：国家统计局.中国对外直接投资统计公报)

中国自"一带一路"倡议实施以来，对其相关国家直接投资迅速增长。2014年末，中国对"一带一路"沿线国家直接投资为924.6亿美元，占中国对外直接投资存量的10.5%；2015年中国企业对"一带一路"相关国家直接投资流量为189.3亿美元，同比增长38.6%，是对全球投资增幅的2倍，占当年流量总额的13%。流量位列前10位的国家有：新加坡、俄罗斯、印度尼西亚、阿联酋、印度、土耳其、越南、老挝、马来西亚、柬埔寨。

表1-5显示，2006—2015年中国非金融类对外直接投资存量分布始终位于前3位的国家(地区)是传统的国际避税地中国香港、开曼群岛和英属维尔京群岛。这3个国家(地区)的比例之和达到67.6%~79.7%。如果说中国香港是连接中国内地与国际市场的桥梁，向香港投资可能还不完全出于避税或相关动机的话，那么向拉丁美洲几个岛国投资的避税或相关动机就十分明显了。开曼群岛、英属维尔京群岛很小，也没有什么值得投资的产业，为了发展本地经济，这些国家(地区)为外商投资提供了极其优惠的政策。

表1-5 中国对外直接投资存量分布前三位国家(地区)比例(%)

	2006	2007	2008	2009	2010	2011	2012	2013	2014	2015
中国香港	46.6	58.3	63.0	66.9	62.8	61.6	57.6	57.1	57.8	59.8
开曼群岛	15.7	14.3	11.1	5.5	5.4	6.9	5.8	6.4	5.6	5.7
英属维尔京群岛	5.2	5.6	5.7	6.1	7.3	5.1	5.7	5.1	5.0	4.7
合计	67.6	78.2	79.7	78.6	75.5	73.6	69.1	68.6	68.4	70.2

(数据来源：国家统计局.中国对外直接投资统计公报)

在企业实施国际化经营战略中，成本是一个非常重要的影响因素。如何合法避税，的确是中国跨国公司对外直接投资不得不正视的问题。但是，对外直接投资如此大比例地投向国际避税地,且至今也没有根本性的转变,这不能不说中国跨国公司在国际市场上的竞争力依然不足,目前对外直接投资仍然处于一个比较低的水平上。

(5) 投资方式多样化,跨国并购成为最主要的方式。

中国企业对外直接投资方式逐步从单一的绿地投资(投资办厂)转变为多样化的投资方式,包括直接并购、成立合资公司、新设控股公司、境外子公司并购和换股并购、股权参与、合作经营、国际技术转让与技术投资、国际租赁等。自2004年以来,跨国并购在国际间直接投资恢复增长过程中发挥出日益重要的作用,中国企业通过兼并、收购方式实现对外直接投资也逐步成为最主要的方式。图1-9显示2004—2015年中国跨国并购金额的变化。表1-6则显示了2004—2015年中国企业跨国并购占当年对外直接投资总额比例。并购领域涉及范围广,涵盖制造业、信息通信服务业、采矿业、文化体育娱乐业、租赁和商务服务业、电力生产和供应业、专业技术服务业、金融业等。

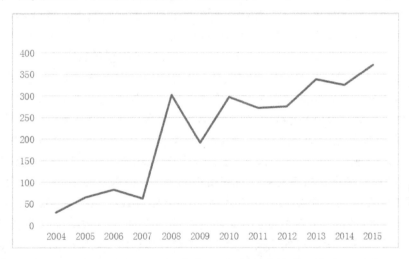

图1-9　2004—2015年中国对外直接投资跨国并购金额(亿美元)

(数据来源:国家统计局.中国对外直接投资统计公报)

表1-6　2004—2015年中国企业跨国并购占当年对外直接投资总额比例(%)

2004	2005	2006	2007	2008	2009	2010	2011	2012	2013	2014	2015
54.5	53.0	39.0	23.8	54.0	34.0	43.2	36.4	31.4	31.3	26.4	25.6

(数据来源:国家统计局.中国对外直接投资统计公报)

本章小结

(1) 关于企业跨越国界从事各种经营活动的组织载体,学术界与实际工作部门曾有过多种称谓,如"多国公司""跨国公司""超国家公司""跨国企业""国际公司""世界公司"

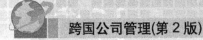

"全球公司"等，不一而足。

(2) 对跨国公司本身的定义也是见仁见智、众说纷纭。比较有权威性的定义是联合国跨国公司中心 1977—1986 年起草的《跨国公司行为守则草案》中的提法和联合国贸易和发展会议在《世界投资报告》中对跨国公司的定义，这两个定义对企业的规模、跨越国界的程度、所有权及全球战略等都没有严格的要求，可以最大限度地囊括"跨国经营"的企业，具有很强的包容性。

(3) 具有典型意义的跨国公司在规模、跨越国界的程度、企业所有权及全球战略等诸多方面，仍然具有区别于一国企业的显著特征。

(4) 早在 16 世纪就有企业的多国性活动，至今已有 400 多年历史。跨国公司的产生是发达资本主义国家生产和资本高度集中的结果，是战后科学技术和生产力空前发展的产物。

(5) 第二次世界大战后，国际环境相对稳定，跨国公司迅速发展，很快成为世界经济中一股强大的力量，并呈现出美国、西欧、日本"三足鼎立"的局面，投资的地区分布日益集中在工业发达资本主义国家，投资的部门结构较第二次世界大战前有所变化，发展中国家和地区与苏联—东欧国家跨国公司兴起并逐步形成一定规模等特点。

(6) 近 25 年来，伴随着经济全球化的进程，全球贸易快速发展，促使国际直接投资高速增长；跨国公司作为国际直接投资的主体操作者，发展迅速。并呈现出投资地区逐步转向发达经济体与发展中经济体和转型期经济体各占半壁江山之势，发展中经济体和转型期经济体日益成为对外直接投资的重要来源，涉足领域不断扩大，并逐步转向以服务业为主，服务业、制造业、采掘业、农业、低碳经济等领域的投资呈现多种发展态势等特点。

(7) 中国对外直接投资从无到有、规模由小到大，其发展先后经历了 1992 年中国市场经济改革、1997 年东南亚金融危机、2001 年中国加入 WTO、2002 年之后中国政府开始实施"走出去"战略、2007 年爆发的全球金融危机及 2013 年中国政府开始实施"一带一路"倡议。近 30 年的发展，中国对外直接投资有所波动，但总体上是不断上升和增长的。

(8) 中国跨国公司迅速成长，成为全球成长最快的跨国公司群体。中国跨国公司的发展呈现出以下特点：对外直接投资起步晚，增速迅猛，但尚未达到质的飞跃；对外直接投资的主力军是国有企业和中央企业，但比重在逐年下降；对外直接投资比重较大的行业是商务服务业；亚洲始终是中国企业对外直接投资的重点区域，国际避税地是中国对外直接投资的最大流向区域；对资源丰富的国家直接投资增长迅猛；跨国并购成为最主要的方式等。

 实训课堂

基本案情：

《中国跨国公司发展报告(2015)》指出，当前国际分工和跨境生产经营主要围绕着在产业链中处于核心地位的跨国公司展开。跨国公司及其主导的全球价值链网络体系的贸易额占有全球80%的贸易量。这些跨国公司凭借对全球价值链的掌控和影响而获得巨大的利益，可以说对全球价值链主导权的争夺是各跨国公司从事对外投资和建设国际生产经营网络的主要目的之一。

中国的跨国企业在经历以商品贸易和承揽工程承包为主的国际化尝试后，通过接单产品组装、贴牌生产及设计生产加工融入了全球价值链，主要以新建或并购形式拓展境外产业链。

总体来说，中国跨国公司在全球价值链中的发展表现为发展速度增快、进入价值链的企业数量增加、实力增强，但是，中国融入全球价值链的程度较低，尚处于全球价值链较为低端且竞争伙伴集中的层面。根据OECD对全球162个经济体全球价值链参与度测算，中国列112位，排名在南非(49)、俄罗斯(81)、印度(110)之后，在金砖国家排名倒数第二。因此，今后5—10年，中国面临的一项重要任务，就是加快构建由中国跨国公司主导的跨境产业链，因为中国目前已经成为资本净输出国。

一批世界水平中国跨国公司的诞生和快速成长无疑将推动构建中国企业主导的跨境产业链的进程，并将为中国企业获得价值链主导权和走向价值链高端奠定必要、坚实的基础。

(资料来源：何芬兰. 中国跨国公司升级须跨四大障碍. 中国投资咨询网，2016年4月20日)

 思考讨论题：

1. 案例第一部分关于"国际分工和跨境生产经营主要围绕在产业链中处于核心地位的跨国公司展开"的相关阐述，反映出世界跨国公司什么特征？

2. "中国跨国公司在全球价值链中的发展表现为发展速度增快、进入价值链的企业数量增加、实力增强，但是融入全球价值链的程度较低"等相关阐述，反映了目前中国企业跨国经营尚处于什么阶段？

分析要点：

1. 从跨国公司"规模与实力""跨国化程度""企业所有权""全球经营战略"4个方面的特征，分析关于"国际分工和跨境生产经营主要围绕在产业链中处于核心地位的跨国公司展开"的相关阐述。

2. 结合中国跨国公司的发展历史及中国跨国公司跨国指数，分析目前中国企业跨国经营处于什么阶段。

第二章 跨国公司的理论与政策

【学习要点及目标】

- 掌握跨国公司对外直接投资的决定因素。
- 了解跨国公司对东道国与母国的作用。
- 了解国家层面和国际层面对于跨国公司的政策与法规。

【核心概念】

垄断优势理论 区位理论 产品寿命周期理论 内部化理论 国际生产折中理论 寡占反应理论 投资发展周期理论 小规模技术理论 技术地方化理论 技术创新产业升级理论 人力资本理论 投资诱发要素组合理论 发展中国家跨国公司对外投资四动机理论 "麦克杜格尔-肯普"模型 "双缺口"模型 技术转让与扩散 贸易与投资替代关系 投资的贸易创造效应 国家经济安全 东道国对跨国公司政策与法规 母国对跨国公司政策与法规 国际投资协定

【引导案例】

UNCTAD 呼吁各国采取新一代投资政策框架

在全球经济危机 8 年之后,全球对外直接投资流动仍低于危机前的峰值,2016 年全球对外直接投资将再次下降。全球对外直接投资低迷的主要症结出在政策方面。具体体现在:全球投资政策缺乏协调性;国际投资体制不断碎片化;投资保护主义抬头。

对应上述挑战,联合国贸易和发展会议组织呼吁各国采取"新一代投资政策框架",将投资政策纳入国家发展战略,加强国内、国际经济政策的协调,优化政策环境。杭州 G20 峰会在这方面也发挥了领导作用,承诺坚决反对投资保护主义,要求各国不出台新的保护主义措施,并要求贸发组织和经合组织定期发布 G20 成员国投资政策监测报告。

(资料来源:联合国贸易和发展会议.世界投资报告,2016)

【案例导学】

企业为什么要跨国经营?企业跨国经营对于东道国与母国的影响如何?对于这些基本问题的研究构成了跨国公司理论体系的基本框架,也成为各国政府对跨国公司行为进行控制的主要依据。本章将介绍跨国公司对外直接投资的决定因素、跨国公司对东道国和母国的作用以及国家与国际间关于跨国公司的经济政策。

第二章　跨国公司的理论与政策

第一节　对外直接投资的决定因素

对于企业为什么要跨国经营，为什么能够跨国经营，从亚当·斯密(Adam Smith)和大卫·李嘉图(David Ricardo)等先驱者们的自由贸易理论开始就已经为跨国公司的行为理论奠定了基础。到 20 世纪 60 年代，随着跨国公司的发展遍及世界各地，并开始成为世界经济中的重要力量，对跨国公司行为理论的研究迅速发展，经济学家们从各个侧面和角度探索和研究跨国公司的行为特点及其作用与影响，提出了许多理论和主张。事实上这些理论和主张的研究无非也是沿着两个基本思路进行：一是国际生产要素的组合；二是跨国公司所面临的市场特征(特别是寡头垄断市场特征)。[①]

一、国际生产要素的最优组合

(一)跨国公司的垄断优势与东道国区位因素的提出

跨国公司对外直接投资首先必须具备两大基础：一是作为投资方跨国公司自身的优势；二是作为受资方东道国的条件。而首先在这两方面作出贡献的，一是美国学者海默(Hymer)，二是索思阿德(Southard)和艾萨德(Isard)。

1. 垄断优势理论

1960 年，美国学者海默在其博士论文《国内企业的国际经营：对外直接投资的研究》中首次提出垄断优势理论[②]。后得到其导师金德尔伯格(Kindlerberg)的支持并加以完善[③]，成为最早研究对外直接投资独立的理论。

垄断优势理论是在批判传统国际资本流动理论中关于各国产品市场和生产要素市场是完全竞争的市场这一假设的基础上形成的。海默认为，传统国际资本流动理论说明的是证券资本的国际移动，它不能解释第二次世界大战后发达国家企业对外直接投资以及发达国家之间直接投资双向流动现象。海默研究了美国企业对外直接投资的产业构成，发现美国

[①] 经济学家们大多是从微观经济学角度来解释跨国公司对外投资的行为。也有少数学者，如阿利伯(Aliber,1970)，是从宏观经济角度解释对外投资行为。又如，有人将日本经济学家小岛清的"边际产业扩张理论"也归入宏观跨国公司理论。本书这里所说的两个主要思路，是仅从微观经济角度而言的。其他的有关论述将放在其他章节展开。

[②] Stephen H. Hymer. International Operations of National Firms: A Study of Direct Foreign Investment, 1976.

[③] Charles P. Kindleberger. Monopolistic Theory of Direct Foreign Investment. In International Political Economy, 1975.

从事对外直接投资的企业主要集中在资本集约程度高、技术先进、产品具有差别的一些制造业部门。这些部门都是寡头垄断程度较高的部门。因此，海默主张利用产业组织理论来解释美国企业对外直接投资行为，即从不完全竞争或寡头垄断方面来解释对外直接投资。

海默和金德尔伯格认为，是市场不完全导致了对外直接投资。正如金德尔伯格在 1969 年所说："直接投资的兴旺必定是因为存在着产品或要素市场的不完全性(包括技术市场不完全性)，或是存在着造成市场分割的政府或企业对竞争的某些干预。"① 一般地讲，市场不完全可以表现为四种类型：①产品和生产要素市场不完全；②由规模经济导致的市场不完全；③由政府干预引起的市场不完全；④由税赋与关税引起的市场不完全。跨国企业正是在这种不完全竞争下取得了各种垄断优势。这些优势可分为三类：一是来自产品市场不完全的优势，如产品差别、商标、销售技术与操纵价格的能力等；二是来自生产要素市场不完全的优势，包括专利与工业秘诀、资金获得条件的优惠、管理技能等；三是企业拥有的内部规模经济与外部规模经济优势。一般说来，当地企业由于熟悉本国消费者嗜好，了解当地企业经营的法律与制度，市场信息灵通，决策反应迅速，因而具备有利的竞争条件；相对应，则要承担在国外远距离经营的各种成本以及由于对当地市场了解发生偏差等引起的额外成本。但是，由于美国企业拥有各种垄断优势，因此可以抵消在海外经营中的不利因素，压倒当地竞争对手，取得高于当地企业的利润。

垄断优势理论还试图解释美国企业选择直接投资，而不是出口和许可证交易方式来利用其垄断优势的原因。海默认为，美国企业之所以从事直接投资的原因，一是东道国关税壁垒阻碍企业通过出口扩大市场，因此企业必须以直接投资方式绕过关税壁垒，维持并扩大市场；二是技术等资产不能像其他商品那样通过销售获得全部收益，而直接投资可以保证企业对国外经营及技术运用的控制，并因此而获得资产的全部收益。

2. 区位理论

1953 年，索思阿德(Southard)提出区位理论，用以研究国内资源的区域配置问题。后来，艾萨德(Isard)等用此理论来解释对外直接投资的现象②。区位理论认为，市场不完全性不仅存在于一国市场上，同样存在于国际市场上。国际市场的不完全性会导致各国之间的市场差异，即在生产要素价格、市场规模、市场资源供给等方面存在着不同的差异。如果国外市场这些差异为准备投资的一国企业带来了有利的条件，企业就会发生对外直接投资。影响区位优势的主要因素有生产要素、市场定位、贸易壁垒、经营环境等。

区位优势理论可以从供给和需求两个方面加以论述。供给导向的区位优势理论认为，在国内买方市场条件下，企业如果已达到了最大盈利水平，就会到国外寻找生产要素成本

---

① Kindleberger，C.P.. American Business Abroad: Six Lectures on Direct Investment, New Haven, Conn.:Yale U.P., 1969.

② 转引自徐二明. 国际企业管理概论. 北京：中国人民大学出版社，1995.

最低的地方进行直接投资,以获得供给方面的优势。需求导向的区位优势理论认为,市场需求方面的区位优势与竞争对手分布情况可决定企业选择对外直接投资的国家和地区。

(二)产品寿命周期理论

1966年,美国哈佛大学教授维农(Vernon)从技术创新入手,分析了国际贸易、对外直接投资与产品寿命周期的关系[①]。事实上,正如中国学者徐二明所说,维农的产品寿命周期理论"是将垄断因素与区位因素结合起来的动态分析"[②]。

产品寿命周期理论认为,企业的各种优势最终体现在产品上。随着产品寿命周期阶段的变化,企业产品生产的地域也会从一个国家转移到另一个国家,以寻求最佳的区位优势,获得自己的竞争优势。

产品寿命周期理论将产品市场运动的普遍现象——产品创新、成熟与标准化三个阶段的变更,用于解释美国企业在第二次世界大战之后对外直接投资的动机、时机和区位选择。在产品的创新阶段,价格的需求弹性可能相当低,因为发明企业拥有产品特异性或垄断优势;同时在此阶段,为了消除产品问世初期的困难或变更产品的规格、特性等,同顾客和供应商保持密切联系十分必要,因而产品的创新、生产与销售需要在同一个国家,企业有在国内选择生产地点的固有倾向。在产品的成熟阶段,该产品的设计和生产已经有了某些标准化因素,用确立的技术从事长期生产已变得可能,人们较多地关心起生产成本,特别是当竞争对手已出现时更是如此;此外,随着国外出现机会时,例如,相对于美国来说,像西欧那样相对先进的国家,出现各种机会时,市场范围也会发生变化,此时,发明国通过出口以维持和扩大其国外利益的目标难以实现,它们必须对外投资(投资地区一般是那些收入水平和技术水平与母国相似的地区),并设立子公司,进行就地生产,以便维持和扩大出口市场,保障自己的利益。在产品的标准化阶段,产品和技术都已完全标准化,发明者的技术优势已消失,随着竞争的加剧,成本和价格问题变得十分突出,市场知识和信息流通已退居次要地位,其最终结果就是把生产或装配业务转移到劳动力成本低的发展中国家,国外生产的仿制品可能导致原来的发明创造国或国外子公司进口该产品。

维农随后的著作修正了他最初的理论,而强调了跨国公司的寡头垄断行为,以弥补原产品寿命周期理论存在的较大局限性。维农的寡头垄断产品周期理论将国际生产要素组合与寡头垄断市场特征联系在一起,从而为国际投资决策奠定了理论基础。

(三)内部化理论

为了寻求企业对外投资行为的解释,1976年,英国学者巴克利(Buckley)和卡森(Casson)

---

① Raymond Vernon. International Investment and International Trade in the Product Cycle. Quarterly of Economics, May 1966.

② 徐二明. 国际企业管理概论. 北京:中国人民大学出版社,1995.

发掘了科斯(Coase)在 1937 年对企业的起源和均衡规模[①]提出的内部化理论[②]。

内部化理论是从市场不完全与垄断优势理论发展起来的。在巴克利等新创的内部化理论中，市场不完全并非规模经济、寡头垄断或关税壁垒等，而是指由于某些市场失效，以及某些产品的特殊性质或垄断势力的存在，导致企业市场交易成本增加。内部化理论建立在三个基本假设的基础上：①企业在市场不完全的情况下从事经营的目的是追求利润最大化；②当生产要素特别是中间产品市场不完全时，企业有可能统一管理经营活动，以内部市场代替外部市场；③内部化越过国界时就产生国际企业。

企业能否实现中间产品的内部化，还受到四种因素的影响，这四种因素事实上又着眼于跨国企业的垄断优势与东道国的区位因素：①行业特有因素，包括中间产品的特性、外部市场结构和规模经济；②地区特有因素，包括地理距离与文化差异；③国家特有因素，包括东道国政府的政治、法律、财政状况；④企业特有因素，包括企业的组织结构、管理经验、控制和协调能力等。

内部化理论与垄断优势理论的区别在于，内部化理论并不是指给予企业特殊优势的这种财产本身，而是指这种财产的内部化过程带给跨国企业以特有的优势。

(四)国际生产折衷理论

国际生产折衷理论，又称国际生产综合理论。1976 年，英国里丁大学教授邓宁(Dunning)首次提出了综合理论学说[③]。以后，邓宁又多次发表论文，系统阐述"综合主义"理论，并将其动态化，从而形成了至今仍然对跨国公司和对外直接投资研究影响最大的理论框架。

邓宁认为，人类以前研究跨国公司的成果已分别解决了 4 个"W"，即：企业拥有优势说明为什么(Why)能到国外办企业，区位优势说明企业到哪里(Where)去办子公司，内部化优势说明企业建立子公司怎样(How)使效益更大，产品寿命周期理论说明企业在什么时候(When)建立子公司。但是，它们之中没有一种理论能单独解释清楚跨国公司的全部行为。所以邓宁主张把有关部分理论结合起来构成一个整体，综合地对跨国企业作出分析。

邓宁的国际生产综合理论可以概括为一个简单的公式：

$$所有权优势+内部化优势+区位优势=对外直接投资$$

邓宁还指出，企业可以根据自己所具备的不同优势，分别采用不同的国际经营方式。企业对外直接投资，必须同时具备所有权优势、内部化优势与区位优势；该企业如果只拥有所有权优势与内部化优势，只能进行出口贸易；企业如果只有所有权优势，则只能考虑

---

① Ronald H. Coase. The Nature of the Firm, Economics, November, 1937, pp.386-405.

② Peter J. Buckley and Mark Casson. The Future of the Multinational Enterprise, 1976; Allan M. Rugman, Inside the Multinationals, 1981.

③ John H. Dunning. International Production and Multinatinal Enterprise, 1981.

采用技术转移的形式,将技术出让给其他企业;如果企业具有上述三种优势,却只采取技术转移的方法,则会丧失内部化优势与区位优势所能带来的收益。

以上介绍的几位代表人物及其研究成果虽然只是关于跨国企业理论探讨的一小部分,但是他们的研究构筑了一个从国际生产要素组合角度研究跨国企业行为理论的框架。各国经济学家关于跨国企业行为的其他研究,有不少是对这一理论框架研究的进一步补充和发展。

二、寡占市场(即寡头垄断市场)的反应

对企业跨国经营的行为,一些学者更侧重于从企业所面临的市场角度,特别是从跨国公司投资产业大都属于寡占市场特征的角度进行研究。

(一)海默论跨国企业的寡头垄断反应行为

对于发达国家之间的双向或交叉直接投资来说,海默认为,必须利用寡占反应行为来加以解释。海默所说的寡占反应行为是指各国寡占企业通过在竞争对手的领土上建立地盘来加强自己在国际竞争中的地位[①]。海默认为双向直接投资只是国内寡占竞争行为在国际范围内的延伸,但其基础仍在于各国企业所拥有的技术等垄断优势,各国企业在技术、管理及规模经济方面的相对优势决定了直接投资的流向及多寡,决定了一国是主要的对外直接投资国还是主要的直接投资接受国。海默对跨国公司寡占反应行为的解释还只是作为垄断优势理论的补充,在寡占反应理论上作出较为系统阐述的是美国学者尼克博克(Knickerbocker)。

(二)尼克博克的"寡占反应理论"

尼克博克沿着与海默不同的思路,对美国跨国公司对外直接投资提出了新的解释[②]。他指出,"二战"后美国企业对外直接投资主要是由寡占行业中少数几家寡头公司进行的,它们的投资又大多在同一时期成批发生。基于这个特点,尼克博克认为,垄断优势理论不能成为全面解释美国企业对外直接投资的决定因素,必须用寡占行为理论加以补充。

尼克博克将对外直接投资区分为"进攻性投资"与"防御性投资"。在国外市场建立第一家子公司的寡头公司,其投资是进攻性投资,同一行业其他寡头成员追随率先投资的公司也建立子公司是防御性投资。尼克博克认为,决定这两类投资的因素是各不相同的,进攻性投资的动因可由维农的产品周期理论解释,而防御性投资则是由寡占反应行为所决定的。尼克博克的重点是研究防御性投资。决定防御性投资行为的寡占反应,其目的在于抵消竞争对手首先采取行动所得到的好处,避免对方的行动给自己带来的风险,保持彼此之

---

① Stephen H. Hymer. The Multinational Corporation: A Radical Approach, 1979, p227-228.

② Frederick T. Knickerbocker. Oliopolistic Reaction and Multinational Enterprise, 1973.

间的力量均衡。当国内同一寡占行业的竞争对手率先在某国外市场进行直接投资时，其他寡头企业就会面临严重风险。这些企业在该地的出口地位与市场份额将会降低，各公司收益减少。更重要的是，竞争对手在国外经营中可能获得新的竞争优势与能力，从而可能使其他企业在国内与国外的经营都处于不利地位。为了使风险降低到最小限度，寡头企业的最优战略便是紧随竞争对手，在对方已进入的市场上建立自己的子公司，恢复与竞争对手的竞争均衡。尼克博克认为，这种寡占反应行为解释了美国某些寡占行业中几家大公司在一个很短的时期内集中对某个国家进行直接投资，纷纷建立子公司的原因。西欧对美国的直接投资也有类似情况发生。

尼克博克在其寡占反应理论中还详细分析了与对外直接投资成批性有相关关系的各种因素，他证明，对外直接投资成批性与行业集中程度、行业盈利率及东道国市场容量等因素呈正相关，与行业中的企业规模、产品创新、产品差别及产品多样化的程度等因素呈负相关。这些结论对寡头垄断市场的深入研究具有较高的价值。

三、经过修正的产品周期理论——国际生产要素最优结合理论与寡占市场反应理论的结合

20 世纪 70 年代，维农本人已认识到，他的产品周期理论已不能作为一个完整的理论来解释以美国为基地的跨国企业的行为，随后修正了他的理论。他引入国际寡占行为来解释跨国公司的投资行为。维农将产品周期重新划分为"以创新为基础的寡占""成熟的寡占"和"老化的寡占"三个阶段。在各个阶段中，跨国企业根据不同类型的进入壁垒来建立和维持自己的垄断地位。不同的进入壁垒对跨国企业在国内和国外的生产区位选择上具有重要的意义①。

(一)以创新为基础的寡占阶段

在以创新为基础的寡占阶段，创新仍在国内市场开始，并受国内生产要素禀赋状况的影响，但跨国公司也有可能针对国外市场研制新产品。为了维护垄断地位，跨国公司在产品创新上投入大量资本和人力，扩大现有产品的差别，加强对新产品和技术的垄断。由于各国资源禀赋条件不同，美国公司在满足高收入需求以及节省劳动的产品创新与研制上拥有比较优势，欧洲公司将会集中创新节省土地和原材料的产品，日本公司则集中在节省原材料产品的创新上。新产品的研制与生产仍集中在国内生产基地，以便协调生产与研制及销售活动。在出现技术扩散、产品和工艺标准化及国外竞争时，跨国公司就会把生产移往国外，维持和延续以创新为基础的优势。但由于各国、各公司的技术和生产成本结构不同，各国跨国公司的区位选择可能有差异。

---

① Raymond Vernon. Location of economic activity, in John H. Dunning ed., Economic Analysis and the Multinatinal Enterprises, 1974.

(二)成熟的寡占阶段

在成熟的寡占阶段，跨国公司以创新为基础的优势消失，但跨国公司会利用生产、销售与研制的规模经济来代替创新因素，排斥竞争者进入。这是规模经济构成寡占优势的基础。各国跨国公司主要采取相互牵制战略或盯住战略来维持各自的市场份额与地位。前一战略指跨国公司各自到对方的主要市场上设厂经营，以此来避免竞争对手在自己的市场上削价竞争；后一战略指当领先的公司开辟新市场时，同一行业的寡头成员亦紧紧跟上，以维护寡占均衡。两种战略均旨在稳定寡头成员在世界市场上的份额，避免竞争失利。

(三)老化的寡占阶段

到老化的寡占阶段，规模经济已不再是阻碍竞争者的有效手段，跨国公司力图组成卡特尔，或通过广告商标使它们的产品互有差别，以建立新的障碍。但由于竞争者不断进入，成本竞争与价格竞争的压力重新出现，成本高的公司被迫退出该行业，拥有有利生产条件的公司继续留下。这时，生产区位的选择主要取决于成本差异，而市场距离和寡占反应则变成次要的因素。

综上所述，在经过维农修正过的产品周期理论中，跨国公司在三个产品周期分别以产品差异、规模经济、成本差异为主要手段维持寡占优势。

四、发展中国家对外直接投资理论的探讨

传统的对外投资理论，可用于解释发达国家向发展中国家的垂直投资或发达国家之间已日臻完善的水平投资。

近年来，为了寻求发展中国家对外投资的理论依据，国际经济学界创立了一些新的理论学说。

(一)投资发展周期理论

邓宁在 1981 年又提出"投资发展周期理论"[①]，该理论从动态角度解释发展中国家对外投资行为，进一步发展和完善了其国际生产折衷理论。邓宁实证分析了 67 个国家于 1967—1978 年间直接投资流量与人均国民生产总值的关系，结果发现：一个国家对外直接投资与该国经济发展水平密切相关。换言之，一个国家对外直接投资的动力和能力大小，直接取决于人均国民生产总值(GNP)的高低。因为处于不同经济发展阶段的国家，企业所有权优势、内部化优势和区位优势都有较大差别，从而会对直接投资流量产生重大影响。

邓宁根据人均国民生产总值大小划分了四个经济发展阶段，处于不同阶段的国家对外

---

① J.H. Dunning(1981). Explaining Outward Direct Investment of Developing Countries: In Support of the Eclectic Theory of International Production. In K. Kuman and M. G. Mcleod, ed: Multinationals from Developing Countries, p.4, Lexington, Massachusetts: D. C. Heath and Company.

直接投资的地位也不同。

处于第一阶段的是人均 GNP 低于 400 美元的最穷的发展中国家，这些国家企业缺乏所有权优势，且内部化能力也很低，几乎没有对外直接投资。同时，这些国家缺少区位优势，投资环境差，引进外资规模也很小。该类国家对外直接投资净额为负值。

处于第二阶段的是人均 GNP 在 400～2000 美元之间的发展中国家，这些国家的企业所有权优势和内部化优势虽有所增长，但仍很有限，对外直接投资只能维持在一个较低的水平上。随着本国投资环境的改善，开始出现较强的区位优势，从而可吸引越来越多的外商直接投资。这一阶段对外直接投资净额仍为负值，且负值有增加的趋势。

处于第三阶段的是人均 GNP 在 2000～4750 美元之间的发展中国家，这时本国所有权优势和内部化能力明显增强，对外直接投资也相应增长，其发展速度可能超过引进国外直接投资的发展速度，但对外直接投资净额仍为负值，不过数额日益减少。

处于第四阶段的是人均 GNP 在 4750 美元以上的发展中国家，其拥有强大的所有权优势和内部化能力，同时善于利用国外的区位优势，对外直接投资额明显大于引进外资额，且差额不断扩大，因此对外直接投资额为正值，并呈现逐步扩大的趋势。

邓宁认为，一国吸引外资和对外投资的数量不能仅仅用经济指标来衡量，它还取决于一国的政治经济制度、法律体系、市场机制、教育水平、科研水平以及政府的经济政策等因素。一国的所有权优势、内部化优势和区位优势可以从国家、产业和企业三个层面进行分析。从所有权优势看，国家层面的因素包括自然资源禀赋、劳动力素质、市场规模及其特征、政府创新、知识产权保护、竞争与产业结构政策；产业层面的所有权优势包括产品和加工技术深度、产品差异程度、规模经济、市场结构等；企业层面的所有权优势包括生产规模、产品加工深度、生产技术水平、企业创新能力、企业组织结构、管理技术、企业获得低成本要素供给的能力等。

但是，投资发展周期理论在分析方法上仍存在着严重不足。邓宁用人均国民收入水平来区分经济发展阶段从而说明一国的国际投资地位。按照这一逻辑分析，经济越发展，人均净对外投资量就越大。但是这一结论难以经得住实践检验。比如人均净对外投资值为负值，可以由两种情况所致：一种是那些低收入国家，外资投入少，对外投资更少，其人均净对外投资表现为负值；另一种是经济发达国家，其对外直接投资存量和外国直接投资存量都有相当规模，但外国直接投资存量大于其对外直接投资存量，其人均净对外投资值也会表现为负值，而这两类国家在经济发展水平上不可比拟。即使是经济发展水平相同的国家，人均净对外投资也可能表现出很大的差异。例如，根据邓宁的计算，人均国民收入在 2500～4000 美元之间的国家中，英国和荷兰人均净对外投资分别为 17.2 美元和 11.4 美元，比利时、卢森堡分别为-51.4 美元，挪威为-32.1 美元。可见，人均净对外投资并不是真正反映一国国际投资地位的代表性指标。

(二)小规模技术理论

在对发展中国家对外直接投资理论的研究者中,美国哈佛大学研究跨国公司的教授威尔斯(Wells)被认为是最有影响的代表人物之一。他在1977年发表的"发展中国家企业的国际化"一文中提出小规模技术理论,在1983年出版的《第三世界跨国公司》专著中对该理论作了较系统的阐述。

威尔斯认为,与发达国家相比,发展中国家的经济技术水平相对落后,在对外直接投资中难以仰赖绝对的竞争优势,因而发展中国家跨国公司的技术优势具有十分特殊的性质,这种优势是投资企业母国市场环境的反映。威尔斯主要从三个方面分析发展中国家跨国公司的比较优势。

1. 拥有为小市场需求服务的小规模生产技术

低收入国家制成品市场的一个普遍特征是需求量有限,大规模生产技术无法从这种小市场需求中获得规模效益。而这种市场空缺正好被发展中国家企业所利用,它们以此研发了适合小批量生产的技术而获得对外投资部分优势。

在许多产品销售市场较小的情况下,发展中国家的企业只有使技术适合于小规模制造,才能增加利润。这些企业一般在开始时总是使用从工业国引进的技术,然后逐步改造使之适合于当地市场。威尔斯对印度52家制造业跨国公司的一项调查表明,绝大部分印度公司生产技术都是从国外进口的,而且几乎所有公司都对进口的外国技术进行了改造,以满足本国和其他发展中国家批量、多样化产品的市场需求。

利柯鲁(Lecraw,1981)在对泰国的一项调查中也提出了发展中国家跨国公司具有小规模的特点。通过生产设备能力利用率可以证明发展中国家企业的小规模是很有效的。根据他的考察,在泰国的外国公司中,发达国家跨国公司的生产规模比当地企业生产规模平均大2倍以上。在生产设备能力利用率上两者也出现明显差距,前者的平均生产能力使用率仅为26%,后者却高达48%。

威尔斯认为发展中国家跨国公司所掌握的小规模技术具有"劳动密集型"和"灵活性"的特点。他比较了印度尼西亚外国公司的资本劳动比率。结果表明,跨国公司的资本劳动比率比东南亚国家和地区的资本劳动比率高1倍以上。为了满足小规模市场的需要,发展中国家的企业必须使生产技术具有灵活性,以提供品种繁多的产品。

2. 来自"当地采购和特殊产品"的竞争优势

威尔斯认为,发展中国家的竞争优势来自"当地采购和特殊产品"。为了减少因进口技术而造成的特殊投入,发展中国家的企业便寻求用本地的投入来替代特殊投入。一旦这些企业学会用本地的投入来替代特殊投入,它们就可以把这些专门知识推广到面临同样问题的其他发展中国家。

发展中国家对外直接投资的另一特征表现在鲜明的民族文化特点上,这些海外投资主要是为海外同一种族团体的需要而建立的。一个突出的例子是华人社团在食品加工、餐饮、新闻出版等方面的需求，带动了一部分东亚、东南亚国家和地区的海外投资。而这些民族产品的生产往往利用母国的当地资源，在生产成本上享有优势。

3. 低价产品营销策略

发达国家跨国公司的产品营销战略往往投入大量的广告费用，树立产品形象，以创造名牌效应。而发展中国家跨国公司则支出较少的广告费用，采取低价营销战略。美国学者巴斯基特(Busjeet)对毛里求斯出口加工区外国制造业公司的调查证实，发展中国家跨国公司推销产品的广告费用大大低于发达国家的同行公司。在被调查的企业中，96%的发展中国家公司的广告费用占销售额的比例低于1%，而在跨国公司的同行中，21%的子公司广告费用占销售额的比例超过5%。

威尔斯有关发展中国家跨国公司的研究在西方理论界被认为是该领域早期代表性成果。小规模技术理论的最大特点，就是摒弃了那种只能仰赖垄断技术优势打入国际市场的传统观点，将发展中国家对外直接投资竞争优势的产生与这些国家自身的市场特征有机结合起来，从而为经济落后国家发展对外直接投资提供了理论依据。由于世界市场是多元化、多层次的，即使对于那些技术不够先进、经营范围和生产规模不够庞大的小企业而言，参与对外直接投资仍有很强的经济动力和较大的市场空间。但是，从本质上看，威尔斯的小规模技术理论属于技术被动论。他显然继承了维农的产品寿命周期理论，认为发展中国家主要使用"降级技术"生产产品，生产的是在西方国家早已成熟的产品。这样，发展中国家在国际生产的位置永远处于边缘地带，或是产品寿命周期的最后阶段。同时，该理论很难解释一些发展中国家高技术企业的对外直接投资行为，也无法解释当今发展中国家对发达国家的直接投资日趋增长的现象。

(三)技术地方化理论

英国经济学家拉奥(Lall)在1983年出版的《新跨国公司：第三世界企业的发展》一书中提出用技术地方化理论来解释发展中国家对外直接投资行为。拉奥深入研究了印度跨国公司的竞争优势和投资动机，认为发展中国家跨国公司的技术特征尽管表现为规模小、使用标准化技术和劳动密集型技术，但这种技术的形成却包含着企业内在的创新活动。拉奥认为满足以下几个条件就可使发展中国家企业能够形成和发展自己的"特定优势"。

第一，在发展中国家，技术知识的当地化是在不同的环境下进行的。这种新的环境往往与一国的要素价格及质量相联系。第二，发展中国家生产的产品适合于它们自身的经济条件和需求，换言之，只要这些企业对进口的技术和产品进行一定的改造，使产品能够更好地满足本国市场需要，这种创新活动就会形成竞争优势。第三，发展中国家企业竞争优势不仅来自其生产过程及产品与当地供给条件和需求条件的紧密结合，而且来自创新活动中所产生的技术在小规模生产条件下具有更高的经济效益。第四，在产品特征上，发展中国家企业仍然能够开发出与名牌产品不同的消费品，特别是当国内市场较大、消费者的品位和购买能力有很大差别时,发展中国家的产品仍有一定的竞争能力。第五,上述几种优势还会由于民族的或语言的因素而得到加强,如表 2-1 所示。

表 2-1 发展中国家竞争优势的来源

发达国家跨国公司	发展中国家跨国公司
1. 企业/集团规模大	1. 企业/集团规模小
2. 靠近资本市场	2. 技术适合于发展中国家供求条件
3. 拥有专利或非专利技术	3. 有时的产品差异
4. 产品差异	4. 营销技术
5. 营销技巧	5. 适合当地条件的管理技术
6. 管理技术和组织优势	6. 低成本投入(特别是管理和技术人员)
7. 低成本投入	7. "血缘"优势
8. 对生产要素和产品市场的纵向控制	8. 东道国政府的支持
9. 东道国政府的支持	

(资料来源:拉奥. 新跨国公司——第三世界企业的发展. 伦敦:Joho Wiley & Sons 出版社,1983)

技术地方化理论以发展中国家跨国公司为研究对象,为发展中国家进行对外直接投资提供了新的理论支持。该理论的重要意义在于,它不仅指出了发展中国家技术及其产品对于当地市场的适应性,而且强调了技术创新对增强企业国际竞争能力的重要作用,尽管对企业技术创新活动的描述仍然是粗线条的。此外,该理论还强调根据东道国市场特征不同开发不同产品,以便形成独特的竞争优势,这对发展对外直接投资是有启迪意义的。

(四)技术创新产业升级理论

20 世纪 80 年代中期以后,发展中国家对外直接投资出现了加速增长的趋势。特别是一些新兴工业国家和地区的对外直接投资更是把触角直接伸向工业发达国家,并成为当地企业有力的竞争对手。如何解释发展中国家跨国公司的新趋势,是跨国公司理论界面临的重要挑战。坎特威尔(Cantwell)教授是英国里丁大学研究技术创新与经济发展问题的著名专家,他作为托兰惕诺(Tolentino)的博士生导师,与托兰惕诺共同对发展中国家对外直接投资问题进行了系统的考察,提出了发展中国家技术创新产业升级理论。该理论提出了两个基本命题。

第一,发展中国家产业结构的升级,说明了发展中国家企业技术能力的稳定提高和扩大,这种提高和扩大是一个不断积累的结果。第二,发展中国家企业技术能力的提高和扩大是与它们对外直接投资的增长直接相关的。现有的技术能力水平是影响其国际生产活动的决定因素,同时也影响着发展中国家跨国公司对外投资的形式和增长速度。

在第一、第二两个命题的基础上,发展中国家跨国公司技术创新产业升级理论的基本结论是：发展中国家对外直接投资的产业分布和地理分布是随着时间的推移而逐渐变化的，并且是可以预测的。

坎特威尔和托兰惕诺认为，从历史上看，技术积累对一国经济发展的促进作用，在发达国家和发展中国家没有什么本质差别。技术创新仍然是一国产业、企业发展的根本动力。与发达国家相比，发展中国家企业的技术创新表现出不同的特征。发达国家企业的技术创新表现为大量的研究与开发投入，掌握和开发尖端的高科技，引导技术发展的潮流。而发展中国家企业的技术创新并没有很强的研究与开发能力，主要是掌握和开发现有的生产技术。

新兴工业化经济体的竞争优势表现在工业产品、轻工业消费品(如纺织、服装和鞋帽、玩具及电子产品)方面。这些企业的技术创新最初来自外国技术的进口，并使这些技术适合当地的需求。随着生产经验的积累，企业进行技术创新，这种创新优势又随着管理水平、市场营销水平的提高而得到加强。因此，发展中国家跨国公司的技术积累过程是建立在"特有的学习经验基础上的"。

坎特威尔和托兰惕诺还分析了发展中国家跨国公司对外直接投资的产业特征和地理特征。他们认为，发展中国家跨国公司对外直接投资受其国内产业结构和内生技术创新能力的影响，在产业分布上，首先是以自然资源开发为主的纵向一体化生产活动，然后是以进口替代和出口导向为主的横向一体化生产活动。从海外经营的地理扩张看，发展中国家在很大程度上受"心理距离"的影响，遵循周边国家→发展中国家→发达国家的渐进发展轨道。随着工业化程度的提高，一些新兴工业化经济体的产业结构发生了明显变化，技术能力也得到迅速提高。在对外投资方面，它们已经不再局限于传统产业的传统产品，而开始从事高科技领域的生产和开发活动。如中国台湾跨国公司在化学、半导体、计算机领域；新加坡跨国公司在计算机、生物技术、基因工程、电子技术领域；韩国、中国香港特区跨国公司在半导体、软件开发、电信技术等领域都占有一席之地。这些国家和地区对发达国家的投资也表现出良好的竞争力。

(五)人力资本理论

人力资本理论从另一个角度研究发展中国家企业向发达国家的投资行为。

新古典理论认为，发展中国家的资本/劳动比率远远小于发达国家，即发展中国家资本的边际产品要高于发达国家，因此资本的合理流向应该是从发达国家到发展中国家。卢卡斯(Lucas)于1990年提出，新古典理论忽略了国家与国家之间劳动者的质量差异。因为发达国家的劳动中可能含有大量的发展中国家所无法比拟的人力资本因素，所以，发达国家与发展中国家的资本/劳动比率的差异并不像新古典理论假设的那样，发达国家的资本边际报酬仍有可能高于发展中国家，这就为资本由发展中国家流向发达国家提供了一种理论上的解释。

(六)投资诱发要素组合理论

近年来,国际经济学者为了克服以往对外直接投资理论的片面性和局限性,提出了"投资诱发要素组合理论"。该理论的主要核心观点是:任何形式的对外直接投资都是在投资直接诱发要素和间接诱发要素的组合作用下而产生的。

直接诱发要素,主要是指各类生产要素,包括劳动力、资本、资源、管理及信息知识等。直接诱发要素既可存在于投资国,也可存在于东道国。如果投资国拥有技术上的相对优势,可以诱发其对外直接投资,将该要素转移出去。反之,如果投资国没有直接诱发要素的优势,而东道国却有这种要素的优势,那么投资国可以通过对外直接投资方式来利用东道国的这种要素。例如,一些发展中国家通过向技术先进国家的投资,在当地建立高技术分公司或研究开发机构,将其作为科研开发和引进新技术、新工艺和新产品设计的前沿阵地;或者与东道国联合投资创办企业,在实际生产经营过程中直接学习别国先进技术和管理经验,从而获得一般的技术贸易和技术转让方式所得不到的高新技术。由此可见,东道国的直接诱发要素同样也能诱发和刺激投资国的对外直接投资。

间接诱发要素,是指除直接诱发要素以外的其他诱发对外直接投资的因素,主要包括三个方面:①投资国政府诱发和影响对外直接投资的因素,如鼓励性投资政策和法规、政府与东道国的协议和合作关系等;②东道国诱发和影响对外直接投资的因素,如东道国政局稳定、吸引外资政策优惠、基础设施完善、涉外法规健全等;③全球性诱发和影响对外直接投资的因素。例如,经济生活国际化及经济一体化、区域化、集团化的发展;科技革命的发展及影响;国际金融市场利率的波动等。

投资诱发要素组合理论试图从新的角度阐释发展中国家企业对外直接投资的动因和条件。直接诱发要素的提出,较好地解释了发展中国家企业到发达国家投资获取先进技术的动机,间接诱发要素则拓展了区位理论,全面总结了企业对外投资的环境因素,而发展中国家企业的对外直接投资在很大程度上是间接诱发要素作用的结果。

(七)联合国贸易和发展会议的研究

2006 年联合国贸易和发展会议(UNCTAD)《世界投资报告》对于发展中经济体和转型期经济体日益成为世界重要的对外投资来源这一趋势进行了调查与研究。提出影响发展中国家跨国公司对外投资决策的四大动机与三大竞争优势。

1. 发展中国家跨国公司对外投资的主要动机

(1) 寻求市场。联合国贸易和发展会议与伙伴组织关于发展中国家外商投资企业的调查证实,在其外向投资动机中,最重要的是寻求市场型的外国直接投资。

与市场有关的因素是推动发展中国家跨国公司走出母国或拉动其进入东道国的强大力量。例如,以印度的跨国公司为例,为信息技术服务等特长产品寻求客户的需要以及国际联系的缺乏,是其国际化的关键驱动因素。中国的跨国公司同拉丁美洲的跨国公司一样,特别关心如何规避贸易壁垒。发展中国家公司为减少这类风险而向其他国家扩展的事例很多。

以寻求市场为主要动机的投资主要形成区域内和发展中国家内部的外国直接投资。在这种外向直接投资中,投资形态因跨国公司的活动而存在差异。例如,消费品和服务方面的外国直接投资往往是区域性的和发展中国家之间的流动;电子部件方面的外国直接投资通常是区域集中型的(这是由于提供产品的公司地点);在信息技术服务方面的投资往往是区域型的,流向发达国家(关键客户所在的地点);石油和天然气跨国公司的外国直接投资既面向某些发达国家(仍然是最大的能源市场),也面向区域市场。

广义的市场扩展还包括市场多样化的扩张。个案研究证实,外向直接投资确实可促使发展中国家企业能够进入新市场并扩大业务。在白色家电和个人计算机等一系列产业中,一些亚洲跨国公司,诸如宏碁(Acer)(中国台湾)、阿塞利克公司(Arcelik)(土耳其)、海尔(中国)及联想(中国),通过外国直接投资成功地扩大市场,成为全球性的企业。

(2) 寻求效率。发展中国家外国直接投资第二个重要动机是寻求效率,主要是相对较先进(因而劳动力成本较高)的发展中国家跨国公司进行这种投资。寻求效率的投资又往往基于两个方面的驱动因素。一是母国经济体生产成本上涨,特别是劳动力成本。这是马来西亚、韩国和新加坡等东南亚国家及毛里求斯(该国具有成衣劳动密集型出口产业)跨国公司特别关注的问题。二是发展中国家公司所面临的竞争压力正在推动它们向海外扩展。这些压力包括来自低成本生产商的竞争,特别是来自东亚和东南亚高效率制造商的竞争以及国内外经济体中来自国外跨国公司的竞争。

以寻求效率为主要动机的投资一般集中在几个产业(诸如电气和电子产品及成衣和纺织品)。基于这种动机的外国直接投资大多面向发展中国家,面向电气、电子产业的这种投资有很强的区域集中性,而面向成衣业的这种投资则在地域上更为分散。

(3) 寻求资源。许多发展中大国,首先是中国和印度,其日新月异的快速增长使它们担忧关键资源和经济扩展的投入将会出现短缺。这类国家的一些跨国公司向外直接投资的战略和政治动机反映了这一点,尤其是在自然资源方面。有些国家的政府鼓励跨国公司设法取得对母国经济至关重要的原材料等地投入。例如,中国和印度的跨国公司都在向具有丰富资源的国家投资,特别是在石油和天然气方面(着眼于取得更多供应,而不是像寻求市场型外国直接投资那样着眼于客户)。在中国的跨国公司为广泛获取各种原材料供应而努力的同时,中国的外交方面也在非洲、中亚、拉丁美洲和加勒比及西亚地区进行平行的不懈努力。寻求资源型的外国直接投资大多在发展中国家。

以上述的寻求市场、寻求效率、寻求资源为主要动机的投资都属于"资产利用战略"。而以下的寻求现成资产型的投资是一种"资产扩展战略"。

(4) 寻求现成资产。寻求现成资产型外向投资主要是发展中国家跨国公司向发达国家投资。其主要动机是主动获取发达国家企业的品牌、先进技术与管理经验等现成资产。例如,中国企业吉利汽车并购沃尔沃的主要动机是有效弥补品牌短板、提升研发能力、获得关键技术、获取全球经销商网络、赢得一流管理团队和技术人才，进而提升企业的国际竞争力。

2. 发展中国家跨国公司对外投资的主要竞争优势

与发达国家跨国公司外向投资相比，发展中国家跨国公司对外直接投资有三个方面的优势，这些优势主要体现在对发展中国家投资的层面上。

(1) 发展中国家跨国公司的对外直接投资对发展中东道国的一大优势是具有更大的创造就业机会的潜力。其主要原因在于，发展中国家跨国公司可能比较倾向于发展劳动密集型产业，发展方式可能更倾向于使用较为简单、较为劳动密集型的技术，特别是在制造业。根据平均每个子公司在发展中东道国家创造就业机会情况的经验数据表明，发展中国家跨国公司雇用的人数多于发达国家跨国公司。而且，外国直接投资对工资的作用一般是正面的，因为跨国公司在总体上支付的工资高于当地雇主，至少就熟练劳动而言，工资水平高于东道国的本国公司。

(2) 发展中国家跨国公司的技术和经营模式一般比较接近于发展中东道国公司所用的技术和模式，这意味着有益联系和技术吸收的可能性较大。

(3) 发展中国家跨国公司在进入模式上往往更多地采取"绿地"投资的方式而不是并购。在发展中东道国的投资尤其如此。就此而言，他们的投资更有可能直接提高发展中国家的生产能力。

第二节 跨国公司对东道国和母国的作用

一、跨国公司与东道国的经济发展

绝大多数国家可能赞同下面的观点，即跨国公司资本的自由流动从全球角度考虑可能改善总体的资源配置效果，但是东道国考虑更多的一般是以下两个方面。

第一，跨国公司在全球的获利将如何在各国间进行分配？换言之，本国在这种国际分工中能否得到较大的比较利益？

第二，外国的投资对本国长远利益的影响如何？

19 世纪德国经济学家李斯特(Liszt)曾针对亚当·斯密和大卫·李嘉图的绝对优势和相对优势理论，提出"保护新建工业"的理论。该理论提出一个落后国家应该放弃追求眼前的比较利益，在国家的保护政策下大力发展本国的现代工业。李斯特的观点得到许多发展中国家的赞同。

绝大多数东道国已经倾向使用社会成本—收益分析方法来评价外国投资。这种方法承认外国投资对于东道国来说，既要付出代价，又能带来利益。因此，东道国政府必须对每一事件进行评估以区分已经产生和以后将要产生的正、负两方面的作用。

(一)对外直接投资的社会成本-收益的理论分析

经济学新古典学派有关对外投资效应分析,源于美国经济学家麦克杜格尔(Macdougall)于 1960 年发表的一篇题为"对外私人投资的收益和成本:一种理论探讨"的文章。他根据其他条件不变的假设,分析了资本流入一个国家(澳大利亚)的静态效应。这种直接投资流入被看作是增加东道国的资本存量而减少母国资本存量的一一对应行为。通常这些假设适用于完全竞争的经济体系处于长期就业的均衡;此外,假定国际收支也处于均衡状态,并无条件地维持在该水平上;贸易条件的影响不变;假定规模报酬不变;没有外在经济,没有税收。如图 2-1 所示为麦克杜格尔的基本模型。在图 2-1 中,假定劳动量一定,GL 把资本存量同资本的边际产品联系起来。其中,AC 代表最初的资本存量,AB 是国内拥有的存量,BC 为外国拥有的存量,国内资本的收益是 $FEBA$,外国资本的收益是 $EDCB$,而工资额为 GDF。假设外国直接投资从 BC 增加到 BM,那么外国资本收益变为 $JLMB$。由于资本的边际产品下降,从而资本收益率也下降,所以国内资本的总收益下降到 $HJBA$。虽然实际工资额增加了 $FDLH$,但其中的 $FEJH$ 只是来自国内资本所有者的再分配。东道国作为整体得到 $EDLJ$[①]。这一简单模型说明,外国资本的流入会使东道国的总收益增加,但东道国的收益($EDLJ$)比新的外国资本增值的收益($KLMC$)要小。

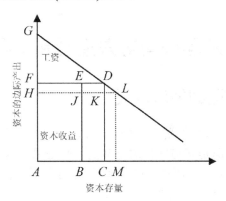

图 2-1 麦克杜格尔的模型

麦克杜格尔的模型仅仅从东道国引进外资一个角度解释外国资本流入后对东道国成

---

① 以上的解释基于以下的数理推导:在完全竞争条件下,$\alpha + \beta = 1$,即 $Y = \frac{\partial Y}{\partial K} K + \frac{\partial Y}{\partial L} L$,其中 α 为资本产出弹性系数,β 为劳动产出弹性系数,Y 为产出;又由于当劳动量一定时(即 $L = \bar{L}$)时,$Y(\bar{L}) = \int \frac{\partial Y}{\partial K} dK$,在完全竞争条件下,资本收益 $= \frac{\partial Y}{\partial K} K$,劳动所得(工资) $= \frac{\partial Y}{\partial L} L$;于是就有劳动所得 $= \left(\int \frac{\partial Y}{\partial K} dK \right) - \frac{\partial Y}{\partial K} K$。

本、效益的影响，难以全面说明国际资本流动对世界经济、东道国和母国三个方面的综合影响。肯普(Kemp)以麦克杜格尔模型的分析方法为基础，对该模型做了进一步的延伸，使成为分析国际资本流动对世界经济、东道国和母国三方面影响的一般工具，后来被人们称之为"资本流动效果"模型或"麦克杜格尔-肯普"模型①。

"麦克杜格尔-肯普"模型认为，资本在国际上自由流动之后，将使资本的边际产出在国际上平均化，从而可以提高世界资源的利用率，增进全世界的生产和东道国与母国的福利。国际资本这种作用机理可由图2-2加以说明。

假设世界是由投资国或母国(Ⅰ国)和受资国或东道国(Ⅱ国)组成的。资本流动之前，母国由于资本丰裕，资本的边际产出低于东道国。假定资本是受边际产出递减法则支配的，同时，假定在两国内实行完全竞争，资本的价格等于资本的边际产出。

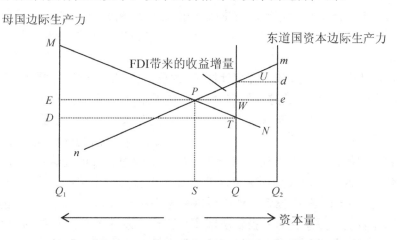

图2-2　"麦克杜格尔-肯普"模型：国际资本转移的产出与福利效应

在图2-2中，Q_1为母国的原点，Q_2为东道国的原点，横轴为资本量，母国资本量为Q_1Q，东道国资本量为Q_2Q，两者之和Q_1Q_2为世界资本总量。纵轴为资本的边际产出。MN线是表示资本边际产出递减的母国边际产出曲线，也是资本需求曲线，mn线是东道国边际产出曲线和资本需求曲线。资本流动之前，一方面投资国使用Q_1Q量的资本与一定量的劳动，生产出Q_1MTQ量的产出；另一方面，东道国生产出Q_2mUQ量的产出。在Q点资本的边际产出(等于资本价格)，投资国为QT，低于东道国的QU，由此引起前者向后者的国际资本流动，直到两国的资本边际产出均等，这种流动才会停止。这就是说，将有SQ量的资本由投资国(Ⅰ国)流到东道国(Ⅱ国)，两国的资本边际产出同为$SP=Q_1E=Q_2e$。

可见，资本国际流动的结果是，母国生产量变为Q_1MPS，东道国生产量变为Q_2mPS。与资本流动前两国总生产量Q_1MTQ+Q_2mUQ相比，两国总共增加了三角形PUT的生产量。就是说，由于资本的国际自由流动提高了全世界的总生产量收益。同时，对于投资双方来

---

① [日]小岛清. 对外贸易论. 周宝廉译. 天津：南开大学出版社，1987.

说，资本流动都是利大于弊。一方面，由于对外投资，投资国的生产量确实减少了 $SPTQ$ 量，但是该国的国民收入并没有随之减少。因为它可以得到对外投资量×资本边际产出(资本价格)=$SPWQ$ 量的对外投资收益，因而对外投资使国民收入净增加了 PWT 量。另一方面，吸收外资给东道国带来了 $QUPS$ 的生产增量，其中 $QWPS$ 部分要支付给投资国，所以国民收入净增加了 PUW 量。由此可见，通过资本流动的自由化，在世界总产量增加的同时，母国与东道国双方分享了这项利益。

资本的国际流动对两国的资本和劳动有不同的影响。母国的资本收入在资本流动前为 Q_1DTQ，资本流动后为国内收入 Q_1EPS+国外收入 $SPWQ$=Q_1EWQ，即增加了 $DEWT$ 量。劳动收益在资本流动以前为 DMT 量(生产量与资本收入的差额)，资本流动后减少为 EMP 量。也就是说，劳动收益所减少的 $DEPT$ 量，被再分配给资本，产生了不利于劳动、有利于资本的影响。东道国的情况与此相反，资本收入由 Q_2dUQ 减少到 Q_2eWQ，减少了 $edUW$ 量；劳动收益由 dmU 增加到 emP，增加了 $edUP$ 量。也就是说，东道国吸收外资产生了有利于劳动的影响。

虽然"麦克杜格尔"模型和"麦克杜格尔-肯普"模型的应用条件是很苛刻的，但是，作为揭示国际投资成本-效益的综合静态分析工具，它们具有重要的理论价值。其重要程度，可以与国际贸易领域中亚当·斯密的"绝对利益学说"和大卫·李嘉图的"比较利益学说"所占有的理论地位相媲美。这两个模型所得出的结论，对以后的国际投资理论与实践产生了重要的影响。例如，国际资本流动可能带来世界资源更合理的配置以及投资国与东道国的"双赢"效果，这一结论成为国际生产要素最优组合的理论依据，也为跨国投资的大量实践结果所证实；又如，跨国投资可能给母国带来不利于劳动、有利于资本的利益再分配，这一结论也为许多发达国家的对外投资所证实。英国《经济学家》杂志1994年曾经发表过这样一篇文章，题目是"对工人威胁最严重的是大量对外投资，而不是进口"。因此，无论是在美国还是在欧洲，反对跨国投资最厉害的利益集团是工会。另外，两个模型所得出的跨国投资可能对东道国带来不利于资本、有利于劳动的利益再分配，这一结论也成为东道国利用外资的劳动就业效应的重要理论依据。

英国学者尼尔·胡德(Neil Hood)和斯蒂芬·扬(Stephen Young)指出，如果撇开"麦克杜格尔"模型的某些假设，该模型的结论将会发生变化[①]。

首先，如果假定东道国对外国企业的利润征收一定比率的税收，那么，外国资本所取得的利润就从 $KLMC$ 下降到 $(1-t)KLMC$，如果所得税税率是 50%，那么，东道国的收益会因税收而大大提高，而母国的利益却正好相反。其次，如果考虑到外国直接投资可能带来的外在经济收益，那么，东道国的收益还可能进一步增加。例如，从外国企业引入的技术和专门知识在东道国的传播与普及，就会产生上述外在经济收益；又如，从外国企业引入

---

① [英]尼尔·胡德(Neil Hood)，斯蒂芬·扬(Stephen Young). 跨国企业经济学(The Economics of Multinational Enterprise). 叶刚等译. 北京：经济科学出版社，1994.

促进规模经济的生产方法，从而使相应的产出增长率大于劳动和资本投入的增长率，这也能给东道国带来更多的利益。第三，模型中的完全竞争假设一般很难成立，尤其与跨国公司所经营的寡头竞争市场特征差距较大。只要改变了完全竞争的假设，跨国投资的规模优势就有可能并没有以降低价格的形式转到消费者手中，或以提高工资的形式转到工人手中，而是使母公司增加了利润。那么，按照模型的推导，"随着资本投入量的增加，东道国员工的工资收入增加"，这一情况不会再出现。此外，模型没有考虑私人资本净流入的波动和子公司赚取的利润汇回到母公司等问题，这些问题也可能造成东道国国际收支平衡的困难，转而可能要求紧缩通货，从而降低增长率，并造成失业。

尽管以上论述是仅就"麦克杜格尔"模型而言的，但"麦克杜格尔-肯普"模型与前一个模型具有完全一样的假设条件和推导方法，所以这一分析完全适用于"麦克杜格尔-肯普"模型。

尼尔·胡德和斯蒂芬·扬认为，麦克杜格尔模型有相当大的局限性，特别是在分析对外直接投资动态力量时，这种比较静态的分析方法不是十分有用。但是，他们也同时指出，如果放弃这种综合分析的框架，而采取考察可能产生得失的不同领域、估价个别事例的得失等方法，进行外商投资的规模-效益分析，也会产生种种困难。困难主要来自比较，即必须比较外国投资留给东道国的利益是否比其他可行的选择方法更好。例如，如果没有外国资本进入，当地投资能否取代？如果外国企业不雇用当地劳动者，这些劳动者是否就会失业？与没有这些外国企业的情况相比，外国企业的进入是否会使东道国或多或少地增加了企业家经验？两位学者提示，在使用这类方法分析时，应十分清楚会存在各种不同的选择。

本节将从资源转移效应、贸易与国际收支效应、竞争与反竞争效应、劳动就业效应、主权与自主效应等几个方面继续考察外国直接投资的东道国效应。

(二)资源转移效应

对外直接投资通过提供资本、技术和管理，可能对东道国产生积极作用。如果那些投入在当地是稀缺资源，那么，外国投资可能使产出急剧增加。

1. 资本供应

(1) 外国直接投资弥补东道国"双缺口"分析模型。1966年，钱纳利(Chenery)和斯特劳特(Strout)系统地阐述了外国直接投资对东道国资本供应与形成效应的"双缺口模型"[①]。这一模型的核心在于：发展中国家在储蓄、外汇、吸收能力等方面的国内有效供给与实现经济发展目标所必需的资源计划需求量之间存在着缺口，即储蓄缺口和外汇缺口，而利用外资是填补这些缺口的有效手段。

[①] 参见钱纳利，斯特劳特. 外援与经济发展. 选自《美国经济评论》1966年9月号。转引自郭熙保：《发展经济学经典论著选》，pp.265-289.

钱纳利等人依据凯恩斯(Keynes)的国民收入均衡分析和哈罗德-多马(Domar)经济增长模型，认为发展中国家要实现均衡的经济增长，必须积累足够的资本，使资本形成率达到经济计划目标所要求的水平。而要做到这一点，应当首先估算出实现既定经济增长率所需要的追加投资量。从这个基点出发，影响经济发展主要有储蓄、投资、出口和进口四个因素。他们在对 50 多个国家近代经济发展的历史进行考察后指出："大部分不发达国家都是主要依赖外部资源来提高他们的人均收入的"，这种"可称为'外援'的外部资源流入，实际上已成为生产的独立因素"，它"不仅加快了经济增长的速度，而且实际上大大增强了运用自己资源以取得经济持续发展的能力"。他们还认为，从大多数国家经济发展所走过的道路看，经济发展主要受到三种形式的约束：一是"储蓄约束"(或称"投资约束")，即国内储蓄不足以支持投资的扩大，影响国民经济发展；二是"外汇约束"(或"贸易约束")，即出口小于进口支出，有限的外汇不足以支付经济发展需要资本等的进口，阻碍了国内生产和出口的发展；三是"吸收能力约束"(又称技术约束)，即由于缺乏必要的技术、企业家和管理人才，无法更多地吸收外资和有效地运用各种资源，影响了生产率的提高和经济增长。钱纳利指出，一般而言，发展中国家在经济发展中都会遇到这些约束，并依次出现吸收能力限制的发展阶段、储蓄限制的发展阶段、外汇限制的发展阶段。

钱纳利和斯特劳特重点考察储蓄约束和外汇约束。储蓄约束是指在国民收入核算中，投资超过了储蓄；外汇约束是指进口支出超过了出口收入。利用均衡方法进行分析，储蓄约束与外汇约束在量上相等。用总量公式来表示就是

$$总产出或国民收入=总支出$$

$$Y=C+I+(X-M)$$

式中：Y 是国民收入；C 是消费；I 是投资；X 是出口额；M 是进口额，$(X-M)$ 为外贸纯收入。

上式移项后变为

$$Y-C=I+X-M$$

因为国民收入减去消费等于储蓄，即

$$Y-C=S$$

式中：S 是储蓄

代入上式得

$$S=I+X-M$$

移项得

$$S-I=X-M$$

等号两边同乘一个负号

$$I-S=M-X$$

上式左端$(I-S)$是投资与储蓄之差，称为"储蓄缺口"，右端$(M-X)$是进口与出口之差，称为"外汇缺口"。从均衡的观点看，左、右两式必须相等，表示当国内出现储蓄缺口即投资大于储蓄时，必须用外汇缺口即进口大于出口(表示从国外获得储蓄)来平衡。

调整两个缺口的方法有消极的(不用外援)和积极的(利用外援)两种。

不用外援条件下的消极调整又可分为两种情况。第一种情况：当储蓄缺口大于外汇缺口，即$(I-S)>(M-X)$时，可以通过减少国内投资或者增加国内储蓄来实现两端的平衡，前一种办法显然会降低经济增长率，后一种办法则在短期内难以做到。第二种情况：当外汇缺口大于储蓄缺口，即$(M-X)>(I-S)$时，可以通过减少进口或者增加出口来实现缺口的平衡。但前一种方法也会降低经济增长率，后一种方法一时也难以实现。

如果两个缺口不具互补性，那就不宜采用压缩国内投资和削减进口的方法，而应采用利用国外资源即引进外资的办法进行积极的调整，使两个缺口在促进经济增长率提高的情况下实现平衡。引进外资平衡两缺口具有双重的效应：若一笔外资以机器设备的形式转移进发展中国家，则一方面，从供给来看，它表示从国外进口了资源，而这笔进口不需要用增加出口来支付，这就减轻了外汇不足的压力；另一方面，从需求来看，这笔进口又是投资品，而这些进口的投资品不需要用国内储蓄来提供，这就减轻了国内资源不足的压力。所以，利用外资引进来平衡两个缺口，既能解决国内资源不足问题、促进经济迅速增长，又能减轻因加紧动员国内资源以满足投资需求和冲销进口而出现的双重压力。

(2) 跨国公司与东道国资本形成、国民储蓄(工资角度)效应的分析模型。劳尔(Lall S.)和斯特里顿(Streeton)所做的模型是从跨国公司对东道国资本形成、国民储蓄(工资角度)分析外国直接投资资本形成效应[①]，如图2-3所示。

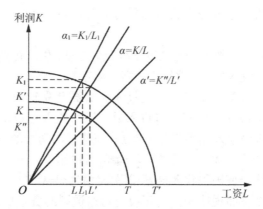

图2-3　跨国公司与东道国资本形成、国民储蓄(工资角度)效应的分析模型

在图2-3中，横轴表示劳动收入，纵轴表示资本收入。东道国企业的生产可能性曲线为T，这里表示企业收入可能性曲线，企业收入分配形成K量资本收入，L量劳动收入。资本收入/工资分配比率为$\alpha=K/L$。假定跨国公司的资本含有较先进的技术和管理，劳动生产率较高，在使用同量资本和劳动的情况下，跨国公司收入可能性曲线较高，以T'表示。假定

---

① Lall S. Streeton P, (1977), Foreign Investment, Transnational and Developing Countries, London: Malmillell.

跨国公司按与当地企业相同的分配比率确定劳动收入，则其劳动收入量为 L'，资本收入量为 K'。在假定跨国公司和当地企业使用同量资本和同量劳动力的情况下，较高的 L' 表示较高的劳动工资水平，较高的 K' 表示较高的资本收入水平。跨国公司和当地企业工资水平之间可能有互相比较的过程(或者说是各个企业工会与企业当局讨价还价的过程)，则可能出现三类情况：第一类情况是，跨国公司以 $\alpha=K'/L'=K/L$ 的分配比率确定劳动收入，由于企业劳动生产率高，员工获得较之当地企业更多的劳动收入。第二类情况是，跨国公司以高于 L 但小于 L' 的水平 L_1 支付本企业员工的工资，在这种情况下，跨国公司生产效率提高，而工资收入没有提高到相应的水平，反而提高了资本收入比重。此时，跨国公司的资本收入/工资比率 $\alpha_1=K_1/L_1$ 高于初始状态比率 α，即 $\alpha_1>\alpha$。这种情况在我国的外资企业中是大量存在的，员工的工资水平高于当地企业的水平，而低于跨国公司母公司员工的工资水平，但劳动生产率与母公司不相上下。第三类情况是，跨国公司内的这种较高劳动工资水平影响当地企业内的劳动工资也向上抬高。例如，提高到与跨国公司相同的水平，也达到 L' 的位置，但是当地企业的生产效率并未提高。在这种情况下，劳动工资的增加是以提高企业收入中工资比重、降低资本收入比重，即通过降低利润-工资分配比率来实现的。这时，当地企业的资本收入/工资比率 $\alpha'=K''/L'$，低于初始状态比率 α，即 $\alpha'<\alpha$。也就是说，在当地企业生产效率低于跨国公司的条件下，当地企业工资水平向跨国公司工资水平攀齐的结果，致使当地企业收入中的资本收入比率低于未受跨国公司较高工资影响的资本收入比率。随着当地企业生产效率提高，企业收入中的资本收入比重可能会提高，从而企业的资本收入/工资分配比率将会相应提高。

图 2-3 也可用来说明国民收入分配情况的变化。这里，生产可能性曲线表示国民收入可能性曲线，假定全部劳动收入(工资)都用于消费，即工资等于消费；当地企业的全部资本收入等于用作投资的储蓄。分配比率表示国民收入的储蓄/消费比率。外商投资未进入时，国民收入储蓄/消费比率为 $\alpha=K/L$。外商投资进入后，国民收入总量增加，此时国民收入分配状况有三种情况：一是国民收入比率仍为 $\alpha=K/L$，但储蓄与消费的绝对额增加；二是由于外资企业工资收入向当地企业靠拢，使国民收入储蓄/消费比率为 $\alpha_1=K_1/L_1$；三是由于当地企业工资与外资企业工资攀比，使国民收入储蓄/消费比率为 $\alpha'=K''/L'$。

这一模型从正反两个方面说明跨国公司投资对东道国的资本形成(供给)效应。一方面，跨国企业由于其巨大的平均规模和其他方面的特殊优势，可为其对外投资取得高于东道国本国的投资效果。这将提高东道国投资的绝对量和相对量。如图 2-2 所示模型中反映出的跨国公司投资使东道国国民收入总量增加以及国民收入分配可能向着有利于资本收入分配的方向转化等都说明了这一点。但是，另一方面，跨国公司投资进入后，由于当地企业在外资企业较高工资水平的影响下发生工资攀比现象，使当地企业生产的国民收入部分的储蓄-消费比率比以前时期降低，如降到 $\alpha'=K''/L'$。再看跨国公司生产的国民收入部分，由于跨国公司的利润收入并不完全用于东道国再投资，在东道国实际使用形成的储蓄率比当地企业实际使用形成的储蓄率低。这两方面的原因致使国民收入中用于消费的收入部分上升，用于储蓄的收入部分下降。此外，跨国公司在东道国大量生产推销发达国家高收入水平下流行使用的消费品，刺激提高东道国居民消费需求，也会使东道国储蓄倾向降低。关于后一方面消费示范效应对降低发展中东道国储蓄倾向的影响，也已被很多文献所注意。因而，跨国公司的进入也可能对东道国资本形成带来负面效果。

除了直接影响外，跨国公司在提供资本方面，还可能有间接的积极影响。首先，跨国公司可能通过在当地所产生的规模经济和外部经济效应，为当地资本市场提供有吸引力的投资机会而带动和刺激当地储蓄转化为投资。没有这些跨国公司的活动，这些储蓄可能闲置或者用于非生产性活动。其次，跨国公司可以通过直接投资与证券投资的互补关系，带动国际证券资本的流入，并可能刺激来自跨国公司母国和国际机构的官方援助。

跨国公司投资提供有吸引力的投资机会而带动当地储蓄转化为投资的作用在已经具有一定增长的发展中东道国显得更为重要。业已证明，在一些发展中国家，国内储蓄水平很高，资本/产出比率要比发展模型原来假设的程度低。20世纪60年代，发展中国家的总投资几乎占国民生产总值的20%，而储蓄占国民生产总值的15%以上。由此，有些经济学家认为，储蓄的不足，似乎在发展进程早期阶段才比较尖锐，一旦发展中国家取得了一定程度的增长，它们似乎就有能力来发展本地储蓄的各种手段。

2. 技术

现代经济增长理论强调指出，影响一个国家经济增长的要素是劳动和资本的技术应用，而不只是这些生产要素的存在。1956年，经济学家阿布拉莫维奇(Abramowitz)在其专论中发现，在实际的产出增长中仅有一部分归因于资本和劳动的增加，而有相当一部分来自其他因素。后来，人们将这些因素造成的产出增长称为"余值"。1957年，索洛(Solow)发表了经验研究论文《技术变动与问题总量生产函数》，首次提出了测算"余值"的理论与方法，国内外经济学家普遍采用"索洛余值法"来测算技术进步及估计技术进步对经济增长的贡献作用。有关 1950—1962 年若干工业国的计量经济研究表明，在测定的经济增长中，有60%～85%是归因于单位投入的产出提高(要素生产率的提高)，只有余下的 15%～40%才归因于劳动、资本和土地的增加。

由于跨国公司是技术生产和传播的重要机构，所以，外国投资的技术转让与扩散对于东道国的经济增长来说，是至关重要的核心因素。国外学者提斯(Teece, 1997)、卡夫斯(Caves, 1982)和海雷诺(Helleiner, 1989)等对此曾多有论证，其主要观点基本反映在 UNCTAD《1992年世界投资报告》的以下论述中：外资对东道国技术进步的直接作用是，它可以通过技术溢出提高要素生产率，改变产品结构特别是出口产品结构，促进国外分支机构进行研究与开发，引起组织创新，提高管理水平；间接作用则要通过与当地研究开发机构合作，向当地后向与前向合作者转移技术，外国机构的出现对竞争和当地生产率及受训人员总数等的影响表现出来。

康纳利斯(Cornelius)、布兰克(Blanke)和保(Paua)在《世界经济论坛 2002—2003 年全球竞争力报告》中指出，技术在经济发展的各阶段都起到至关重要的作用，但是根据一国已经取得的经济繁荣程度的高低，这个动力影响经济增长的方式不同。在一国经济发展的早期，驱使其经济走上较快增长步伐的动力主要是国外的技术转让情况，历经快速经济增长的国家大多是那些成功地引进并改进国外先进技术的国家。而在经济更先进的发展阶段，技术创新能力对于一国维持其快速增长变得日益重要起来[①]。

发展中国家促进外国直接投资流入的主要原因之一实际上就是为了与这些公司领导的全球技术和创新网络建立联系。从创造新技术和在国际上传播新技术来说，跨国公司在很多产业都是世界的领导者。跨国公司支付了全球商业性研发费用的大部分，它们支配着新的专利并常常领导管理和组织创新。与跨国公司的创新和生产网络建立联系可以帮助一些国家提升其技术创新能力，并使它们能够更好地在国际市场上竞争。

技术创新和专门知识的许多效用还取决于转让给东道国的技术是否适用。埃考斯(Eckaus)1955年的论文《发展中国家的要素比例问题》强调跨国公司的技术转让应该适合于东道国的比较要素禀赋，否则会严重地限制东道国的劳动可吸收程度。图2-4形象地说明了这个问题。

假定有三个生产要素——资本(K)、熟练劳动(S)和非熟练劳动(U)。从O到$K_1S_1U_1$的射线表示在特定时期的生产三要素的相对可得性。从理论上说，确定投资项目应使3种要素都能得到充分利用。但是，如果该项目使用不适用的技术——例如主要依靠资本和熟练劳动，那么，非熟练劳动就可能出现失业现象。在图2-4中，如果某种产品使用的要素投入组合以从O到$K_1S_1U_2$的射线表示，那么U_1U_2量的非熟练劳动就会失业。

大规模的低就业和失业或许是发展中国家面临的最主要问题，如果跨国公司把资本密集型技术引入这些国家，就可能带来如图2-4所描述的大量非熟练劳动失业问题。过分引进资本密集型技术还可能有其他不利的影响，如加剧收入的不平等；由于"示范效应"，可能促使当地企业使用类似资本密集型的技术，形成"就业替代"效应等。正如UNCTAD于2006年所指出的，发展中国家跨国公司的技术和经营模式一般比较接近于发展中东道国公司所用的技术和模式，这意味着有益联系和技术吸收的可能性较大。

3. 管理

提供外国管理人员和管理技术会给东道国带来极大的利益。首先，这些都是东道国缺少的要素。有经营能力的企业家和熟练管理人员的进入，将改善当地经济的平衡。这种作用在母公司撤走后甚至更为重要。受过训练并在跨国公司担任管理、财务和技术职位的当地人，以后会继续留在该企业，这有助于促进当地企业家经营能力的提高。其次，跨国公司对当地的供应者和竞争对手还可能起到有利的示范作用。

但是，如果在跨国公司子公司内的管理人员和需要高度熟练技能的职位都由母国人担任，管理资源的转移对东道国来说很少有积极作用。有人认为，即使跨国公司训练当地人，

---

① 世界经济论坛2002—2003年全球竞争力报告，北京：机械工业出版社，2003.

但这种收获可能在发展中国家不会产生外在经济收益,因为这些经营行为很少同正常的商业经营方法有关。巨大而复杂的跨国公司的经营行为,可能并不适用于制造基本产品的本地小规模企业的情况。

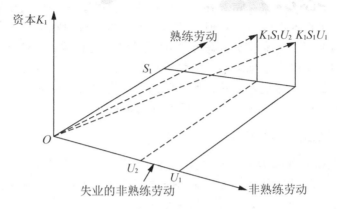

图 2-4 要素比例问题

资源转移还必须考虑动态效应。当一个直接投资项目最初建立时,其收益是最大的,而且当然是最引人注目的。在最初阶段,资本流入,工厂开建,雇用本地工人,签订本地供给合同。当新项目开工后或推出新产品后,收益很可能开始稳步下降,尽管收益可能永远不会完全消失,但随着时间的推移,对于东道国来说,它可能失去了自己的大部分价值。由于机会的刺激或由于本地压力的推动,跨国公司必须不断地增加或更新它们初始时的技术、组织或产品。在跨国公司不继续增加上述技术、组织或产品时,东道国可能提出这样的问题,即是否对跨国公司的支持应无限期地继续下去?因为外国厂商对东道国的贡献已经下降,甚至可能随着时间的推移已经消失了。

(三)贸易与国际收支效应

贸易与国际收支是两个独立而又相关的问题。国际收支平衡是衡量一国经济发展状况的重要指标。外汇短缺正像缺少储蓄一样,对经济增长起阻碍作用。即使国内有了充分的储蓄,但只要这些资源还没有转化为外汇,它们就不能用于从国外购买资本品。因此,东道国往往把增加外援看作是改善外汇瓶颈的手段。

1. 跨国公司对东道国国际收支效应的影响

跨国公司对东道国国际收支的影响体现在经常项目和资本项目两个方面。一方面,从资本项目看,东道国因外商初始投资(K)带来的资本流入而得到好处;另一方面,从经常项目看,外商资本货物和中间投入物的进口(M)、由成功经营所诱发的边际进口倾向(Marginal Propensity to Import)(M^*)、外商利润(R^{**})和资本汇回(D)、对国外生产要素报酬的支付(F^*)等,会给东道国的国际收支带来持续性的损失,同时,外商投资企业稳定经营后不断增长

的出口(X)和对进口的替代(S)等,又会对东道国的国际收支有持续性的贡献。用公式表示便为:

外商投资对东道国国际收支效应=$(K+X+S) - (R^{**}+F^*+D+M+M^*)$

进入 20 世纪 90 年代以来,随着外资的大量流入,中国 20 世纪 80 年代曾长期存在的外汇收支矛盾得到了根本性解决,实现经常项目和资本项目的双顺差,中央银行外汇储备逐年增加,从 1994 年的 516 亿美元猛增至 2010 年的 3.2 万亿美元。对于我国国际收支状况的这种改善,跨国公司投资起到了不可低估的作用。跨国公司对中国国际收支的直接贡献主要体现在资本项目上,这是显而易见的;跨国公司为中国经常项目所作的贡献体现在稳定经营后带动中国不断增长的出口和对进口的替代等效应上。

2. 跨国公司对东道国的贸易效应

日本学者小岛清(Kojima)所区分的"贸易导向型"和"反贸易导向型"对外直接投资可以作为跨国公司贸易效应的理论基础[①]。跨国公司的贸易效应体现在两个方面:贸易替代效应和贸易创造效应。

(1) 贸易替代效应。即跨国公司选择了直接投资方式进入东道国市场,就会在某种程度上对先前的贸易活动产生影响。特别是在东道国存在较高的贸易壁垒或要素成本发生很大变化等情况下,外商为维护或扩大其产品在东道国市场的销售份额,就更需要以当地生产、当地销售的直接投资生产来替代过去母国生产的出口品,从而减少或替代东道国过去需从外国进口的同类产品。对外国投资的这种替代效应,较早的经典理论是由蒙代尔(Mundell)提出的[②],如图 2-5 所示。

蒙代尔模型采用两个国家、两种商品的 2×2 模型来揭示跨国公司与东道国进口贸易的替代关系。假定 A、B 两国相比,A 国资本丰裕,B 国劳动力丰裕;X 商品是劳动密集型的,Y 商品是资本密集型的。因此,A 国生产 Y 商品拥有比较优势,把它向 B 国出口,并从 B 国进口 X 商品。A 国在 C_a 点消费,并出口 P_aQ_a 量的 Y 商品,进口 Q_aC_a 量的 X 商品,在 MM' 线表示的交易条件下(两种商品的价格比率)达成了贸易平衡。因为 A 国的三角形 $P_aQ_aC_a$ 与 B 国的三角形 $C_bQ_bP_b$ 全等,所以也保证了 B 国的平衡。在这种自由贸易平衡的条件下,按赫克歇尔-俄林-萨缪尔森(H-O-S)定理的假定,两国劳动和资本报酬率的相对量和绝对量都是一致的。因为通过自由贸易已实现了两国资源最合理的利用和最大限度的福利,所以并不

---

① Kojima, K. A Macro-economic Approach to Foreign Direct Investment. Hitotsubashi Journal of Economics,14, June 1973, pp.1-21. Kojima, K., "International Trade and Foreign Investment: Substitutes or Complement", Hitotsubashi Journal of Economics,16, June 1975, p1-12. Kojima, K., Direct Foreign Investment: A Japanese Model of Multinational Business Operations, London: Croom Helm, 1978.

② Mundell R A. International Trade and Factor Mobility. America Economic Review, 47, June, 1957, pp.321-335.

存在引起要素流动的原因。

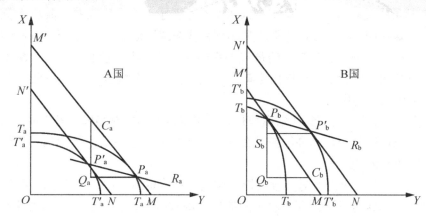

图 2-5　贸易与投资替代关系模型

但是，一旦存在某种贸易障碍，就会刺激要素流动。假定 B 国对进口的 Y 商品征收了关税，这样 B 国 Y 商品的国内价格就会上涨，因而刺激生产的增加，在生产增加时被密集使用的生产要素的价格也将上涨。在这种情况下，Y 商品是资本密集型的，所以资本价格必然上涨。于是便发生 A 国向 B 国的投资。但是，假定不发生劳动流动(如各国的移民管制)，结果是，A 国的生产可能曲线从 T_aT_a 缩小到 $T'_aT'_a$，B 国的生产可能曲线从 T_bT_b 扩大到 $T'_bT'_b$。在原来的交易条件下，新的生产平衡点 A 国取决于 P'_a 点，B 国取决于 P'_b 点。表示在同一相对(商品)价格下，随着要素禀赋量的变化，两种商品的生产量如何变化的线，称为李甫钦斯基(T. M. Rybczynski)线，即 A 国的 R_a 线和 B 国的 R_b 线。这两条线是平行的。最后的结果是，在 A 国，减少了 P_aQ_a 量出口商品 Y 的生产，增加了 P'_aQ_a 量进口商品 X 的生产；在 B 国恰恰相反，增加了 $S_bP'_b$ 量进口商品 Y 的生产，减少了 P_bS_b 量出口商品 X 的生产。但是，由于三角形 $P'_aQ_aP_a$ 与 $P_bS_bP'_b$ 全等，所以，一国的生产增加同另一国的生产减少相等，两国生产量的总和同自由贸易时是一致的。此外，B 国还要向 A 国支付资本报酬，这个报酬额和资本流动额一样，相当于 Y 商品的 MN 量或 X 商品的 $M'N'$ 量。B 国支付资本报酬后的余额和自由贸易条件下在 P_b 点生产、在 C_b 点消费的状况相同，接受资本报酬的 A 国也是一样。这就是说，虽然发生了国际资本流动，却没有产生额外利益，同自由贸易时完全没有差别，因此两者是完全的替代关系。

蒙代尔模型是在 H-O-S 要素禀赋比率定理的假定条件下构造出来的。这表明，跨国公司与东道国进口贸易的替代关系只能在一定条件下存在。具体地说，跨国公司只有在有利于使各国不同产品的供求各自达到平衡条件下，减少或消除了各国进口某种商品并出口另一种商品的机会，才会对贸易产生替代作用。而这种情况只可能在两国资本产出效率相同的条件下存在。如果改变关于两国资本产出效率相同的假定，B 国接受资本的 Y 产业资本产出效率高于 A 国 Y 产业资本产出效率，从 A 国 Y 产业向 B 国 Y 产业进行的直接投资，造成 B 国 Y 产品量的较高增加，B 国 Y 产品供给大于需求，于是便由原来需从 A 国进口转为向 A 国出口。这说明，跨国公司并不总是起到替代东道国进口的作用。如果改变某些条件，则跨国公司与东道国进口贸易之间的替代关系便会消失，不是使东道国进口减少，而是引致东道国进口增加，或者使东道国由进口转为出口。在某些情况下，对外直接投资(FDI)可以起增加东道国出口的作用。

(2) 贸易创造效应。由于蒙代尔模型是以两国资本产出效率相同为条件的，所以它难以解释可以导致东道国生产率提高的跨国公司的贸易效应，小岛清对蒙代尔模型作了拓展，提出了投资的贸易创造效应。

小岛清认为，跨国公司将对外直接投资作为一种将资本、技术、经营知识等"一揽子"转移的活动，本来就是以两国存在着不同的生产函数为前提的。通过要素的移动，跨国公司所带来的先进生产函数，将逐渐在东道国普及和固定下来，从而使东道国整个产业的生产函数发生积极变化。跨国公司对东道国生产率的积极作用，最终又会创造新的贸易机会。其具体分析模型如下。

在图 2-6 中，A 国生产可能曲线为 TT 线，B 国初期生产可能曲线为 tt 线。因为 B 国采用落后的生产函数，所以画得较小。例如，从图 2-6 原点看，处于同 A 国等距离的 B 国 X 商品的等量曲线为 A 国生产量的 1/2(X 轴 OT=20t)；B 国 Y 商品的等量曲线为 A 国生产量的 1/3(Y 轴 OT=30t)。图中的 Q 点和 q 点为初期生产点，假定各国的消费无差异曲线相切于该点。A 国过 Q 点上和切线 P 的斜度小于 B 国 q 点上切线 p 的斜度；A 国 Y 商品、B 国 X 商品分别具有比较优势。按照 H-O-S 定理，这是符合要素禀赋比率要求的。于是可以开展 A 国出口 Y 产品、进口 X 商品的贸易。同时 A 国 X 产业又可以向 B 国 X 产业进行直接投资。在 FDI 活动下，东道国 B 国 X 产业由于采用了先进的生产函数，生产率提高了 1 倍，即 B 国生产可能曲线向上方扩大了 1 倍，生产点就会由 q 点移至 q' 点。A 国之所以进行 FDI 的原因在于：贸易是按照比较成本指示的方向进行的，A 国的交易条件由初期 P 线变为 P' 线，变得有利于出口商品 Y，不利于出口商品 X。也就是说，因为交易条件(商品价格比率)对 X 商品不利而使它失去了比较优势。因此，在完成调整之前，X 产业的利润率低于 Y 产业。如果 A 国国内劳动力不足、工资昂贵，这种情况就会更加严重。于是，A 国为了进行贸易而将生产点由 Q 点移向 Q' 点，进行缩小 X 产业、扩大 Y 产业的结构调整。这时，X 产业中的企业有的转向 Y 产业，有的则转向 FDI。只要能保持比较优势，X 产业就可以在东道国发展成为出口产业，并获得高额利润。

A 国 X 产业对 B 国 X 产业进行直接投资的结果，是 B 国的生产可能曲线向上方扩大，在与初期的商品价格比率 p' 线(与 p 线平行)相同的条件下，生产定于 q' 点，消费定于 c 点，出口量与进口量分别相当于 q' 与 c 两点在 X 轴和 Y 轴截距之间的差额。如果这个 p' 线是国际贸易条件线，A 国在同它平行的 P' 线的条件下把生产定在 Q' 点，消费定在 C 点，两国的贸易就会达到协调的平衡。这样的结果是，FDI 创造了贸易。当然还需考虑 B 国对 A 国 FDI 的报酬支付问题，但可以肯定的是，图 2-6 中 B 国 p 到 p' 之间的利益不可能会被全部抽出，其中相当的部分会使东道国受惠。

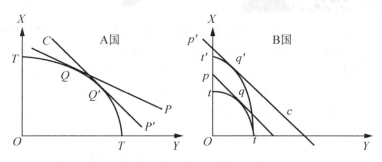

图 2-6　投资的贸易创造效应模型

小岛清模型是对蒙代尔模型的重大发展，对于揭示跨国公司的贸易创造效应有重要的理论价值。两个模型共同构成了小岛清的"贸易导向型"对外直接投资和"反贸易导向型"对外直接投资的理论基础。小岛清模型的条件是，在直接投资资本从母国不具备比较优势的产业移向东道国具备比较优势的产业(如模型中的 X 产业)的条件下，跨国公司会对贸易起促进作用；而蒙代尔模型则说明，在直接投资资本从母国具备比较优势的产业移向东道国不具备比较优势产业(如模型中的 Y 产业)的条件下，跨国公司对贸易起替代作用。小岛清认为，"贸易导向型"对外直接投资会增加比较利益，而"反贸易导向型"对外直接投资的作用则相反。他的观点是，日本在海外的投资是属于贸易导向型的，这包括开发自然资源的投资；在传统产业如纺织、服装及钢材加工业的投资；还有在汽车装配和电子元件生产上的投资。这种投资充分利用了东道国的比较优势，具有代表性的是它们的自然资源和劳动力禀赋，这同样帮助了缺少劳动力和自然资源的日本经济。与此相对的是大多数美国企业的对外直接投资，都被认为是反贸易导向的，因为它们是为了维护寡占地位或者是对贸易壁垒做出的反应，而这些投资来自美国最具比较利益的产业。长此以往，美国有关工业及整个经济的竞争地位就会受到不利影响。

小岛清的观点也有局限性。大量事实表明，小岛清所描述的两种导向的对外直接投资都能带来贸易创造效应。"贸易导向型"对外直接投资确实如小岛清所阐述的那样，可在母国与东道国之间创造新的贸易机会，使贸易在更大规模上进行；同时由于外商直接投资可以实现在东道国生产的扩大，既会加深对东道国市场的渗透，也会进一步拓展新的第三国市场，从而使贸易导向的生产带来总贸易量的净增。特别是当东道国的生产已经纳入跨国公司全球生产体系之中时，这种效应更为显著。即使是被小岛清称为"反贸易导向型"的对外直接投资，也会具有贸易创造效应。这种效应主要体现在外商投资的进口替代往往会扩大东道国市场需求，带来零部件供应、维修等后续的支持性活动的发展，从而促进和增加贸易机会。

从跨国公司投资对东道国国际收支的作用看,"贸易导向型"投资的积极作用是显然的,"反贸易导向型"投资的进口替代作用也可能是正面的。

(四)竞争与反竞争效应

产业组织理论已表明,资源配置的效率和经济福利的分配,这两者都受到该企业所在的市场结构的很大影响。因为各种市场结构同企业在这些市场内的行为有一定联系。凡是那些销售者较为集中、产品高度分化和面对潜在产品竞争者竖起高度进入障碍的市场结构的地方,就会赋予现存企业可用各种方法利用一定程度的市场力量。

对于给定的市场结构,在该市场运行的跨国公司子公司往往拥有比当地竞争对手更大的经济力量,由于这些子公司是国际性大企业的一部分,它们在当地产量中的份额并没有完全反映其市场力量,因为子公司可以接近由母公司提供的集中化设施,可以接近跨国公司的总体知识和专门技能。同样,跨国公司的国际特性增加了它们的有效选择机会,以致使它们能把其任何子公司的产品、定价和促销战略专门用于加强其现有的竞争地位。

已有证据表明,至少美国制造业跨国公司有相当明显的结构特征。美国跨国公司的规模一般比美国国内所有的企业更大,它们在不完全寡头竞争条件下从事经营活动,并且更趋向于资本密集和大做广告。其他西方发达国家的跨国公司在东道国所在行业的结构性特征也趋向于这种状况。例如,20世纪90年代,世界著名跨国公司大举进入中国市场,其势如破竹的市场力量令国人瞠目结舌:不到一年时间,国产名牌洗衣粉"活力28"从占国内同类产品 2/3 的份额降至 1/3;国有八大饮料厂家除生产"健力宝"的厂家一家外,其余全部被洋名牌吞并;感光材料市场也基本上被洋名牌占领……事实上,跨国公司的市场力量在发达国家和在发展中国家是有区别的。在发展中国家,跨国公司几乎没有遇到当地企业的有效竞争,跨国公司潜在的垄断力量,可能使其进行一系列会导致增加利润、降低效用、提高成本和制造进入障碍等活动。此外,如果跨国公司的投资是因关税影响引起的,又可能导致外国企业按"跟进领先者"的模式涌入,从而造成过分的产品分化和无效小规模工厂的扩散。在发达国家,情况则会不同。跨国公司的进入可能产生这样的效应:解体相互默契的寡占市场结构,从而达到刺激竞争的作用。但是,此后由于该子公司比当地企业具有某些有利条件,它的市场份额日趋增加,如果这个子公司最终接任该行业的市场头领角色,那么,它将可能使用其市场力量从事限制性活动,制造进入障碍。

与并购当地企业相比,一般的看法是跨国公司是采用新建这种进入方式增加了某一个行业的企业数,因此降低了销售者的集中程度,增加了竞争效应。但是,估价并购的利弊得失还不能一概而论,它部分取决于被并购企业现有的经济力量,部分取决于该行业内的总体竞争水平。如果所并购的是小规模和无效的企业,而且是在没有竞争性的行业中经营,那么,跨国公司的进入或许会对竞争产生有利影响。同样,也可以设想出并购当地企业可能削弱该行业竞争的其他情况。

因此,跨国公司在东道国的行为对市场结构的影响是不容易预言的。除了上述已指出的因素外，东道国政府反托拉斯法的强弱也会产生重要的影响。同样，政府鼓励工业调整，以创造有活力、有竞争性本地企业的做法也会产生相应的影响。所以，也有人认为，跨国公司的子公司在东道国的显著影响，往往正是那些过去一直发展缓慢、缺乏竞争和没有效益的行业所需要的。

(五)劳动就业效应

从前面的"麦克杜格尔-肯普"模型可以看到，跨国投资可能对东道国带来不利于资本、有利于劳动的利益再分配，这一结论也成为东道国利用外资劳动就业效应的重要理论依据。

跨国公司直接投资在东道国的就业效应还不仅仅表现在吸纳就业人员的数量上，更重要的是，从人力资源开发角度，东道国员工进入跨国公司企业，与其先进技术设备和管理经验相结合，可为东道国训练了一支适应现代生产的劳动大军。

外商直接投资能够在东道国创造就业机会，这已经是一个不争的事实。但是，人们的关注点在于，外商投资企业能否创造出足够的就业机会，

前面所提到的"要素比例问题"，就是强调跨国公司的技术转让应该适合于东道国的比较要素禀赋；否则会严重地限制东道国的劳动可吸收程度。此外，随着经济全球化的进程，关于跨国投资对东道国就业效果的讨论变得更为复杂。它不仅涉及东道国政府工业化模型的选择，同时还要考虑跨国公司在东道国子公司购买中间品对东道国就业的影响。

最显著的问题涉及进口替代与出口导向两种工业化模式的相对优势。显而易见，劳动力充裕的国家实行出口导向工业化模式比实行进口替代工业化模式更能够创造更多的就业机会。进口替代产品使用资本密集方法较多，而发展中国家的制成品出口，则几乎全部是由跨国公司以使用廉价劳动力为基础生产的[①]。

跨国公司对东道国的就业机会还可能有各种不同的间接影响。如跨国公司与当地企业竞争可能导致竞争者不得不解雇大量在岗员工等，但是，最有关联的是购买中间产品对就业的影响。鲁伯(Reuber)等在 1973 年的一项研究表明，当地企业与面向当地市场的跨国公司子公司之间经营活动的联系，要比与面向出口的子公司之间联系多得多。据统计，那些从事进口替代生产经营业务的跨国公司子公司，有 60%的投入是从当地企业取得的；而面向出口的子公司，它们的生产投入则有近 60%是从其母公司或母公司设在国外的供应商那里取得的。从中间品这一角度看，进口替代对就业的间接作用又是正面的。

此外，正如前面所提及的，2006 年 UNCTAD《世界投资报告》研究结果表明，发展中国家跨国公司比较倾向于劳动力密集型产业，更倾向于使用较为简单、较为劳动密集型的技术，特别是在制造业。这就使发展中国家跨国公司对发展中东道国而言具有更大的创造就业机会的潜力。

---

① Sheahan J. Trade and Employment: Industrial Exports Compared to Import Substitution in Mexico, Williamstown, Mass.: Williams College Center for Development Economics, Research Memorandum 43, 1971.

综上所述，分析跨国公司投资对东道国就业效应并不那么简单，任何片面、简单的分析都不可能得出正确的结论。

(六)主权、自主效应与国家经济安全

虽然前面阐述的许多因素对东道国说来既可能是收益，也可能是损失，但是，跨国公司在主权和自主方面的影响则总是被人们看作是东道国付出的一种成本。即使跨国公司促进了当地经济的发展，也会造成东道国经济自主权的某些损失。

欠发达国家对经济主权问题更为敏感。在发展的初始阶段，这些国家往往在跨国公司资源、管理诀窍和技术等方面的转让中获利最多。但有些学者认为，随着时间的推移，外国投资可以从经济发展的推动力变为抑制力。主要表现在：跨国公司能够在其体系内部转移资源，从而使东道国控制通货膨胀、改善国际收支和扩大就业等计划效果降低；跨国公司的研究中心一般设在母国，于是形成东道国在技术上的依赖；掌握巨大资源和在关键领域占领先地位的跨国公司被认为在这些领域中起着削弱本地企业能力的作用。因此，虽然跨国公司在对东道国稀缺要素供给能力的增长方面有很多功劳，但是，当由跨国公司引进的要素与地方要素之间不再是互补关系而是竞争关系从而阻碍了它们的增长时，跨国公司往往被强制撤出或削减投资。

与主权与自主效应紧密相连的一个问题是国家经济安全。20世纪70年代，西方经济学界围绕这一问题曾展开激烈争论。被主流学派称为"激进派"的理论将跨国公司视作产生经济依附的全球统治集团，认为跨国经营具有剥削的性质，其经营活动导致把决策和权力集中于大城市的金融和工业中心地区，而这种体系却减慢了发展中世界的增长。主流学派理论虽不赞同上述"激进派"的观点，但也认为，跨国公司在东道国经营存在负外部性影响。例如，由于跨国公司产品和市场发展政策的集中化，可能在销售和市场领域使东道国在主权上付出代价；母国研究与开发的集中和协调可能造成东道国的技术依赖。此外，发展中东道国政府与跨国公司相比，处于相对弱势的讨价还价地位，即使东道国政府运用政策措施制约跨国企业的负外部性影响，其作用可能并不十分有效。因此，以主权与自主效应为主体的经济安全问题往往被人们看作是对外开放的一种成本。

随着经济全球化的进展，国家经济安全观发生了很大变化，人们提出以提高生存发展能力为基点的积极的安全观、以经济全球化为背景的综合的安全观、以机遇与风险对等为条件的辩证的安全观①、以博弈分析为前提的互动的安全观。过去那种被动的、严格限制的安全观逐渐被取代。

基于上述理解和认识，跨国公司对东道国经济安全的影响仍然与其他方面的因素一样，既有可能是收益也有可能是成本，问题的关键在于东道国能否扬长避短。但是，尽管如此，

---

① 参见国务院发展研究中心国际技术经济研究所课题组. 经济全球化与我国经济安全战略的若干思考. 国际技术经济研究，2000.

由于发达国家在推动和利用经济全球化趋势中处于主导地位，因而，经济全球化仍然会对发展中国家在金融、产业、市场和自然资源等经济领域带来经济安全的严峻挑战。

二、跨国公司与母国的经济发展

(一)母国效应的理论探讨

有关直接投资流出对母国影响的理论研究至少可以追溯到凯恩斯(Keynes)，他的有关国内和国外投资的社会和私人风险之间差别的论述就涉及这方面的问题。但是，关于跨国公司母国效应问题的研究还主要是第二次世界大战后这个时期的产物。从投资国的角度来分析投资的影响，经济学家们的出发点是类同的，即认为对外投资取代了国内投资，然后又把投资看作是取得长期充分就业均衡的完全竞争世界的资源配置问题。在这些条件下，从母国利益看，可能会发生对外投资过量的情况，其根源在于私人和社会之间的收益率是不同的。私人企业在作出对外投资决策时，不会考虑国外新投资会降低东道国现有总投资的收益率，也不会考虑给母国带来的损失，如支付给外国税收就意味着减少国内收入。如果确实发生了过量投资，那么，在不受报复的假设条件下，旨在再分配投资、提高国内收入和福利的最适宜的税收就是最佳政策手段。另外，即使人们强调私人和社会利益之间的差别，也不是所有差别都支持限制直接投资流出。例如，某个企业在国外采掘业的投资和经营活动，不仅为该公司本身，也为母国整个行业提供了一个价格平稳的原材料可靠供应地。另外，对外投资促进生产率提高，也不仅仅只对东道国有利，当对外直接投资导致投资企业的规模经济效益增加时，也会对母国生产率提高产生好处。此外，经济学家们还强调资本的流出将改善母国余留资本的收益，但会导致国内工资率的下降，从而出现国内收入从劳动转向资本的再分配，尽管后者的收益少于前者的损失。这个结论可能与工会对直接投资流出持反对态度有关。

2006年，UNCTAD《世界投资报告》从更加积极的角度分析跨国公司对外直接投资对母国的影响。对外直接投资对于一个企业最重要的潜在收益是竞争力的提高，即有更高的能力在开放经济中生存和增长，并实现利润最大化和保持或提高市场份额。而对母国整体而言，也可以作出直接和间接贡献。对外直接投资对于母国的最重要潜在收益就是企业和产业的竞争力和绩效得到提高，这种收益可转化成对于母国各方面广义的效益和更高的竞争力，从而促进产业改造和提升增值活动、改进出口绩效、提高国民收入和改善就业机会。对外投资的跨国公司竞争力提高可以通过各种渠道带动母国的其他企业和经济行为者，包括通过联系和影响当地企业、对当地工商业的竞争推动效应以及与大学和研究中心等机构的挂钩和互动。总之，对外投资的跨国公司在这方面做得越深入，对母国经济体而言的预期收益就会越大。这种效应对于发展中国家跨国公司更加显著。

(二)几个主要领域的考察

母国的人们主要担心的是：对外投资会对国际收支、就业水平和结构产生消极影响。同时，像担心跨国公司控制经济和非经济力量一样，人们也担心跨国公司在技术转让、逃避税收和反竞争方面会对母国产生日益显著的影响。

1. 跨国公司经营活动对国际收支的各种效应

(1) 最初资本转移对国际收支产生的不利影响。如果国际资本的转移是采用资金流动的形式，那么对外投资不可避免地会对东道国形成一个净增加额，而母国的资本形成则有相应的下降。当然，资本流动也可采用向国外工厂提供资本设备和原材料等形式，在这种情况下，初始投资对母国资本形成的影响就会相应减少。

(2) "防御性投资"的作用。对外直接投资是维持市场的需要，不然的话，东道国推行自给自足的政策就会把母国的出口挤掉。基于这一考虑，他们认为，虽然对外直接投资可取代对东道国的出口，但并不减少母国的资本形成。

(3) 子公司国外销售可能取代母公司出口或刺激母国进口。对外直接投资对出口有较高的替代性，所以重大出口替代，就会对国际收支造成净负效应。不过，实际流动状况并不容易确定。例如，海外子公司的市场销售和服务活动可能创造对仅有母公司生产的互补品的需求。特别是对一些不能立即实现国产化的子公司，一旦开始生产，就不可避免地造成对母公司原材料和零部件的出口需求。从这一角度出发，对外直接投资并不减少母国资本投资，而东道国由于国外投资而增加了资本形成。这实际上意味着，对外直接投资促进了世界资本的形成。

(4) 利润等汇回。当子公司建立后，母国可能从利润汇回以及付给母公司的特许费等方面来改善国际收支平衡。

(5) 东道国需求发展的影响。严格地就长期结果看，对外直接投资提高东道国的国民收入，并刺激进口需求，也会在一定程度上影响母国的国际收支。

2. 对外直接投资对国内投资的补充与替代

这是一个与国际收支相联系、但又不能完全为国际收支问题所包括的问题。一些经济学家坚持认为，对外直接投资并不会减少母国资本形成，并倾向于肯定会对母国的就业和国际收支有积极影响。这种对外投资的观点在以下几种投资类型中也许是成立的。

(1) 资源开发型投资。这些企业投资于国外是为了开发国内得不到的资源。例如，为了消除对资源进口的严重依赖，日本就在国外进行大量投资，以保证资源供应。对这些企业来说，采掘业的投资经常是该母公司垂直一体化经营的组成部分。

(2) 旨在利用国外廉价劳动力的投资。显然，在较高劳动生产率不能抵消较高工资的情况下，企业是不会在母国本国投资的，因此，对外投资不会完全替代国内投资。不过，这要考虑某个行业资本资源的供给情况。

(3) 由于关税壁垒妨碍其出口而导致对外横向投资。这可能也是出于一种"防御性"动因，尽管这种类型的投资对母国资本形成的影响不很明显。

3. 跨国公司经营活动对母国就业的各种效应

有统计资料表明，20 世纪 80 年代初，跨国公司在全世界共雇佣 4400 万人，其中 64% 是在母国雇用的雇员。事实上，跨国公司对母国就业的影响是十分复杂的。

(1) 生产替代效应。跨国公司采用国外子公司生产，而不是采用母公司出口的办法来参与外国市场，会在一定程度上造成就业机会损失。

(2) 母国的公司总部和辅助性企业效应。这是由于管理职能集中于母公司对母国非生产性就业的促进。美国大多数研究表明，对外直接投资对就业的重要正效应来自创造了许多美国非生产性就业机会。另外，国外子公司经营业务也会导致母国法律和公共关系服务、管理和工程咨询等方面需求的增加。尽管这两个领域受影响的就业人数并不多，但是它们所涉及的都是高度熟练的人员。由此，对母公司的就业效应不应只看它的就业水平，也应看它的就业结构变动。

(3) 出口刺激效应。这是指国外子公司对母国资本设备、中间产品和辅助产品的需求，而产生的增加国内就业的正效应。

(4) 就业调整成本。对外直接投资会对就业机会产生重要的得和失，这是需要考虑的社会调整成本问题。测定就业调整成本，一方面从就业总量上衡量，比较对外直接投资可能造成就业机会的创造和损失总数，另一方面还要考虑不同就业结构中，就业得失的差别。如美国一项研究进一步证实，美国由于对外直接投资的结果，那些熟练程度高的就业机会的增长数要大于损失数。可是，在那些熟练程度低的职位上，就职雇员在被解雇后，并不能替补到熟练程度高的职位上去。确切地说，他们只能在该国的其他地方寻求非熟练职位的空缺。这种情况就可能鼓励在职的同等熟练和专业的雇员向跨国公司需要的新职位流动。此外，就业创造和就业损失的具体地区和行业也不尽相同。

4. 跨国公司与技术输出

向国外转让技术问题已引起了各国有关人士的不安。母国人们担心作为技术转让主要实体的跨国公司，把母国的资本和技术同东道国(特别是发展中国家)的廉价劳动力结合起来，会削弱母国的比较利益。而母国这种比较利益的获得往往建立在对技术研究开发投入的巨大开支上。这种主张的主要依据如下。

(1) 对外技术转让削弱了母国的资本和技术优势，降低了其制造业的国际竞争力。

(2) 随着母国有关行业的就业和工资受到不利影响，制造业部门出现了收缩迹象。

(3) 来自母国国外子公司汇回利润的国民收入份额有所增加，这对母国的收入分配有着不利影响，并进一步增加了母国对外国经济的依赖。例如，人们担心这种结果将会使美国重蹈英国的覆辙，而变为一个增长缓慢、服务导向的国家。

不过，更重要的是要考虑技术转让的更长期影响。虽然有关行业的产出可能下降，但由于改变生产格局和取得较高的国外收益，会促进其他行业的增长。另外，动态产品周期结构内的技术转让问题也应考虑在内。在产品周期的最初阶段，当新产品为国内和国外市场所接受时，国内就业就会经历一个增长过程。随着跨国公司转让技术和生产设备到国外，以利用那里较低的劳动力成本，母国的新产品行业的职位就可能被替代。但到那时，该国有关行业如果拥有更高的技术产品，就会进入一个新周期。这样，还可能维持国内的就业水平。使用原有技术的国外生产赚取的利润用来资助研究与开发，就可使母国继续提高其技术水平。

5. 逃避税收和不公平税收

如果东道国对跨国公司收入的征税水平比母国对收入的征税水平低，就会刺激跨国公司向国外投资。同时，跨国公司可能通过操纵转移价格和经营"皮包公司"以及巧妙利用避税港等措施来逃避母国税收。跨国公司也可能把东道国提供的免税期和其他财政上的优惠当作逃避国内税收的进一步手段。

6. 跨国公司的力量

东道国批评跨国公司的一个论点是这些企业能够绕过和阻挠东道国政府实行其经济政策。在母国，特别是美国，也有类似的批评。跨国公司拥有集中性，它们在某些特定行业的集中性，以及少数企业拥有外国投资的集中性等，都是其政治和经济力量的潜在来源。跨国公司上述结构性特征，可能使其个别企业或某组企业采取既对东道国，也对母国经济运行造成不利影响的行动。由此，垄断定价、掠夺性和限制性行为、操纵性转移定价等商业行为，都可能对母国长期的经济结构和运行产生有害影响。

第三节 经济政策与跨国公司

对跨国公司行为的管理可以在国内和国际两个层面上进行。无论是国内控制还是国际控制，其目的都是要发挥这类企业的正效应、克服这类企业的负效应，从而使外国直接投资的净收益最大化。

一、国家层面的政策与法规

(一)东道国政策与法规

1. 对国外直接投资的鼓励政策

(1) 东道国的投资导向。

① 鼓励外来投资用以开发新的产业。许多国家对在新产品或先驱产业上的投资都会给

予优惠政策。

② 鼓励特定公司的投资或特定类型的投资。如许多国家欢迎那些可以带来新技术的公司与那些能够解决诸如当地就业问题等一些重大经济问题的投资、那些能够符合东道国预期目标与规模的投资。

③ 鼓励通过投资，使东道国国际收支达到平衡以及增强进口替代和出口，增加外汇储备等。

(2) 东道国的鼓励政策。这类政策一般有以下内容。

① 减少关税。即在一定期间内对外国公司进口的机械设备与出口的产品给予减税或免税待遇；对在指定行业或地区投资的外国企业给予延长免税期等优惠待遇。

② 减少税收。即在一定期间内减免征收外国投资者公司的营业税、所得税等税收，以鼓励跨国公司来本国投资，特别是鼓励跨国公司在特定产业或地区投资。

③ 提供设施。即东道国政府修建工厂厂房设施，以供外国投资者使用，东道国只收取使用费。

④ 提供服务。东道国政府提供交通、食宿、劳动力等方面的服务，减少外国投资者在这些方面的困难，使投资过程简化。

⑤ 津贴补助。东道国政府可以为鼓励其在所需要的部门进行投资，对外国投资者给予某种低息贷款、现金、适当的公共事业费等补助。

⑥ 垄断权力。东道国政府在一定时期内允许外国公司在该国独自生产与销售某种产品，从而形成某种垄断。

2. 对国外直接投资的限制政策

许多国家和政府为了维护本国经济利益，防止跨国公司过分地渗入与控制本国经济，对跨国公司的直接投资都会采取一定的限制措施，主要有以下几种。

(1) 东道国的就业与管理政策。为了解决本国就业问题，创造就业机会，东道国要求外国投资者必须以某种形式保证雇用一定数量或一定比例的东道国国民。同时，为了使科学技术与管理技能等能够通过投资转移到本国，培养本国的技术和管理人才，东道国要求投资者要雇用一定数量或比例的东道国的管理人员、技术人员与科研人员，并在一定期间内限制外国管理人员的人数。

(2) 东道国的股权政策。许多国家为确保本国利益，确保能够有效地进行经营决策，不允许外国子公司在该国拥有全部股权。只有在东道国企业拥有一定程度的股权以后，外国企业才能投资。有些国家的某些关键性行业，外国企业只能拥有少量股份。

(3) 地区满足政策。一些东道国要求外国投资者必须以文件形式说明地区满足的程度，即不仅在东道国投资生产产品，而且要在东道国其他地区购买生产该产品的原材料和零部件。这样，一则可以带动相关产业的发展，二则可以避免外国投资后带来增加进口原材料与零部件等问题。

(4) 外贸平衡政策。长期存在外贸赤字的国家以及外汇储备有限的国家多采用这种限制政策,即只有在投资后可增加本国产品的出口或增加进口替代产品,才允许外国进行投资。

(5) 培训政策。一些国家常常要求投资者为本国国民进行培训,以提高他们各方面的技能。这种政策既可提高被投资企业员工的技能,从长远角度看,也是提高国民素质的一条途径。

(6) 研究开发政策。许多国家要求投资者在本国进行研究开发,以便培养自己的研究开发人才。因此,东道国政府会要求投资者确保在当地进行某种研究或在当地花费一笔研究费用。

(7) 收益分配政策。一般来讲,各国在立法原则上都保证外资资本回收金、利润和其他合法收益可自由兑换成外币汇回本国。但在实际执行中,大多数国家有较严格的规定,防止大量资金外流,以致给本国国际收支平衡及国民经济带来不利的影响。东道国常常为外资的利润汇出规定时间进度、允许汇出外汇的比例等,而且规定外国投资者要继续在当地进行投资。

(8) 国家安全政策。多数国家在审核投资方案时,还需要审查该项投资对本国国家安全的影响。如果确实对国家安全有危害,轻则要求修改投资方案,重则不予批准。

(二)母国(投资国)政策与法规

1. 母国对海外直接投资的支持和鼓励政策

世界各国尤其是发达国家普遍认识到,对外直接投资为本国大量相对过剩资本提供了更加有利可图的投资机会,增加了本国的资本积累,有利于本国获得稀缺资源,扩大商品市场和促进经济结构调整,因此一般来说对其政策比较宽松。概括起来,各国对海外直接投资的支持与鼓励政策主要体现在以下几个方面。

(1) 海外投资收益税收优惠。一般来说,海外投资收益往往面临着双重纳税义务:一方面,母国依据居民税收管辖权有权对本国投资者在海外的收益课税;另一方面,东道国依据地域管辖权有权对外国投资者在本国境内的收益课税。为避免双重课税,鼓励企业对外直接投资,世界各国尤其是发达国家普遍采取税收优惠政策,主要有以下两种方式:一是税收抵免(Tax Credit),即海外投资者在东道国已缴纳的所得税款可以部分或全部地在母国应纳税额中相抵扣减;二是税收饶让(Tax Sparing),即海外投资者在税源国即东道国纳税后,母国可免予征收。可见,税收饶让对海外投资者来说是最优惠的税收待遇,因为母国政府完全放弃了对跨国经营所得的居民管辖权,有利于跨国公司整体税负的降低。但是,对母国来说,税收饶让会造成本国税收收入的减少,所以只有极少数国家采用,世界上大多数国家普遍采用的是税收抵免政策。

(2) 提供融资便利。母国是跨国公司重要的资金来源,其中从母国各类银行和其他金融机构取得的贷款是其资金最主要的组织部分,同时母国政府及其所属有关机构也为本国企业对外直接投资提供优惠的信贷资金,以增强本国企业对外直接投资的竞争能力。政府提供融资便利的具体方式有以下几种。

① 政府直接出资或贷款参与本国企业的对外直接投资活动。

② 政府设立专门机构，为本国企业对外直接投资提供信贷支持。如美国进出口银行和美国国际开发合作总署下辖的海外私人投资公司，就为美国企业在海外的投资项目提供优惠信贷与资金支持，其他发达国家如英国、日本等也都有类似机构。

③ 政府设立特别基金或金融开发机构，向海外投资项目提供投资初期的"风险基金"，并对市场开拓成功的跨国公司提供长期的融资便利。

另外，一些发达国家还通过各种类型的发展援助计划或开发融资机构，为中小企业对发展中国家的直接投资项目提供风险资本和长期贷款，如英国英联邦开发公司、瑞典发展中国家工业合作基金等。一些发达国家或区域经济组织还通过特别的发展计划为企业在某些特定地区的投资项目提供融资便利，如美国的加勒比计划以及欧共体针对拉美、亚洲和地中海地区的"欧共体投资伙伴计划"等。

(3) 提供投资保证。对外直接投资保证制度，是指为本国企业在海外直接投资项目中受到的政治风险给予担保。这一制度始于第二次世界大战后，其目的是为了鼓励与促进企业开展对外直接投资，保障其利益，目前几乎所有发达国家都实行这一制度。各国制定的投资保证制度不尽相同，但概括起来，普遍具有以下特征：第一，投资保证是只限于对海外私人直接投资的"国家担保"或"政府担保"；第二，担保的风险范围仅限于政治风险，不包括自然灾害或一般商业风险，具体包括外汇风险、征用风险和战争风险三种，凡经认可的投资项目，可以对这三种风险之一或其全部进行担保；第三，投资者与承保机构签订合同，规定投资者支付保费，承保机构承担担保责任，一旦发生风险，承保机构按合同规定向投资者补偿因风险所受的损失；第四，对担保期限的规定，各国立法不完全一致，但通常最长期限为15年，个别的不超过20年。

(4) 提供投资信息及投资支持。为促进本国企业对外直接投资，各国的有关政府部门或所属的专业机构会向投资者提供东道国的宏观经济状况、行业与企业的资料以及与外资相关的法律与管理措施等信息，以便投资者进行投资决策，也可能会通过各种行业组织与协会、政府出版物、有关对外直接投资的研讨会等向外发布这些信息。投资信息的主要来源是有关政府部门、专业机构、驻外使领馆及各种投资交易洽谈会等。除了提供投资信息外，一些国家尤其是发达国家政府还对海外投资提供投资支持，包括以下几项。

① 对投资可行性研究或投资前调查提供资金资助，通常是所需资金的一半，待将来投资项目落成后，投资者再偿还政府资助的费用。

② 设立培训机构，为海外投资企业培训各种技术人员。

③ 对一些中、小投资项目提供开发与启动支持，包括资金与技术培训方面的工作。一些国家将投资支持所需的资金纳入政府预算，从财政上予以保证。一些国际组织也积极地介入到投资支持，如联合国开发计划署就是向发展中国家提供投资支持和多边技术援助的重要渠道。

2. 母国对海外直接投资的监督与管理

母国在对本国跨国公司的对外直接投资活动提供支持的同时，也会制定与实施各种措施对其进行一定的监督与管理。

(1) 对外流资本和技术限制。短期内大规模的资金外流会对投资国的国际收支平衡造成不利影响，因此世界各国政府都依据各自的具体国情制定了投资审批标准，对超过一定额度的海外投资项目进行限制。各国政府在发生特殊情况如国际收支严重失衡时，还会颁布一些限制资本外流的法规与条例。同时，一些发达国家政府担心对外直接投资会带动本国先进技术外流，削弱本国的技术领先优势与竞争力，因此往往制定法规对技术密集型生产项目的海外投资和技术转让进行限制。另外，在国内经济萧条和失业率居高不下时，一些政治团体和工会组织会积极要求政府出台政策限制资本外流和技术转让，以避免跨国公司的海外直接投资变相地输出就业机会。

(2) 加强税收征管。由于跨国公司的子公司与分支机构分布在世界各地，母国政府很难确定跨国公司的应税利润，后者又利用内部交易和国际避税进一步加剧了这种复杂性，因此世界各国政府及其税务机关纷纷加强了对跨国公司的税收征管，以防止国家税收的流失。各国采取的具体措施有：完善税收立法，包括以法律形式规定纳税人的申报义务以及制定针对跨国公司内部转移定价的条款；对跨国公司进出国境的货物价格进行严格审查，判断其是否为正常交易价格；加强税务审计，聘请具有全球范围内调查手段的国际会计师事务所对跨国公司账目进行审计；与其他国家签订涉及跨国公司偷漏税与避税的双边或多边税收协定，相互交流税务情报，提供国际税务调查便利，以加强国际税务合作。

表 2-2 和图 2-7 显示了 1991—2015 年各国政策比例的变化。从整体上看，不论是东道国还是母国，为了提高或增强国际间直接投资对本国的收益能力，都不断出台新的政策措施来引导和规制跨国公司的投资行为。政策变化总体上是朝着更加自由化和放松管制的方向发展，有利于国际间直接投资的政策比例大大高于不利于国际间直接投资的政策比例。但进入 21 世纪后，规制政策的比例明显加大，使得两者的差距缩小，投资保护主义的风险有所增加。2010 年之后，这两者之间的差距又逐年加大，反映近年来国家的投资政策仍然以投资的自由化、促进和便利化为主导。

表 2-2 1991—2015 年世界各国政策变化(%)

	1991	1992	1993	1994	1995
自由化/促进政策比例	98	100	99	98	95
限制/监管政策比例	2	0	1	2	5
	1996	1997	1998	1999	2000
自由化/促进政策比例	86	89	94	94	98

续表

	1991	1992	1993	1994	1995
限制/监管政策比例	14	11	6	6	2
	2001	2002	2003	2004	2005
自由化/促进政策比例	93	95	90	87	80
限制/监管政策比例	7	5	10	13	20
	2006	2007	2008	2009	2010
自由化/促进政策比例	80	76	77	70	68
限制/监管政策比例	20	24	23	30	32
	2011	2012	2013	2014	2015
自由化/促进政策比例	78	75	73	84	85
限制/监管政策比例	22	25	27	16	15

(资料来源：UNCTAD. 世界投资报告)

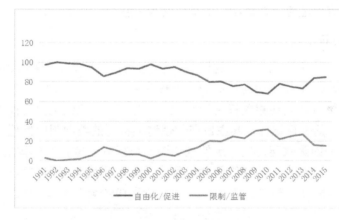

图 2-7　1991—2015 年世界各国政策变化(%)

(资料来源：UNCTAD. 世界投资报告)

　　2015 年，85%的新出台的政策措施旨在扩大开放、促进投资，亚洲新兴经济体在这方面表现得尤其突出。在限制性措施和规定方面，不断增加的新的举措主要反映了各国对战略行业和敏感行业中外国所有权的戒心。

　　越来越多的国家采取措施加强了对外资的国家安全审查。这一趋势加剧了对投资保护主义的担忧。一些国家扩大这一概念，将国家安全审查的范围扩大到重要的基础设施、战略性新兴产业以及被认为涉及国家利益的各种行业。此外，一些国家要求企业披露的商业信息范围不断扩大。为防止国家安全审查成为投资保护主义的手段，各国需要在国家安全审查的政策空间与审查程序的透明度及公正性方面作出平衡。联合国贸发组织也加强了对全球投资保护主义趋势的监督和定期报告机制。

二、国际层面的政策

国际层面的政策主要体现为双边、多边及区域层面的国际投资协定。研究国际层面的政策可以从不同角度入手，胡德·扬曾经按照综合程度将其分为"综合性的国际协定""商业行为守则""专门领域的国际协定和行为守则"三种类型。而 UNCTAD 的《世界投资报告》多年来一直按照"双边投资协定""避免双重征税协定""其他国际投资协定"及"调整国际投资争端的公约"等分类方法进行统计与报告。为了能够运用和跟踪 UNCTAD《世界投资报告》的信息与统计数据，本节按照后者的分类方式展开。

(一)双边投资协定

双边投资协定可分为传统型与现代型两大类，传统型的双边投资协定内容主要在友好通商航海条约中体现；现代型指两国之间订立的专门用于国际投资保护的双边条约，又分为美国式的双边投资保证协定及德国式的促进与保护投资协定。

1. 双边投资保证协定

美国与别国签订的投资保证协定的核心在于让缔约国正式确认美国国内的承保机构在有关的政治风险事故发生并依约向投保的海外投资者理赔之后，享有作为海外投资者向东道国政府索赔的代位权和其他相关权利及地位。协定还规定双方政府因索赔问题发生纠纷时的处理程序。这样的法律设计，其主旨在于使这类特定的美国国内保险合同的法律效力，得以通过这种特定的国际双连协定，延伸到美国国境以外，取得缔约国的正式确认，从而使对方承担具有国际法约束力的履约赔偿义务。于是，原属美国国内私法契约关系上的代位索赔权，就被"国际化"和"公法化"了。我国于 1980 年以换文形式与美国签订了投资保证协议。

2. 促进与保护投资协定

从 20 世纪 50 年代末开始，联邦德国及其他一些欧洲国家将传统的《友好通商航海条约》中有关保护外国投资的内容提取出来加以具体化，并融合上述美国式《投资保证协定》中有关投资保险、代位赔偿及争端解决的规定，与相关的国家签订了《促进与保护投资》的专门性双边协定。此类协定内容较为具体详尽，实体性规定和程序性规定并举，兼具《友好通商航海条约》与《投资保证协定》之所长，是一种保护国际投资的具有代表性的条约类型，因而一问世便得到各发达国家的竞相效仿和大力推行。目前国际法学文献中所称的《双边投资条约》(Bilateral Investment Treaty，BIT)或《双边投资保护条约》一般是指此类协定。

(二)避免双重征税协定

第二次世界大战后,随着国际资金流动、劳务交流和贸易往来的发展,在国与国之间签订避免双重税收协定,已日益受到国际上的重视。由于各国经济发展水平的差异,国家间的资金和技术流向,在发达国家间是相互的,在发展中国家则主要是吸取外资、引进技术。签订税收协定,可能减少所得来源国的税收,使发达国家得到一定程度的税收分享;但对发展中国家吸取外资、引进技术,发展本国经济还是有利的。

一般来说,签订避免双重征税协定所要解决的问题,主要包括以下3个方面。

1. 避免和消除对跨国纳税人的重复征税

避免由于国际税收管辖权的重叠而形成的双重征税是国家间签订税收协定所要解决的核心问题。税收管辖权通常包括居民税收管辖权和所得来源地税收管辖权,世界上多数国家都是同时行使这两种税收管辖权,因而不可避免地造成了对一个跨国纳税人所取得的同一项所得,其居民国和所得来源国均根据各自的国内税法进行征税,即重复征税的情况。为此,国家间通过签订避免双重征税协定,区分不同类型所得,全面协调国家间的税收管辖权,从而避免和消除双重征税,促进国际经济交流。

2. 防止跨国偷漏税

由于仅靠一国主管税务当局的力量难以对跨国纳税人实施有效监控,因此通过加强国际间的税务行政合作来防止跨国偷漏税自始就是税收协定所要解决的问题之一。在避免双重征税协定中,通常都列有"情报交换"条款,缔约国之间按照协定的规定相互提供税收情报已成为防止跨国偷漏税的有力手段。

3. 避免税收歧视

避免税收歧视,实行纳税无差别待遇,是处理国际税收关系的一项重要原则,也是谈判签订税收协定的目标之一。国家间在签订避免双重征税协定时,通常都列有"无差别待遇"条款,以保证缔约国一方的人在缔约国另一方应负担的纳税义务,不比缔约国另一方的人在相同或类似的情况下所受到的纳税待遇不同或负担更重。

(三)其他国际投资协定

除双边投资协定和避免双重征税协定之外,各国在处理国际贸易和投资交易的双边、区域和区域间协定中正越来越多地将国际投资协定作为一个组成部分。除了一系列有关贸易自由化和贸易促进的条款之外,这些协定还包括对缔约方之间的投资流量实行自由化、提供保护和实施促进的承诺。这些协定是对各国经济所面临的日益增加的全球资源和市场竞争做出的反应。

这类除了双边投资协定和避免双重征税协定以外的国际投资协定的数量稳步增长,其原因部分是由于1990年以来发生的两个重要的质的变化造成的。首先，发达国家和发展中国家之间也开始签订国际投资协定，而在以前这些协定主要是由处于相近发展水平的国家相互签订的；其次，自20世纪90年代以来发展中国家之间签订的这类协定数量显著增加，这表明，发展中国家正越来越多地实行基于他们之间合作的发展战略。

与双边投资协定相比，其他国际投资协定在范围、方法和内容方面的差异要大得多。而且，它们所涉及的经济事务的范围越来越广，特别包括了商品和服务贸易、投资和资本流动及劳动力流动等方面的内容。协定涉及的问题越多，就会越复杂，各条款的内容出现重叠和不一致的可能性也就越大。与此同时，协定之间较大的差异，也提供了一个试验不同的促进国际投资流动的方法，以更好地反映处于不同经济发展水平和不同地区的国家的特殊环境。近年来签订的国际投资协定中有关投资的条款已经出现了多种模式，而且不同的模式之间有着许多显著的差别。

在投资自由化方面，双边投资协定和避免双重征税协定以外的国际投资协定通常采用两种方法。第一种方法是规定现实的自由化承诺，同时列明不适用这些承诺的国家名单(负面清单法)。西半球国家依照北美自由贸易协定模式签订的大部分协定通常采用这种方法；第二种方法是规定逐步废除有关投资进入、开业和经营方面的限制。特别是欧盟与第三方国家之间签订的协定，东盟成员国在东盟投资区框架协议中以及东盟成员国与其他国家签订的几个协定都采用了这一方法。在第二种方式下，所寻求的自由化水平存在相当大的差异。有些协定承诺在特定的日期前实现投资的完全自由化(如东盟投资区协定)，有些协定则旨在分几个阶段完成投资自由化(如欧盟与中欧国家签订的欧洲联系协定)，还有些协定为将来投资自由化的谈判建立了一个框架(如欧盟与北部非洲国家及中东国家签订的欧洲-地中海协定、非洲经济共同体协定及东盟与中国签订的协定)。

在中国、日本、新加坡、摩洛哥和美国近年来签订的协定中，除了投资自由化之外，还规定了投资保护的内容，与以前类似于北美自由贸易协定的协定相比，这些协定涉及的范围更广泛，内容更详细，而且其中的大部分条款都更加严格。这些协定在涉及许多相同议题的同时，还涉及更多其他的议题，或者在已积累的经验的基础上，对北美自由贸易协定中关于这些议题的处理方法进行了修改。这些协定通常广泛地涉及服务贸易，同时列出独立章节或条款来专门处理诸如竞争政策、政府采购、知识产权、劳工、环境、特定产业的贸易和投资、企业人员临时入境及透明度等方面的问题。

另外，其他近期的协定所覆盖的投资议题范围仍然很窄，仅限于建立一个有关投资促进合作的框架。近年来的例子包括欧洲自由贸易协议成员国和中欧国家签订的自由贸易协定，加拿大与其他国家签订的双边协定，以及美国与非洲及中东国家签订的一些贸易和投资关系方面的框架协议。这些协定所规定的合作通常旨在建立鼓励投资的有利环境，特别是通过信息交流的方式。通过建立咨询委员会或者类似的包括缔约方在内的机构，以加强对谈判达成的承诺的执行效果，并对贸易和投资的市场准入方面可能存在的障碍进行讨论和研究,这样的安排在这些协定中也是非常常见的。

(四)国际投资争端

一个新的显著的发展趋势是投资者与东道国之间投资争端的增长。这些争端涉及各种投资活动和所有类型的投资。

许多国际投资协定都允许投资者在世界银行的国际投资争端解决中心(包括该中心的附属机构)的仲裁程序与特别的仲裁程序(如联合国国际贸易法委员会的仲裁程序)之间进行选择。其他可供利用的仲裁机构有,设在巴黎的国际商会(ICC)仲裁院、斯德哥尔摩商业仲裁委员会、伦敦国际仲裁院及各类地区性的仲裁中心,特别是新加坡和开罗的仲裁中心。但是,只有国际投资争端解决中心(ICSID)提供了案例清单。即使在国际投资争端解决中心,也并不是所有的裁定结果都向公众公开。虽然这种局面正在逐渐改变,但公众还是不可能知道至今为止确切的仲裁案例数量,也不可能了解到这些案例中所包含的法律问题和真实情况。

由国际投资协定引发的投资争端猛增以及由于这些争端所导致的费用,意味着各国政府在决定加入国际投资协定时,在协定谈判过程中需要保持谨慎。它们还需要关注投资争端的发展,以便对那些可能引发争端诉讼的行为保持警惕。此外,对国际投资协定中国际承诺的履行情况进行研究,从中吸取教训也是非常重要的。

如图2-8所示,伴随国际投资额的增长,国际投资协定累积数量逐年上升。2015年年末国际投资协定的累积总数达到了3304项。尽管每年新签订国际投资协定数量有所下降,但由于投资协定特别是大型区域一体化协定涉及更多国家,其经济和政治影响力反而有所增强。最新签订的国际投资协定遵循了不同的协定范本。同时,区域协定往往规定,签约方的双边条约继续有效,从而使得投资规则体系更加复杂。目前,全球近150个经济体正围绕至少57个新的国际投资协定进行谈判。

此外,针对目前国际投资体制的种种缺陷和缺失,近年来国际社会掀起了国际投资协定体制改革的浪潮。在国家层面,越来越多的国家认识到改革国际投资协定体系的必要性,近100个国家参照联合国贸发组织的《投资政策框架》以及《国际投资体系协定改革路线图》重新审评了各自现有的国际投资协定,其中近60个国家根据贸发组织上述框架文件修订或起草了新的双边投资协定范本。在双边层面,一些国家已经开始商谈新一代的投资协定,引入了一些新的条款,如投资促进及可持续发展条款等。在区域层面,对一些原有的区域投资协定的重新评估正在进行,几个超大型区域投资协定的谈判已经完成或正在推进。2015年联合国第三届国际发展融资会议通过的《亚的斯亚贝巴行动纲领》要求联合国贸发组织继续就国际投资协定体制改革问题发挥引领作用。

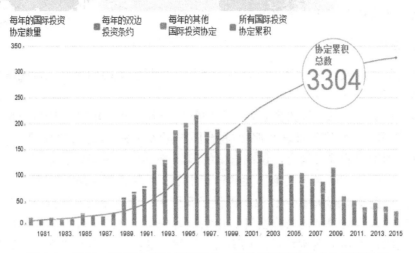

图 2-8　1981—2015 年双边投资条约、其他国际投资协定和累积数量

(资料来源：UNCTAD. 世界投资报告)

三、企业社会责任标准对投资政策的影响

过去数年来，不论是在国家层面还是国际层面，企业社会责任标准对投资政策的影响越来越大，已经成为一种独特的"软法律"。这些标准通常聚焦于跨国公司的运作，因而随着重新平衡国家和投资者之间权利和义务的努力不断加强，它们对国际投资的影响日益加深。反过来，跨国公司可以通过其对外投资和全球价值链，影响全球工商业的社会和环境做法。企业社会责任标准目前的格局是多层次、多方面且相互关联的。根据联合国、劳工组织和经合组织的标准，其作用在于界定基本的企业社会责任并提供指导。此外还有数十项国际多方利益相关者倡议、数百项产业协会倡议和数千份独立公司准则，为国内外的企业提供社会和环境做法标准。

企业社会责任标准提出了若干制度性挑战。涉及大多数企业社会责任标准的一个根本挑战是确保公司如实遵守其内容。此外，在全球性、所涉主题、产业重点和企业的吸收理解方面，各种标准之间存在着差异、重叠和矛盾。自愿的企业社会责任标准可以补充政府的监管工作，但是也可能削弱、替代监管工作或分散对它的关注。最后，企业在企业社会责任标准方面的表现的汇报工作依然不够标准化，缺乏可比性。

政府可以发挥重要作用，创建一致的政策和体制框架，应对企业社会责任标准体系带来的挑战和机遇。可以通过以下政策选择促进企业社会责任标准：①支持制定新的企业社会责任标准；②在政府采购中运用企业社会责任标准；③建设发展中国家采用企业社会责任标准的能力；④促进对企业社会责任报告和负责任投资的吸收理解；⑤在监管举措中采用企业社会责任标准；⑥加强现有国际标准的遵约促进机制；⑦将企业社会责任标准纳入国际投资协定。现已使用的各种方法越来越多地将监管工具和自愿规定结合起来，以促进负责任的商业做法。

虽然企业社会责任标准的目的通常在于促进可持续发展，但是在国际生产的背景下，需要谨慎行事，以免它们成为贸易和投资壁垒。促进投资的目标可以与企业社会责任标准交相辉映。国际社会正在讨论负责任的投资问题。例如，2010年20国集团的领导人鼓励各国和企业遵循由联合国贸易和发展会议、世界银行、农发基金和粮农组织制定的《负责任农业投资原则》，并请这些组织制订备选方案，促进负责任的农业投资。

本章小结

（1）对于企业为什么要跨国经营，为什么能够跨国经营，从亚当·斯密和大卫·李嘉图等先驱者们的自由贸易理论开始就已经为跨国公司的行为理论奠定了基础。此后，经济学家们从各个侧面和角度探索和研究跨国公司的行为特点及其作用与影响，提出了许多理论和主张。

（2）从国际生产要素的最优组合角度对跨国公司行为进行研究的理论主要有垄断优势理论、区位理论、产品寿命周期理论、内部化理论等。国际生产折中理论将上述有关部分理论结合起来构成一个整体，从而形成了至今仍然是对跨国公司和对外直接投资研究影响最大的理论框架。

（3）从企业所面临的市场角度对企业跨国经营的行为进行研究，主要立足于跨国公司所在行业的寡头垄断市场的反应。海默对跨国公司寡占反应行为的解释还只是作为垄断优势理论的补充，在寡占反应理论上作出较为系统阐述的是美国学者尼克博克，维农将其开创的产品寿命周期理论与寡占反应理论结合起来，将产品周期重新划分为"以创新为基础的寡占""成熟的寡占"和"老化的寡占"3个阶段。

（4）近年来，为了寻求发展中国家对外投资的理论依据，国际经济学界创立了一些新的理论学说。如投资发展周期理论、小规模技术理论、技术地方化理论、技术创新产业升级理论、人力资本理论、投资诱发要素组合理论等。2006年UNCTAD提出影响发展中国家跨国公司对外投资决策的四大动机，即寻求市场、寻求效率、寻求资源、寻求现成资产。

（5）使用社会成本—收益分析方法来评价外国投资，对于东道国来说，既要付出代价又能带来利益。而从资源转移效应、贸易与国际收支效应、竞争与反竞争效应、主权与自主效应等几个具体领域考察，跨国公司投资对东道国的影响也同样既带来利益，又可能有负面的影响。因此，东道国政府必须对每一事件进行估价以区分已经产生和以后将要产生的正负两方面的作用。

（6）关于跨国公司母国效应问题的研究还主要是第二次世界大战以后的产物。与东道国情况类似，跨国公司对外直接投资对母国的影响也是双方面的。UNCTAD于2006年从更加积极的角度分析跨国公司对外直接投资对母国的影响：对外直接投资对于母国的最重要潜在收益就是企业和产业的竞争力和绩效得到提高。这种收益可转化成对于母国各方面更为广义的效益和更高的竞争力。这种效应对于发展中国家跨国公司更加显著。

(7) 对跨国公司行为的管理可以在一国和国际两个层面上进行。无论是国别控制还是国际控制，其目的就是要发挥这类企业的正效应，克服这类企业的负效应，从而使外国直接投资的净收益最大化。东道国与母国的政策与法规从鼓励和限制两个方面来控制跨国公司的行为；国际层面的政策主要体现为双边、多边及区域层面的国际投资协定。

实训课堂

案例分析一

基本案情：

2017年3月25日，中国民营企业投资有限公司(中民投)董事局主席董文标参加博鳌亚洲论坛2017年年会，在讨论对"一带一路"倡议的认识和理解时，董文标谈了三点感想。

1. "一带一路"倡议意义重大

(1) "一带一路"国家倡议在中国近几百年的历史上是第一次，极大地加速了中国经济融入经济全球一体化的进程，意义重大。

(2) 经过30多年的改革开放，中国已经成为世界第二大经济体，并且正在从初级产品制造大国逐步向高精度产品制造大国转型升级。在这个过程中，"一带一路"倡议对向沿线国家分享中国的经验意义重大。

(3) 今天中国的资金实力比较雄厚，民营经济在中国政府的支持下日益强大。很多中国的民营企业家期望参与"国际大循环"，并通过国际大市场练就基本功，提高自身能力和水平。

2. 如何规避企业"走出去"的风险

(1) 安全风险，比如在中亚、东南亚都存在的安全风险隐患，很多中国企业都遇到过这些风险。

(2) 政治风险，部分国家政局不稳定会导致当初的承诺得不到完全兑现，这也是中国企业遇到比较多的问题。

(3) 项目本身的投资评估和法律风险，包括可行性、回报率、资金来源等等。

而抱团走出去可以较好地解决上述问题，一方面迅速从规模上做大，另一方面可以更好地与东道国充分沟通。此外，企业海外投资若要更好地规避风险，一定要在当地找到一个最好的合伙人，通过合伙来做这件事情。

3. 抱团发展建立强大的双向共赢平台

中国改革开放30多年实践证明，企业单打独斗走出去，"深一脚、浅一脚"会遇到很多问题和风险。经过两年多的探索，中民投建立了抱团走出去的模式，积累了许多宝贵的经验。

(1) 中民投成立了强大的全球专家咨询委员会,聚集了全球多位政要和经济学家,为民营企业走出去贡献智慧。

(2) 中民投选择以东南亚、新加坡为支点进入东盟。根据当地实际需要,建立中国产业园,把中国的优势产业带到东南亚,同时医院、学校都在同步建设,取得了良好效果;而在新加坡这个远东金融中心,中民投可以借助这个市场获得持续的资金支持。

(3) 走出去的同时,"一带一路"这个平台也可以引进来。中民投在欧洲、北美的一些项目,主要是围绕在中国的核心产业实施并购。比如在中国做居家养老,可以把欧洲的居家养老企业并购进来,实现双赢。居家养老在中国是一片"处女地",但在欧洲国家已经做了很多年。把欧洲的管理经验、产品通过并购引入以后,可以达到非常完美的效果。

(4) 中国的企业走出去要建立强大的品牌和团队。借助"一带一路"这个平台,能够实现对全球优质的品牌、优秀的团队进行收购。

(资料来源:董文标. 强调"一带一路"倡议意义,打造"抱团出海"成功模式. 中国网,2017-03-27)

 思考讨论题:

1. 为什么说"一带一路"倡议意义重大?运用 UNCTAD 提出的影响发展中国家跨国公司对外投资决策的动机理论、跨国公司与母国的经济发展理论,从企业微观与国家宏观两个角度进行分析。

2. 运用母国(投资国)政策与法规相关理论,说明面向中国企业"走出去"所面对的各种风险,中国政府已经采用与应当采用的政策和法规。

分析要点:

1. 从"寻求市场、寻求效率、寻求资源、寻求现成资产"4 个主要动机解释"一带一路"倡议对企业的战略意义;依据 2006 年 UNCTAD《世界投资报告》所述"对外直接投资对于母国的最重要潜在收益就是企业和产业的竞争力和绩效得到提高" 解释"一带一路"倡议对国家的战略意义。

2. 从"提供融资便利""提供投资保证""提供投资信息及投资支持"几个方面展开分析。

案例分析二

基本案情:

2004 年 1 月,TCL 与法国汤姆逊(Thomson)公司共同组建 TCL 汤姆逊电子有限公司(简称 TTE),共同开发、生产及销售彩电及其相关产品和服务。TCL 集团将把其在中国内地、越南及德国的所有彩色电视机及 DVD 生产厂房、研发机构、销售网络等业务投入合资公司;而汤姆逊则将投入其所有位于墨西哥、波兰及泰国等国的彩色电视机生产厂房、所有 DVD

的销售业务以及所有彩色电视机及 DVD 的研发中心。在合资公司里，TCL 国际控股和汤姆逊公司分别拥有 67%和 33%的股权。TTE 的总部位于深圳，于 2004 年 7 月正式营运。双方此次重组涉及的总资产规模将达到 4.7 亿欧元，新合资公司彩色电视机年总销量将达到 1800 万台，成为全球最大的彩色电视机企业。新的 TTE 公司将在全球拥有 5 个盈利中心、5 个研发中心和 10 个生产基地。全球销售网络网点将超过 2 万个，员工总数将达到 2.9 万人。

由 TCL 控股的这家新公司包括 TCL 在中国大陆、越南及德国的所有彩色电视机及 DVD 生产厂房、研发机构、销售网络等业务投入，也包括汤姆逊位于墨西哥、波兰及泰国的彩色电视机厂房，所有 DVD 的销售业务以及所有彩色电视机及 DVD 的研发中心。这等于 TCL 全面接收汤姆逊公司彩色电视机的全球研发、制造和销售业务。

TCL 并购汤姆逊的动机主要有以下几个方面：

(1) 战略动机：打造世界级企业。

经济全球化不可避免，TCL 如果要进一步发展，就必然要加快发展国际化经营。2002 年 TCL 总裁李东生给 TCL 提出了很高的奋斗目标：用 10 年的时间，把 TCL 建设成为一个真正具有国际竞争力的世界级企业。具体地说，TCL 要在 2010 年实现销售额 1500 亿元，进入国际型大企业行列。为了实现其战略目标，TCL 选择了跨国并购战略。如果简单地计算产销数字，新成立的 TCL 汤姆逊公司的彩色电视机产量将达到 2200 万台以上，销量达 1800 万台。按照全球每年 1.5 亿台的销量计算，新公司在全球的市场份额将超过 10%，从而成为全球最大的彩色电视机供应商。

(2) 市场动机：突破贸易壁垒的选择。

反倾销是中国企业进入欧美市场时普遍遇到的问题。在 20 世纪 80 年代末，中国的彩色电视机在欧盟遭遇反倾销。直到 2002 年，欧盟允许中国家电企业出口的彩色电视机配额仅为 40 万台。2004 年 5 月，美国又开始对中国的彩色电视机实施反倾销措施，这就意味着中国的大部分彩色电视机产品无法直接销售到美国。除了厦华大约是 5%的税率，其他企业如长虹的税率都在 20%以上，而中国产品在美国的毛利率不到 10%，一般还要交 5%的关税，这样出口根本没有利润可赚。汤姆逊在国外有 5 个生产基地，分别位于法国、墨西哥、波兰、泰国和越南。TTE 可以利用其在法国和波兰的生产基地，使产品绕过贸易壁垒，直接进出欧盟市场；同样，TTE 可以利用其在墨西哥的生产基地，使其产品自由进出北美市场。

(3) 法律、技术动机：规避知识产权的风险。

因为缺乏自主知识产权，中国企业大都处于产业链的底端。面对核心技术的短缺，中国企业往往通过直接付费方式使用国外企业的技术。最明显的例子是 DVD，直到现在，中国每出口一台 DVD 还要向外国企业缴纳 20 美元左右的专利费用；在国内销售一台 DVD 也要交纳十几美元的专利费。以至于国内 DVD 企业的利润几乎为零，许多 DVD 企业纷纷倒闭。不只 DVD，在电视、手机等行业，由于没能掌握核心技术，中国企业都需要向国外企业交纳专利费用。随着各国对知识产权保护的加强，是否拥有核心技术已成为制约中国企业成长的重要因素。与汤姆逊彩电业务合并之后，TCL能够共享"彩电鼻祖"34000项彩电专利技术。

(4) 营销动机：利用汤姆逊的品牌效应挤进欧美市场。

尽管需要承担汤姆逊的一些包袱，但TCL却可以借助汤姆逊在欧美市场尚属一线品牌的号召力，一举进入欧美的主流渠道。TCL和汤姆逊就品牌已经达成协议，在亚洲及新兴市场以推广TCL品牌为主，在欧洲市场以推广汤姆逊品牌为主，在北美市场以推广汤姆逊的另一个品牌RCA为主。TCL通过利用汤姆逊的品牌，节约了时间成本，赢得了先机，用1～2年时间完成了其他企业5～10年的国际化进程。

(资料来源：伍力. TCL并购汤姆逊(电子)公司的动机、风险与整合. 广东培正学院学报，2005(3): 15-19)

思考讨论题：

1. TCL并购汤姆逊公司的动机是什么？运用UNCTAD提出的影响发展中国家跨国公司对外投资决策的动机理论进行分析。

2. "中国的彩电在欧盟遭遇反倾销"，"中国企业往往通过直接付费方式使用国外企业的技术"，解释这些现象的原因。

分析要点：

1. 从"寻求市场、寻求效率、寻求资源、寻求现成资产"4个主要动机解释TCL并购汤姆逊公司的行为。

2. 从跨国公司对外投资的动机和东道国对跨国公司的限制政策两个角度解释这些现象。

第三章 跨国公司外部环境分析

【学习要点及目标】

- 了解跨国公司外部环境不同于一国国内企业环境的若干特征。
- 掌握跨国公司全球商务环境分析的主要内容与方法。
- 掌握跨国公司东道国环境分析的主要内容和方法。

【核心概念】

全球商务环境　东道国环境

【引导案例】

华为在欧美国家投资屡遭政治风险

2005年华为并购英国马可尼电信设备公司因英国政治保守势力反对而失败;2008年美国外资委借口国家安全受到威胁为由,阻止了华为和贝恩资本对美国 3com 公司的收购;2010年5月,华为斥资200万美元收购美国 3leaf 公司专利权及其他一些资产,尽管在2010年并购交易已经完成,但由于后来5名美国议员写信给美国财长和商务部长,称华为收购举动肯定会导致美国先进技术转移到中国,给美国安全带来威胁,最后由于政治势力介入导致华为被迫放弃已完成的并购交易。此外,从2010年至2012年,华为在美的另外4项投资项目,也都因美国政府干预或合作对象担心审查风险,以失败告终。

(资料来源:王志超.华为在美投资案例研究.山东大学硕士学位论文,2014年4月)

【案例导学】

外部环境分析是跨国公司经营决策的重要依据。飞利浦公司根据印度尼西亚的收入水平、需求特性和电压水平对产品的价格、规格进行定位,并随着外部环境条件的变化调整营销策略。本章从全球商务环境和东道国环境两个层面进行跨国公司外部环境分析。

第一节　跨国公司外部环境的若干特征

跨国公司不同于一国国内企业,它处于国内、国外和国际3种变幻莫测、错综复杂的环境之中,如图3-1所示。

与国内企业环境相比,跨国公司外部环境有3个显著特征:一是外部环境的多样性;

二是外部环境的复杂性；三是外部环境对内部环境的渗透。固然，并非国内企业所面临的环境在这3个方面没有表现，而是跨国公司在这3个方面的表现更为突出而已。

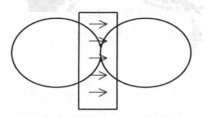

图 3-1　跨国公司经营环境

一、跨国公司外部环境的多样性

(一)经济因素

与国内公司相比，在跨国投资和经营过程中，有更多的经济因素直接给跨国公司带来重要的影响。例如，如果国内公司向国外市场出口，它只需考虑外国需求变化和本国货币汇率变化对其销路产生的影响；而跨国公司的国外子公司如果在东道国投资设厂生产产品，产品在东道国销售，并向第三国销售，则该跨国公司必须考虑的因素还应加上东道国与母国之间的公司所得税差别，劳动力工资的差别，东道国贷款利率变化，跨国公司系统内部的技术转让，母公司还要考虑母国货币、东道国货币与第三国(即子公司出口对象国)货币之间的汇率变化。可见，在同样的业务范围和规模情况下，跨国公司比国内企业所面临的外部环境的经济因素要多得多。

(二)政治和法律因素

跨国公司的经营活动不仅促使东道国、母国及第三国调整国内的政治法律规定，而且各国之间还需进行不同程度和范围的政策、法规等方面的协调。因此，跨国公司不但受到许多国家国内政治、法规的影响，还加上国际社会政治、法律和体制的影响。所以，从不利的一方面看，跨国公司比国内企业受到更多的政治法律因素的制约。欧美国家的跨国公司之所以大量进行相互投资，其主要原因是由于欧美国家之间政治法律体制高度相似，这就可以减少跨国公司在东道国经营所遇到的制约因素。

如果说经济多样性给跨国公司经营带来的积极影响和消极影响参半的话，那么政治法律因素的多样性，尤其是政治上的多样性，往往导致跨国公司经营成本的增加。由于政治法律因素的多样性，使国际企业实现其全球战略目标所必需的公司内部不同程度的集中管理体制的运行受到一定的阻滞，使总部对子公司的投资计划、资金筹措、价格制定及经理的安排等问题所作出的决策难以完全得到实施。例如，在经济因素多样性的环境中，子公司为适应一国经济发展水平变化和不同行业的市场结构变动及行情的重大变化等，能做出灵活反应；而面对一国政治形势的重大变动，跨国公司是无能为力的，往往只能作出撤资的抉择。显然，非经济因素所导致的撤资之类的投资结构与投资地区的调整，其所付出的代价一般要比经济因素引起的调整所付出的代价大。

(三)社会文化因素

跨国公司所处的文化环境的多样性，比其经济、政治、法律环境因素的多样性还要显著。跨国公司子公司所在东道国越多，公司外部环境文化因素的多样性就越大。

文化因素对跨国公司的影响，往往超出公司经理在作出跨国经营决定之前的预料，他们可能忽视不同文化环境给生活在其中的人们以巨大的影响，从而对外部文化环境的多因素的正反两面影响都估计不足。事实上，很难在多种文化因素并存的特点下对某一类经营问题，尤其是营销问题，作出能使各子公司相互一致的决策。

当然，跨国经营本身就是对母国文化的扩散，但是对这种扩散后与东道国文化融合的难度要有充分的估计。至今为止，仍然未见东道国文化同跨国公司母国文化的融合。事实上，不同的社会文化环境对长期生活在其中的人们势必产生深刻而持久的心理定式，产生不相容于异国文化环境下的"偏见"。

二、外部环境的复杂性

跨国公司所处的外部环境，其复杂程度远比国内公司外部环境更甚。这不但是由于外部环境因素多样性比国内公司高，而且还由于跨国公司经营所涉及的相互联系的市场数目更多。

第一，因素多样性使得公司外部环境变得十分复杂。公司经营和投资所涉及的东道国和购销市场所在国越多，对公司起作用的因素增加得越多，且后者的增加速度远远高于东道国、市场所在国个数的增加速度。不妨做一个计算：假设一国有不同于别国的外部环境重要因素对跨国公司的子公司起直接的作用，而且各东道国的每一重要因素之间都双双交互影响，这种影响最终又波及母公司身上，那么，用排列组合公式计算，如果母公司在国外设立一个子公司，则该跨国公司受到一种国外重要外部因素的影响；如果母公司在国外两个东道国设立子公司，那么，该跨国公司将受到 3 种来自东道国的影响。以此类推，若跨国公司在 9 个东道国设子公司,则母公司要处理来自东道国的 45 种影响所致的业务问题。

第二，跨国公司经营活动涉及的销售市场数目多、情况复杂，且又是互相联系的，因此，在产品多样化方针和某种程度的集权与分权相平衡的组织原则下进行营销的跨国公司，其在各国各地区的外部销售业务活动，势必既有互相配合、协调和补充的一面，又有互相矛盾、渗透和排斥的一面。销售市场的这种复杂性给跨国公司的营销战略管理活动以及公司内部的生产计划的统筹安排等管理活动带来困难。再者，由于各个外部销售市场所在国的经济因素对销售价格和销售收益水平各有不同的影响,因此,总部对各子公司的绩效评价很难做到客观、合理,从而使跨国公司内部各单位之间的收益分配制度和物质激励制度复杂化。

三、外部环境因素对内部环境的渗透

外部环境因素对跨国公司内部环境的渗透,是指随着跨国公司由国内企业变为国际企业,一些原来纯属外部环境的因素,现在也在企业内部起作用,并在某种程度上成为内部环境因素的一部分。至少有3种因素渗透到跨国公司内部环境中。

(一)货币方面的因素

以汇率为例,对国内企业来说,即使产品出口比例达到100%,其经营业务所涉及的汇率问题始终是该公司的外部环境因素,尽管受其影响极大,也不至于在下属的两个单位之间考虑货币兑换比率问题。但是,从跨国公司在国外投入第一个直接投资项目的那一天开始,公司内部的微观国际收支结算的关键问题——汇率变动,就成为公司会计制度所必须正视的因素,它既是外部因素,又是内部因素。因为该公司的国内部分(如母公司)与国外部分(如国外子公司)之间的账目离不开汇率问题,而国际市场上的汇率变动必然影响到这两部分之间的国际会计处理方法。于是,这方面因素对国内公司来说是外在因素,对进行跨国经营的企业来说就同时又是内在因素。

(二)社会文化方面的因素

对于一家国内公司来说,在公司内部的员工,其文化背景是相同的。该公司虽然也同外国商人甚至外国消费者打交道,但这当然构不成公司的内部环境的文化因素。然而,当一家国内公司变成一家跨国公司之后,该公司内部大多数国外员工往往具有不同的文化背景。于是原先属于外部环境因素的异国行为模式、管理习惯、对金钱的社会学价值判断、对女性的社会角色认定等社会文化因素,自然渗透到跨国公司内部,成为内部环境因素的一部分。

(三)政治法律方面的因素

当公司纯系国内公司时,与之有业务联系的外国某公司员工反对本国政府的罢工,当然是该国内公司外部的政治因素。然而,当国内公司兼并上述外国公司以后,再发生类似罢工,则这种政治因素即成为公司内部环境因素。

又如,不同法系的差异所致的矛盾和纠纷,对于一家国内公司来说,是外部环境因素,然而,如果这种纠纷发生在同一跨国公司所属的两个子公司之间,则外部因素又变成了内部环境因素。

综上所述，这些外部环境的根本特征，意味着跨国公司对其外部环境条件的不可控程度，往往比一家纯粹的国内公司要高得多。

第二节　全球商务环境

全球化进程的一个关键因素是跨国公司选择在何处发展其国际业务。有效的国际化管理首先来自对全球经济环境中重要变量的认识。在任何国家的任何行业，管理人员必须对世界上各个国家和地区的地理、人物、文化、风俗等问题有全面的认识。这种认识来自对这些国家的市场规模和发展速度，人口、资源与环境，贸易与投资额，贸易与投资构成，劳务成本及财政状况的了解。这种认识可以作为跨国公司在国际经营中辨明可能出现的机会和风险的第一步，可以帮助跨国公司确定向哪些国家和地区出口，从哪些国家和地区进口以及在哪些国家和地区投资并进行生产。相对于对一个国家(地区)的具体分析，全球商务环境主要从整体上进行比较研究。

一、全球人口、资源与环境

(一)人口

根据世界银行数据库数据，2015 年，全球人口达到 73.5 亿。然而，世界人口的增长却极其不均衡：在许多发展中国家，总和生育率超过了 5；在许多发达国家，总和生育率则低于 2。根据联合国的人口预测，到 21 世纪末世界人口会增加至 100 亿左右，其中 97%的新增人口分布在发展中国家。其结果是，发展中国家人口占世界人口的比例将上升至 87%，发达国家的比例相应地下降至 13%。

这样的人口发展趋势对跨国公司国际化经营有着很大的影响。

首先，大量雇用半熟练工的制造业从高收入国家向低收入国家转移的趋势正在逐步加强。在人口数量大而且增长速度快的低收入国家，如印度、菲律宾、印度尼西亚、孟加拉国、肯尼亚、叙利亚和尼加拉瓜，其真实工资急剧增长的可能性不大。在可预知的未来，他们仍将是低工资国家。从这些国家出口的低成本、劳动密集型的产品将继续对发达国家的竞争对手造成压力。

其次，对现在和未来人们所需要的产品类型与激励政策产生影响。对于那些人口数量大而且增长速度快的低收入国家，0~14 岁人口占总人口的比例远远大于许多富裕和中等发达国家。例如，根据一项 3000 万人口以上国家的 0~14 岁人口占总人口的比例调查[①]，日本、意大利、西班牙、德国等国家这一比例在 13.8%~15.0%之间；而坦桑尼亚、印度、南非这一比例高达 32.1%~44.2%。那么，不同的年龄结构所需要的产品类型、劳动力年龄状

---

① 资料来源：日本总务省统计局网站。

况等就具有很大的差异。此外，在老龄化社会，企业要考虑如何调动年长职工的积极性；而在年轻人比较多的国家，企业可以雇用较多的年轻人。

最后，各个国家人口聚居地的不同成为跨国公司投资区域的选择因素之一。在许多非洲国家，90%以上的人生活在农村；而在其他一些国家，如新加坡、英国、澳大利亚、荷兰、委内瑞拉、乌拉圭、德国，85%以上的人生活在城市。人口的城市密集化给从事国际业务的跨国公司经理提供了机会，使他们能把精力集中在地理位置密集的消费者身上，同时获得农村的劳动力。

(二)自然资源

如本书第一章所述，20世纪后期，未经加工的自然资源在世界贸易中的相对价值较低，但是进入21世纪后对石油、天然气和各种金属矿产品需求激增，导致矿产品价格上升；同时粮食价格飞涨以及随后出现的大米等初级商品短缺现象，引发了一些对农业和土地的直接投资。另外，整合产业链的世界潮流也促使一些制造业或服务业的跨国公司延伸到资源产业领域(如冶金产业向采掘业延伸、食品加工和超市投资于农业生产和订单农业等)。因此，全球各国的自然资源禀赋成为其商务环境中的重要因素。

在所有主要国家组中，一些国家的采掘业在引进外资的存量中占有重要份额。例如，发达国家中的澳大利亚、加拿大和挪威；非洲的博茨瓦纳、尼日利亚和南非；拉丁美洲和加勒比地区的玻利维亚、智利、厄瓜多尔和委内瑞拉；以及东南欧和独联体国家的哈萨克斯坦。

尽管从初级农产品出口量上考察，发达国家具有资源禀赋的优势，如美国、欧盟、加拿大等连续多年是世界农产品出口最多的国家，但是，由于国内经济结构、可用耕地等资源状况及国家政策等因素，跨国公司在农业投资方面的主要目标还是发展中国家。这些国家既包括人口众多的新兴国家，如巴西、中国、印度和韩国，也包括土地和水资源稀少的发展中地区，如海湾合作理事会成员国。在一些最不发达国家，如柬埔寨、老挝人民民主共和国、马拉维、莫桑比克和坦桑尼亚联合共和国，其农业部门的外国直接投资占外国直接投资总量或存量的比例相对较大。一些非最不发达国家，如厄瓜多尔、洪都拉斯、印度尼西亚、马来西亚、巴布亚新几内亚和越南的情况也是如此。

(三)环境

对跨国公司与其管理者们来说，随着人们逐渐意识到经济发展对环境的负面影响，完成商务国际化的任务变得更加复杂了。垃圾的产生和处理、水的供应、空气质量、过度捕捞、过度砍伐和酸雨等都不同程度地影响着商业活动。随着人们全球意识的逐渐加强，跨国公司所要面对的利益群体数量急剧增加，这将引出跨国公司的道德和法律问题。

与环境因素紧密相关的是跨国公司对外国低碳活动进行投资。在跨国公司对外国低碳活动进行投资的决策中，诸如母国政策、公共舆论和股东实力等驱动因素起到的作用越来越大。

在选择跨国经营的地点时,除了外国投资的一般决定性因素(例如市场规模和发展、原材料的获取、不同的竞争优势或熟练劳动力的使用)外,环境因素也成为必不可少的条件。例如,东道国建立或界定市场的政策可以刺激对新的低碳产品和服务的需求,尤其是在电力、运输、建筑和工业部门,政府对低碳产品投资的鼓励政策能够吸引寻求市场的外国投资者。同样,特定国家的低碳技术也可吸引寻求战略性资产的外国投资者的注意。

二、全球经济发展状况

研究全球各国经济发展一般着眼于两个角度:一是经济总量与增长速度;二是人均GDP与增长速度。

(一)经济总量(GDP总值)与增长速度

经济总量的高低反映一个国家的经济实力。GDP总值首先是对一个国家市场规模的粗略测算,是跨国公司选择进入市场的重要依据。

表3-1显示了世界经济总量排名前15位的国家(地区)(以2015年数据为基础排序)近25年GDP总值的变化情况。可以看到,20世纪90年代,传统的西方七国集团(美国、日本、德国、法国、意大利、英国、加拿大)有着最强的经济实力,1990年它们分别占据世界经济总量排名第1到第7的位置。但是25年来,这些发达国家的霸主地位正在受到挑战。以全球金融危机之前的2007年的数据考察,中国超过法国、意大利、英国、加拿大,位居第4位;西班牙超过加拿大,位居第8位。经过全球金融危机的重新洗牌,2015年,中国、印度、巴西分别跃居第2、7、9的位置,而传统的七国集团美国、日本、德国、法国、意大利、英国、加拿大的排序已经调整为第1、3、4、6、8、5、10的位置。

表3-1 2015年世界经济总量前15名国家(地区)GDP的变化情况

国家或地区	2015 GDP (亿美元)	2007 GDP (亿美元)	1990 GDP (亿美元)	2015 排序	2007 排序	1990 排序	2015比2007增长(%)	2015比1990增长(%)
美国	179470	138112	57572	1	1	1	29.95	211.73
中国	108664	32801	3546	2	4	11	231.28	2964.42
日本	41233	43767	30183	3	2	2	-5.79	36.61
德国	33558	32972	17145	4	3	3	1.78	95.73
英国	28488	27278	9911	5	5	6	4.43	187.43
法国	24217	25623	12445	6	6	4	-5.49	94.59
印度	20735	11710	3175	7	12	12	77.07	553.08

续表

国家或地区	2015 GDP (亿美元)	2007 GDP (亿美元)	1990 GDP (亿美元)	2015 排序	2007 排序	1990 排序	2015比2007增长(%)	2015比1990增长(%)
意大利	18148	21075	11334	8	7	5	-13.89	60.12
巴西	17747	13142	4620	9	10	10	35.04	284.14
加拿大	15505	13264	5827	10	9	7	16.90	166.10
韩国	13779	9698	2638	11	13	14	42.08	422.32
澳大利亚	13395	8217	3058	12	15	13	63.02	338.04
俄罗斯	13260	12910	5168	13	11	9	2.71	156.58
西班牙	11991	14292	5210	14	8	8	-16.10	130.15
墨西哥	11443	8934	2627	15	14	15	28.09	335.60

(资料来源：国家统计局. 中国统计年鉴. 国际数据)

除了考察世界各国的经济规模以外，对其增长速度的考察也是非常重要的，它标志着市场发展的速度。从表3-1中可以看到，中国、印度、韩国在1990—2015年之间显示出很高的发展速度，中国GDP总值2015年比1990年增长29.6倍；其次是印度(5.5倍)、韩国(4.2倍)。

(二)人均GDP与增长速度

人均GDP可以表明国家的收入水平，也可以表明人们所需要的产品的类型和工资水平。人均GDP的增长可以反映出需求增长和收入水平的上升，由此也反映了市场机会的增加。

表3-2显示了2015年世界43个主要国家(地区)人均GDP的排序。与表3-1相比较，中国、印度、巴西虽然经济总量跃居世界前列，但人均GDP仍然处于较低的水平。2015年中国人均GDP只排在这43个主要国家(地区)的第28位，印度更是排到第40位，巴西排序靠前一些，为第27位，这与发达国家仍有很大的差距。较低的人均GDP水平一方面反映了工资水平，说明这些国家(地区)仍然还具有劳动力成本优势；另一方面也向跨国公司提供了其所需要的产品类型和档次的参考依据。

表 3-2　2015年世界主要国家(地区)人均GDP排序

国家或地区	2015人均GDP (美元)	2000人均GDP (美元)	2015排序	2000排序	2015比2000增长(%)
中国澳门	78586	14128	1	15	456.26
澳大利亚	56328	21665	2	10	159.99
美国	55837	36450	3	2	53.19
新加坡	52889	23793	4	7	122.29

续表

国家或地区	2015 人均 GDP (美元)	2000 人均 GDP (美元)	2015 排序	2000 排序	2015 比 2000 增长 (%)
荷 兰	44433	25921	5	4	71.42
英 国	43734	26401	6	3	65.65
加 拿 大	43249	24032	7	6	79.96
中国香港	42423	25757	8	5	64.71
德 国	41219	23719	9	8	73.78
新 西 兰	37808	13641	10	16	177.16
文 莱	36608	18155	11	13	101.64
法 国	36248	22466	12	9	61.35
以 色 列	35330	21052	13	11	67.82
日 本	32477	37300	14	1	−12.93
意 大 利	29847	20059	15	12	48.79
韩 国	27222	11948	16	17	127.84
西 班 牙	25832	14788	17	14	74.68
捷 克	17231	5995	18	20	187.45
委内瑞拉	16530	4785	19	21	245.44
阿 根 廷	12751	7669	20	18	66.27
波 兰	12494	4493	21	22	178.10
哈萨克斯坦	10508	1229	22	30	755.04
马 来 西 亚	9766	4005	23	24	143.88
土 耳 其	9130	4215	24	23	116.60
俄 罗 斯	9057	1772	25	28	411.24
墨 西 哥	9009	6650	26	19	35.48
巴 西	8539	3729	27	25	129.01
中 国	7925	955	28	32	730.20
泰 国	5816	2016	29	27	188.51
南 非	5692	3099	30	26	83.65
蒙 古	3973	474	31	37	737.91
斯里兰卡	3926	855	32	33	359.24
埃 及	3615	1461	33	29	147.41
印度尼西亚	3346	780	34	34	328.99

续表

国家或地区	2015人均GDP(美元)	2000人均GDP(美元)	2015排序	2000排序	2015比2000增长(%)
菲律宾	2899	1040	35	31	178.87
尼日利亚	2640	378	36	41	599.41
乌克兰	2115	636	37	35	232.69
越南	2111	433	38	39	387.19
老挝	1812	324	39	42	459.33
印度	1582	452	40	38	249.59
巴基斯坦	1429	535	41	36	167.14
孟加拉国	1212	407	42	40	198.06
柬埔寨	1159	300	43	43	286.80

(资料来源：国家统计局.中国统计年鉴.国际数据(阿根廷与委内瑞拉2015年的数据实为2014年的数据))

同样，除了考察世界各国人均GDP以外，对其增长速度的考察也十分必要，它反映了劳动力成本上升的速度和潜在的市场机会。从表3-2中可以看到，哈萨克斯坦、蒙古、中国人均GDP在2000—2015年之间显示出极高的发展速度，2015年比1990年增长均在7倍以上；其次是老挝、中国澳门、俄罗斯、越南、斯里兰卡、印度尼西亚等国家(地区)，2015年比1990年增长也在3至4倍以上。

三、全球贸易与投资发展状况

对世界各国贸易与投资的数额、发展速度、构成进行分析，可以得到有关新的供给来源、各国的竞争优势的发展变化情况及对新市场的有益见解。

(一)全球各国贸易发展状况

表3-3显示了2000年、2015年世界主要国家(地区)货物贸易出口与进口占世界的比重，表3-4显示了2000年、2014年世界主要国家(地区)服务贸易出口与进口占世界的比重，反映出世界各国在世界贸易中的地位。

可以看到，在货物贸易中美国和德国始终占有较大份额，2000年和2015年其拥有全世界货物出口额比重分别为12.11%、9.13%和8.54%、8.07%，拥有进口额分别为18.73%、13.77%和7.39%、6.26%；在服务贸易中，美国始终占有最大份额，2000年和2014年其拥有全世界服务出口额为18.94%和14.10%，拥有进口额为14.00%和9.59%；德国和英国仅次于美国，2000年和2014年其拥有全世界服务出口额分别为5.34%、5.50%和7.94%、6.77%，拥有进口额分别为9.34%、6.89%和6.59%、3.98%。

中国在世界货物贸易中的份额近 15 年迅速增长,占世界货物出口额的份额从 2000 年的 3.86%发展为 2015 年的 13.80%,成为世界最大的货物出口国;占世界货物进口额的份额从 2000 年的 3.35%发展为 2015 年的 10.03%,成为仅次于美国的第二大货物进口国。俄罗斯、印度、泰国、波兰、巴西、越南等都有类似的变化,与 2000 年相比,这些国家在 2015 年货物出口份额的占比都有明显提高。这些变化反映了近 20 年来世界制造业产品全球分工与贸易的发展变化。由于生产和制造技术的广泛传播、运输费用相对于生产成本的降低以及贸易的关税和非关税壁垒的减少,使得一些高收入国家和新兴工业化国家将劳动密集型产品的生产转向了低收入国家。

2014 年中国服务贸易出口的份额尚低于美国、英国、德国和法国,反映出国内产业结构的差距。但与 2000 年相比,2014 年中国服务贸易所占份额也有较大的提高,出口份额比例从 2.02%增加至 4.57%。2014 年中国服务贸易进口份额为 10.03%,成为仅次于美国的第二大服务贸易进口国,而在 2000 年中国服务贸易进口份额只有 2.45%,可以看到近 15 年来中国服务贸易进口份额的巨大变化,反映出中国国内产业结构的发展变化与其在世界经济分工中地位的变化。亚洲另一个发展中国家印度在服务贸易中所占份额明显大于其在货物贸易中所占份额,反映出印度在全球分工中首先是从服务业开始的。

表 3-3 2000 年、2015 年世界主要国家(地区)货物贸易出口与进口占比(%,按 2015 降序排列)

国家或地区	2015 出口占比	2000 出口占比	国家或地区	2015 进口占比	2000 进口占比
中　　国	13.80	3.86	美　　国	13.77	18.73
美　　国	9.13	12.11	中　　国	10.03	3.35
德　　国	8.07	8.54	德　　国	6.26	7.39
日　　本	3.79	7.42	日　　本	3.87	5.64
荷　　兰	3.44	3.61	英　　国	3.73	5.18
韩　　国	3.20	2.67	法　　国	3.42	5.04
中国香港	3.10	3.14	中国香港	3.34	3.18
法　　国	3.07	5.07	荷　　兰	3.02	3.25
英　　国	2.79	4.42	韩　　国	2.60	2.39
意 大 利	2.79	3.72	加 拿 大	2.60	3.64
加 拿 大	2.48	4.28	意 大 利	2.44	3.55
墨 西 哥	2.31	2.58	墨 西 哥	2.42	2.67
新 加 坡	2.13	2.13	印　　度	2.34	0.77
俄 罗 斯	2.06	1.63	西 班 牙	1.84	2.32
西 班 牙	1.71	1.79	新 加 坡	1.77	2.00
印　　度	1.62	0.66	澳大利亚	1.24	1.06

续表

国家或地区	2015 出口占比	2000 出口占比	国家或地区	2015 进口占比	2000 进口占比
泰国	1.30	1.07	土耳其	1.24	0.81
马来西亚	1.21	1.52	泰国	1.21	0.92
波兰	1.20	0.49	俄罗斯	1.16	0.67
巴西	1.16	0.85	波兰	1.15	0.73
澳大利亚	1.14	0.99	巴西	1.07	0.87
越南	0.98	0.22	马来西亚	1.05	1.22
捷克	0.96	0.45	越南	0.99	0.23
印度尼西亚	0.91	1.01	印度尼西亚	0.85	0.65
土耳其	0.87	0.43	捷克	0.84	0.48
南非	0.50	0.46	南非	0.62	0.44
以色列	0.39	0.49	菲律宾	0.42	0.55
伊朗	0.38	0.44	埃及	0.39	0.22
菲律宾	0.36	0.59	以色列	0.39	0.56
阿根廷	0.34	0.41	阿根廷	0.36	0.37
尼日利亚	0.29	0.33	尼日利亚	0.29	0.13
哈萨克斯坦	0.28	0.14	巴基斯坦	0.26	0.16
乌克兰	0.23	0.23	伊朗	0.25	0.21
委内瑞拉	0.22	0.52	孟加拉国	0.24	0.13
新西兰	0.21	0.21	新西兰	0.22	0.21
孟加拉国	0.20	0.10	乌克兰	0.22	0.21
巴基斯坦	0.13	0.14	委内瑞拉	0.20	0.24
埃及	0.12	0.08	哈萨克斯坦	0.18	0.07
柬埔寨	0.07	0.02	斯里兰卡	0.11	0.09
斯里兰卡	0.06	0.08	缅甸	0.09	0.04
文莱	0.04	0.06	柬埔寨	0.09	0.03
缅甸	0.04	0.02	中国澳门	0.06	0.04
蒙古	0.03	0.01	老挝	0.02	0.01
老挝	0.01	0.00	蒙古	0.02	0.01
中国澳门	0.01	0.04	文莱	0.02	0.02

(资料来源：国家统计局.中国统计年鉴.国际数据、国际经济年鉴)

表 3-4 2000年、2014年世界主要国家(地区)服务贸易出口与进口占比(%,按2014年降序排列)

国家或地区	2014 出口占比	2000 出口占比	国家或地区	2014 进口占比	2000 进口占比
美 国	14.10	18.94	美 国	9.59	14.00
英 国	6.77	7.94	中 国	8.06	2.45
德 国	5.50	5.34	德 国	6.89	9.34
法 国	5.41	5.37	法 国	5.14	4.08
中 国	4.57	2.02	日 本	4.01	7.78
日 本	3.25	4.58	英 国	3.98	6.59
荷 兰	3.21	3.45	荷 兰	3.49	3.54
印 度	3.17	1.07	新 加 坡	2.73	2.05
西 班 牙	2.78	3.50	印 度	2.62	1.29
新 加 坡	2.73	1.90	俄 罗 斯	2.51	1.11
意 大 利	2.34	3.75	韩 国	2.40	2.27
中国香港	2.20	2.71	意 大 利	2.36	3.72
韩 国	2.18	2.07	加 拿 大	2.23	2.98
加 拿 大	1.74	2.64	巴 西	1.84	1.07
俄 罗 斯	1.35	0.64	中国香港	1.65	1.68
泰 国	1.13	0.93	西 班 牙	1.52	2.25
中国澳门	1.09	0.22	澳大利亚	1.31	1.27
澳大利亚	1.07	1.30	泰 国	1.12	1.05
土 耳 其	1.03	1.35	马来西亚	0.92	1.13
波 兰	0.94	0.70	波 兰	0.76	0.61
巴 西	0.82	0.60	印度尼西亚	0.70	1.05
马来西亚	0.78	0.93	墨 西 哥	0.67	1.11
以 色 列	0.70	1.05	土 耳 其	0.49	0.58
菲 律 宾	0.50	0.23	尼日利亚	0.47	0.21
捷 克	0.49	0.45	以 色 列	0.46	0.81
印度尼西亚	0.46	0.34	捷 克	0.45	0.36
墨 西 哥	0.43	0.89	菲 律 宾	0.41	0.36
埃 及	0.39	0.65	阿 根 廷	0.36	0.61
新 西 兰	0.30	0.29	委内瑞拉	0.35	0.29
乌 克 兰	0.29	0.25	埃 及	0.35	0.49
阿 根 廷	0.29	0.32	南 非	0.32	0.39

续表

国家或地区	2014出口占比	2000出口占比	国家或地区	2014进口占比	2000进口占比
南非	0.28	0.33	越南	0.31	0.23
越南	0.22	0.18	新西兰	0.27	0.30
哈萨克斯坦	0.12	0.06	哈萨克斯坦	0.27	0.12
斯里兰卡	0.11	0.06	乌克兰	0.25	0.18
柬埔寨	0.08	0.03	中国澳门	0.23	0.05
巴基斯坦	0.07	0.09	孟加拉国	0.16	0.10
委内瑞拉	0.03	0.07	巴基斯坦	0.16	0.14
孟加拉国	0.03	0.02	斯里兰卡	0.08	0.11
尼日利亚	0.03	0.12	柬埔寨	0.04	0.02
文莱	0.02	0.01	蒙古	0.04	0.01
蒙古	0.01	0.01	文莱	0.03	0.05
伊朗	0.00	0.09	伊朗	0.00	0.15
老挝	0.00	0.01	老挝	0.00	0.00
缅甸	0.00	0.03	缅甸	0.00	0.02

(资料来源：国家统计局. 中国统计年鉴. 国际数据、国际经济年鉴)

(二)全球各国投资发展状况

国外直接投资已成为企业国际化经营和国家间建立联系的一条主要途径。国外直接投资不仅影响了资本的流动，而且还影响到产品的流动、制造技术、贸易形式和贸易额。国外投资的流动往往是对市场机会、生产要素成本(如工资)、自然资源可获得性及其成本、国家政治和经济的稳定性以及被投资国国际债务状况等所做出的反应。

表3-5显示了2015年世界吸引对外直接投资与吸引外国直接投资前20位国家(地区)的投资额，反映世界各国在国际投资中的地位。美国始终是对外直接投资与吸引外国直接投资最大的国家，2015年美国对外直接投资额和引进外国直接投资额遥遥领先于其他国家。法国2000年对外直接投资额最大，但2015年这一数值不足美国的12%；法国引进外国直接投资额始终较小。日本2015年对外直接投资额位居世界第二，比2000年其在全球的排序提升了很多；但日本引进外国直接投资数额较小，2015年不在世界前20位之列。德国、英国、加拿大2000年吸引外国直接投资数额较大，但到2015年下降很多。英国对外直接投资额和引进外资额表现出同样的状况，其对外投资额在2000年名列全球第三(仅次于美国和德国)，而到2015年，其对外投资额排序已经在前20位之外；英国引进外资额2000年位居全球第三(仅次于美国和德国)，2015年这一数值只排在第12位。中国香港引进外资额2015

跨国公司管理(第2版)

年位居世界第二，比2000年提升较大，这与中国香港是连接中国大陆与国际市场的桥梁和避税地，以及中国对外投资近年来的迅猛发展有关。

表3-5　2015年世界直接投资前20位国家(地区)投资额(10亿美元，以降序排列，配以部分2000年数据)

国家或地区	2015对外投资额	2000对外投资额	国家或地区	2015外国投资额	2000外国投资额
美国	300.0	142.6	美国	380.0	314.0
日本	129.0	31.6	中国香港	175.0	54.6
中国	128.0	0.9	中国	136.0	40.7
荷兰	113.0	75.6	爱尔兰	101.0	
爱尔兰	102.0		荷兰	73.0	63.9
德国	94.0	56.6	瑞士	69.0	
瑞士	70.0		新加坡	65.0	15.5
加拿大	67.0	44.7	巴西	65.0	32.8
中国香港	56.0	54.1	加拿大	49.0	66.8
卢森堡	39.0		印度	44.0	3.6
比利时	39.0		法国	43.0	27.5
新加坡	35.0	6.7	英国	40.0	121.9
法国	35.0	161.9	德国	32.0	198.3
西班牙	35.0	58.2	比利时	31.0	
韩国	28.0	4.8	墨西哥	30.0	18.3
意大利	28.0	6.7	卢森堡	25.0	
俄罗斯	27.0	3.2	澳大利亚	22.0	14.2
瑞典	24.0		意大利	20.0	13.4
挪威	19.0		智利	20.0	
智利	16.0		土耳其	17.0	1.0

(资料来源：UNCTAD.世界投资报告；国家统计局.中国统计年鉴.国际数据)

作为发展中国家的代表，中国近15年无论是引进外资还是对外直接投资都表现出强劲的发展势头，2015年引进外国投资额仅次于美国；2015年对外直接投资额仅次于美国、日本，位居全球第三，是2000年投资额的142倍。此外，新加坡、韩国、俄罗斯、智利等国近15年对外直接投资额，以及新加坡、巴西、印度、墨西哥、智利、土耳其等国近15年引进外国直接投资额也都有长足的进展。世界投资的这种发展态势反映了国际资本流动高度集中于少数高收入的发达国家的状况正在改变。

第三节 东道国环境

全球商务环境分析为跨国公司选择在何处发展其国际业务提供了基础性的信息，当跨国公司基本确定了所进入的国家(地区)后，还必须对东道国的投资环境进行具体的分析。东道国的投资环境包括宏观环境和微观环境两个方面。

一、东道国宏观环境分析的主要因素——PEST 分析

一般说来，宏观环境因素可以概括为以下四类，即 PEST(Political, Economic, Social, Technological)，如图 3-2 所示。

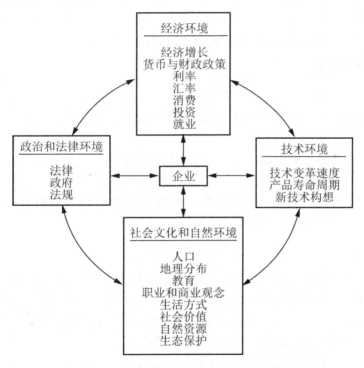

图 3-2 宏观环境分析主要因素(PEST)

(一)政治和法律环境

政治与法律环境是跨国公司所面临的、必须慎重考虑的关键因素之一。包括东道国的政治与法律状况、政府政策与法规，以及由此可能产生的政治风险等因素。

1. 政治与法律状况

(1) 政治体制。世界各国的政治体制表现出各种各样的形态,政治体制的类型并不一定标志着政治环境的优劣。对跨国公司来说,重要的是东道国的政治体制能否保持稳定的政治环境。

(2) 国家安全性与政治稳定性。国家安全性主要指东道国在世界上的政治立场所导致的国家安全程度,炮火硝烟的战场根本谈不上吸引外资。政治稳定性包括国内政局的稳定性、政府结构的稳定性和政策的稳定性。这三者是相互联系的,最终应通过政策的稳定性体现出来。当然,稳定并非一成不变,问题在于这种变化应该是渐进的,而非突发的、根本性的。

东道国政治稳定性对跨国公司来说是极其重要的。首先,稳定性直接影响跨国公司生产经营政策的长期性。许多跨国公司的生产经营是以相当长的时间为基础的,政策的不稳定可能使原来良好的中长期战略决策及计划变得毫无用处。其次,不稳定性使企业难以适应和预测环境变化,从而难以选择相应的生产经营战略与策略。

2. 政府政策与法规

虽然东道国政府的政策与法规对在该国经营的所有企业都会带来影响,但是,对跨国公司来说,对其经营影响最直接的是东道国政府对国外直接投资的政策与法规,包括鼓励与限制两个方面。

如本书第二章所述,东道国对国外直接投资的鼓励政策包括:投资导向政策;减少关税;减少税收;提供设施;提供服务;津贴补助;允许垄断权力等。对国外直接投资的限制政策包括:就业与管理政策;股权政策;地区满足政策;外贸平衡政策;培训政策;研究开发政策;收益分配政策;国家安全政策等。

3. 政治风险

政治风险是指国际经济活动中因政治因素导致经济损失的风险。跨国公司所面临的政治风险是由各种因素综合而成的,这些因素具有不确定性与不稳定性。不确定性是指东道国政治环境发生变化时,难以预料可能发生的政治风险。而不稳定性是指这些政治风险不是以一种稳定而连续的形式出现,常常具有间歇的特点。

政治风险可分为宏观政治风险与微观政治风险两大类。

(1) 宏观的政治风险。它是指对所有外国企业产生同样影响的政治风险。此类风险成因复杂且较难控制,往往影响东道国境内的所有外国企业,具有普遍性。主要包括以下内容。

① 政治体制变动、政策调整与社会经济变化带来的风险。它是指东道国国际关系的变化或政治制度及政权变更、东道国政府政策的不断改变以及不可预见的社会经济变化所产生的风险。

例如,2002 年,中国中石油公司参与俄罗斯斯拉夫石油公司资产拍卖,但由于该国民族主义高涨，迫使俄罗斯议会紧急立法，禁止任何国有股份超过25%的企业参与俄罗斯国有股份的拍卖，最终中石油并购斯拉夫公司的计划彻底失败。

又如，2005年，中国吉利公司计划在马来西亚制造和出口吉利汽车，当生产准备一切就绪并预计在年底正式开工时，马来西亚政府突然宣布新进入的汽车品牌在该国生产的汽车不能在当地销售，必须完全出口到国际市场上销售，这一政策变动使吉利公司蒙受巨大损失。

② 战乱与恐怖主义活动带来的风险。它是指由于东道国国内发生战争、内乱、革命或恐怖主义活动使外国企业利益受损的风险。

例如，2011年2月16日，非洲石油大国利比亚突发战乱，给中国在其境内经营的跨国企业造成严重损失。据中国商务部公布的资料显示，中国至少有75家企业(其中包括中建、中水电、中铁建等央企及华为、宏福等民营企业)在利比亚拥有工程项目，其中大型项目有50个，所涉及的合同金额高达188亿美元。仅中铁建一家企业在利比亚3个工程项目的合同金额就达279亿元，战乱发生前仅完成合同金额42.2亿元。中国企业在利比亚工程项目不得不全部停工。

③ 对企业经营施加限制带来的经营风险。这是指东道国政府对外国企业与国内企业日常生产经营活动施加限制，使得企业正常的生产经营活动发生困难。例如，外汇管制是一种最常用的形式。外汇管制可能使外国企业或私人投资者很难将资金汇出，或者很难将资金换成其他国家的货币。此外，经营限制还包括有关跨国公司雇用外国员工与当地员工比例的限制、当地所有权的限制、产品品种规格的限制等。经营限制从表面上看对国内外企业似乎是一视同仁的，但是，国内企业有时并不存在雇用外国员工或外汇管制问题。因此，跨国公司及其子公司所遇到的经营限制要比国内企业大得多。

(2) 微观政治风险。它是指影响特定经济部门或特定外国企业的政治风险。主要包括以下内容。

① 歧视性限制。这是指东道国政府针对外国公司、子公司和分支机构而设置的经营限制。例如，东道国政府可以利用增加税收对外国公司进行控制；东道国政府常要求外国企业放弃企业部分或全部所有权或管理控制，以便当地投资者能够在这类企业中占有主要地位。此外，这类限制还包括外国企业为进口某种产品所支付的特殊关税、使用厂房设施时要支付较高的使用费、为当地的员工支付较高的工资，东道国政府以多种理由限制或制止外国公司对本国企业的并购等。

② 国有化风险。政府国有化有两种形式——征用和没收。征用是指东道国政府占有或控制外国资产，并给予一定补偿的行为，补偿的金额可能并不符合被征用资产者的预期。没收是指东道国运用自己的主权，采取强制措施无偿地接受外国资产。征用与没收是对外国企业最严重的政治风险。据世界银行的报告，从20世纪60年代到70年代初，有22个资本出口国的1535个公司受到76个国家511次的征用。

20世纪70年代以来，各国政府竞相吸引国际投资，建立了正常的政治秩序，公开、直接的征收风险已经很少了。但是，由于东道国商业环境不规范、法制不健全，常通过突击检查、高额罚款和额外征税、没收财物等措施，阻碍外国投资者有效控制、使用和处置本企业的财产，限制或实际上取消外国投资者的权利，从而构成事实上的征用行为。

政治风险可能对跨国公司经营造成重大损害。防范东道国的政治风险，成为跨国公司必须高度重视的工作。具体措施可以考虑以下几点。

(1) 加强对东道国的政治风险的评估，完善动态监测和预警系统。在跨国投资经营决策阶段，企业要大量搜集相关目标国家政治环境资料，借助宏观、微观政治模型，计算政治风险指数，从定性和定量两个方面，研究相关政治气候信息，分析潜在政治风险，把握该国政治风向，预测未来发生政治风险的概率。同时，在跨国公司经营过程中，要完善动态监测和预警系统，密切注意东道国政治形势的发展变化，收集其演变的情报，以尽早发现显露的国家风险的前兆。

(2) 采取灵活的国际投资策略，构筑风险控制的坚实基础。在对外直接投资过程中，企业可以通过采用灵活的生产、销售、技术、融资策略，有效规避东道国的政治风险。一是生产策略。跨国企业可以将生产所需的原材料和零配件采购业务放在不同国家的子公司，这不仅有利于保证投入品的来源和质量，而且能免受东道国政府的控制，有效地降低政治风险。二是营销策略。跨国企业可以控制销售市场，特别是控制产品的出口市场及其运输，使得东道国政府接管该企业后，失去产品进入国际市场的渠道，从而有效地降低企业被征用的风险。三是技术策略。跨国企业可以将技术专利、核心技术控制在自己手中，一旦企业被征用，东道国无法维持原有的正常生产和经营。例如，可口可乐的子公司现已遍布100多个国家和地区，但其独特的配方始终被母公司牢牢控制。四是融资策略。投资者可以加大在东道国融资的比例，或者采取多元化的融资方式，将国内融资、东道国融资和国际金融市场融资有机结合起来。如果东道国对外资企业实行歧视性政策或经营上的限制，甚至采取国有化措施，势必会影响本国金融机构的切身利益。而外资企业即使遭遇政治风险，也可以分担或转嫁由此造成的部分损失。

(3) 实行企业当地化策略，减少与东道国之间的矛盾和摩擦。实行当地化策略就是推动跨国企业融入当地环境中，使跨国企业的利益与当地利益比较紧密地结合在一起。主要做法如下：一是与当地投资者合资或合作经营。由于该企业经营状况的好坏与当地利益紧密关联，东道国不会轻易采取限制、干预或惩罚措施，受到当地民族主义和排外情绪的影响也会较小。二是提高在当地融资的比例。一旦发生政治风险，考虑到本地金融机构和投资者的切身利益，东道国当局在对跨国企业实施不利措施时势必会慎之又慎。三是为当地经济发展多作贡献，与当地政府和民众建立良好的关系。比如承担一些对东道国经济发展有关键作用而该国本身又无法完成的项目、为东道国增加就业机会、主动向东道国及企业提供人才培训和技术咨询等。例如，中国石油天然气集团公司在哈萨克斯坦投资期间，就在当地的公益事业中投入了数千万元，被当地政府和民众誉为中哈经贸合作的典范，这是该公司战胜印度和俄罗斯等国的竞争对手，成功收购哈萨克斯坦PK石油公司(Petro Kazakhstan

Inc.)的一个重要因素。

(二)经济环境

东道国的经济环境是指在该国构成企业生存和发展的社会经济状况及东道国经济政策，包括社会经济结构、经济体制、发展状况、宏观经济政策等要素。衡量这些因素的经济指标有国内生产总值、就业水平、物价水平、消费支出分配规模、国际收支状况以及利率、通货供应量、政府支出、汇率等国家货币和财政政策。与政治法律环境相比，经济环境对企业生产经营的影响更直接、更具体。

1. 经济发展状况

依据宏观经济学的理论，衡量一个国家或地区经济发展状况的指标包括经济增长、通货膨胀、失业率、国际收支水平等。这些指标之间具有很强的相关性。其中最重要的指标是经济增长状况。

运用本章第二节"全球商务环境"中"全球经济发展状况"的几个指标对东道国市场进行具体的有针对性的分析。

(1) 经济增长指标。一个国家(地区)的经济增长情况一般可以用国民生产总值(GNP)和国内生产总值(GDP)两个经济指标来衡量。国民生产总值是指一个国家在一定时期(通常为一年)内本国常住居民所生产的最终产品的市场价值的总和；国内生产总值是指一个国家在一定时期(通常为一年)内在本国领土范围内所生产的最终产品的市场价值的总和。二者的关系是：

国民生产总值=国内生产总值+本国公民在国外的资本和劳务所创造的全部产值与收入
－外国公民在本国的资本和劳务所创造的全部产值与收入

(2) 经济增长速度。经济增长速度标志着市场发展的速度。这是跨国公司东道国市场发展潜力的主要依据。

(3) 人均国内生产总值或国民生产总值。人均经济增长水平可以表明国家的收入水平，反映出人们所需要的产品类型和工资水平，这是跨国公司对外投资的产品决策与选择生产地点的重要依据。

(4) GDP 与 GNP 的差额。GDP 与 GNP 的差额还可以反映一个国家引进外资与对外投资的差额，以及本国居民在海外工作的情况。按照第二章所述的邓宁投资周期理论的一般规律，发达国家对外投资额大于引进外资额，因而 GNP 大于 GDP；发展中国家对外投资额小于引进外资额，因而 GDP 大于 GNP。在海外工作的人数与劳务收入也会影响 GDP 与 GNP。

2. 经济政策与法规

与国内公司相比，东道国的经济政策与法规给跨国公司的投资与经营带来的影响更为直接。跨国公司的产品在东道国进出口，需要考虑相关国家货币汇率变化对其销路产生的影响；而跨国公司在东道国投资设厂生产产品，则必须考虑的因素还应加上东道国与母国之间的公司所得税差别、劳动力工资的差别及东道国贷款利率变化等。

(三)社会、文化与自然环境

社会文化环境是指企业所处的社会结构、社会风俗和习惯、信仰和价值观念、行为规范、生活方式、文化传统、人口规模与地理分布等因素的形成和变动。自然环境是指企业所处的自然资源与生态环境，包括土地、森林、河流、海洋、生物、矿产、能源、水源、环境保护、生态平衡等方面的发展变化。社会文化和自然环境对企业生产经营的影响也是不言而喻的。例如，人口规模、社会人口年龄结构、家庭人口结构、社会风俗对消费者消费偏好的影响、环境保护与生态平衡状况等因素都是企业在确定投资方向、产品改进与革新等重大经营决策问题时必须考虑的因素。

1. 人口状况

人口状况包括人口总数、人口增长率、人口年龄结构、人口分布等。详见本章第二节"全球商务环境"分析中所提及的上述各种指标对东道国的情况进行的具体研究。

2. 家庭组织

跨国公司主要从两个角度研究家庭。一是家庭的规模。近年来一些家庭规模总的趋势是向小型化发展，这样，许多以家庭为消费单位的生活用品的消费结构便随之发生了变化。例如，家庭轿车小型化趋势日见明显，小型品种的农产品(如西瓜)和小包装的食品更受消费者欢迎等。二是亲属关系。在东南亚地区，如印度尼西亚、菲律宾、新加坡、泰国、马来西亚，许多家族在银行、金融和贸易上控制了极为重要的份额；在一些发达国家，如意大利、法国和美国，家庭企业也不罕见。

3. 社会阶层

社会阶层是社会中根据某些分类标准(如收入水平、受教育程度等)按层次排列的比较同质并相对稳定的群体，每一阶层中的成员具有类似的价值观、兴趣和行为。不同社会阶层的存在，影响着跨国公司的生产经营活动，包括产品类型、市场细分、品牌偏好、价格策略、销售渠道、新闻媒体等方面。

4. 教育体系

教育体系决定着一个国家能否拥有大量受过良好培训的人才，能否为跨国公司提供人数不断增长的熟练人员。特别对于在新兴行业投资的跨国公司而言，这是获得必要的人力资源的重要保障。

5. 文化环境

文化环境对跨国公司的生产经营活动有着重大的影响。只有考虑到文化环境，才能解释为什么在经济环境、政治环境、法律环境、社会环境大体相似的两个国家，跨国公司的生产经营活动往往存在较大差异。

文化这一概念的内涵是十分丰富的。在这里它是指一定区域内人们所共同持有的思想、情感与行为的总和，包括语言、教育、价值取向、宗教信仰、审美观念、风俗习惯等基本因素。文化是人类欲求和行为最基本的决定因素。

在特定的社会中，人们都抱有许多持久不变的核心信仰和价值观，它们由双亲传给子女，并由社会中主要机构如学校、教会、企业和政府等给予强化。与此相应的是，在特定社会中，人们还抱有一些较易改变的次级信仰和价值观。虽然核心信仰和价值观相当持久，但次级信仰和价值观的变动时有发生。

在特定的社会中总是包括较小的群体，他们因其共有的生活经验和环境而共有相似的信仰和价值观念，被称为次文化。次文化可分为 4 种类型：民族次文化、宗教次文化、种族次文化和地理次文化。

跨国公司在不同国家的活动应当与每个社会的文化特质保持一致，产品分销渠道也应根据当地条件进行不同的规划。在促销方面，尤其应注意广告内容与各国文化背景相协调，广告色彩与各国的偏好相一致。在价格策略方面，应注意其价格往往取决于被感受的价值而不是实际价值。在产品品牌的选择上，应注意各国消费者对品牌的不同偏好，以选择产品所使用的品牌名称、厂商名称和产地名称。

(四)技术环境

技术环境是指企业所处的东道国环境中的科技要素及与该要素直接相关的各种社会现象的集合，包括国家科技体制、科技政策、科技水平和科技发展趋势等。在科学技术迅速发展变化的今天，技术环境对企业的影响可能是创造性的，也可能是破坏性的。跨国公司必须要预见这些新技术带来的变化，在战略管理上作出相应的战略决策，以获得新的竞争优势。

由于通信技术和计算机技术的发展，在 20 世纪 90 年代汇成了人类最重大的一项创新——互联网。互联网的出现，对人类生活各个方面都将带来巨大的影响和变化，它最终将改变人类经济运行的模式。

二、微观环境——产业与市场环境分析

企业经营所面对的微观环境包括两个方面——产业与市场。产业和市场是两个既有联系又不完全相同的概念。波特(Porter)在《竞争战略》一书中采用了一种关于产业的常用定义："一个产业是由一群生产相似替代品的公司组成的"。斯蒂格勒(Stigler)和舍温(Sherwin)把市场定义为"一系列供应商和需求商的集合，它们的交易确定了商品的价格"[1]。可见，产业

---

[1] Stigler G and Sherwin R. The Extent of the Market. Journal of Law and Economics, 28, 1985, pp. 555-585.

是产出的概念,而市场是需求的概念。

(一)产业的寿命周期

在一个产业中,一个企业的经营状况取决于两个重要因素:一是它所在产业的整体发展状况;二是该企业在产业中所处的竞争地位。分析产业发展状况的一个常用的方法是认识产业正处于寿命周期的哪个阶段。由于产业是用产出来定义,那么,产品的寿命周期阶段就是产业的寿命周期阶段。

产业寿命周期可分为 4 个阶段:开发期、成长期、成熟期和衰退期。在开发期,产品设计尚未定型,销售增长缓慢,产品的开发、推销成本高,利润低甚至亏损,竞争较少,但风险很大;在成长期,顾客认知迅速提高,销售和利润迅速增长,生产成本不断下降,生产能力出现不足,竞争形成,但企业应付风险的能力增强;在成熟期,重复购买成为顾客行为的重要特征,销售趋向饱和,利润不再增长,生产能力开始过剩,竞争激烈,对现有的企业风险较小;在衰退期,销售和利润大幅度下降,生产能力严重过剩,竞争激烈程度由于某些企业的退出而趋缓,企业可能面临一些难以预料的风险。

跨国公司只有了解某一产业在东道国目前所处的寿命周期阶段,才能决定在该产业中是进入、维持还是撤退,以及进入该产业是采取并购的方式还是新建的方式;也只有把握了产业的寿命周期阶段,才能决定企业的竞争战略是定位于差异化还是成本领先。根据维农的产品寿命周期理论,同一产业在不同国家其产品寿命周期可能不同,在发达国家处于成熟或衰退的产业,在发展中国家可能还正处于成长期。这为跨国公司对外投资提供了新的机遇。一个企业可能涉及多个产业领域,只有对其所在的每个产业性质都有深入的了解,才能做好业务组合,避免过大的风险,提高整体盈利水平。

(二)产业结构分析

1. 产业结构分析的基本框架——5 种竞争力模型

波特在《竞争战略》一书中,从产业组织理论的角度,提出了产业结构分析的基本框架——5 种竞争力分析。波特认为,在每一个产业中都存在 5 种基本竞争力量,即潜在进入者、替代品、购买者、供应者与现有竞争者间的抗衡,如图 3-3 所示。

在一个产业中,这 5 种力量共同决定产业竞争的强度及产业利润率,最强的一种或几种力量占据着统治地位,并且从战略形成角度来看起着关键性作用。产业中众多经济技术特征对于每种竞争力的强弱都是至关重要的。

这 5 种竞争因素的影响力大小,会随各产业而有所不同,但多少都对产业的长期获利能力有决定性的影响。这 5 种竞争因素也分别代表"产业结构"的功能,或者说是支撑产业经济与技术发展的重要力量。以客户因素为例,便是企业的客户数量、每一个客户所担负的销售额(风险),以及某项产品是否符合客户本身的成本估量(这可能会影响到价格敏感度)等变数作用后的结果。新进企业造成的威胁则依品牌忠诚度、经济规模、或是否需要进入营销渠道等进入障碍的难易度而定。

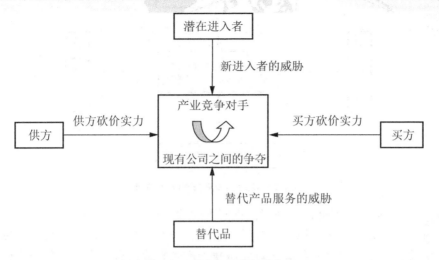

图 3-3 驱动产业竞争的力量

在产业发展的过程中，产业结构虽然属于比较稳定的环节，但仍会随时间而改变。许多欧洲国家的营销渠道在逐渐合并进程中，客户也随之强化。就企业的竞争战略而言，产业趋势是产业结构的影响源头。企业可以依据它的战略去"影响"这 5 种竞争因素的消长。例如，民航业自从引进资本额高达数亿元的计算机信息系统后，新企业就更难打入这一产业。

产业结构对企业的国际竞争尤其重要。首先，不同产业的成功条件不同。在服装制造等分工明显的产业里，竞争所需的资源和技术就与商用飞机制造业不同。一个国家可能为某些产业提供了较佳的竞争环境，但这些环境不一定也有利于其他产业。其次，在企业的国际竞争中，5 种竞争力的产业结构扮演了举足轻重的角色的另一个原因是："结构的改变"是跨国公司进入新产业竞争的绝佳机会。以日本的复印机厂商为例，它们以原本不被看好的小型复印机为主力，成功地挑战了施乐(Xerox)和 IBM 等美国企业的市场主导地位。日本厂商的战略包括以经销商取代直销、改变生产程序、大量生产而非分批出货、调整定价(以买断而非资金密集的影印机出租)等新的销售方式。这些新战略排除了进入复印机产业的障碍，并破解了既有市场主导者的优势。因此，企业注意产业结构变化并适时回应，是在国际竞争中获取成功的有效途径。

2. 产业结构分析的第六个要素——互动互补作用力

哈佛商学院教授亚非(Yoffie)在波特教授研究的基础上，根据企业全球化经营的特点，提出了第六个要素，即互动互补作用力，进一步丰富了产业结构理论框架，见图 3-4。

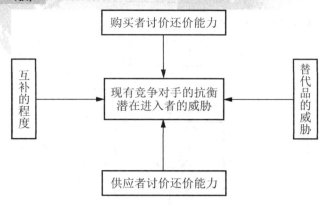

图3-4　影响产业利润的六个要素

亚非认为，任何一个产业内部都存在不同程度的互补互动(指互相配合在一起使用)的产品或服务业务。例如，对于房地产业来说，家具、电器、学校、汽车、物业管理、银行贷款、有关保险、社区、家庭服务等会对住房建设产生影响，进而影响到整个房地产业的结构。企业认真识别具有战略意义的互补互动品，并采取适当的战略(包括控制互补品、捆绑式经营或交叉补贴销售)，会使企业获得重要的竞争优势。

根据亚非教授提出的互动互补作用力理论，在产业发展初级阶段，企业在其经营战略定位时，可以考虑控制部分互补品的供应，这样有助于改善整个行业结构，包括提高行业、企业、产品、服务的整体形象，提高行业进入壁垒，降低现有企业之间的竞争程度。随着行业的发展，企业应有意识地帮助和促进互补行业的健康发展，如为中介代理行业提供培训、共享信息等，还可考虑采用捆绑式经营或交叉补贴销售等策略。

3. 国家竞争优势(钻石模型)分析

1990年波特在《国家竞争优势》一书中，试图对能够加强国家在产业中的竞争优势的国家特征进行分析。他识别出了国家竞争优势的4个决定因素，并以钻石图来显示(见图3-5)。

钻石模型4要素是：

- 生产要素——包括人力资源、天然资源、知识资源、资本资源、基础设施。
- 需求条件——主要是本国市场的需求。
- 相关与支持性产业——这些产业和相关上游产业是否有国际竞争力。
- 企业战略、企业结构和竞争对手的表现。

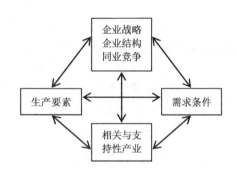

图3-5　用于国家竞争优势分析的钻石图

(1) 生产要素。波特将生产要素划分为初级生产要素和高级生产要素，初级生产要素是指天然资源、气候、地理位置、非技术工人、资金等；高级生产要素则是指现代通信、信息、交通等基础设施，受过高等教育的人力、研究机构等。波特认为，初级生产要素重要性越来越低，因为对它的需求在减少，同时跨国公司可以通过全球的市场网络来取得(当然初级生产因素对农业和以天然产品为主的产业还是非常重要的)。高级生产要素对获得竞争优势具有不容置疑的重要性。高级生产要素需要先在人力和资本上大量和持续地投资，而作为培养高级生产要素的研究所和教育计划，本身就需要高级的人才。高等级生产要素很难从外部获得，必须自己来投资创造。

从另一个角度，生产要素被分为一般生产要素和专业生产要素。高级专业人才，专业研究机构，专用的软、硬件设施等被归入专业生产要素。越是精致的产业越需要专业生产要素，而拥有专业生产要素的企业也会产生更加精致的竞争优势。

一个国家如果想通过生产要素建立起产业强大而又持久的优势，就必须发展高级生产要素和专业生产要素，这两类生产要素的可获得性与精致程度也决定了竞争优势的质量。如果国家把竞争优势建立在初级与一般生产要素的基础上，它通常是不稳定的。

一般认为，资源丰富和劳动力便宜的国家应该发展劳动力密集的产业，但是这类产业对大幅度提高国民收入不会有大的突破，同时仅仅依赖初级生产要素是无法获得全球竞争力的。

(2) 需求条件。国内需求市场是产业发展的动力。国内市场与国际市场的不同之处在于企业可以及时发现国内市场的客户需求，这是国外竞争对手所不及的，因此波特认为全球性的竞争并没有减少国内市场的重要性。

波特指出，本地客户的本质非常重要，特别是内行而挑剔的客户。假如本地客户对产品、服务的要求或挑剔程度在国际上数一数二，就会激发出该国企业的竞争优势。如日本消费者在汽车消费上的挑剔是全球出名的；欧洲严格的环保要求也使许多欧洲公司的汽车环保性能、节能性能全球一流；美国人大大咧咧的消费作风惯坏了汽车工业，致使美国汽车工业在石油危机的打击面前久久缓不过神来。

另一个重要方面是预期性需求。如果本地的顾客需求领先于其他国家，这也可以成为本地企业的一种优势，因为先进的产品需要前卫的需求来支持。

(3) 相关与支持性产业。对形成国家竞争优势而言，相关和支持性产业与优势产业是一种休戚与共的关系。波特的研究提醒人们注意"产业集群"这种现象，就是一个优势产业不是单独存在的，它一定是同国内相关强势产业一同崛起的。本国供应商是产业创新和升级过程中不可缺少的一环，这也是它最大的优点所在，因为产业要形成竞争优势，就不能缺少世界一流的供应商，也不能缺少上下游产业的密切合作关系。另外，有竞争力的本国产业通常会带动相关产业的竞争力。

(4) 企业战略、企业结构和竞争对手的表现。波特指出，创造与持续产业竞争优势的最大关联因素是国内市场强有力的竞争对手。波特在其研究的 10 个国家中发现，强有力的国内竞争对手普遍存在于具有国际竞争力的产业中。在国际竞争中，成功的产业必然先经过国内市场的搏斗，迫使其进行改进和创新，海外市场则是竞争力的延伸。而在政府的保护和补贴下，放眼国内没有竞争对手的"超级明星企业"通常并不具有国际竞争能力。

(三)市场的需求状况

市场分析的另一个重要方面是对市场需求状况的分析。

1. 市场需求的决定因素

市场营销学中有这样一个公式：市场需求=人口×购买力×购买欲望。这个公式概括了市场需求的各个决定因素：人口对应一个市场上消费者的数量；购买力对应消费者的收入水平；购买欲望对应产品价格、消费者偏好、相关产品的价格和消费者对产品的价格预期等。

在市场需求的决定因素中，人口和购买力是生产厂商难以控制的因素，对这两方面因素的研究一般作为进入一个新的领域的考察依据。

市场需求的决定因素中消费者购买欲望这一因素则是生产厂商可以把握的因素，也是众多厂商市场营销策略的着眼点。产品的价格、差异化程度、促销手段等环节可能会影响消费者的购买欲望，而这些环节又往往与市场竞争策略交织在一起。

2. 需求价格弹性分析

经济学有需求函数的概念，需求函数表示一种产品的需求量和价格之间存在着的一一对应的关系。一般说来，一种产品价格越高，该产品的需求量就会越小；反之，价格越低，需求量就会越大。所以，需求曲线一般向右下方倾斜。

与需求函数相关的另一个重要的概念是需求的价格弹性(有时简称为需求弹性)，即需求对价格变化的反应程度。粗略地说，如果需求相对于价格的变化反应大，就说该产品的需求价格弹性大；反之，则说明该产品需求价格弹性小。需求价格弹性在需求曲线上表现为曲线的斜率，即曲线的倾斜程度。

产品的需求弹性也是市场需求分析的重要内容，它是决定公司收益水平的重要因素，也是影响企业定价的重要参数。

(四)产业内的战略群体

产业分析的另一个重要方面是要确定产业内所有主要竞争对手的战略方面的特征。波特用"战略群体"的划分来研究这些特征。一个战略群体是指某一个产业中在某一战略方面采用相同或相似战略的各公司组成的集团。

1. 战略群体的特征

很难对如何确定战略群组这一问题做出清晰的解答。尽管公司在许多方面会有差异，但并非所有差异都有利于区分战略群组。波特指出，用于识别战略群组的特征可以考虑诸如"产品(或服务)差异化(多样化)的程度""纵向一体化程度""细分市场的数目""价格水平"等多个变量。为了识别战略群组，必须选择这些特征的 2～3 项，并且将该产业的每个公司在"战略群组分析图"上标出来。选择划分产业内战略群组的特征要避免选择同一产业中所有公司都相同的特征。例如，很少有饭店被看作 R&D 的领先者，也很少有航空公司会涉及其他商品和服务的多样化。

2. 战略群体分析

战略群体分析有助于企业了解相对于其他企业而言，本企业的战略地位以及公司战略变化可能带来的竞争性影响。

(1) 它有助于很好地了解战略群体间的竞争状况，主动地发现近处和远处的竞争者，也可以很好地了解某一群体与其他群体间的不同。

(2) 它有助于了解各战略群体之间的"移动障碍"。移动障碍即一个群体转向另一个群体的障碍。

(3) 它有助于了解战略群体内企业竞争的主要着眼点。

(4) 利用战略群体图还可以预测市场变化或发现战略机会。通过战略群组图，可以发现产业中已存在着的"空缺"，这些领域能为新战略或新的战略群体提供机会。2005 年欧洲工商管理学院两位教授金(Kin)和莫博涅(Mauborgne)撰写《蓝海战略》一书，进一步延伸了这一思路。他们认为，过去的战略思维立足于当前业已存在的行业和市场，采取常规的竞争方式与同行业中的企业展开针锋相对的竞争，那是一种"红海战略"，而"蓝海战略"是指不局限于现有产业边界，而是极力打破这样的边界条件，通过提供创新产品和服务，开辟并占领新的市场空间的战略。

(五)成功关键因素分析

成功关键因素是指公司在特定市场获得盈利必须拥有的技能和资产，它们可能是一种价格优势，一种资本结构或消费组合，也可能是一种纵向一体化的行业结构。

1. 不同产业的成功关键因素

不同产业，成功关键因素有很大差异，见表 3-6。

如表 3-6 所示，原料资源是石油工业的关键，决定了石油生产者的利润；在纯碱工业中，生产技术是关键。

表3-6　不同产业中的成功关键因素

工业部门类别	成功关键因素
铀、石油	原料资源
船舶制造、炼钢	生产设施
航空、高保真度音响	设计能力
纯碱、半导体	生产技术
百货商场、零部件	产品范围、花色品种
大规模集成电路、微机	工程设计和技术能力
电梯、汽车	销售能力、售后服务
啤酒、家电、胶卷	销售网络

2. 产品生命周期各阶段中的成功关键因素

随着产品生命周期的演变，成功关键因素也发生变化，见表3-7。

表3-7　产品生命周期各阶段中的成功关键因素

阶段	投入期	成长期	成熟期	衰退期
市场	广告宣传，争取了解，开辟销售渠道	建立商标信誉，开拓新销售渠道	保护现有市场，渗入别人的市场	选择市场区域，改善企业形象
生产经营	提高生产效率，开发产品标准	改进产品质量，增加花色品种	加强和顾客的关系，降低成本	缩减生产能力，保持价格优势
财力	利用金融杠杆	集聚资源以支持生产	控制成本	提高管理控制系统效率
人事	使员工适应新的生产和市场	发展生产和技术能力	提高生产效率	面向新的增长领域
研究开发	掌握技术秘诀	提高产品的质量和功能	降低成本，开发新品种	面向新的增长领域
成功关键因素	销售、消费者的信任、市场份额	对市场需求的敏感，推销产品质量	生产效率和产品功能、新产品开发利用	回收投资，缩减生产能力

3. 不同企业对产业成功关键因素的不同侧重

即使是同一产业中的各个企业，也可能对该产业成功关键因素有不同的侧重。例如，在零售业中，沃尔玛是全球500强之一，且是全球零售业老大；但是在中国零售业中家乐福却是老大。两家企业对零售业的成功关键因素各有侧重。沃尔玛侧重于卫星定位系统支持下的系统、高效、完善的物流配送体系，以及在此基础上的与供应商的良好发展关系；而家乐福则侧重于鲜明的市场布局策略、兼有廉价性和综合性的大卖场的业态选择以及对消费者心理的准确把握等。

本章小结

(1) 与国内企业相比，跨国公司外部环境有 3 个显著特征：一是外部环境的多样性；二是外部环境的复杂性；三是外部环境对内部环境的渗透。固然，并非国内企业所面临的环境在这 3 个方面没有表现，只是跨国公司在这 3 个方面的表现更为突出。

(2) 有效的国际化管理首先来自对全球经济环境中重要变量的认识。在任何国家的任何行业，管理人员必须对世界上各个国家和地区的地理、人物、文化、风俗等问题有全面的认识。这种认识来自对这些国家的市场规模和发展速度，人口、资源与环境，贸易与投资额、贸易与投资构成，劳务成本及财政状况的了解。这种认识可以作为跨国公司在国际经营中辨明可能出现的机会和风险的第一步。

(3) 对于跨国公司管理人员来说，对世界各国人口、资源与环境，经济发展，贸易与投资等问题的研究和分析只是为其提供一个其所要面对的国际环境的初步理解。除了这些基础信息以外，跨国公司管理人员更加需要研究的是有关特定产品的信息。

(4) 全球商务环境分析为跨国公司选择在何处发展其国际业务提供基础性的信息，当跨国公司基本确定了所进入的国家(地区)后，还必须对东道国的投资环境进行具体的分析。东道国的投资环境包括宏观环境和微观环境两个方面。

(5) 东道国宏观环境的主要影响因素是 PEST 4 个主要方面，微观环境分析包括产业与市场两个方面。产品寿命周期、产业结构、产业内的战略群体、成功关键因素等分析方法是微观环境分析的重要内容。市场需求与竞争分析能够深化对微观环境的理解与认识。

实训课堂

案例分析一

基本案情：

由于石油、煤炭等传统能源都是不可再生能源，而且会产生环境污染，对人类的负面影响越来越大。太阳能资源成为传统能源的重要的替代品，光伏产业对太阳能的开发利用，已被社会广泛接受和推崇，国内外市场需求不断攀升，市场潜力巨大。各国政府鼓励光伏产业发展的政策相继出台。光伏产业生产技术已被市场认可，企业生产成本与产品价格不断降低。

2008 年，几位具有丰富行业经验的有识之士按不同比例出资成立合伙企业——嘉实公司。公司主营太阳能光伏电池板的贸易业务，主要向欧洲市场提供光伏设备装机时所需的光伏电池板。

　　嘉实公司的光伏电池板是基于以往积累的客户需求做出的改良产品，相对市场上的一般产品具有一定的优势，并不断地根据市场变化，将现有产品进行再创新，研发成本相对较低，与同行业的竞争者相比能够获得更高的利润，同时能够获得更多的客户。

　　在中国国内，近几年来国际市场对光伏产品需求的快速增长和光伏产品丰厚的利润，吸引了大量产业资本蜂拥而入。一些原来从事箱包、照明灯具、蓄电池等低端制造行业的企业，也都从2007年起投资或组建光伏项目，光伏电池板生产企业很多。嘉实公司基于自身的技术与外销渠道优势，与国内多个地区的多家光伏电池板生产商达成协议，采用OEM（代工）模式，由生产商按照嘉实公司的订单要求，为其提供符合标准的产品。

　　嘉实公司主要的客户是欧洲太阳能发电企业。欧洲等西方国家的太阳能发电产业发展迅速，对光伏电池板需求很大，且不断增长。嘉实公司的光伏电池板的贸易业务经营很成功，至2010年获净利1900万元。

　　嘉实公司居安思危。对于太阳能光伏电池板制造商而言，进军电池板销售业务的障碍不大，其利润将会受到大幅挤压。而且，由于2009年及2010年太阳能电池板都处于卖方市场，受利润吸引已经有更多的企业投入到这一行业中，其中不乏一批大型太阳能电池生产企业，这些企业产销一体的优势对其他公司业务形成挤压，且对市场的供需状况带来重大影响，2011年以后的光伏电池板市场不一定乐观。

　　根据市场环境的变化，嘉实公司基于企业自身的研发实力，向生产型企业发展，进行了光伏电池接线盒的研发及生产，该接线盒在光伏电池组件中起着非常重要的作用。这使得嘉实公司的客户从原有的光伏发电企业，扩展到光伏电池板的生产企业，即原有的供应商变成了企业的客户。

　　随着全球太阳能光伏产业的日益成熟，光伏产业技术革新日新月异，各国政府的相关政策也在不断调整。蓝天认为，只有不断探究新的机遇，不断寻求新的发展空间，嘉实公司才能真正规避风险，获得发展。嘉实公司处于太阳能光伏产业链的中游，必须向产业链的下游拓展，才能最终成为太阳能光伏企业中的重要一员。嘉实公司于2010年5月将发展方向投向太阳能光伏产业链的下游，开始从事光伏逆变器的研发工作，并于2012年8月底投入生产。在太阳能光伏发电系统中，逆变器效率的高低是决定太阳能电池容量和蓄电池容量大小的重要因素，与接线盒相比，逆变器具有更高的技术含量，产品进入的门槛更高，也意味着竞争对手的相对减少。

（资料来源：高子萱.嘉实公司战略转型案例分析.兰州大学专业硕士学位研究生论文，2013年4月）

思考讨论题：

（1）从宏观环境角度简要分析嘉实公司2008年初创时光伏产业所面临的主要机会与2010年后在光伏产业经营面临的主要威胁。

（2）从产业五种竞争力角度分析嘉实公司2008年初创时光伏产业所面临的主要机会与

2010年后在光伏产业经营面临的主要威胁。

分析要点：

(1) 从"政治法律因素""经济因素""社会和文化因素""技术因素"4个方面分析嘉实公司2008年初创时光伏产业所面临的主要机会；从"政治法律因素""技术因素"两个方面分析嘉实公司2010年后在光伏产业经营面临的主要威胁。

(2) 从"供应商""购买者""现有竞争者""替代品"4个方面分析嘉实公司2008年初创时经营光伏电池板的贸易业务面临的机会；从"潜在进入者""供应商""购买者""现有竞争者"4个方面分析嘉实公司2010后经营光伏电池板的贸易业务面临的威胁。

案例分析二

基本案情：

中东是当今世界政治、经济和军事最敏感的地区之一。巴以问题、伊朗问题、叙利亚问题一直是中东地区面临的三大政治问题。政治形势的变化也不可避免地影响到了中国空调生产企业在中东地区的国际化业务。例如在伊朗，由于长期受到欧美的制裁，尤其是金融上的制裁，伊朗大部分的银行和关键的大企业已经被美国列入制裁的黑名单，这些企业已经无法用美元进行正常的国际贸易结算。而如果让伊朗客户通过第三方来进行支付，又要增加风险和成本。这给各国在伊朗的业务往来带来了很大的影响。与此类似的情况在伊拉克、埃及等国家同样存在。

中东是世界上石油储量最大、生产和输出石油最多的地区，中东石油主要分布在波斯湾及沿岸地区，主要产油国家有沙特阿拉伯、科威特、阿拉伯联合酋长国、伊朗、伊拉克，其中沙特阿拉伯、科威特、阿拉伯联合酋长国等，从出口石油中赚了很多的钱，成为富裕国家。2011年，中东地区的经济增长率为3.9%，沙特阿拉伯和卡塔尔增速则达到了7.1%和14.1%。然而埃及、突尼斯、约旦、摩洛哥等国是石油进口国，每年在进口石油方面花费巨大。同时，埃及、突尼斯等石油进口国发生的严重政局动荡和社会动乱更使这些国家的经济雪上加霜。

2006—2012年期间，中东地区公共支出增长3倍，预计在未来两年当中还会增长20%~30%。而且，中东人口在未来40年会翻番，40年以后，预计中东地区低于30岁的人口将有60%，这会为当地经济增长带来很多驱动力。但是，中东地区的工业基础比较薄弱，产业结构比较单一，日用品电器几乎全部进口。由于该地区经济发展不平衡，如产油的几个国家消费水平比较高，对家电的需求量以及品质和档次要求也比较高；而在没有石油的几个国家，销售的产品就要注重性价比。对于沙特和阿联酋等比较富裕的产油国来说其内部的消费结构区分也比较明显。当地本国人比较富裕，消费档次化较高，对产品的知名度、性能、质量有比较高的要求。而这些国家中还存在相当数量和比例的外来人口，如阿联酋迪拜，外来人口和当地人口的比例已经达到了9∶1。外来人口，无论是高级打工仔还是低级的劳动力,他们往往并不在本地置业,空调作为当地的生活必需品,如果是房东往外租房子,他们给房子配置的空调也是以经济实惠为主,而租房者自己装空调则更是能对付过去就行。这样的消费结构决定了低端和高端需求比较旺盛,而其他市场那种中端产品占主导的状况就不明显。对于生产企业而言,就要针对此区域的特点在产品结构的两端发力去适应市场。

截至2014年,中东地区人口约为6亿人。埃及人口过亿,其次是伊朗,伊拉克,沙特阿拉伯和也门。中东人部分地区实施一夫多妻制。在沙特,伊朗和阿联酋每个家庭的人口也很多,平均拥有6名以上成员。中东地区大约60%的人口讲阿拉伯语,大多数中东人民信奉伊斯兰教,他们被称为穆斯林。除以色列和巴勒斯坦地区之外,伊斯兰教在中东所有国家占统治地位,其他宗教也在中东地区传播。阿拉伯人有祷告的习惯。在性格方面,阿拉伯人讲交情,重视家庭,生活节奏慢,喜欢讨价还价。中东地区的上述文化特点决定了空调生产企业从产品的设计和营销方式上都要与当地进行接轨。例如在产品设计图案上嵌入伊斯兰风格的设计图案,在产品宣传以及营销上也需要注意当地在公众场合对女性的衣着打扮的要求。如果选用女性图案尽量不要暴露身体和脸,或者可以换为男性或者儿童主题来替代,等等。

中东地区气候炎热,常年干燥少雨,降水集中在冬季。气候环境的影响对空调产品来说尤其至关重要,由于该地区长年干燥炎热,对空调产品来说就需要开发与世界其他市场完全不同的产品,称为热带沙漠空调:它要耐得住当地最高达60摄氏度的环境温度并正常运行,而且是需要长期连续不间断的半年甚至10个月的平稳运行,这对产品的性能和可靠性提出了苛刻的要求。

受到气候、文化、消费习惯的影响,中东地区的一些国家对家电进口产品有不同的技术要求。例如,出口到沙特的家电产品必须附有一张SASO证书,以证明产品符合相关技术标准要求。同时,沙特海关还会对进口产品进行随机的抽样测试。伊朗和埃及等国则要对于进入该国的产品进行来自BV、SGS、INTERTK等国际性的第三方检验机构的检验。近年来随着技术的进步以及全球的环境保护意识日益提高,中东各国政府也提高了对于进入该国产品的技术和环保要求。例如沙特从2013年5月14日开始再次宣布提升空调产品的能效等级并在2014年还将继续升级,并要求将原来的含氟利昂产品过渡到更为环保的无氟制冷剂产品上。伊朗政府也于2012年开始实施新的能耗要求,其能耗等级标准参考欧洲空调标准甚至更加严格。随后阿联酋政府、卡塔尔政府也在沙特和伊朗之后将本国的产品要求由原来的无要求转变为现在的划分能效等级并划定进入该市场的最低等级门槛。

随着技术标准的日趋严格,投放在该市场的空调产品重新面临着一次洗牌。以沙特市场为例,日本的PANASONIC、MITSUBISHI、SHARP、TOSHIBA等品牌,韩国的LG、SAMSUNG等品牌在该市场上具有较高的品牌知名度和市场占有率,而随着新技术的要求,所有在该市场销售的品牌必须重新投入开发新的产品系列,前期各个品牌所具有的优势将不复存在。这也就给予了中国空调生产企业一次重新追赶并努力超越国际品牌的机会。但是，随着技术门槛的提高，对于每个品牌来说，要求更严、投入更大，中国空调生产企业也同样面临巨大的挑战。

（资料来源：李传坤. 海尔空调中东地区国际化战略研究. 中国海洋大学硕士学位论文，2015年3月）

思考讨论题：

中国空调生产企业在中东市场面临哪些机遇与挑战？

分析要点：

从东道国宏观环境 PEST 4 个方面展开分析中东国家的投资环境。

第四章 跨国公司市场进入与开发

【学习要点及目标】

- 掌握跨国公司进入国外市场的三类主要方式。
- 掌握跨国公司对外直接投资的两种主要途径。
- 掌握跨国企业战略联盟的相关内容。

【核心概念】

出口 对外直接投资 非股权形式 并购 新建 战略联盟

【引导案例】

吉利汽车国际化经营的历史进程：从出口到跨国并购

2003年8月，吉利第一批汽车实现出口。伴随产品出口，吉利逐步在乌克兰、俄罗斯和印度尼西亚等国建立散件组装厂，在海外建立了近300个销售服务网点，在俄罗斯和印度尼西亚建立了自己的销售子公司。

世界经济形势的变化和汽车产业全球化布局向中国等新兴市场的转移加速了中国汽车产业调整步伐，中国历史上规模最大的整车收购项目——吉利汽车收购沃尔沃汽车在吉利和福特长达数年的接触与谈判后终于在2010年8月2日完成了收购交易。

(资料来源：张梦霞，佘镜怀．中国企业经营管理案例(第三辑)．北京：经济管理出版社，2011)

【案例导学】

企业进入国外市场是一个循序渐进的过程。吉利汽车从出口到跨国并购的国际化经营历程验证了这一规律。本章介绍跨国公司进入国外市场的主要方式，以及实现这些方式不同的途径。

第一节 跨国公司进入国外市场方式

一、企业进入外国市场的方式

企业进入国外市场的模式一般有出口、股权投资、非股权安排等几种。每一种进入模式都有各自的利与弊。

（一）出口

商品与服务出口贸易在企业国际化经营中相对比较简单，也是比较普遍的进入外国市场的方式。企业国际化经营选择出口方式要研究以下问题。

1. 选择目标市场

选择目标市场涉及两个层面：一是目标市场的区域路径；二是在东道国细分市场的目标客户的定位。

(1) 目标市场的区域路径。目前存在着两种选择国际市场的方式：①传统方式，又称连续方式。一般情况而言，高新技术产品在发达国家出口的国别路径是先到经济技术发展水平相类似的发达国家，然后再到发展中国家；在发展中国家则是先到环境类似的发展中国家，最后再逐步走向发达国家。但发展中国家的农产品、矿产品等初级产品和劳动密集型的低端产品主要流向的是发达国家。②新型方式，又称不连续方式。经济全球化背景下，许多产业中的全球分工体系已经形成，全球同步使用新产品。此时不论是发达国家还是发展中国家，该产业中的高新技术产品出口的国别路径都是先到发达国家(特别是美国)，以占领世界最大市场，然后再走向发展中国家。

(2) 选择目标客户。目标客户选择的基础是市场细分。各国之间的细分市场通常在数量、大小和特点上存在差别。在美国、中国，市场可按地域进行细分，而日本却几乎不存在地域差异。人口众多的国家(如中国和印度)可能会比人口稀少的国家(如加拿大)细分出更多的市场，这是因为人口众多的国家中每个细分市场都对应足够的需求量，使得做市场细分的努力得到回报。通常，不同国家之间细分市场的比例并不相同。对于消费品，人口年龄分布、收入水平和增长，以及收入分配的差异都会影响细分市场的规模及其相对重要性。

对于工业机械和原材料，影响细分市场规模和重要性的因素是工资与科技的水平和分散性及工业产品的结构。高科技、高度自动化及非专用型的机器可将北欧、日本和加拿大作为目标市场；而标准化、大批量生产的机器则适用于新兴的工业化国家；老式的标准化机器适用于发展中国家。

2. 选择进入战略

一旦目标细分市场被选定，下一步就是制定最好的战略打入该细分市场。最重要的战略决策是：应该在全球推广标准化的产品，还是针对不同国家的不同需求修改产品和营销组合？20世纪70年代，不同国家的出口商通常采取以下3种不同战略中的一种。一般来说，日本厂商倾向于向所有的市场出口同一种标准化产品；美国厂商倾向于采用产品生命周期战略，即先在美国市场上推出一种新产品，然后当其他国家产生相似的需求时，再将这种产品出口；而欧洲厂商则对本地市场状况反应更加敏锐，并把每一个市场都作为独立的实体。

值得一提的是,目标市场选择与进入战略选择不仅适用于出口模式,企业进入国外市场的另外两种模式——股权投资和非股权安排,也都面临同样的选择问题,前面阐述的类型也同样适用于这两种模式。

一家公司也可能对同一产品同时采取两种策略,它可能在一些国家销售标准产品,而在另一些国家销售改型产品。同样,一家公司可以对一些产品实行标准产品策略,而对另一些产品实施改型策略。例如,可口可乐公司对可乐实行标准产品策略,而对芬达实行改造型策略,在某些国家市场上有很多种不同口味的芬达。

3. 选择分销渠道与出口营销

连接某国生产者与异国消费者的分销渠道有以下 4 个十分重要的特征。

(1) 一般说来,国际分销渠道比国内分销渠道更复杂,涉及更多的中间环节。一个典型的国内分销渠道为:生产者—批发商—零售商;而国际销售的分销渠道则可能为:生产者—出口代理商—进口代理商—大型批发商—小型批发商—零售商。

(2) 国际分销渠道的成本通常比国内分销渠道的成本高。因此,通过国际分销渠道到达消费者手中的产品价格比较高,其中主要的成本来自建立分销机构、进入新的市场及国际分销渠道运作的费用。

(3) 出口商有时必须通过与国内市场不同的分销渠道向海外市场进行销售。例如,在国内市场上,它的经营范围或与顾客密切联系的重要性也许要求它建立自己的分销系统,并利用这一系统与最终消费者保持联系。然而在海外市场上,在出口量一定的情况下,这样一个系统可能过于昂贵,因而是不可行的。海外市场上当地公司的营销技巧可能比产品本身更重要。

(4) 国际分销渠道通常为公司提供海外市场信息,包括产品在市场上的销售情况及其原因。在这种情况下,公司可选择对分销和销售系统做前向整合,并由本公司人员深入海外市场,或者可选择与国外的分销商发展密切的合作关系,进行充分的信息交流。

出口商有许多不同的分销渠道可以选择:经纪人、代理商、制造商的销售代表、出口代理商、批发商、零售商、进口批发商、贸易公司等。这些贸易中介可以从两个方面加以归类和描述。

第一,商品的所有权。代理人代表公司销售商品,收取佣金,但不拥有商品;而分销商则是商品的所有者,他先向出口商购买商品,冠以自己的商标,再进行出售。

第二,对销售渠道的控制方法,分为直接法与间接法。直接法是公司拥有并管理分销渠道,而间接法则是分销渠道独立于公司之外。

商品所有权的两种类型和对销售渠道的控制方法的两种类型可以组合出 4 种基本的组合,分销渠道与出口营销决策要从这 4 种基本组合中选择一种(其中每种组合中还包括许多不同的机构)是一项艰巨但重要的任务,这一决策要考虑许多因素,例如,出口商的特点(大小、能力以及资源),海外市场战略,愿意承担的风险,现在和未来的销售范围,合并、市场渗透、控制和信息反馈的重要性,以及海外市场与国内市场的差别等。

4. 出口市场上的定价

针对海外市场一般有4种定价策略。

(1) 定价偏高,以期获得大于国内市场的收益。这种定价策略考虑到海外市场比国内市场的风险要大些,而且通常会产生一些隐含成本,而这些成本不会被标准的会计制度确认。按照这种观点,海外市场的价格与收益应该比国内市场要高,否则不应出口。

(2) 制定使海外市场与国内市场收益水平接近的价格。这种定价策略认为海外市场与国内市场没有区别。有经验的出口商通常使用这种策略,因为对他们来说,海外市场与国内市场的差别的确很小。也有一些新手和缺乏经验的出口商采用这种策略,他们对海外市场的态度是"只要有订单,我们就发货"。

(3) 在短期内定价较低,即使收益偏低甚至亏损也在所不惜。这种策略把海外市场看成有发展前途的市场。这类积极进取的出口商宁愿承受短期的亏损也要抢占市场份额,开发出适合海外市场的产品,从而取得规模经济效益。但这种策略容易使公司面临出口市场上当地竞争者的反倾销行动,并为此支付反倾销关税。

(4) 只要在抵消变动成本之后还能增加利润,就按能把超过国内市场需求量的产品销售出去的价格定价。这种策略是把海外市场看成解决过剩生产能力的倾销场所,尽管这种方法确实给公司带来了利润,但这种公司不能算作真正的出口市场开拓者。

(二)对外股权投资

对外股权投资涉及对东道国企业的股权参与,与出口方式相比,是一种控制程度更强、参与程度更大的进入方式。对外股权投资包括对外证券投资与对外直接投资。

1. 对外证券投资

对外证券投资是指个人或机构取得外国证券,但并不控制该企业或参与管理,购买外国股票可能出于若干重要战略因素的考虑。

(1) 证券投资可能成为直接投资的前奏。一些跨国公司把证券投资当作一种先发制人的行动,其目的是防止被国内或国外对手兼并。

(2) 证券投资可以作为企业长期计划的一部分,因为它可能有助于加强技术、许可证交易和签订销售协议。

(3) 证券投资也是扩大企业在其他国家利益的一种方法,如为了较长时期地占有,为了多样化经营,或是为了搜集市场信息,去建立一个基地。

但是制造业企业很少会把它的长期计划建立在这种投资的基础上。与直接投资相比,这种间接投资有两个基本弱点:一是证券投资虽然涉及所有权问题,但很少或没有涉及管理和控制问题,不能管理企业所持有的资产;二是证券投资很难充分发挥该公司的技术或产品的优势。由于这两个基本弱点,证券投资妨碍了企业把它持有的国外资产充分结合起来使用，而直接投资却能做到这一点。

2. 对外直接投资

与出口和证券投资进入方式不同的是，采用对外直接投资进入模式，企业将管理、技术、营销、资金等资源以自己控制企业的形式转移到目标国家(地区)，以便能够在目标市场上更充分地发挥竞争优势。同出口方式相比，进行对外直接投资缩短了生产和销售的距离，减少了运输成本；可利用当地便宜的劳动力、原材料、能源等生产要素，降低制造成本；能随时获得当地市场的信息和产品的信息反馈，从而可根据市场的需求来调整生产。此外，对外直接投资也使企业能够跨越东道国政府的各种贸易和非贸易壁垒，有时还能享受东道国提供的某种优惠。但是，对外直接投资进入需要大量的资金、管理和其他资源的投入，这就意味着风险更大、灵活性差。

对外直接投资方式可以分为全资子公司与合资两种形式。

(1) 全资子公司(即独资经营)。即由母公司拥有子公司全部股权和经营权，这意味着企业在国外市场上单独控制着另一个企业的生产和营销。全资子公司可以使企业拥有百分之百的控制权，全部利润归自己所有。

采用全资子公司的形式进入一国市场主要有两个优点。

第一，管理者可以完全控制子公司在目标市场上的日常经营活动，并确保有价值的技术、工艺和其他一些无形资产都留在子公司。这种完全控制的方式同时还可以减少其他竞争者获取公司竞争优势的机会，尤其是在公司以技术作为其竞争优势的情况下，这一点显得特别重要。另外，管理者对子公司的产出和价格也可以保持完全控制。子公司创造的所有利润也必须上交给母公司。

第二，可以摆脱合资经营在利益、目标等方面的冲突问题，从而使国外子公司的经营战略与企业的总体战略融为一体。公司可以从全球战略的角度出发，把每个国别市场视作相互联系的全球市场的一部分。因此，拥有对全资子公司的完全控制权对于追求全球战略的公司管理者来说更具吸引力。

当然，全资子公司也有3个重要的缺陷。

第一，这种方式可能需要耗费大量资金，公司必须在内部集资或在金融市场上融资以获得资金。然而，对于中、小企业来说，要获得足够的资金往往非常困难。一般来说，只有大型企业才有能力建立国际全资子公司。

第二，由于成立全资子公司需要占用公司的大量资源，所以公司面临的风险可能会很高。风险来源之一是目标市场政治或社会方面的不确定性或者说不稳定性，这类风险严重时可能会使公司的物质财产和个人安危都受到威胁。全资子公司的所有者可能还需要承担消费者拒绝购买公司产品所带来的全部风险。当然，只要在进入目标市场之前充分了解目标市场上的消费者，母公司就能降低这种风险。

第三，由于没有东道国企业的合作与参与，全资子公司难以得到当地的政策与各种经营资源的支持，规避政治风险的能力也明显小于合资经营企业。

(2) 合资经营。它是指协议共同投资的各方各按一定比例的股份出资，共同组成一家具有法人地位、在经济上独立核算、在业务上独立经营的企业。

如图 4-1 所示，创建国际合资企业可以达到以下 4 个目标之一甚至需要。即加强该企业现有业务、将该企业现有产品投放新市场、开发可以在该公司现有市场上销售的新产品和经营一种新业务。

	现有产品	新产品
新市场	将现有产品打入国外市场	经营一种新业务
现有产品	加强现有业务	将国外产品引入国内市场

图 4-1　形成国际合资企业的动机

第一，加强现有业务。公司可以采用多种方式利用国际合资企业加强或保护其现有业务。其中最重要的形式有为达到规模经济而形成的合资企业、为使企业获得所需技术与专有技术而形成的合资企业、为降低主要项目的财务风险而形成的合资企业。

第二，将现有产品打入国外市场。相信本国产品将会在国外市场取得成功的公司面临着选择。出口不可能带来显著的市场渗透，建立全资子公司非常缓慢而且所要求的资源太多，许可证方式不能得到足够的财务回报，而创立国际合资企业并将产品贴上本土制造的标签，通常是最具吸引力的折中方法。

第三，将国外产品引入国内市场。对于每一个采用国际合资企业方式将其产品投入国外市场的公司来说，至少有一个当地公司将其视为能够将当地产品打入投资国市场的一个很具吸引力的工具。也正是这种利益的互补使合资企业的建立成为可能。在全球分工日益深入的当今世界，这种利益互补更加显著。

第四，一种新业务经营。有些合资公司开发新领域而使一方或双方进入它们鲜有所知的产品和市场。

综上所述，企业采用合资经营这种方式，一方面可以减少国际化经营的资本投入，另一方面有利于弥补跨国经营经验不足的缺陷，有利于吸引和利用东道国合资方的资源，如东道国合资方在当地市场的信誉、融资与销售渠道、同当地银行和政府官员的公私关系以及他们具有的生产、技术、管理和营销技能等。

然而，创建国际合资经营企业也存在一些问题，其中最主要的问题是，由于合资企业由多方参与投资，因而协调成本可能过大。协调问题又主要表现在以下几个方面：

第一，合资各方目标的差异。合资企业存在的一个极普遍的问题是，合作各方的目标在合资企业建立之初是一致的，但随着时间的推移，双方在产品定价、盈利分配、出口方向和数量、原料采购和产品设计等诸多方面将出现分歧。这种分歧可能由于合作各方财富的变动而引起。

第二，合资各方的文化差异。国际合资企业要求具有不同国家文化背景的管理者协同工作。经理们对他们所要接触的文化的特征必须很敏感，否则可能导致误解和严重问题。例如，许多西方经理对日本缓慢的一致通过式的决策方式感到沮丧；同样的，美国的个人主义式的决策方式令日本人感到吃惊，因为决策如此之快，但实施起来却常常很缓慢。此外，文化差异不一定源于国籍的不同。例如，小企业在与大企业合作时，经常惊讶于后者肯花费数月而不是几天的时间来批准一项新的计划。又如，当以"任务导向型"为主导文化的发达国家跨国公司与以"角色导向型"为主导文化的中国国有企业合作时，在人员的选拔与升迁时是"论功行赏"还是"论资排辈"，就会产生很大的差异。

由于合资各方协调成本过高，有关调查显示，发达国家合资经营企业的失败率高达50%以上，而在工业国与发展中国家之间这一比例更高。

(三) 非股权形式

现在国际化经营已不再仅仅涉及直接对外投资和贸易这两个方面，非股权形式日益重要。非股权形式包括合约制造、服务外包、订单农业、特许经营、许可经营、管理合约及其他类型的合约关系，跨国公司通过这些关系协调其在全球价值链的活动并影响东道国公司的管理，而并不拥有其股份。

非股权形式往往被看作是对外直接投资与贸易两种方式的中间道路，如图4-2所示。

图4-2　外国直接投资与贸易之间的中间道路——非股权形式

企业国际化经营首要的核心竞争力是在全球价值链中协调各项活动的能力。企业可以决定在内部进行这类活动(内部化)，也可以委托其他企业进行(外部化)。内部化跨越国界时，就成为对外直接投资；外部化的结果则可能产生对外贸易，也可能选择一条"中间道路"——形成企业间的非股权安排，即通过合同协议来调节东道国企业的运作和行为。这种"调节"可以对商业行为产生实质性影响，如要求东道国公司投资设备、改变流程、采用新的程序、改善劳动条件或使用指定供应商等。

图4-3展示了价值链中非股权形式类型的若干范例。在某些情况下，非股权形式可能比对外直接投资更为适宜。例如，在农业领域，订单农业比大规模土地收购更易于解决负责任投资的问题——尊重本地权利、农民的生计和资源的可持续利用。

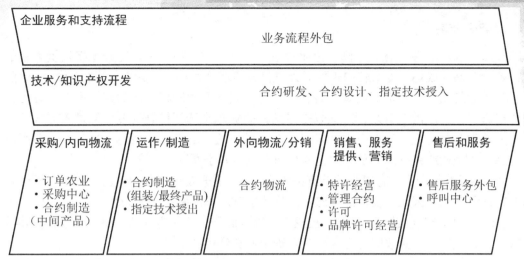

图 4-3　价值链中非股权形式类型的若干范例

二、进入东道国市场方式的选择

跨国公司选择进入外国市场的方式是一项重要的战略决策。决定和影响跨国公司对进入方式选择的各种因素，除了各种进入方式本身的特性和它们所共同具有的3个问题——控制、风险和灵活性外，还有两类因素：第一类是跨国公司内在因素；第二类是外部因素。

(一)跨国公司内在因素对进入方式选择的影响

1. 技术水平

跨国公司的技术水平是决定其进入方式选择的最重要的因素之一。国际技术市场是一个高度不完善的市场。这一方面是指在技术市场上技术的泄密现象严重；另一方面，对一项新技术的估价很难找到一个客观标准，也没有国际技术交易所；此外，许可证交易本身也具有一些内在的缺点。因此，拥有先进技术的跨国公司往往倾向于对外直接投资而把外国市场内部化，以此来克服国际技术市场的缺陷和许可证交易本身的缺点。

一般而言，跨国公司拥有的技术水平越高，就越倾向于采用控制性强的进入方式。但是，对于处于迅速变化发展过程中的技术，为了迅速地抓住时机，取得收益，有些跨国公司也较喜欢采用许可证交易的方式。对于一次性的和小项目的技术专利，跨国公司也多采用许可证交易的方式，以避免直接投资固定成本。但是，如果跨国公司在东道国已经有了子公司，而且母公司的新技术属于该子公司的主要业务范围时，那么，即使是一次性的小项目也会在母公司同子公司之间内部转让。在这种情况下，许可证交易常常不会发生。

2. 产品年龄

按照维农产品寿命周期理论，企业对最新产品采取出口为主、对外直接投资为辅的政策；随着产品的成熟，逐渐转向采取对外直接投资或许可证交易为主、出口为辅的政策。

当企业把新产品的生产向国外转移时，它就要在不同股权份额的直接投资和许可证之间作出选择。一般的趋势是：产品越是成熟，企业越是选择控制程度低的进入方式。即对于不成熟的产品，企业倾向于选择全股子公司的方式；对于较为成熟的产品，企业则倾向于选择合资企业或许可证交易。这主要是由于以下几个原因。

(1) 不成熟的产品具有很高的专有技术水平，只有开发该产品的创新企业才了解这种产品的特性和市场。因此，技术的传递和估价的困难对不成熟产品尤为突出。

(2) 不成熟产品收益高，因此，企业希望以全股子公司的方式获得最大的收益。随着产品成熟和收益下降，企业则更愿意选择合资企业和许可证交易。

(3) 不成熟产品使企业具有更大的讨价还价能力，迫使东道国让出更多的股权份额和控制。

3. 产品在母公司战略中所占的地位

跨国公司一般对属于其重点发展的行业内产品更多地采用控制性强的进入方式；对于非重点发展的产品，则更多地采用许可证交易，即使进行对外直接投资，也往往更多地采取拥有股权额较少的合资企业方式。因为对非重点发展的产品，企业不想投入大量的资本，从而能将资源集中到重点发展的产品上去。这不仅是跨国公司经营战略的需要，而且还可以充分利用跨国公司的子公司网络中现有的基础设施，节约投资成本。

4. 品牌与广告开支

具有很高知名度品牌的跨国公司常常选择控制程度较大的进入方式，因为当地合伙者很可能会损害跨国公司品牌的声誉。品牌的知名度除了取决于产品本身和性质外，还取决于广告宣传。因此，品牌的知名度或企业广告开支越大，控制性强的进入方式就越有效。

当通过产品设计、式样、质量和名称的标准化来加强商誉成为企业战略的一部分时，进入者就要求更大的所有权。由于这种战略依靠的是品牌名称所意味着的商誉，对产品质量的控制就是非常关键的。因此，采取这类战略的跨国公司倾向于通过控制性强的进入方式来控制产品质量，以维护企业的商誉。

5. 对外直接投资的固定成本

这里的固定成本指跨国公司在国外市场上的生产、销售和管理等所需的投资和其他开支。当固定成本相对于跨国公司的规模来说很大时，跨国公司就比较倾向于采用许可证交易或合资企业的方式以减少资本支出；当固定成本较小或能为跨国公司所承担时，跨国公司就倾向于采用全股子公司方式。

如果跨国公司在一个外国市场已经有了子公司，而且新的投资和现有子公司的行业是相关的，那么母公司对该市场的再次投资所需要的固定成本要低于对一个没有子公司存在的外国市场的直接投资所需要的固定成本。这时，跨国公司就比较倾向于采用全股子公司股权方式。而对尚未建立子公司的外国市场，或虽然已经有了子公司但其行业与新的投资不相关的外国市场，跨国公司采取全股子公司的比例就较低。

推行产品多样化战略的跨国公司，常常不能充分利用现有子公司网络的生产设施来减少直接投资的固定成本，因此，采用许可证交易和合资企业的比例就较高；而经营产品范围较窄的跨国公司则较为倾向采取全股子公司。

6. 企业的国际经营经验

企业的国际经营经验包括以下几个方面：第一，跨国公司总部对跨国公司业务管理的规模经济效益；第二，由于学习曲线效应，跨国公司管理人员经验的增加而带来的利益；第三，经验导致的不确定性的减少。

新兴的跨国公司最初进行对外直接投资总是谨慎地选择它较为熟悉的邻国或社会文化较为接近的国家，随着经验的积累，则进入较远、较陌生的国家，而且越来越不满足于由合伙者来管理的少数股合资企业。在国际经营上富有经验的跨国公司向往控制强的进入方式，并愿意为此而承担更多的风险。

就一般情形而言，跨国公司所选择的进入方式的控制程度同跨国公司所积累的国际经营经验具有正向相关的关系。

(二)外部环境因素对进入方式选择的影响

1. 母国与东道国社会文化的差异

一般情况下，母国与东道国之间的社会文化差异越大，对跨国公司来说不确定性也越大，因而跨国公司就越倾向于控制程度较低的进入方式，以减少资产暴露，增强灵活性。这是因为：第一，跨国公司的经理人员不了解、不适应东道国的政治和商业环境以及东道国企业的经营方式，在环境很不相同的地方，把母公司的管理技术和管理制度引入东道国是很困难的。第二，社会文化差异也导致了很大的信息成本，于是跨国公司就通过少数股合资企业或许可证交易来减少这种信息成本。

2. 东道国的管制

事实上，没有一个东道国愿意让外国跨国公司完全自由自在地在它的国家内活动，然而，也很少有国家走到完全排除外国投资的极端。尽管各东道国对外国直接投资的管制各不相同，但无非都是采取鼓励和限制、禁止两个方面的管制，力图从外国投资中获得最大利益。

东道国常常按不同的行业来对外国投资施加不同的限制。东道国对外国直接投资的审查程序虽然不排除外国投资的可能性，但审查过程和审查机构提出的必要条件常常增加了外国直接投资的成本，以至对外国直接投资的吸引力相对减弱。因此，在具有严格审查程序的国家，跨国公司更多地采用出口或许可证交易的方式。

3. 跨国公司和东道国谈判地位的演变

东道国(尤其是发展中国家)在同跨国公司打交道的过程中逐步积累着经验，它们的谈判技术和水平也不断提高。联合国有关机构、各国的咨询公司和顾问也对东道国的谈判技术与水平的提高起到了很大的作用。

决定跨国公司和东道国的谈判地位的另一个重要因素是在一个特定行业中从事竞争的跨国公司数量的多少。如果东道国被迫在很少几个跨国公司中作出选择的话，它用一个外国公司来对付另一个外国公司的能力就受到限制。而当外国公司认识到自己是能向东道国提供某种技术或特定资源的少数几个跨国公司之一的话，它就可能要求得到更为有利的条件；反之亦反之。从美国在拉美的有关统计资料中可以清楚地看到，跨国公司之间的竞争和所有权(即股权份额)之间的关系，在一个特定行业中，随着相互竞争的跨国公司的数目增加，跨国公司得到的所有权的份额逐渐下降。

第二节　对外直接投资的主要途径

跨国公司对外直接投资的两种主要途径是并购与新建。并购包括收购与合并，收购(Acquisition)是指一家企业用现金、股票或者债券等支付方式购买另一家企业的股票或者资产，以获得该企业的控制权的行为；合并(Consolidation)是指两个或两个以上的独立企业联合成为单个的经济实体。新建则是指建立一个新的企业。创建新企业会直接导致生产能力、产出和就业的增长；而并购只是意味着改变一家企业的所有者。这两种途径有很大的差别，各有其优缺点，应用条件也完全不同。跨国公司对外直接投资时，必然要在这两种途径中作出选择。决定跨国公司对外直接投资途径选择的，首先是这两种途径本身所具备的内在特点。这两种途径是相互替代的，又是相互对立的，并购方式的优点往往就是新建方式的缺点，而并购方式的缺点又往往是新建方式的优点。

一、并购与新建两种途径的比较

(一)并购的优点

近年来，跨国公司并购活动以波澜壮阔之势发展。1996年，跨国并购金额在全球外国直接投资流量中所占的比例仅为45.4%，亦即当时外国直接投资活动多一半还是以新建投资的方式完成的。但到了1998—2000年，跨国并购活动迅速成为全球外国直接投资最主要方式,其比例已在 80%以上。2007 年是全球外国直接投资的历史性高点。推动因素是跨国(界)并购历经 5 年繁荣期在 2007 年达到破纪录水平,通过跨国(界)并购继续进行的整合大大推动了外国直接投资的全球增长。2007 年,跨国(界)并购交易的金额达到 16 370 亿美元,比 2000 年的创纪录水平增长了 21%,占 2007 年全球外国直接投资流入量(19 790 亿美元)的 82.7%。

企业通过并购方式对外直接投资有以下优点。

1. 避开进入壁垒,迅速进入目标领域,争取市场机会,分散市场风险

对外直接投资进入一个新的市场必然会面临进入壁垒等多方面因素。而与新建方式相比,并购方式将目标领域中的一个企业合并过来,不存在重新进入和进入壁垒的问题。对制造业来说,并购方式还可以省掉建厂的时间,迅速获得现成的管理人员、技术人员和生产设备,可以在新的领域中迅速建立产销据点。因此,并购方式有利于企业迅速做出反应,抓住市场机会。希利曼(Schliemann)对联邦德国和英国的跨国公司在巴西的 14 例收购做了研究,发现其中有 12 例(占 86%)在收购年份和收购后重新开始生产的年份之间没有时间滞差。

在制造业中,新建一般要比并购慢得多,除了要组织必需的资源外,还需要选择工厂地址、修建厂房和安装生产设备,安排管理人员、技术人员和工人等一系列复杂的工作。根据一些产业的实证研究,采用新建方式组成新的经营单位一般要经过 8 年的时间才有获利能力;经过 10~12 年的时间,该单位的效益可达到成熟业务的水平;12 年以后,该单位才会获得最高的效益和很高的市场占有率。此外,政府的有关法令也会影响到内部发展的速度。例如,在美国设厂要经过 EPA(有关厂外污染问题)和 OSHA(有关厂内安全生产问题)的严格检查,方能取得营业许可。而并购则没有这些麻烦。

2. 获得协同效果

与新建方式相比,并购是一种合并,成功的合并可以获得协同效果,即合并后的企业从资源配置和经营范围的决策中所能寻求到的各种共同努力的效果。有时,协同效应被表示为 1+1>2。协同效应产生于互补资源,而这些资源与正在开发的产品或市场是相互兼容的。协同效应通常通过技术转移或经营活动共享来得以实现。

用系统理论剖析这种协同效果,可以分为 3 个层次:首先,购并后两个企业的"作用力"的时空排列得到有序化和优化,从而使企业获得"聚焦效应"。例如,跨国并购后,两个企业在生产、营销和人员方面的统一调配,可以获得这种效应。第二,并购后的企业内部不同"作用力"发生转移、扩散、互补,从而,改变了公司的整体功能状况。例如,公司内部的转移定价,信息、人员、产品种类、先进技术与管理、分销渠道、商标品牌、融资渠道等资源优势互补与共享都是这种效应的体现。第三,并购后两个企业内的"作用力"发生耦合、反馈、互激振荡,改变了作用力的性质和力量。例如,在公司内部的技术转让、消化、吸收以及技术创新后的再反馈中,可以得到这种效应。

3. 克服企业外部性，减少竞争，增强对市场的控制力

微观经济学的理论表明，企业负外部性的一种表现是"个体理性导致集体非理性"。事实上，两个独立企业的竞争表现了这种外部性，其竞争的结果往往使其两败俱伤，而并购战略可以减少残酷的竞争，同时还能够增强对其他竞争对手的竞争优势。

(二)并购的原则

但是必须看到，并购方式的失败率是很高的。造成并购失败率高的原因是多方面的，企业在实施并购战略时，应注意以下原则。

1. 价值评估的要求

不论是否通过股票市场，价值评估都是并购战略中卖方与买方较量的焦点。如果不能够对被并购企业进行准确的价值评估，并购方就可能要承受支付过高并购费用的风险。当企业想以收购股票的方式并购上市公司时，对方往往会抬高股票价格，尤其是在被收购公司拒绝被收购时，会为收购企业设置种种障碍，加大收购的代价。另外，企业在采用竞标方式进行并购时，也往往要支付高于标的的价格才能成功并购。这种高代价并购会增加企业的财务负担，使企业从并购的一开始就面临着效益的挑战。

跨国并购比国内并购在价值评估环节难度更大，其原因有三个。

(1) 不同国家有不同的会计准则。有的目标企业为了逃税漏税而伪造财务报表；有的财务报表存在各种错误和遗漏；有的企业不愿透露某些关键性的商业机密，对许多问题加以隐匿。这些因素大大增加了收购时价值评估的困难。

(2) 有关外国市场的信息常常比较难以收集，可靠性也比较差。因此，对收购后该企业在当地销售的潜力和远期利润的估计困难也较大。

(3) 目标企业的无形资产不像物质资产那样易于用数字表示，这个问题在新建方式中不会碰到。

2. 对被并购企业的要求

对收购企业来说，收购的低价固然是并购战略成功的重要环节，但更重要的还在于并购后的经营绩效。从这一角度考虑，对被并购企业还应有其他要求。

首先是被收购企业的产品、市场是否符合收购企业的发展方向。用波特的话说，就是企业应"购入符合内部发展标准的产业"。如果不符合这一条件，以收购方式进行发展扩张就变得毫无意义。其次要考虑被收购企业内部的资源状况是否适合收购后的企业发展。

3. 对并购企业的要求

并购企业是否有能力发扬被并购企业的优势、克服被并购企业的弱点，也是保证并购成功的关键因素之一。波特指出，如果买主具有提高卖方经营水平的独特能力，买方不仅

可能在公司市场的交易中获得有利可图的低价位；而且，即使买方比其他买主出价高出许多，也仍能获得高于平均水平的回报。

当买主具备独一无二的能力经营被收购企业的业务，其他投标者可能会认为自己改善收购企业的可能性不大而放弃投标，这将会降低公司市场的竞争程度，使收购价变得有利于收购方。更重要的是，由于收购企业能够对被收购企业扬长避短，会大大提高收购后的经营绩效；反之，如果收购企业不能够克服被收购企业的弱点，也不能利用被收购企业的优势，那么即使并购企业在公司市场中以低价收购了企业，这点好处也早晚会被收购后的不良收益所抵消。

4. 新的协同要求

企业在通过并购战略进入一个新的经营领域时，并购行为的结束只是成功的一半，并购后的整合状况将最终决定并购战略的实施是否有利于企业的发展。企业完成并购后面临着战略、组织、制度、业务和文化等多方面的整合。其中，企业文化的整合是最基本、也是最困难的工作。企业文化是否能够完善地融为一体影响着企业生产运营的各个方面。如果并购企业与被并购企业在企业文化上存在很大的差异，企业并购以后，被并购企业的员工不喜欢并购企业的管理作风，并购后的企业便很难管理，而且会严重影响企业的效益。

5. 规避政治风险

对于跨国并购而言，规避政治风险日益成为企业国际化经营必须重视的首要问题。跨国公司在东道国遭遇政治风险由来已久，近年来中国跨国公司也正遭遇到越来越多的东道国的政治风险。如本书第三章所述，中国企业跨国并购外国公司多次因遭遇政治风险而失败，对跨国公司经营造成重大损害。防范东道国的政治风险，具体措施可以考虑以下几点。

(1) 加强对东道国的政治风险的评估，完善动态监测和预警系统。
(2) 采取灵活的国际投资策略，构筑风险控制的坚实基础。
(3) 实行企业当地化策略，减少与东道国之间的矛盾和摩擦。

二、并购与新建之间的选择

对外直接投资是采用并购方式还是新建方式是跨国公司战略策划的重要内容。决定跨国公司对并购与新建两种方式之间作出选择的各种因素不仅是这两种方式本身的特点，还包括跨国公司内在因素和外部环境因素。

(一)跨国公司内在因素对选择的影响

1. 技术性等企业专有资源

拥有最新技术和其他重要的企业专有资源的跨国公司更多地选择新建方式来进行直接投资。例如，20世纪90年代，雀巢食品在中国投资全部采用新建方式，主要原因是它们采用世界最先进的全封闭的设备,而中国现在的国内企业设备改造成本太大。

2. 全球战略与竞争战略

跨国公司采取不同的全球战略也影响到它在新建与并购之间的选择。例如,有的跨国公司采取混合多样化战略,以类似控股公司的管理方式来经营企业。采取这种战略的跨国公司往往从事范围广泛而又互不相关的一系列行业,其母公司与子公司之间的主要联系是财务关系,它们的国外扩张主要是通过并购方式来进行的。

3. 国际经营的经验

由于并购方式比新建方式具有较小的不确定性,缺乏国际经验的企业在对外直接投资时,往往倾向于选择并购方式,以便得到目标企业的信息储备,减少不确定性。《在不列颠岛的多国投资战略》一书指出,在英国活动的欧洲跨国公司比美国跨国公司更倾向于选择并购方式,其主要原因之一正是它们对国际性经营的经验相对较少。

4. 企业的增长率

一般情况下,增长率高的跨国公司比增长率低的跨国公司更倾向于选择并购方式,这主要是由于以下两个原因:第一,跨国公司的信息和经验的储存随着其经营的时间而增长。因此,对于相等规模的跨国公司来说,增长快的企业所储存的信息和经验比增长慢的企业要少。这就导致了增长快的企业比增长慢的企业更多地采用并购方式。第二,跨国公司在对外扩张的过程中常常发生人才短缺的情况,跨国公司的增长速度越快,这种情况越严重。并购现有企业来进行直接投资,可以克服人力资源短缺的限制,有利于跨国公司的迅速发展。

(二)政治环境和商业环境对选择的影响

1. 东道国对外国企业并购行为的管制

一般说来,各国政府比较欢迎外国企业通过新建方式在当地进行投资,而对外国企业并购当地现有企业则持较为审慎的态度。不过各国政府对并购行为的限制因国情不同而有较大的差别。例如,有的发展中国家对本国某些行业总的生产能力加以限制以避免重复建设,当跨国公司打算进入这些行业时,东道国政府希望它们采取并购方式以控制该行业的总生产能力。

2. 东道国的工业化程度

一般说来,在工业化程度较高的国家,跨国公司较倾向于采用并购方式;而在工业化程度较低的国家,则侧重于采用新建方式。这是由于符合跨国公司要求的设施和员工的现有企业一般集中在发达国家。而跨国公司在发展中国家所并购的企业中推行这些体系往往是非常困难和代价昂贵的,即使这些企业也具有符合跨国公司的设施和员工的要求,但对它们并购后所必须进行的改造和转变也大于发达国家。因此，新建方式在发展中国家显得更有吸引力。

此外，在工业化程度高的国家，跨国公司并购的目标企业数量较多，这一方面可以使跨国公司具有较大的选择余地，另一方面也有助于压低并购价格。

3. 母国与东道国的市场增长率

当产业处于国际投资活动迅速增长的时期，企业更加倾向于并购方式。这是由管理人员和技术人员短缺，以及在国际经济活动上升期间企业进行国际扩张的战略紧迫性决定的。

与此类似，在市场增长率快的东道国市场上，跨国公司的并购比新建的比率高。这是因为新建方式周期长，而并购方式可以使跨国公司不失时机地迅速进入市场。

4. 产业特征

对于从事高技术产业的跨国公司来说，并购的比例一般较低。据哈佛跨国企业研究中心的一项调查表明，在化学品、药品、计算机和电子这些高技术工业中并购所占比例最低。该调查也表明了跨国公司的并购行为普遍遵循产品寿命周期理论。由于产业成熟，对成本日益重视，在成熟的产业里并购行为避免了直接竞争的加剧和生产能力的增加，有助于减少成本。

第三节　企业战略联盟

一、企业战略联盟的基本特征

(1) 从经济组织形式来看，战略联盟是介于企业与市场之间的一种"中间组织"。联盟内交易既非企业的，因为交易的组织不完全依赖于某一企业的治理结构；亦非市场的，因为交易的进行也并不完全依赖于市场价格机制。战略联盟的形成模糊了企业和市场之间的具体界限。

(2) 从企业关系来看，组建战略联盟的企业各方是在资源共享、优势相长、相互信任、相互独立的基础上通过事先达成协议而结成的一种平等的合作伙伴关系。这既不同于组织内部的行政隶属关系，也不同于组织与组织之间的市场交易关系。联盟企业之间的协作关系主要表现为以下几点。①相互往来的平等性。联盟成员均为独立法人实体，相互之间的往来不是由行政层级关系所决定，而是遵循自愿互利原则，为彼此的优势互补和合作利益所驱动。各成员企业始终拥有自己独立的决策权，而不必受其他成员企业的决策所左右。②合作关系的长期性。联盟关系并不是企业与企业之间的一次性交易关系，而是相对稳定的长期合作关系。因此，企业参与联盟的目标不在于获取一时的短期利益，而是希望通过持续的合作增强自身的竞争优势，以实现长远收益的最大化。③整体利益的互补性。联盟关系并不是企业与企业之间的市场交易关系，或是一个企业对另一个企业的辅助关系，而是各成员之间的一种利益互补关系。每个成员企业都拥有自己的特定优势，通过相互之间的扬长避短，可有效降低交易成本，产生"1+1>2"的协同效应。同时，每个成员企业都能获得与其在联盟中的地位和对联盟的贡献相对应的收益，这种收益仅依靠企业自身的力量将难以获取。④组织形式的开放性。企业联盟往往是松散的协作关系，通常以共同占领市场、合作开发技术等为基本目标，其所建立的并非一定是独立的公司实体，成员之间的关系也并不正式。若机会来临，联盟中各成员便聚兵会战；一旦目标实现又"各奔前程"，或与其他企业结成新的联盟。因而企业战略联盟本身是个动态的、开放的体系，是一种松散的公司间一体化组织形式。

(3) 从企业行为来看，联盟行为是一种战略性的合作行为。它并不是对瞬间变化所做出的应急反应，而是着眼于优化企业未来竞争环境的长远谋划。因此，联盟行为注重从战略的高度改善联盟共有的经营环境和经营条件。

二、企业战略联盟形成的动因

促使企业建立战略联盟有许多直接的动因。根据近年来企业战略联盟的实践和发展，可把促使战略联盟形成的主要动因归结为以下 6 个方面。

(一)促进技术创新

全球企业竞争已进入高科技竞争时期，先进技术是企业提高竞争力的关键。新技术的突破，往往带动新产品、新工艺、新材料的全面发展，并可为企业开辟新的经营领域，使现有企业的效率和效益得到显著提高。随着技术创新和普及速度地不断加快，企业在充分利用和改进原有核心技术的同时，必须不断创新，拓展新的技术领域。而高新技术产品的开发费用日益增大，单个企业难以独立支付，必须通过建立战略联盟的方式共同分担。

(二)避免经营风险

当今企业面临的经营环境变化迅速，而且许多环境因素的变化方向与变化速度都具有较大的不确定性，难以准确地预期。通过建立战略联盟，扩大信息传递的密度与速度，以避免单个企业在市场开发和研究开发中的盲目性和因孤军作战而引起的全社会范围内的创新资源浪费，并降低市场开发与技术创新的风险。

(三)避免或减少竞争

通过建立战略联盟，有利于形成新的竞争模式，以合作竞争取代对峙竞争，减少应付激烈竞争的高昂费用。这种竞争思路不仅表现在供应者、购买者之间，也表现在同产业中的竞争对手之间。

(四)实现资源互补

资源在企业之间的配置总是不均衡的。在资源方面或拥有某种优势，或存在某种不足，通过战略联盟可达到资源共享、优势互补的效果。

(五)开拓新的市场

企业通过建立广泛的战略联盟可迅速实现经营范围的多样化和经营地区的扩张。

(六)降低协调成本

上述(一)至(五)条企业实施战略联盟的动因，通过并购方式也能够实现；而与并购方式相比，战略联盟的方式不需要进行企业的整合，可以降低协调成本。例如，美国思科公司在成功地收购了80多家大大小小的公司之后，总结出来的经验是，对于大企业，并购后的整合效果一般不理想，适合采用联盟的方式进行合作。其原因就在于并购大企业的协调成本太大。

三、企业战略联盟的主要类型

企业战略联盟的类型多种多样，根据不同的标准可以对战略联盟进行不同的分类。从股权参与和契约联结的方式角度来看，可以将把企业战略联盟归纳为以下几种重要类型。

(一)合资企业(Joint Ventures)

合资企业是战略联盟最常见的一种类型。它是指将各自不同的资产组合在一起进行生产，共担风险和共享收益。但这种合资企业与一般意义上的合资企业相比具有一些新的特征，它更多地体现了联盟企业之间的战略意图，而并非仅仅限于寻求较高的投资回报率。

(二)相互持股投资(Equity Investments)

相互持股投资通常是联盟成员之间通过交换彼此的股份而建立起的一种长期的相互合作的关系。与合资企业不同的是，相互持有股份不需要将彼此的设备和人员加以合并，通过这种股权联结的方式便于使双方在某些领域采取协作行为。它与合并或兼并也不同，这种投资性的联盟仅持有对方少量的股份，联盟企业之间仍保持着其相对独立性，而且股权持有往往是双向的。

(三)功能性协议(Functional Agreement)

这是一种契约式的战略联盟，与前面两种涉及股权参与的方式明显不同，有人称为无资产性投资的战略联盟。它主要是指企业之间决定在某些具体的领域进行合作。比如，在联合研究与开发、联合市场行动等方面通过功能性协议结成一种联盟。最常见的形式包括：

技术交流协议——联盟成员间相互交流技术资料,通过"知识"的学习以增强竞争实力;合作研究开发协议——分享现成的科研成果,共同使用科研设施和生产能力,在联盟内注入各种优势,共同开发新产品;生产营销协议——通过制定协议,共同生产和销售某一产品,这种协议并不使联盟内各成员的资产规模、组织结构和管理方式发生变化,而仅仅通过订立协议来对合作事项和完成时间等内容做出规定,成员之间仍然保持着各自的独立性,甚至在协议规定的领域之外相互竞争;产业协调协议——建立全面协作与分工的产业联盟体系,多见于高科技产业中。

相对于股权式战略联盟而言,契约式战略联盟由于更强调相关企业的协调与默契,从而更具有战略联盟的本质特征。其在经营的灵活性、自主权和经济效益等方面比股权式战略联盟具有更大的优越性。股权式战略联盟要求组成具有法人地位的经济实体,对资源配置、出资比例、管理结构和利益分配均有严格规定;而契约式战略联盟无须组成经济实体,也无须常设机构,结构比较松散,协议本身在某种意义上只是无限制性的"意向备忘录"。股权式战略联盟依各方出资多少有主次之分,且对各方的资金、技术水平、市场规模、人员配备等有明确的规定,股权大小决定着发言权的大小;而在契约式战略联盟中,各方一般都处于平等和相互依赖的地位,并在经营中保持相对独立性。在利益分配上,股权式战略联盟要求按出资比例分配利益,而契约式战略联盟中各方可根据各自的情况,在各自承担的工作环节上从事经营活动,获取各自的收益。股权式战略联盟的初始投入较大,转置成本较高,投资难度大,灵活性差,政府的政策限制也很严格;而契约式战略联盟则不存在这类问题。

相对而言,股权式战略联盟有利于扩大企业的资金实力,并通过部分"拥有"对方的形式,增强双方的信任感和责任感,因而更利于长久合作,不足之处是灵活性差。契约式战略联盟具有较好的灵活性,但也有一些先天不足,如企业对联盟的控制能力差、松散的组织缺乏稳定性和长远利益、联盟内成员之间的沟通不充分、组织效率低下等。

从联盟内容上来看,在研发、生产、供给和销售各个价值链环节上都可能形成战略联盟,美国 NRC 组织根据战略联盟在不同阶段的合作内容进行了详细分类,如表 4-1 所示。

表 4-1 战略联盟的分类

阶　段	联盟内容
研究开发阶段的战略联盟	1. 许可证协议
	2. 交换许可证合同
	3. 技术交换
	4. 技术人员交流计划
	5. 共同研究开发
	6. 以获得技术为目的的投资

续表

阶　段	联盟内容
生产制造阶段的战略联盟	7. OEM(委托定制)供给
	8. 辅助制造合同
	9. 零部件标准协定
	10. 产品的组装及检验协定
销售阶段的战略联盟	11. 销售代理协定
全面性的战略联盟	12. 产品规格的调整
	13. 联合分担风险

由表 4-1 可见，企业战略联盟的内容非常丰富，涉及的范围也相当广泛。

研究与开发阶段的合作通常是指联盟成员之间合作研究和开发某一个新的产品或技术，它不仅仅是分享现有技术设备和生产能力，而且还会分享新产品开发的技术，同时也可以提高现有的技术水平。

生产制造阶段的联盟是指通过达成一项协议，共同生产某一种产品，根据联盟成员之间的优势来生产不同的零部件。这种生产的方式并不带来联盟各方在资产、组织结构和管理方面的变化，而仅仅通过协议来规定合作项目、完成的时间等。

销售阶段的联盟一般通过销售代理协定实现联盟中的代理人为委托人销售某些特定产品或全部产品。

全面性的战略联盟是一种更为紧密的合作关系，包括为共同确立某项产品或技术的行业标准而在技术开发和市场开拓等方面采取协调一致的行动，这种形式的合作常常需要共同承担新技术和新市场开发带来的巨大风险。

四、战略联盟的管控

虽然战略联盟能够兼顾并购战略与新建战略的优点，但是相对于并购战略，战略联盟企业之间的关系比较松散，如果管控不到位，可能会更多地体现并购战略与新建战略各自的缺点。因此，怎样订立联盟以及管理联盟，是战略联盟能否实现预期目标的关键。

(一)订立协议

当战略联盟通过契约或协议关系生成时，联盟各方能否遵守所签署的契约或协议主要靠企业的监督管理，发生纠纷时往往不会选择执行成本较高的法院判决或第三方仲裁方式，而是联盟之间自行商议解决。因此，如何订立协议需要明确一些基本内容。

(1) 严格界定联盟的目标。一些失败的联盟往往是由于协议签订得过于模糊，既没有清楚地指出联盟目标和范围，也没有严格指出企业之间将如何利用合伙人的互补优势等，因而造成了联盟的形同虚设或者解散。

(2) 周密设计联盟结构。由于战略联盟是两家(或几家)企业各自以独立企业的身份在市场上进行合作，如果不能周密地设计联盟结构，可能会使合作难以奏效。

(3) 准确评估投入的资产。准确评估联盟各方的资产与资本投入是非常重要的，尤其是对于股权式战略联盟的企业而言，每一个合作方的投入都与股权占比直接关联。在评估过程中，最容易忽略的是无形资产或资本的投入，如日本富士通公司经常向不同的联盟伙伴提供其独特的工业技术，但在进行战略联盟谈判时，常常会遇到无法准确评估其技术价值的困难。

(4) 规定违约责任和解散条款。在联盟协议中，应规定联盟各方的违约责任和解散条件。如违约行为的生效条件、发生争执的解决方法以及联盟期满后的续约程序等。协议中应该包括一个"重大变化"的条款，也就是当联盟各方遭遇不可抗力事件、国家经济政策变化等情况时，应在联盟协议中规定协议变更或解除的处理方法，以免发生纠纷。

(二)建立合作信任的联盟关系

联盟企业之间必须相互信任，并且以双方利益最大化为导向，而不是以自身利益最大化为导向。一旦合作双方相互信任，那么正式的联盟契约就显得不那么重要了，联盟关系还将因为信任而更加稳固。相比于国内企业之间的战略联盟而言，跨国战略联盟中的互相信任更加难得，联盟企业之间在政策、文化、法律和制度环境各方面的差异都可能造成合作中的不信任，从而使合作联盟陷入困境。

信任可以降低联盟伙伴之间的监督成本，大大提升联盟成功的可能性，是影响和控制联盟伙伴行为的最有效手段。研究表明，信任可以成为企业有价值的、稀缺的、难以模仿以及难以替代的战略资源。因此，只有联盟企业之间相互信任，才能在联盟合作期间获取共同的竞争优势，在一定程度上克服正式协议中不能控制的所有细节缺陷。

本章小结

(1) 企业进入国外市场一般有出口、股权投资、非股权安排等几种主要模式。每一种进入模式都有各自的利与弊。

(2) 商品与服务出口贸易是企业国际化经营中相对比较简单、也是比较普遍的进入外国市场的方式。企业国际化经营选择出口方式要研究选择目标市场、选择进入战略、选择分销渠道与出口营销、出口市场上的定价等几个主要问题。

(3) 对外股权投资涉及对东道国企业的股权参与，与出口方式相比，是一种控制程度更强、参与程度更大的进入方式。对外股权投资包括对外证券投资与对外直接投资。

(4) 与出口和证券投资进入方式不同的是，采用对外直接投资进入模式，企业将管理、技术、营销、资金等资源以自己控制企业的形式转移到目标国家(地区)，以便能够在目标市场更充分地发挥竞争优势。对外直接投资方式可以分为全资子公司与合资两种形式。

(5) 现在国际化经营已不再仅仅涉及直接外资和贸易这两个方面。非股权形式日益重要,是外国直接投资与贸易之间的中间道路。跨国公司在价值链任意环节中最终选择直接投资还是选择非股权形式(或贸易),要依据其战略、相对成本和效益、相关风险和可用备选方案的可行性。在价值链的某些部分,非股权形式可以替代直接外资;在其他部分,二者可以起到互补作用。

(6) 跨国公司选择进入外国市场的方式是一项重要的战略决策。决定和影响跨国公司对进入方式选择的各种因素,除了各种进入方式本身的特性和它们所共同具有的 3 个问题——控制、风险和灵活性外,还有两类因素:第一类是跨国公司内在因素,第二类是外部因素。

(7) 跨国公司对外直接投资两种主要途径是并购与新建。新建企业会直接导致生产能力、产出和就业的增长;而并购只是意味着改变一家企业的所有者。这两种途径有很大的差别,各有其优、缺点,应用条件也完全不同。

(8) 战略联盟是介于企业与市场之间的一种"中间组织"。战略联盟形成的主要动因可以归结为以下 5 个方面:促进技术创新、避免经营风险、避免或减少竞争、实现资源互补、开拓新的市场。从股权参与和契约联结的方式角度来看,可以把企业战略联盟归纳为合资企业、相互持股投资、功能性协议等几种主要类型。怎样订立联盟以及管理联盟,是战略联盟能否实现预期目标的关键。

实训课堂

案例分析一

基本案情:

海尔国际化的目标就是打造中国自己的国际化品牌。海尔的国际化战略步骤分为"三步走":第一步,"走出去",出口产品开拓海外市场,将产品打入海外的主流国家、主流市场,打"知名度";第二步,"走进去",按照"先有市场,后建工厂"的原则,当销售量达到建厂盈亏平衡点时,开办海外工厂,走进国外的主流渠道、销售主流产品,打"信誉度";第三步,"走上去",按照本土化的方针,实行"三位一体"的本土发展战略,打"美誉度",就是要真正成为当地市场主流品牌。

如果说第一步是播种,第二步是扎根,那么第三步就是结果。这"三步走"为海尔带来了品牌价值的一路攀升,让海尔的品牌价值实现了飞跃。

继确定国际化战略步骤之后,海尔开始选择国际化目标市场,即走向海外的这只"脚"迈向哪里。海尔选择进入国际市场的策略是"先难后易",首先选择到美国设厂,成为美国的本土化品牌。海尔集团首席执行官张瑞敏对海尔的国际化策略有一个形象的比喻:下棋找高手。张瑞敏选择的高手在欧洲和美国。海尔先进入欧美等在国际经济舞台上分量极重的发达国家和地区，试图在其成熟的市场经济环境和激烈竞争中锻炼自己，希望这些高难度的市场运作的成功能带来其他发展中国家运作的成功。取得名牌地位后，再以高屋建瓴之势进入东南亚、中东等发展中国家这些较低端市场，并把使用海尔品牌作为出口的首要前提条件。

海尔坚持走国际化品牌道路，成功地进入了德国、美国、日本等世界上竞争最激烈的市场，成为这些世界最发达国家的本土化品牌，为其他国际化市场的开发、国际化品牌的创立打下了坚实的基础。

(资料来源：姬金霞．海尔公司国际化战略研究．对外经济贸易大学同等学历硕士学位论文，2006年4月)

思考讨论题：

1. 依据"企业进入外国市场的方式"理论，解释海尔国际化战略步骤"三步走"的依据。
2. 依据"目标市场选择"理论，解释海尔国际化经营目标市场选择的依据。

分析要点：

1. 从企业进入国外市场的几种模式——出口、股权投资、非股权安排的内容，以及决定和影响跨国公司对进入方式选择的各种因素展开分析。
2. 从传统方式(连续方式)和新型方式(不连续方式)两种目标市场选择方式的内容分析海尔所采用的"先难后易"模式的依据。

案例分析二

基本案情：

2004年，中国海南航空公司正式开通至东欧匈牙利首都的首条洲际航线，这也是中国首条连接东欧的航线。匈牙利政府邀请海南航空公司参与重组连年亏损、濒临破产倒闭的匈牙利航空公司，并承诺如果重组成功，直接给予海南航空公司49%的匈牙利航空公司股权。

海南航空公司股东大会决定放弃这次并购，股东大会决定的主要依据：①虽然海南航空公司已开通至匈牙利的国际航线，但其在欧洲尚不具备完善的航线网络，即便重组匈牙利航空公司也无法发挥在匈牙利首都的中转优势；②海南航空公司的资产负债率远高于行业平均水平，而收购一家已经连年亏损的航空公司将进一步增大本公司的财务风险。

经过9年内涵式发展，海南航空公司竞争实力显著增强，而世界航空业市场的竞争也日趋激烈。首先是高铁在世界各国的迅速发展对航空业带来了巨大的冲击；其次是国内外竞争对手(特别是低成本航空公司)的激烈竞争。2013年，海南航空公司购买西欧法国蓝鹰航空公司 48%的股权,成为该公司的第一大股东。海南航空公司收购蓝鹰航空公司主要出于以下两点考虑:第一,两家航空公司具有良好的航线互补性,海南航空公司已经开通了多条亚洲和欧洲直达航线,蓝鹰航空公司主要运营北非和法国国内航线,可以构建连接亚、欧、非的航线网络;第二,收购蓝鹰航空公司可以使海南航空公司获得期待已久的国际黄金航线航权,提高海南航空公司在欧洲尤其是在西欧航线的竞争力。

(资料来源:门洪华. 迈进跨国时代——海航国际化战略的展开. 攀登. 2012(4):67-73)

 思考讨论题:

1. 简要分析 2004 年海南航空公司放弃收购东欧匈牙利航空公司的原因。
2. 简要分析 2013 年海南航空公司收购西欧法国蓝鹰航空公司的主要动机。

分析要点:

1. 从"对被并购企业的要求""对并购企业的要求""新的协同要求"等几条并购的原则展开分析。
2. 从"避开进入壁垒""获得协同效应""增强对市场的控制力"等几条并购的优点展开分析。

案例分析三

基本案情:

2005 年韩国三星公司为美国苹果公司的第一代产品提供闪存芯片,至 2013 年,三星公司成为苹果公司最大的元器件和闪存供应商。

对苹果公司而言,三星公司为其设备提供 32%的零部件,大大降低了制造成本。而三星公司在与苹果公司的合作过程中,从技术的积累、学习到技术的革新,使其从专门制造"山寨"手机的公司,变成在智能手机市场上位列世界第一的公司。

三星公司在替苹果公司"打工"的过程中,自己推出了系列智能手机以及平板电脑,成为苹果公司在智能手机和平板电脑市场最重要的竞争对手。这样苹果公司从竞争对手三星处采购显示屏、处理器、存储芯片等核心组件,相当于与三星分享关于未来产品的关键信息,增强了三星与其对抗的竞争力。同时,三星公司的芯片、面板等产品肯定要优先保证三星终端产品的使用。苹果公司和三星公司在全球多个国家就产品的外观和功能发生过专利权诉讼。

由于在联盟协议中,双方没有规定相应的违约责任条款对三星公司的侵权行为进行制约,2011 年 4 月 19 日苹果公司只得在法院起诉三星公司侵犯了其商标和专利权。2012 年 8 月 25 日,法院裁定三星公司侵犯苹果公司的专利权,同时裁决三星公司必须赔偿苹果公司高达 10.5 亿美元的罚款。

苹果公司正在想办法摆脱对三星公司的依赖,但由于三星公司的技术更好,在关键零部件方面的能力牵制了苹果公司,在短期内苹果公司仍离不开它。2009年苹果公司宣布,将向东芝预付5亿美元,确保未来的闪存芯片供应;苹果帮助其他屏幕供应商,包括夏普和东芝,扩建了工厂;苹果公司还与台积电签署了协议,台积电将从2014年开始为其代工处理器。苹果所做的这些都是为了摆脱对三星关键零部件的依赖。

(资料来源:张雯月.战略联盟中的竞争与合作.企业战略,2015(11):48-50)

思考讨论题:

1. 简要分析三星公司与苹果公司双方结成战略联盟的动因。
2. 依据战略联盟管控的要求,简要分析苹果公司应当如何防范三星公司在合作中可能带来的不利影响。

分析要点:

1. 从"促进技术创新""避免经营风险""实现资源互补""开拓市场"等几个方面展开分析。
2. 从"订立协议""建立合作信任的联盟关系"等几个方面展开分析。

第五章　跨国公司全球资源寻求战略

■【学习要点及目标】

- 掌握企业价值链的基本概念。
- 掌握跨国公司价值链中研究开发、生产制造与市场营销三者之间的相互协调的主要内容。
- 掌握跨国企业供应链中国际生产的资源寻求决策的主要内容。
- 掌握跨国企业价值系统(产业链)的整合与竞争优势的构建的内涵。

■【核心概念】

价值链　供应链　价值系统链(产业链)

■【引导案例】

吉利集团从全球价值链低端迈向高端

自 1997 年起，中国民营汽车企业吉利集团通过借壳造车、模仿造车、与外国汽车企业合作造车三种方式从低端嵌入汽车产业全球价值链。此后，吉利集团不断向全球价值链高端环节延伸，以此提升吉利集团在整个链条中的附加价值，并不断通过国际化来构建自身的全球价值链。

自成立以来，吉利集团就开始了核心零部件的自主研发。国内唯一自主知识产权的自动变速箱、已达到国际先进水平的可变进气配气相位(即"VVT")发动机、打破了国外汽车零部件尖端技术垄断局面的电动助力转向系统(EPS)等都是吉利集团自主研发的成果。2007 年 5 月，吉利提出战略转型，要造最安全、最环保、最节能的好车，为此吉利精心打造营销、研发、生产等核心价值链环节，将其核心竞争力从成本优势转化为技术优势。吉利集团仅仅用了 10 年的时间，就成为中国汽车产业最具影响力的自主品牌之一，基本上形成了自主治理的全球价值链。

(资料来源：黄永灵，邵同尧. 我国汽车企业全球价值链的低环嵌入与链节提升.
对外经贸实务，2011(5)：25-27)

【案例导学】

吉利集团打造自主治理的全球价值链是其全球资源配置重要的战略部署。本章研究跨国公司全球资源寻求战略，沿着 3 个链条展开：价值链中研究开发、生产制造与市场营销三者之间的相互协调；供应链中国际生产的资源寻求决策；价值系统(产业链)的整合与竞争优势的构建等。

第一节 全球资源寻求战略的主要理论

一、产品寿命周期理论存在的局限

维农的产品寿命周期理论将制造业产品的国际贸易和直接投资看作产品在其生命周期中的动态模式。依据这一理论，投入的不断变化以及产品趋于标准化的特性决定了产品在其生命周期的不同阶段有相应的最佳生产地点。

然而，全球化进程中技术的迅速普及已经成为现实，维农的产品寿命周期理论在以下3个方面仍存在局限。

第一，不断加快的新产品引进步伐和创新领先时间的缩短，使公司从传统的多中心营销方式向全球市场方式转变。

第二，在产品寿命周期中对资源进行有预见性的开发，使得精明的公司在竞争中获胜。

第三，在全球范围对不同地点的公司的资源进行更为积极的管理，使公司在竞争中占有先动优势。

在当今世界，经济全球化与技术信息化的发展如此迅速，跨国公司如果仍然按照产品寿命周期理论所描述的步骤，采用逐国各个突破的方式，在产品寿命周期的不同阶段选择相应的最佳生产地点，打开不同国家的市场，那么其他的全球竞争者就很可能在较短的时间内以类似产品迅速占领世界市场，从而取代前者最初的竞争优势。因此，对于许多跨国公司而言，具备从其内部和全球范围同时获取重要资源的能力，在全球范围内更为有效地协调管理研究开发、生产制造和市场营销，发展一个完善的资源寻求战略已变得极其迫切。

二、跨国公司资源寻求战略的理论基础——价值链、供应链与价值系统

(一)价值链的基本概念

企业价值链是美国战略管理学家波特在《竞争优势》一书中提出的。波特认为，企业每项生产经营活动都是其创造价值的经济活动，那么，企业所有的互不相同但又相互关联的生产经营活动，便构成了创造价值的一个动态过程，即价值链。

图 5-1 是价值链的图解。

第五章　跨国公司全球资源寻求战略

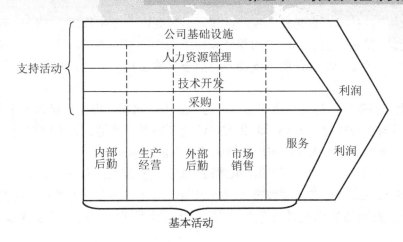

图 5-1　价值链

价值链将企业的生产经营活动分为基本活动和支持活动两大类。

1. 基本活动

基本活动是指生产经营的实质性活动，一般可以分为内部后勤、生产经营、外部后勤、市场销售和服务 5 种活动。这些活动与商品实体的加工流转直接相关，是企业的基本增值活动。每一种活动又可以根据具体的产业和企业的战略再进一步细分成若干项活动。

(1) 内部后勤，是指与产品投入有关的进货、仓储和分配等活动，如原材料的装卸、入库、盘存、运输及退货等。

(2) 生产经营，是指将投入转化为最终产品的活动，如机加工、装配、包装、设备维修、检测等。

(3) 外部后勤，是指与产品的库存、分送给购买者有关的活动，如最终产品的入库、接受订单、送货等。

(4) 市场销售，是指与促进和引导购买者购买企业产品的活动，如广告、定价、销售渠道等。

(5) 服务，是指与保持和提高产品价值有关的活动，如培训、修理、零部件的供应和产品的调试等。

2. 支持活动

支持活动是指用以支持基本活动而且内部之间又相互支持的活动，包括采购、技术开发、人力资源管理和企业基础设施。

(1) 采购，是指采购企业所需投入品的职能，而不是被采购的投入品本身。这里的采购是广义的，既包括生产原材料的采购，也包括其他资源投入的管理。

(2) 技术开发，是指可以改进企业产品和工序的一系列技术活动。这也是一个广义的概念，既包括生产性技术，也包括非生产性技术。因此，企业中每项生产经营活动都包含着技术，只不过其技术的性质、开发的程度和使用的范围不同而已。这些技术开发活动不仅仅与企业最终产品直接相关，而且支持着企业全部的活动，成为判断企业竞争实力的一个重要因素。

(3) 人力资源管理，是指企业职工的招聘、雇用、培训、提拔和退休等各项管理活动。这些活动维持着企业中每项基础活动和支持活动及整个价值链。人力资源管理在调动职工生产经营的积极性上起着重要的作用，影响着企业的竞争实力。

(4) 企业基础设施，是指企业的组织结构、惯例、控制系统及文化等活动。由于企业高层管理人员能在企业的这些方面发挥重要的影响，因此高层管理人员往往也被视作基础设施的一部分。企业的基础设施与其他支持活动有所不同，一般用来支撑整个价值链的运行。

(二)价值链、供应链与产业链(价值系统)

与价值链有关的概念还有供应链和产业链。这 3 个概念十分相近，但强调的层面并不完全一样。

1. 价值链与供应链

为了更好地说明价值链与供应链的关系，美国学者乔普瑞(Chopra)和梅因德尔(Meindl)将企业价值链表述为如图 5-2 所示的形式[①]。

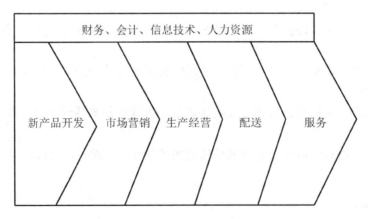

图 5-2　公司价值链

如图 5-2 所示，价值链始于新产品开发，它创造了各种规格的产品。市场营销通过公布

---

① 乔普瑞和梅因德尔. 供应链管理——战略、规划与运营. 李丽萍等译. 北京：社会科学文献出版社，2002.

产品和服务将要满足的顾客偏好来启动需求,还将顾客的要求投入新产品开发。生产部门利用各种新产品,将投入转变为产出,来制造产品。配送职能将产品送达顾客,或者把顾客带来选购产品。服务是对顾客在购物期间或购物之后各种要求的反馈。这些都是成功销售所必须具备的核心职能。财务、会计、信息技术和人力资源为价值链的职能运作提供支持和便利。

为了执行公司的竞争战略,所有上述职能都要发挥作用,每一种职能都必须制定自身的战略。从价值链角度看,研究开发、生产经营、市场营销 3 个部分的职能以及它们相互之间的协调是企业资源寻求战略的核心问题;而供应链是价值链中的一个重要组成部分,它是以生产经营为中心,确定原材料的获取和运输、产品的制造或服务的提供以及产品配送和售后服务的方式与特点,因此,从供应链角度研究企业资源寻求战略主要着重于生产经营、配送和服务职能之间的协调。

2. 企业价值链与价值系统

事实上,大多数产业很少由一个企业完全单独承担从产品设计到销售给客户的全部价值活动,通常都要进行专业分工。因此,任何一个企业都是创造产品或服务的价值系统的一部分。要了解价值是怎样产生的,只观察一个企业的价值链活动是不够的。许多价值是在供给链和销售链上产生的,例如,到达最终购买者手中的汽车的质量和价格已不仅仅受制造这辆汽车的制造公司的活动的影响,它还与零部件的质量和分销商的经营活动有密切的联系。因此,在进行企业价值链分析时,要把它放到产业价值系统中一起考虑,如图 5-3 所示。

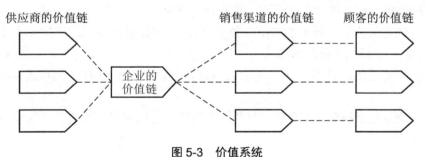

图 5-3　价值系统

产业价值系统一般被简称为"产业链"。

价值活动的联系不仅存在于企业价值链内部,而且存在于企业与企业的价值链之间。如图 5-3 所示的价值系统内包括供应商、分销商和客户在内的各项价值活动之间的许多联系。例如,一个企业的采购和内部后勤活动与供应商的订单处理系统相互作用;同时,供应商的应用工程人员与企业的技术开发和生产人员之间也是可以协同工作的;供应商的产品特点及其与企业价值链的其他接触点能够十分显著地影响企业的成本和产品差异(例如,供应商频繁的运输能降低企业库存的要求,供应商产品适当的包装能减少企业搬运费用,供应商对发货的检查能减少企业对产品进行检查的需要)。战略联盟的发展正是基于这一思路。例如,美国一些铝罐生产商把它们的生产工厂建在啤酒厂的附近,用顶端传输器直接将铝罐传送到啤酒厂的装瓶线上,这样可为容器生产商和啤酒生产商节约生产安排、装运以及存货等费用。

但是,注意到以上所述的各种联系都会涉及交易成本,因此,选择企业价值链与供应商、分销商和客户价值链之间不同的联系方式,比如,是纵向一体化还是向市场购买,还是介于二者之间的其他方式,对企业竞争优势的影响是不言而喻的。

鉴于上述分析,跨国公司全球资源寻求战略将沿着三个链条展开:价值链中研究开发、生产制造与市场营销三者之间的相互协调;供应链中国际生产的资源寻求决策;价值系统(产业链)的整合与竞争优势的构建等。事实上,三个链条之间的界限很难截然分开,只是各自强调的层面各有侧重而已。

第二节 以价值链为基础建立全球资源寻求战略

一、以价值链为基础建立全球资源寻求战略的步骤

以价值链为基础建立全球资源寻求战略包括 5 个连续的、相互关联的步骤。
(1) 确定公司价值链中可相互分离的环节(研究开发、生产制造和市场营销)。
(2) 同时考虑规模经济和经营范围,就价值链各环节为公司竞争优势定位。
(3) 大致确定价值链各环节的内部及外部交易成本(如谈判成本、监控成本及因契约引起的不确定性),选择成本最低的模式。
(4) 相对于价值链中的各环节,确定各国(包括公司所在国)在相关交易成本方面的比较优势。
(5) 保证决策与组织形式充分的灵活性,使该公司足以应付公司的竞争优势与所在国的比较优势的变化。

二、价值链各功能的相互协调

在这一节里将集中分析价值链中最为重要的 3 项相互联系的活动,即研究开发(包括技术开发、产品设计和工程技术)、生产制造和市场营销。对这 3 项增加公司价值的活动的协调与衔接的管理是决定公司竞争优势的关键因素。图 5-4 勾画了研究开发、生产制造和市场营销之间协调关系的一个基本框架。

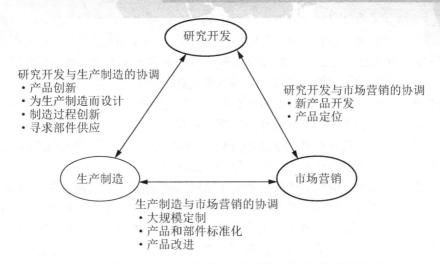

图 5-4　研究开发、生产制造与市场营销三者之间的协调关系

(一)研究开发与生产制造的协调

技术包括产品技术(体现于产品中的一整套观念)和加工技术(体现在产品制造或把新材料组合起来生成最终产品的必要步骤的一整套观念)。然而,由于受公司竞争的驱动,决策者们都倾向于把注意力集中在和产品相关的技术上。事实上,如果没有充分的生产能力与其相匹配,仅仅凭产品技术是不能为公司提供长期竞争优势的。

历史上模仿与产品创新的关系有力地说明,从模仿(对制造过程的学习)到更有创新性的改进,再到领先的产品设计与创新,这一过程构成了工业发展的自然程序(详见本书第十章)。换言之,产品的创新和制造活动是互相联系的。因此,制造过程的不断改进不仅能使公司保持以产品创新为基础的竞争优势,还能提高它未来进行产品创新的能力。

例如,虽然是英国人发现并开发了青霉素,却是辉瑞(Pfizer)这家美国小公司完善了发酵的过程,成为世界上领先的青霉素制造商。又如,世界第一台喷气式发动机是在英国和德国研制成功的,但却是美国的波音公司和道格拉斯公司完善了它的技术,并最终成为喷气式飞机市场的霸主。

近年来,在一些发展中国家制造企业中遵循的"从 OEM (Original Equipment Manufacturer,原始设备生产商)到 ODM(Original Design Manufacturer,原始设计制造商),再到 OBM(Original Brand Manufacturer,原始品牌制造商)"的发展进程也显示了在生产制造过程中的创新活动。

OEM 和 ODM 又称为贴牌生产,OEM 是指品牌厂商提供设计图纸,制造企业按单生产;ODM 是指品牌厂商看中生产制造企业设计制造的某一产品,或者提出部分修改意见,生产厂家按其要求,配上品牌厂商的品牌来进行生产;OBM 则是指制造企业做自有品牌。

对于品牌企业来说,OEM 方式的好处在于充分利用制造商的生产能力;ODM 的好处不仅如此,还减少了自己研制的时间。而对于制造企业来说,OEM 与 ODM 的好处在于利用品牌企业的品牌优势与销售渠道,扩大生产规模,回避开拓市场的风险。制造企业做 OBM 往往是继 OEM 和 ODM 之后的必然发展过程,即企业界常说的"从贴牌到创牌"。其最大的优点是拥有自有品牌的弹性,提高自身的竞争优势。

制造企业从 OEM 到 ODM 再到 OBM 的过程就是企业从模仿(对制造过程的学习)到更有创新性的改进,再到领先的产品设计与创新的过程。

中国企业格兰仕根据由 OEM 到 ODM 再到 OBM 的自主创新和国际化的实践,探索了一条中国跨国公司技术能力构建与企业升级的发展路径。

很多美国公司以前都很强调产品创新(即产品更新与改进),却忽略了生产制造环节对产品的增值作用。仅仅由于没有人掌握其产品的生产制作技术,而使美国公司能够出口的产品越来越少。以至于美国经济界有人对美国公司大量运作的生产制造环节的外包趋势深表担忧,认为这可能导致美国企业在价值链条中出现断层。在全球金融危机之后,美国制造业呈现出回归的态势。

但是,强调制造环节的创新活动并不意味着对跨国公司全球产业价值链分工体系的否定。这种新型国际分工模式的优点在于,跨国公司利用自身的有限的资源力量投入价值链增值最快的环节的同时,通过相互协作也做大了该产业利益的蛋糕,因而即使是处于相对低附加值生产环节的国家和地区,也能够在不断的学习合作中获得竞争优势。

上述分析表明,作为技术与品牌的持有者,将生产制造环节外包能够在价值链中获得更大的增值。由于制造过程也有创新,为了避免可能出现的价值链断层,技术与品牌的持有者应努力把握从新产品创新到制造创新转换的主动权。为了促进这种转换,产品设计者和工程师必须努力去设计每个部件,使得它们不需要过多地改变生产条件就能够被制造,并且能在不同型号的产品上互换使用。对于全球范围的有效资源寻求战略来说,较少改变生产条件和部件的互换性是必不可少的条件。因为如果在不同的制造车间中要采用不同的设备和部件,那么要在全球范围内建立一个高度协调的资源寻求计划就相当困难了。而作为为他人贴牌生产的制造企业来说,则应积极努力地融入技术与品牌持有者的国际生产分工体系,并通过"干中学"(Leaning by Doing),完成"从贴牌到创牌"的过程。

(二)生产制造与市场营销的协调

制造部门与营销部门之间始终存在着冲突。如果把所有产品和部件都标准化,则有利于制造部门通过规模经营实现低成本的生产;但对于营销部门来说,更重视的是满足顾客的广泛需求,这就要求较宽的产品线和频繁的产品改型,从而增加了制造成本。那么,成功的公司是怎样处理这种矛盾的呢?

产品策略和生产制造之间的战略联系引起了越来越多的关注,而这正是在传统的全球战略发展过程中长期被忽视的。由于激烈的竞争迫使企业更强调公司产品策略和与之相适应的生产制造,许多公司已经认识到,如果没有能将产品创新与制造过程有效联系起来的产品策略,仅仅靠产品创新是不能保持它们的长期竞争地位的。

在计算机和互联网等信息技术的催生下,大规模定制(Mass Customization)作为一种新的发展战略出现了,这种战略可以使制造方法更为合理,在不牺牲营销灵活性的前提下降低成本。大规模定制是指对定制的产品和服务进行个别的大规模生产。包括从有效地参与特定需求市场的竞争,到实际为每一个顾客提供独一无二定制产品的整个范围。表 5-1 反映了传统的大规模生产与大规模定制的不同。

表 5-1　大规模生产与大规模定制的对比

传统大规模生产模式	新的大规模定制模式
低成本、稳定的质量、标准产品	买得起、高质量、定制产品
产品开发及生命周期长	产品开发及生命周期短
以生产效率为主	以整个过程效益为主
管理费用高	管理费用低
库存大,按计划生产	无库存,按订单生产
高成本,多样化	低成本,多样化
缺乏对工人技能的投入	对工人技能的高利用和高投入
与供应商之间关系差	与供应商之间的相互依存
忽视了很多客户的需求	对变化的客户需求快速反应

大规模定制这一新战略的要点如下。

(1) 以个性化客户为中心。在大规模生产中,客户处于价值链的最末端,生产出来什么就卖什么。而在大规模定制生产中,客户位于价值链的最前端,围绕客户的需求来生产产品,其实质是生产者和客户共同定义和生产产品。1997 年诞生的 CRM(Customer Relationship Management,客户关系管理)就是强化此方向的战略手段。

(2) 以灵活性和快速反应实现产品或服务的定制化。

(3) 计算机、网络、电子商务等信息技术是大规模定制的技术基础,使制造商与客户和供应商形成一种新的关系。

(4) 注重整个过程的效率,而非局限于生产效率。正如德鲁克所指出的:"想要在竞争日益激烈的全球市场出人头地,需要了解整个经济链的成本结构,进而与同一经济链上的其他成员共同合作管理成本,把效率发挥至极致。"

从战略实施的管理角度看,大规模定制方式的实现依托于以下 4 个创新点。

(1) 原料和部件的及时发送和生产,消除了过程间断,降低了库存成本。

(2) 减少了准备和转换次数,可直接降低运行规模和变化成本。

(3) 压缩价值链中所有过程的循环周期,可避免因增加灵活性和反应能力造成的浪费,从而降低成本。

(4) 按订单而不是按预测生产，订单可以提供个性化定制所需要的信息，这样可以降低库存成本，避免生产不足或生产过剩。

从技术营销角度看，大规模定制又需通过以下4种途径。

(1) 核心部件标准化。成功的全球产品策略要求开发的产品具有通用性，或者只需要一点不重要的改变就能适应不同地区的需求和使用条件。例如，日本精工(Seiko)钟表制造商提供品种繁多的设计和式样，但基本的机芯却只有少数的几种。

(2) 系列产品设计。为了满足世界各地因不同文化背景而对产品使用方式的不同要求，公司必须营销品种极为广泛的产品。公司可以采纳"系列产品设计"的概念，用相同的基本设计，制造出不同商标的商品。

(3) 性能通用产品。如前所述，大规模定制的技术途径可来自核心部件的标准化和系列产品设计，而产品和部件标准化的某一演变，是试图开发出在世界上任何地方都能适用的全性能产品，即公司必须确定顾客所期望的产品应具有的一般特征。

(4) 灵活定位通用产品。与全性能通用产品的思路有所不同，公司可以考虑在各个不同细分市场中，开发出通用型产品。这样，一件通用的产品可能在不同的市场有不同的定位，因而，市场促销可以发挥重要的作用。这一策略要求对世界各地类似的细分市场取得预先的认知，除了考虑国家分组和不同国家的不同细分市场之外，把同样的产品定位于不同国家的不同细分市场是保持产品标准化的另一个做法。

(三)市场营销与研究开发的协调

研究开发和生产制造活动从技术角度来看都不属于营销经理的职责。然而，营销经理对于顾客需求的了解对产品开发是非常重要的。如果不能很清楚地了解顾客的需求，产品设计人员和工程师就可能会按自己的技术特长来开发和生产产品，而不考虑顾客的需要。但是，最终决定是否购买产品的是顾客，而不是产品设计者或工程师。

传统的产品开发方式分为从上到下与从下到上两种，从上到下方式是指研究开发部门把新产品向下推进到制造部门，再到营销部门进行销售；从下到上方式是指营销部门把新产品的思路向上推进，要求研究开发部门进行开发。这两种方式都需要很长的时间，而在一个全球化竞争的时代，要面对世界范围的竞争对手，缩短产品开发周期是极其重要的。因而，研究开发与市场营销两个职能能否密切合作与协调，就成为增强企业竞争力的关键。

日本公司在市场营销和研究开发的协调管理方面比较成功。它们开发新产品更多地采用"渐进"的思路，而不是全新的产品。亦即不断地根据市场需求与顾客反馈的信息改进现有产品，去适应飞速变化的市场竞争要求。

日本企业这种渐进改进方式不仅有利于持续的产品改进和新产品开发，还能使产品更快地得到顾客的青睐。顾客似乎更容易接受改进的产品，而不是有很大区别的新产品，因为前者与现有产品的使用方式和人们生活习惯更加一致。

当然，也必须看到渐进方式可能带来的危机。如果企业对全新产品没有任何考虑与投资,在技术变革时代的风险也是不言而喻的。电子行业中模拟系统技术最终为数字系统技术所取代的事实就是一个最好的例证。因此,渐进的、贴近市场的技术改进方式绝不意味着放弃对全新产品的投入与开发,只是要注意替代时间的选择问题而已。

第三节 资源寻求的供应链管理

跨国公司供应链管理与国内公司的根本不同之处,在于跨国公司是在比国内公司生产的地理范围大得多的多国空间进行的,因而其生产规模往往比国内公司大得多,其所接触的前向和后向连锁厂商也比国内公司远为繁多。因此,跨国公司供应链管理,就不仅仅表现为本国的企业内部生产活动,而且还表现为该公司在国际上进行主件、零部件等各种投入物的制造、运输、采购、储存和装配成品等物流活动。

从不同角度研究跨国公司国际生产资源寻求活动的供应链管理方式,有内部寻求和外部寻求之分、中心寻求和分散寻求之分。

一、内部资源寻求和外部资源寻求

内部资源寻求,即跨国公司通过公司股权的占有,来控制子公司内部的生产与销售,在跨国公司系统内部完成原材料的获取和运输,产品的制造或服务的提供,以及产品配送和售后服务。内部资源寻求还可细分为两种形式:一是公司通过与国内外独立厂商合资,共同参与股权,经营一家子公司,进行有关投入物的生产或产品配送与售后服务;二是公司通过设在国内外的完全股权控制的子公司完成这些职能。外部资源寻求,是公司通过国内外的外部交易市场,为公司的另一些企业取得有关投入物的供应或产品配送与售后服务。外部资源寻求也可细分为两种形式:一是通过国内外的某一商品买卖市场,采购本公司所需的生产投入物或取得产品配送与售后服务;二是公司通过跟国内外独立厂商签订合同,或以其他非股权安排(战略联盟)方式进行有关投入物的国际生产或产品配送与售后服务。如图5-5所示。显然,在上述4种资源寻求形式中,公司的控制程度依独资持股生产、合资企业的生产、非股权安排(战略联盟)的转包形式生产、采购的次序降低。联合国跨国公司中心的一项研究显示,美国约有30%的出口源于美国的母公司向它们在国外的分支机构转移产品和部件,反过来,大约40%的进口是源于海外的分支机构向国内母公司的输入。在日本和英国,公司内部的交易也分别占它们总交易量(进口和出口之和)的大约30%。

跨国公司在内部资源寻求和外部资源寻求两者之间选择何种形式,取决于外部交易成本和内部交易成本的比较。这种比较主要体现在以下几个方面。

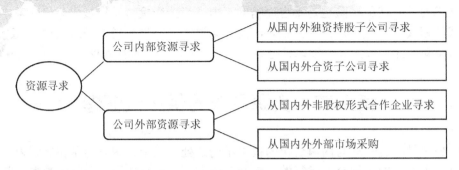

图 5-5 跨国公司资源寻求的类型

(一)公司规模与公司生产的投入物所需数量的要求

当跨国公司所需投入物的数量要求超过上游产品生产量的最低有效规模时，公司选择内部资源寻求方式是适宜的，因为此时内部化了的上游企业可以实现经济规模，降低公司整体的产品成本；反之，则应选择外部资源寻求方式。公司生产投入所需数量一般与公司规模相关。在电子工业部门，规模很大的公司，如 IBM 公司与 ITT 公司，偏重于采用内部资源寻求方式；而规模较小的电子工业公司，则依靠外部市场筹供所需投入物。同样，在美国汽车工业部门，福特公司和通用汽车公司偏重内部资源寻求；而规模比它们小的克莱斯勒公司和美国汽车公司相对地偏重于依靠外部厂商的投入物供给。

(二)主要投入物市场供应者与需求者的集中程度

先考虑供应者的集中程度。如果投入物供应者是一家在某种程度上垄断性的卖者，有不小的控制投入物出售行情的能力，那么，作为需求者的公司就倾向于实行内部资源寻求的策略性选择。反之，如果一种投入品市场是一个有众多供应厂商的竞争性市场，则作为需求者的大公司一般不会倾向于内部资源寻求。

再看需求者的集中程度。需求者集中程度越高，则作为需求者的公司越偏重于采用控制程度较低的外部资源寻求形式。这是因为在这种条件下，该公司可以相当安全、低成本地依靠公司外部的市场。大公司作为用户的买者市场，其势力足以保证使投入物的供应厂商自觉地将目光盯牢在大公司身上，并只向该大公司供应投入物。这样，作为需求者的大公司不仅能够可靠地获取投入物，而且还有向卖者讨价还价的资本，从而带来生产成本的节约。

(三)对投入物的依赖程度与最终产品的资本密集程度

在一些工业部门中，如石油提炼、炼钢、有色金属工业、化工、计算机和通信设备生产等，大公司对其最终产品的主要投入物的依赖程度很高，且无法用其他类似的替代品来置换有关投入物，那么当外部资源寻求渠道受到国际市场波动的严重影响时，其外部交易成本就会很大。为避免外部市场筹供渠道的脆弱性，上述工业部门往往倾向于开发栓系性供应源(Captive Sources of Supply)，即采用独资持股生产、合营企业等内部资源寻求方式。在外国直接投资受到东道国限制的某些行业，跨国公司将设法在其他国家寻求栓系性供应源，或者，降低栓系性的牢靠程度，与投入物生产厂商签订长期的购货——供货合同，并在技术、财政及经营管理上同投入物生产厂商建立密切联系，支持这些厂商增强生产能力，以提高投入物供应的可靠性。这种长期购销合同方式在采掘业、纺织业的公司中间较为流行，这两个行业都有其共同的背景：东道国尤其是发展中东道国的政府对这两部门的外国直接投资往往实行较多的限制。

从投入物供应的可靠程度来看，对于那些制造资本密集型产品的公司，连续生产格外重要，因为若投入品不能源源不断地输入最终产品生产的中心工厂，中心工厂的生产能力就不能充分利用，这将导致大量资金还本付息的沉重负担，从而提高公司产品成本。石油提炼和化学工业是资本密集、连续生产的工业部门，这些部门的大公司承受着保证投入物供给不断流的压力，只要长期购销合同仍不能确保投入物的供应，这些公司就将内部资源寻求形式提到议事日程上去。

(四)所需投入物的多少，生产业务、有关投资与专门知识要求高低

当跨国公司所需投入物种类繁多，或投入物的生产所需的业务活动、投资和专门知识、技能相当复杂，并非一家国际大公司能够以现有公司经营资源投入就足敷其需，那么，内部化的成本可能就会高于外部交易成本。在这种条件下，跨国公司一般不会采用公司内部生产有关投入品的策略。例如，汽车工业虽然属于已经成熟的工业部门，但装配一部汽车所需零部件成千上万种，一个讲究经济效益的汽车制造公司，往往尽量向外部市场采购其所需的零部件甚至主要部件。再加上前述的第二种因素，汽车零部件需求者集中，而供应者分散，所以国际性汽车制造公司在进行国际生产时高度地依靠外部供应，而且几乎看不到这些公司容许公司外任何单个零部件供应厂商所供应产品占这些公司某类或某种投入物的50%以上。

(五)技术改变速率

如果公司所在的工业部门的技术改变速率高，研究与开发的结果可能要求投入物的规格、品种和性质突然改变，或可能使远期筹供投入物的性质、种类、规格、数量等方面特征不确定，这将使企业内部资源寻求成本大大提高，那么，跨国公司对所需投入物生产实行内部化的冲动就可能减轻。当然，公司实行外部资源寻求，还必须以生产所在国存在或潜在地存在可供选择的投入物生产厂商为前提。但是，技术改变速率这一因素的作用也可能被另一些因素所抵消。如在最终产品市场营销竞争加剧时，前述第一种和第二种因素的作用可能大于技术改变速率的作用。

(六)长期影响

前面所列的几种因素,是着眼于近期的、直接的角度,如果从长期影响考察,对于跨国公司外部资源寻求战略存在两种相反的意见。

一种意见认为,从当前世界范围的国际分工模式来看,国家间竞争力的重铸不再单独依靠某些产业的绝对完全占有,而是根据综合比较优势与合作优势,尽力参与并抢占产业中的高技术和高附加值的生产环节,而将低技术与低附加值的生产环节转移给其他国家。许多成功的公司通过跨国设立合资企业、转包和颁发许可证等活动,发展起了一个充满活力的网络系统,这个灵活的网络系统是战略联盟的一种类型。网络系统的战略联盟允许每个参与者施展自己独特的才能,因此,每个参与者在这个系统中为了共同的目标相互补充而不是相互竞争。甚至在同行业中相互竞争的公司也可以组成战略联盟,施展互补的能力(互相学习新技术、新技能)。

另一种意见则认为,虽然上述看法在短期内是正确的,但长期看来会有不利的影响。因为公司依赖于独立的供应商,而不从事相应的研究开发活动,想在设计和工程技术上得到不断的发展将是困难的。

从长期角度来看,那些过分依赖于独立供应商的跨国公司还可能忽视新兴的技术和专门知识,而这些技术与知识是可以应用于新的制造程序和新产品开发过程中的。因此,长期向独立供应商寻求资源,很可能预示着那些公司失去了以具有竞争力的成本进行生产的能力,甚至最终失去全球竞争力。相反,如果跨国公司开发的技术和专门知识是在它的系统内部进行的,那么它就能保持技术基础,不至于让竞争对手过多地了解它的技术知识。

此外,由自己进行设计和生产,跨国公司可以始终紧跟世界上任何地方的技术和创新成果,以供未来使用。而且,主要部件的质量管理对于维持商誉和顾客对产品的信心也是必要的。因此,在母公司和国外子公司之间,以及在国外子公司与子公司之间实施内部资源寻求、获取部件和成品的方法更有利于公司保持在世界市场上的长期竞争优势地位。

二、中心资源寻求和分散资源寻求

大多数跨国公司是在多种行业中进行国际生产,即生产经营的多样化。以下介绍的中心资源寻求和分散资源寻求是将问题简化,简化成仅仅一家公司在某一行业的核心产品生产过程中的资源寻求活动。尽管如此,这一简化仍可描述出跨国公司物流策略的基本特点。

中心资源寻求,是指公司成品的主要投入物,如原材料、半成品等的筹供基本上围绕着该公司的某一中心工厂而展开。也就是说,公司选定一地一厂为成品生产(或加工、装配)的中心工厂,将半成品或其他零部件等投入物中的关键部分放在中心工厂内进行,生产技术研究与开发单位一般也在中心工厂或其附近设立;而大部分其他所需的半成品、原材料的生产、加工则放在公司国际生产网络中的各国、各地工厂进行,然后将增加了附加价值的半成品、零部件运到该公司的中心工厂；最后，这些全部投入物经过再次加工(或装配)成为成品，从中心工厂输往国内外各个市场出售。

分散资源寻求，则是指一家公司的成品的主要投入物的筹供结果并不集中在一个中心工厂，相反，成品投入物的生产分别围绕着若干相距较远的中心工厂进行，即投入物在生产出来以后送往各有关中心工厂。生产过程中以分散型基本流向为主的跨国公司，往往将其成品划分为若干个分市场，而在各主要分市场所在国(或所在国附近)设立中心工厂。分市场的中心工厂各自分别生产关键的半成品或其他关键的投入部件，而其他大部分所需半成品、零部件等投入物生产则安排在若干家离有关中心工厂较近的生产性子公司中，这些投入物被生产出来后，输送给附近的一个中心工厂，最后，公司所经营的各中心工厂将半成品和零部件加工(或装配)为可直接销售的成品；各中心工厂的成品分别在各自的分市场销售。

从成本角度分析上述两种资源寻求方式的利与弊，可作出如表 5-2 所示的比较。

表 5-2　两种资源寻求方式的比较

中心资源寻求方式	分散资源寻求方式
1. 在工厂层次上的规模经济	1. 不能充分利用大工厂的规模经济,单位工厂成本高
2. 易于实行自动化与集中式质量控制,质量成本低	2. 产品质量一致性较差,质量成本高
3. 关税壁垒	3. 受外贸、外汇管制的影响较少
4. 运输费用高	4. 运输费用低
5. 成品、半成品、部件、零件等库存水平高	5. 多元筹供的灵活性
6. 劳工罢工所致代价大	6. 劳工罢工所致代价小
7. 易受汇率变化影响,使生产成本指数与货币价值之间的均衡关系受到破坏	7. 受汇率变化影响较少
8. 难以对各地需求做出灵活反应	8. 对当地需求做出灵活反应,外部交易成本低

从这一比较中可以看到，权衡哪种资源寻求方式，需要考虑的成本因素是多方面的，不仅要考虑直接的生产成本，还要考虑由于市场不完全而导致的外部交易成本，而且，对比一国企业，跨国公司考虑这部分成本更为重要。根据表 5-2 所列的两种资源寻求方式各自的利与弊，跨国公司在选择中心资源寻求还是分散资源寻求时，应考虑下列主要因素。

1. 产品生产状况

首先，如果产品的价值与数量之间的比率高(如高度资本密集型的产品)，则应选择中心资源寻求方式；而劳动密集型产品，则可采用分散资源寻求方式。其次，考虑产品成本曲线随生产量增大而下降的速度，如果这一速度大，则应选择中心资源寻求方式；反之，则可采用分散资源寻求方式。最后，还要看产品生产过程是否有较强的连续性要求，如果是，则应采用中心资源寻求方式。

2. 国际金融环境状况

在国际金融环境比较稳定的情况下，采用中心资源寻求方式，风险成本不会很大；但是当国际金融环境不稳定时，则要采用分散资源寻求方式。如1973年以后数年间，瑞士曾是布洛瓦(Bulova)公司钟表机件零部件筹供源的中心。到20世纪70年代末，瑞士法郎汇率变动，不仅影响物流进出瑞士的外汇盈亏，而且使布洛瓦公司在定价、计划、财务等方面产生问题。相反那些不采取中心资源寻求策略的制表公司却没有面临这些额外的不稳定因素，因为它们的成本与收益是较多地以同一货币计算的。

3. 相关的国家管制状况

如果市场所在国进口关税税率高，进口限制与外汇管制严格，东道国政府国产化要求强硬，跨国公司只有采用分散资源寻求方式。

由于中心资源寻求和分散资源寻求各有利弊，而且一种方式所致的利之所存，正好是另一种方式所致的弊之所在。因此，许多进行国际生产经营的跨国公司实际上往往采用这二者的折中做法——整合资源寻求(Integrated Sourcing)的方式进行生产。整合资源寻求方式下的国际生产，是若干个相邻或相近的几个市场所在国之间对公司某一核心产品的生产共同协作，各国的工厂各自生产若干种半成品或零部件等投入物，然后进行一定比例的交换，使各市场所在国的一个相对较小的中心工厂能对这些投入物进行最后一环的生产或加工装配，产出为一项可在市场出售的制成品。

整合资源寻求下的国际生产的一体化程度比典型的分散资源寻求或中心资源寻求方式下的国际生产一体化程度高，跨国公司采用整合资源寻求方式生产，其推动力来自跨国公司之间长期存在的国际寡头竞争的压力。整合资源寻求方式下的国际生产可以使跨国公司得到以下好处：首先，可以借助于较大型工厂生产的规模经济而降低生产成本；其次，可以在付出较低的生产成本和代价的情况下，取得制成品销售额的增加和公司规模的扩大；最后，这种方式在相当程度上避免了中心资源寻求方式所致的生产经营不能灵活调整的弊病。但是，整合资源寻求也在一定程度上具有中心资源寻求方式那样的集中生产(加工或装配)制成品的不足，同时也还兼有分散资源寻求方式所碰到的困难。

三、国际生产中厂址选择的决定因素

与生产资源寻求密切相关的问题，是跨国公司国际生产的厂址选择。对跨国公司来说，厂址选择重要的是厂址的国别选择，选择的依据仍然是保证产品的低成本。下面将概要总结厂址选择的决定性因素。

1. 原材料因素

跨国公司要考虑以最低的运输费用得到其生产所需的原材料、辅助材料和动力燃料。

2. 劳动力方面的各种因素

跨国公司要考虑劳动力的可供性和单位产品的工资费用等问题。一般有两种策略：一是在发展中国家设厂，利用东道国的廉价而半熟练劳动力，生产劳动密集度较高的产品或某一环节的半成品；二是在发达国家设厂生产，利用所在国技术熟练劳动力的可供性，使之与资本设备先进性相结合，生产资本密集度较高的产品。

3. 国际税收差别的因素

跨国公司应设法逃避或减轻东道国的应纳税赋。

4. 交通运输与通信方面的因素

跨国公司要考虑降低运输成本和获得良好的通信条件。

5. 环境保护费用

发达国家跨国公司将污染环境的工业迁往尚未完善环境保护政策与法规的发展中国家，以回避发达国家日渐提高的反污染费用。

6. 市场规模

市场规模的大小，决定跨国公司在东道国的生产能否实现规模经济，特别是对于实行进口替代型的跨国公司来说，这一点尤为重要。

第四节　价值系统与战略联盟

伴随着战略联盟的迅猛发展，产品或服务的价值增值过程被分解为更长、更细的链条，企业间的竞争也转换为价值系统链之间的竞争。价值系统链之间的竞争是由上下游企业联合组成完整的价值系统而展开的竞争，它是一种联合竞争的形式。美国市场营销专家科特勒(Kotler)在其《营销管理》一书中所举的例子，能够很清楚地展示发生在企业竞争过程中的这种变革。Levi Strauss(李维·斯特劳斯)是一家知名的牛仔裤生产商，Sears(希尔斯)则是其主要的经销商。每天晚上借助于电子数据交换手段，Levi 从 Sears 及其他经销商那里获得有关不同尺寸和式样的牛仔裤销售的信息，然后，Levi Strauss 向其牛仔布料供应商 Mil-Liken 发出要求次日交货的电子订单，Mil-Liken 公司又向布纤维供应商 Du Pont 发出订购更多纤维的订单。在这样一个价值系统中，所有的合作伙伴都围绕着最新的市场销售信息来管理自身的生产和销售。在满足市场对牛仔裤的需求及应对其他牛仔服装生产商的竞争中，不仅是 Levi Strauss 与其主要竞争对手 Wrangle 之间的竞争,更是以原材料供应和产成品销售为纽带的、由若干企业所组成的价值系统链之间的竞争。在这里,竞争的成败不仅取决于整个链条中单个企业生产经营管理水平,还取决于整个链条中所有企业生产经营的质量,取决于链条中各个企业之间信息网络构建及其运用的效率。哪个企业更善于发展自己与上下游企业的合作关系,哪个企业就能赢得整个价值系统链上的竞争优势。而这种合作关系只有通过企业之间建立战略联盟才能有效形成。

进入 21 世纪,在以供应链为基点的相关与支持产业发展基础上,整合"大产业链"成为新的发展潮流。在汽车产业中"零部件供给—生产制造—销售渠道—服务贸易"的体系间的竞争正在逐步取代生产制造单个企业间的单打独斗;在医药产业中国际知名企业以"预防—保健—医疗—康复"的健康大概念建立新的竞争优势。例如,当中国治疗疟疾的中草药——青蒿素,逐步被世界卫生组织认可的同时,美国科学家正在与古巴科学家合作开发预防疟疾的疫苗,国际制药大企业也以"让人们少吃药"的新理念构筑医药企业文化的崭新形象。

本章小结

(1) 全球化进程中技术的迅速普及已经成为现实,以维农的产品寿命周期理论研究跨国公司资源寻求战略日益显现出局限性。

(2) 价值链理论为研究跨国公司全球资源寻求战略提供了新的理论框架。本章研究跨国公司全球资源寻求战略沿着 3 个链条展开:价值链中研究开发、生产制造与市场营销三者的相互协调;供应链中国际生产的资源寻求决策;价值系统(产业链)的整合与竞争优势的构建等。

(3) 在协调研究开发与生产制造的关系过程中,由于受公司竞争的驱动,决策者们都倾向于把注意力集中在和产品相关的技术上。事实上,如果没有充分的生产能力与其相匹配,仅仅凭产品技术是不能为公司提供长期竞争优势的。近年来,在一些发展中国家制造企业中遵循的从 OEM 到 ODM 再到 OBM 的发展进程,显示了在生产制造过程中的创新活动。

(4) 在协调生产制造与市场营销的过程中,制造部门与营销部门之间始终存在着冲突。而在计算机和互联网等信息技术的催生下,大规模定制作为一种新的发展战略出现了,这种战略可以使制造方法更为合理,很好地协调制造部门与营销部门的矛盾与冲突。

(5) 市场营销与研究开发的协调主要要解决好渐进的、贴近市场的技术改进方式和对全新产品的投入与开发的关系。渐进的、贴近市场的技术改进方式绝不意味着放弃对全新产品的投入与开发,只是要注意替代时间的选择问题而已。

(6) 从供应链角度研究跨国公司资源寻求战略,主要研究跨国公司国际生产资源寻求活动的供应链管理方式,有内部寻求和外部寻求之分与中心寻求和分散寻求之分。

(7) 跨国公司在内部资源寻求和外部资源寻求两者之间选择何种形式,取决于外部交易成本和内部交易成本的比较。这种比较主要体现在以下几个方面：公司规模与公司生产的投入物所需的数量要求；主要投入物市场供应者与需求者的集中程度；对投入物的依赖程度与最终产品的资本密集程度；所需投入物的多少，生产业务、有关投资与专门知识要求高低；技术改变速率；长期影响。

(8) 跨国公司在选择中心资源寻求还是分散资源寻求时，应考虑产品生产状况、国际金融环境状况、相关的国家管制状况等主要因素；跨国公司国际生产的厂址选择的决定因素有原材料因素、劳动力方面的各种因素、国际税收差别的因素、交通运输与通信方面的因素、环境保护费用、市场规模等。

(9) 伴随着战略联盟的迅猛发展，产品或服务的价值增值过程被分解为更长、更细的链条，企业间的竞争也转换为价值系统链之间的竞争。进入 21 世纪，在以供应链为基点的相关与支持产业发展基础上，整合"大产业链"成为新的发展潮流。

 实训课堂

案例分析一

基本案情：

从 1998 年开始，海尔集团就提出要注重供应链的管理，以优化供应链为中心，在全集团范围内对原业务流程进行了重新设计和再造，与国际化大公司全面接轨，强化了企业的市场反应能力和竞争能力，保证了企业的可持续发展。

在供应链管理方面，海尔集团财务公司发挥了重要作用。海尔集团供应商中有许多为中小型企业，长期与海尔集团保持着稳定的供货关系。为了解决中小型供应商融资难、融资成本高的问题，海尔财务公司利用集团账面大额应付账款做质押为供应商提供融资。

供应链管理最重要的理念就是企业的核心业务和竞争力。海尔集团的核心竞争力，体现在海尔文化下所形成的市场开拓和技术创新能力。海尔集团所具备的核心竞争力能够把上下游的企业串在一起，形成一个为顾客创造价值的有机链条。为了不断提升自身的核心竞争力，海尔集团非常注重强化技术创新能力，以满足市场的需求。海尔集团有一个理念，就是先有市场后有工厂，即围绕顾客需要，生产他们需要的产品。不仅如此，海尔还倡导科研人"想出商品来"，就是要创造新市场，引领消费者。在这样的经营理念指导下，海尔集团开发了亚洲第一代四星级电冰箱、中国第一代豪华型大冷冻电冰箱、中国第一代全封闭的抽屉式冷冻电冰箱、中国第一台组合电冰箱、中国第一台宽气候带电冰箱、中国第一代保湿无霜电冰箱、中国第一台全无氟电冰箱。

海尔集团还通过业务流程再造不断提升其核心竞争力。业务流程再造是以市场客户需求为纽带，以订单信息流为中心，以实施"三个零"(服务零距离、资金零占用、质量零缺陷)为目标，带动物流和资金流的供应链运行模式。而信息技术的迅猛发展是海尔集团业务流程再造的助推器。

海尔集团在国内外建立多个生产厂家，以贴近消费者的需求。由于信息技术的支持，海尔集团物流通过3个JIT(Just In Time，准时生产)，即JIT采购、JIT配送、JIT分拨物流来实现同步流程。海尔集团通过其网站为用户提供从冰箱、洗衣机、空调到计算机等电器的在线个性订购服务。海尔集团建立了一个自动化和智能化的国际物流中心，以订单信息流为中心，全球供应网络、全球配送网、计算机管理网络为支撑。海尔集团在国内已建立42个配送中心，平均每天接到销售订单200多个，每个月平均接到6000多个销售订单，定制产品达7000多个规格品种，需要采购的物料品种达15万种。由于所有的采购基于订单，采购周期减到3天；所有的生产基于订单，生产过程降到一周之内；每天可将5000多台定制产品配送到1550个海尔专卖店和900多个营销点，在中心城市实现8小时配送到位，区域内实现24小时配送到位，全国4天以内配送到位。总结起来，海尔完成客户订单的全过程仅为10天时间，资金回笼一年15次(1999年中国工业企业流动资本周转速度年均只为1.2次)，呆滞物资降低73.8%，同时海尔集团的运输和储存空间的利用率也得到了提高。

(资料来源：宁智慧. 海尔的供应链管理案例. 时代经贸，2014(9)：36-37)

思考讨论题：

1. 从企业价值链角度，简要分析海尔集团的资源寻求战略。
2. 从企业供应链角度，简要分析海尔集团的资源寻求战略。

分析要点：

1. 从"研究开发与生产制造的协调""生产制造与市场营销的协调""市场营销与研究开发的协调"三个方面展开分析。
2. 从"内部资源寻求和外部资源寻求""中心资源寻求和分散资源寻求"两个角度展开分析。

案例分析二

基本案情：

自1992年进入微波炉市场开始，格兰仕自主创新与国际化的路径可以分为4个明显的阶段。

1. 引进技术，快速扩张国内市场

1992年格兰仕投资400万美元从日本东芝公司引进20世纪90年代最先进的微波炉生产线及相关技术。次年，格兰仕又聘请日本的管理人员从事生产线的管理工作。通过引进国外先进技术，格兰仕在劳动力低成本的基础上，迅速将其转变为高效率的产能。1995年格兰仕微波炉的产销量升至25万台，并获得国内微波炉25%的市场份额，占据了中国微波炉市场第一的位置。

变压器是微波炉的重要零部件,当时日本产品的价格是 20 多美元,而欧美企业仅成本就要 30 多美元。格兰仕利用自己的成本优势,从美国和日本引入最先进的生产线,帮助他们生产,以每件 5~8 美元的成本价向外国企业供货。但格兰仕保留设备的使用权,在保证外国企业的需求之外,余下的生产时间归格兰仕自己所有。实际上,在格兰仕 24 小时三班倒一周六天半的工作制度下,仅用一天时间就可以完成欧美日国家一周的产量,余下的时间都在生产自己的产品,节省了大笔引进设备所需的外汇,又及时扩充了产能。之后,格兰仕把这一战术反复克隆,用在微波炉其他零部件乃至整机之上,先后与近 200 家跨国公司合作,不断地引进国外先进的生产线。更重要的是,格兰仕在这个过程中得以接触微波炉制造各个环节的生产技术,为以后自主研发微波炉核心部件——磁控管的制造技术,从而掌控整个微波炉制造流程打下了基础。

这一阶段格兰仕扩张的重点是国内市场,并从成立一开始就以自有品牌,即 OBM 的方式进行扩展,迅速在国内建立了强大的市场地位。但客观来看,格兰仕此阶段的技术基础薄弱,基本以引进技术为主。

2. 消化吸收,基于 OEM 的国际化

格兰仕在 1997 年已获得了国内 47.6%的市场占有率。从引进东芝生产线时起,格兰仕就在企业内部建立了严格的质量管理制度,严把产品质量关,其微波炉在 1996 年获得 ISO9001 国际质量体系认证,成为中国第一家获此认证的民族品牌产品。随后,格兰仕微波炉又先后获得德国 GS、欧盟 CE、美国 UL、丹麦 DEMKL、挪威 NEMKO 等多国质量认证。这些条件促使格兰仕提出构建"世界工厂"的战略,开始进行基于 OEM 的国际化扩张。

1997 年,法国翡罗利公司找到了正在国内迅速崛起的格兰仕,两家公司的合作从 1000 台微波炉订单开始。1998 年,格兰仕获得了翡罗利 10 万台的大订单。格兰仕微波炉开始大规模进入国际市场,并借着当时欧洲各国对 LG 等韩国微波炉品牌实施反倾销制裁之时,大举进入欧洲市场,迅速进入被韩、日企业垄断多年的国际微波炉制造市场。格兰仕微波炉的国际市场占有率在 1998 年达到 15%。1999 年,格兰仕建成生产能力为 1200 万台、全世界最大的微波炉生产基地。随后,格兰仕以英、法、德 3 个市场为基础,逐步与欧洲大型家电生产企业联合,将产品扩展到非洲、拉美及北美市场,并和法国家乐福、德国麦德龙、法国欧尚等世界级大型连锁超市建立合作关系。格兰仕通过 OEM 的方式,基于出口战略迈出了国际化经营的第一步。

3. 技术突破,OEM/ODM 并存的国际化

到 2000 年为止,格兰仕已经在研发方面投入 2 亿元人民币,开发出近 200 项专利技术,并于 2000 年提出了由"世界工厂"向"全球名牌家电制造中心"转变的战略,强调"世界名牌格兰仕造"。这一战略的提出旨在弱化"工厂"所产生的低附加值的印象,用包含有"研发设计"含义的"制造"一词来强化格兰仕的新形象。在 2000—2003 年短短 4 年间,

格兰仕研发投入超过 10 亿元人民币，其每年的技术投入保持在全年销售额 3%的水平。其间，格兰仕出口的中高档微波炉设计全部采用其自有专利技术，实现了 OEM 向 ODM 的转化，有效地提升了企业的价值链。

2001 年 7 月，格兰仕美国家电研发中心成功研制出世界首台数码光波微波组合炉。这是格兰仕集团的首个具有自主知识产权的专利技术，将整个微波炉行业带入了数码光波时代。格兰仕的光波微波组合炉在工作时，光源、磁控管可以同时启动，全部功能均采用最新高科技数码控制。相比微波炉，光波炉具有加热速度快、加热均匀、高效节能、能最大限度地保持食物的营养成分不损失等诸多优点。

数码光波技术的研发成功，产生了突破式的创新效应，为微波炉行业设定了新的标准。产品批量上市之前，格兰仕光波炉就已赢得欧洲采购商 200 万美元的订单。2002 年，格兰仕把在欧洲试销成功的光波炉带到国内市场，当年销售 120 万台。此后，微波炉便被光波微波组合炉代替，不具有光波效果的微波炉的市场价格从此一落千丈。之后，格兰仕又相继研发出球体光波、数码光波一键通等相关技术与产品，全方位的开发利用光波技术，在一定时期获得了在光波领域的垄断地位。

4. 自主创新，OEM/ODM/OBM 并存的国际化

磁控管是微波炉加热原理的基础，相当于微波炉的心脏。虽然格兰仕在 1999 年已垄断国内市场并成功打入国际市场，但格兰仕并没有掌握微波炉核心技术——磁控管制造，每年所需要的磁控管都由松下、三洋、东芝、三星 4 家公司提供，而且购买价格长期居高不下。

为了全面掌握微波炉生产技术以降低成本增加利润，格兰仕于 2000 年年底正式启动了磁控管的开发项目，并于 2001 年年底初步研制成功，2004 年形成制造规模。2005 年，集团下属的格兰仕磁控管制造有限公司正式成立，年产量 1300 万支。至此，格兰仕已经完全掌握了微波炉所有相关的核心制造技术。

自主创新能力的形成，为格兰仕大规模的国际化奠定了基础。格兰仕品牌的微波炉在中国早已突破 70%的市场占有率，相对于单纯进行代工业务、产品仅限出口的 OEM 厂商来讲，其在国内早已是具有垄断地位的品牌。在国际市场上，以格兰仕自主品牌销售且具有其自主专利技术的微波炉在其 2004 年的出口总量中也占到了 20%，与 OEM/ODM 形式销售的产品之间的比例达到 1∶4。格兰仕并不急于大批量在国际市场上推出格兰仕牌的微波炉，而是 OEM、ODM、OBM 兼顾，逐渐完成企业的整体升级。

格兰仕在 2005 年推出创新的蒸汽光波、球体光波、数码光波一键通等技术和产品，2006 年又推出钛晶平板光波炉，并被国家知识产权局确定为"全国企事业知识产权试点单位"。2006 年年底，格兰仕提出从"世界工厂"向"世界品牌"转变，全面加强自主品牌在国际市场的推广，从而进一步明确并完善了企业的升级路径。格兰仕的国际化已经进入了基于自主创新能力的 OEM/ODM/OBM 并存的新阶段。

(资料来源：汪建成，毛蕴诗，邱楠. 格兰仕技术能力构建与企业升级案例研究. 管理世界，2008(6):48-155)

第五章 跨国公司全球资源寻求战略

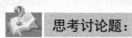 **思考讨论题：**

1. 格兰仕在企业价值链中如何安排生产与研发的关系？
2. 从供应链角度考察，格兰仕零部件的资源寻求的方式是如何安排的？

分析要点：

1. 在企业价值链中分析格兰仕由 OEM 到 ODM 再到 OBM 的技术能力构建与企业升级的发展路径。

2. 变压器是格兰仕产品的主要零部件，格兰仕如何从外部资源寻求到内部资源寻求，并转换为发达国家跨国公司外部资源寻求的主要零部件供应商。

第六章　跨国公司的国际战略

【学习要点及目标】

- 掌握跨国公司国际战略的基本概念，了解两种国际战略的形成与选择及其发展趋势。
- 了解跨国公司国际战略沿着地域维、业务领域维、职能维 3 个方向发展的实施路径。

【核心概念】

全球化战略　多国本土化战略

【引导案例】

肯德基和可口可乐都在为中国而改变

"肯德基为中国而改变"成为肯德基在中国脍炙人口的广告词。该公司相继在中国北方推出"榨菜肉丝汤""寒稻香蘑饭"，在上海推出"海鲜蛋花粥""香菇鸡肉粥"等中式早餐。肯德基在中国的目标是成为中国消费者最受欢迎的快餐连锁品牌，虽然主打产品还是以鸡肉为主的食品，但肯德基一直致力于研发适合中国人口味的新产品。

可口可乐最初在北京的销售方式是坚持全球一贯的营销理念，采取直接销售到零售点的做法，批发渠道开发并不积极。但是，在实践中他们发现，北京有着地域的特殊性，交通管制对于可口可乐这种快速消费品的运送来说，是极大的无法逾越的限制，同时，企业要在短期内建立庞大的零售网络需要投入巨额资金，这将会加大企业成本，削弱产品的市场竞争力。北京可口可乐饮料有限公司根据中国国情很快调整了营销方式，开始与批发商合作，利用批发商的网络资源、交通资源、渠道资源，以最快的速度，把产品送到各零售点。

(资料来源：乔春洋. 品牌全球化与本土化的统一.
品牌中国网 http://www.brandcn.com，2010 年 5 月 10 日)

【案例导学】

全球化与本土化是跨国公司两种基本的国际战略。可口可乐在实施全球化的进程中，体会到本土化与全球化同等重要，要在建立国际品牌和本土化之间取得平衡。本章将介绍跨国公司国际战略的形成与选择及国际战略的实施路径。

第六章 跨国公司的国际战略

第一节 国际战略的形成与选择

一、国际战略的类型

按照学术界的分类方法,跨国公司的国际战略,基本上有 4 种类型,即国际战略、多国本土化战略、全球化战略与跨国战略。这 4 种战略可以通过"全球协作"的程度和"本土独立性和适应能力"的程度所构成的二维坐标体现出来。如图 6-1 所示。

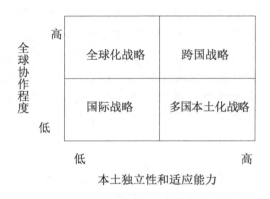

图 6-1 国际化的战略类型

(一)国际战略

国际战略是指企业将其具有价值的产品与技能转移到国外的市场,以创造价值的举措。大部分企业采用国际战略,是转移其在母国所开发出的具有竞争优势的产品到海外市场,从而创造价值。在这种情况下,企业多把产品开发的职能留在母国,而在东道国建立制造和营销职能。在大多数的国际化企业中,企业总部一般严格地控制产品与市场战略的决策权。例如,美国 PG 公司过去在美国以外的主要市场上都有工厂,这些工厂只生产由美国母公司开发出来的差异化产品,而且根据美国开发出来的信息从事市场营销。

企业的特殊竞争力如果在国外市场上拥有竞争优势,而且在该市场上降低成本的压力较小时,企业采取国际化战略是非常合理的。但是,如果当地市场要求能够根据当地的情况提供产品与服务,企业采取这种战略就不合适了。同时,由于企业在国外各个生产基地都有厂房设备,形成重复建设,加大了经营成本,这对企业也是不利的。

(二)多国本土化战略

为了满足所在国的市场需求,企业可以采用多国本土化战略。这种战略与国际战略不同的是根据不同国家的不同市场,提供更能满足当地市场需要的产品和服务。相同的是,这种战略也是将自己国家所开发出的产品和技能转移到国外市场，而且在重要的国家市场上从事生产经营活动。因此，这种战略的成本结构较高，无法获得经验曲线效益和区位效益。

在当地市场强烈要求根据当地需求提供产品和服务，并降低成本时，企业应采取多国本化战略。但是，由于这种战略会导致生产设施重复建设并且成本结构高，在成本压力大的产业中便不适应。同时，过于本土化，会使得在每一个国家的子公司过于独立，企业最终会指挥不动自己的子公司，不能将自己的产品和服务向这些子公司转移。

(三)全球化战略

全球化战略是向全世界的市场推销标准化的产品和服务，并在较有利的国家集中地进行生产经营活动，由此形成经验曲线和规模经济效益，以获得高额利润。企业采取这种战略主要是为了实施成本领先战略。与实行定制化以满足顾客差异化需求的不同，实施"全球化战略"的跨国公司是通过提供标准化的产品来促使不同国家的习俗和偏好趋同。

在成本压力大而当地特殊要求小的情况下，企业采取全球化战略是合理的。但是，在要求提供当地特色的产品的市场上，这种战略是不合适的。

(四)跨国战略

跨国战略是在全球激烈竞争的情况下，形成以经验为基础的成本效益和区位效益，转移企业的核心竞争力，同时注意当地市场的需要。为了避免外部市场的竞争压力，母公司与子公司、子公司与子公司的关系是双向的，不仅母公司向子公司提供产品与技术，子公司也可以向母公司提供产品与技术。

跨国战略目前为止被认为是跨国公司的最佳战略选择。这种战略充分考虑到东道国的需求，同时也要保证跨国公司的核心目标和技能的实现。"跨国战略"主要通过三个决策实现资产、资源和能力的结合：哪些资源和能力应集中在母国运营；哪些资源可以在母国国外集中运营；哪些资源应在某区域上分散使用。跨国战略试图兼顾全球效率、国别反应和世界性学习效果这三种战略需要。

但是，由于在实践中地区适应性和全球化效率需要的平衡点难以确定，最优平衡是主观的和经常变动的。由于有效执行的困难，跨国战略往往被看成是一种理想化而非现实的形式。

综上，按照"全球协作"的程度和"本土独立性和适应能力"的程度所构成的二维坐标，跨国公司的国际战略可分为 4 种类型。事实上，学术界更多地着眼于"全球化战略"与"多国本土化战略"这两种可行的、易于明确定位的、互相对偶的基本战略，而将其他两类战略看作是这两种战略的形成过程或者期望能够实现的完美方向。

二、国际战略的驱动因素

(一)全球化战略的驱动因素

促进跨国公司采用全球化战略的压力包括广泛的推动因素及不同行业的压力。

1. 广泛的推动因素

(1) 更加自由的贸易。日益降低的关税和地区贸易集团的出现对世界贸易与投资产生巨大的冲击。随着国际经济体间限制措施的逐步弱化,国际贸易和跨国合作得到飞速发展。信息技术的广泛应用更促进了跨国公司在国际范围内投资活动的活跃,只要有利可图,商业机会就会迅速出现在世界上的任何一个角落。跨国公司的投资活动又加速了经济全球化的进程,原本主要存在于发达经济体间的商业活动吸引了越来越多的后发国家参与。

(2) 全球金融服务及资本市场。全球金融服务及资本市场便利了许多企业在全球整合其经营活动,资本能通过跨国银行、海外风险投资家获得,还可以通过 Internet 筹集。金融技术的近期趋势是,无论你所在国家的位置如何,金融工具可以一年 365 天、每天 24 小时交易。此外,跨国公司通过套期保值和计算机化市场交易来管理利率风险及汇率的能力,降低了将投资资本置于国家保护下的重要性。

(3) 通信技术的进步。管理一个广泛的国际业务需要大量通信才能维持组织控制。计算机及传真技术的进步使通信变得简单、便宜。使用大规模在线数据库和电子邮件系统大大增强了公司进行国际化经营的能力。

2. 具体的产业压力

(1) 普遍的顾客需求。电子信息技术的发展增加了全世界消费者能够获得的信息量,成功的世界性产品,越来越受到各国的欢迎,导致无论哪个国家的国民都越来越想得到相同的产品与服务。这就使得跨国公司能够更好地控制全球的经营活动。

(2) 全球客户。作为全球产业链的一个环节,一些跨国公司并不直接面对顾客,而是把其他跨国公司当作客户。当这些客户实施全球化战略时,要求全球统一的标准化投入。

(3) 全球竞争者。某些产业是由实施全球化战略的跨国公司所统治。这些企业在这些产业中建立了竞争规则。一旦在某个产业建立起竞争规则,在该产业中竞争的其他公司也不得不遵循这一规则。

(4) 高投资强度。例如,飞机制造企业设计新型飞机进入市场,需要投入包括新计算机系统开发、研究和设计、组装、工具、试验、认证等各种费用在内的一笔十分高昂的资金,为了有效地分摊开发成本,飞机制造公司面临着标准化生产的巨大压力。其他行业,包括制药、造船、铁路、计算机软件、电信设备、汽车等,也面临相似的压力。

(5) 降低成本的压力。在那些其客户主要依据价格来购买的产业中,强大的动力刺激制造商寻求一条降低成本来维持利润的新路。规模经济和学习曲线效应对工作效率产生了巨大冲击。这些冲击越大,使产出最大化的动力就越高。企业实施全球化战略可以获得全球范围内的最大规模,从而最大限度地降低成本。

(二)本土化的驱动因素

虽然在 20 世纪 90 年代全球化的趋势已经日渐明显,但在很多产业中,本土化的驱动因素依然存在。

1. 国家方面的驱动因素

(1) 区域一体化趋势。经济全球化在整体上提高贸易自由度的同时,也伴随着明显的区域化特征,如欧盟、北美自由贸易区及东盟自由贸易区等。区域经济一体化在进一步加强区域内投资贸易活动的自由度外,对区域外的经济体构成了实质上的壁垒。

(2) 贸易壁垒。区位理论显示,一国的贸易壁垒促使跨国公司通过向国外直接投资而不是进行贸易来参与国际化竞争。贸易壁垒表现为关税壁垒和多种形式的非关税壁垒(如数量限制、技术标准壁垒等)。由于贸易壁垒的存在,竞争者愿意在东道国生产经营,这样可以通过先进的生产设备服务于东道国国内市场以实现适应当地市场的能力最大化。

(3) 文化差异。尽管电子信息技术的发展使世界变小了,并且使顾客口味日趋相同,但国家文化仍然起着相反方向的作用。宗教信仰和传统深入人心,经常和国际媒体的信息发生冲突。虽然许多消费者因为产品来自国外而在最初表现出兴趣,但是因为这种产品将改变其生活方式,他们可能会转而避免使用该产品。

(4) 民族主义与本土利益。新的政治自由化和反抗全球化的力量结合在一起形成了世界范围内的国家自治倾向。民族主义具有象征意义并总是具有强烈的感染力。民族主义代表着普遍的价值观和态度,所以它提供了社会凝聚力的基础,并经常为阻碍国际商品和劳务流动的行为辩护。在那些国家机构与权力系统分崩离析的国家,部族主义得到复兴。来源于共同的语言和历史的部族忠诚,在内战与经济纷争中很快代替了对国家的忠诚,从内在角度看,民族主义和部族主义阻碍了全球化的进程。

即使在那些全球化程度很高的国家,民族主义与本土利益也常常会阻碍全球化进程。

2. 跨国公司的特殊压力

(1) 组织内部对变革的抵制。跨国公司实施全球化战略意味着必须对各国业务经理加强中央控制,纵然在许多情况下他们在工作中一直享有高度自治。进行这种控制旨在为了满足全球化需要而对子公司的产品进行重新设计,或者为了有利于整体运作将子公司运作方式合理化。对于许多有子公司自治历史的跨国公司,来自组织内部的抵制成为企业实施全球化战略的主要障碍。

(2) 运输困难。生产那些易于损坏或者重量/价值比很高的产品的企业不适宜实施全球化战略。例如,面包与乳业公司比较适合于地方经营,因为这类产品保存期短。其他行业,例如海鲜食品、鲜花行业需要开发专门包装技术和有效的运输程序来克服产品的损坏问题，生产这类产品的企业实施全球化战略会增加较多的成本。在那些高重量/价值比的行业，运输成本超过了全球化带来的收益，如沙子、碎石、煤、罐装植物、尿布和油漆等都是此类产品，它们也都不适宜实施全球化战略。

(3) 新的生产技术。新的计算机辅助设计及制造技术使得越来越多的行业能够在相对较小的产量下达到效率最大化。因为机器的转换时间大大减少，在一家工厂生产多种产品变得可行。短周期制造技术使产品能够适应各种不同市场的需求，而且成本也比以前更合理。新技术能用以前所未有的短时间引入新产品，使速度成为竞争优势的新来源。

(4) 准时制造系统。在重型机制造商和汽车装配等行业中，采用准时制造系统，要求供应商必须准时按协议定量运送部件，这样才能在装配时间内把部件运送到工厂。在这种情况下，装配企业要求供应商也分担部分存货成本和其他风险。这种节约往往超过了全球零部件制造所带来的对潜在制造效率的影响。向拥有准时制造系统的客户提供产品的企业，实施全球化战略将受到严格地限制。

三、跨国公司战略新趋势

进入 21 世纪的跨国公司国际战略调整呈现出两个相辅相成的显著特点。

(一)全球化战略成为主流趋势

从当前世界范围的国际分工模式来看，国家间竞争力的重筑不再单独依靠某些产业的绝对完全占有，而是根据综合比较优势与合作优势，尽力参与并抢占产业中的高技术和高附加值的生产环节，而将低技术与低附加值的生产环节转移给其他国家，由此形成的产业空间转换突破了原产业空间转换的外向转移，变为产业价值链的内向分割转移。

随着经济全球化的进程，实施全球化战略的跨国公司将世界各国的市场连成一片，立足全球发展观，其战略、结构与经营方式都在发生根本性变革。从战略上看，跨国公司把产业价值链放在全球不同区位，以利用专业分工优势与全球协作实现资源投入与产出的最大化，不单把国家看作市场，更看作是全球化目标下的战略伙伴；从业务调整看，跨国公司更注重突出核心主业，并随着市场需求变化不断推出竞争性主业产品，同时运用跨国并购，发展相关业务的多元化，以核心主业带动相关业务拓展，又以多元相关业务辅衬与保障核心业务；从经营重组看，跨国公司又掀起一场"信息时代"革命，充分运用新技术变革成果，大力压缩膨胀性组织结构，贴近客户，以最大灵活性与适应性参与全球竞争。

(二)放眼全球，着手本土

有趣的是，在跨国公司实施全球化战略过程中，其经营的本土化特征有效地推动了全球化战略的发展。有些跨国公司经理甚至创造了"Glocal"这个词，来表示"放眼全球、着手本土"的发展战略。本土化战略中最关键的因素有 3 个：一是人才本土化；二是研究开发本土化；三是公司风格本土化。

1. 人才本土化

近年来，在跨国公司全球网络迅速扩张的同时，外派人员却增长有限，甚至在许多情况下出现了减少的趋势，跨国公司人才本土化已经成为一个不可逆转的潮流，并呈现出人才本土化程度迅速提高、人才本土化层次不断提高两个方面特征。跨国公司人才本土化的优势是显而易见的：第一，减少了企业因文化差异而造成的损失；第二，本土员工更熟悉当地的经济法律制度；第三，降低了企业人力资源使用成本，这主要针对发展中东道国而言；第四，提高了企业"本土企业"形象，容易被东道国公众所认同，也使本土员工队伍更加稳定。

2. 研究开发本土化

据 UNCTAD《2005世界投资报告》，跨国公司国外研发活动的格局因来自不同的母国而存在很大的差异，但趋势是很明确的：跨国公司国外研发的比例在不断增加。

研究与开发本土化的主要动因有：接近市场；接近人力资源，如中国、印度等发展中国家和科技人才众多且"物美价廉"；接近技术源，在美国设研究与开发机构多出于此目的。例如，想要建立24小时连续研究体系，按8小时左右的时差选择地球上的3个地点建立研究与开发机构，再用内部计算机网络连接起来就可以进行24小时不间断的"接力"研究活动。

3. 公司风格本土化

21世纪以来，由于强调合作、联盟、战略外包等，许多大型跨国公司开始容忍甚至鼓励国外子公司风格的本土化。在广告中不断提高地域文化因素、营销渠道和网络本土化选择等多种营销策略的调整，都是跨国公司风格本土化的具体体现。

跨国公司在本土化过程中，占领了当地的市场，同时也将其管理理念输入到资本输入国，加速了后者融入经济全球化的步伐。随着中国加入世界贸易组织，更多的中国企业也开始走向全球化并把全球化发展作为新世纪的发展重点之一。

四、新兴市场的企业战略

新兴市场是指一些市场发展潜力巨大的发展中国家。这类国家进出口贸易和国际直接投资在全球市场占有越来越重要的地位。全球化竞争中，随着新兴市场国家在世界经济中所发挥的作用不断提高，这些国家日益成为众多发达国家跨国公司的目标市场。对于新兴市场的消费者来说，众多跨国公司的进入是一个福音，因为他们可以有更多的选择。然而，对于已经习惯于在被保护的市场中占据主导地位的本土企业来说，各方面都更加强大的外国竞争对手的大规模进入无疑形成了巨大的市场压力。在这里我们着重阐述在全球化竞争中，新兴市场中本土企业的战略选择。事实上，新兴市场的企业战略展示了发展中国家跨国公司从防御走向全球竞争的发展历程，也是对发展中国家跨国公司理论最好的诠释。

研究新兴市场的企业战略也是从"全球化"和"本土化"二维坐标入手。

(一)按产业特性配置资源

在争夺新兴市场的大战中，强大的跨国公司并非占尽优势。新兴市场上的本土企业都必须关注两个问题：第一，你所在产业面临的全球化的压力有多大？第二，你所在公司优势资源的跨国转移能力怎样？了解所在产业竞争优势的基本情况，可以更准确地评估出跨国竞争对手的真正实力；而知道了在什么地方能够最大程度地发挥自己的资源优势，可以帮助企业了解自己面临的商机。

1. 认识不同行业面临的不同压力

在估计全球化和本土化压力所产生的影响时，必须认识到各种不同的行业面临的压力是不同的。

图 6-2 用一个 2×2 矩阵比较不同产业所面临的全球化与本土化的压力。

在不同的产业中发达国家跨国公司在新兴市场显示的竞争优势是大相径庭的。图 6-2 左上角所展示的产业，诸如飞机、相机、家用电子产品、计算机等，这些产业中的企业需要在产品开发、资金筹措、市场营销以及分销上投入高额的固定成本，而这部分成本只有通过在多个市场上销售产品才能分摊。此外，这些产业在参与全球竞争时都遵循着同一套规则，消费者对由此产生的标准化产品以及市场营销的诉求方式比较满意。

而图 6-2 右下角所展示的产业，诸如服装、包装食品等，正好相反，在这些产业中，企业可以通过满足本国消费者的特殊需求取得成功。企业竞争靠的是与消费者建立良好的关系。由于消费者品味不同，或者由于技术标准不一致，市场偏好也不尽相同。此外，高额的运输成本也会阻碍全球化的进程。在这类产业中，企业仅在本土销售产品仍然可以兴旺发达。

当然，大部分产业处于上述两类极端之间。在这些产业中，国际化销售可以带来一些规模优势，但适应当地市场偏好也非常重要。本土企业可以在这些产业中了解跨国竞争对手的优势和劣势，从而明确自身在产业中合适的定位。

2. 评估企业自身的优势资源

一旦本土企业对自身所处的产业有所了解，接下来要做的就是评估自身的优势资源。新兴市场中的大部分本土企业拥有一些资源，这些资源使其在本土市场上具有竞争优势。例如，这些企业拥有一个本土的销售网络，跨国竞争对手需要多年才能建立起类似的销售网络；又如，本土企业可能与政府官员有着长期紧密的交往，这对于跨国竞争对手而言是难以企及的；再如，本土企业具有符合当地消费者偏好的特色产品，而跨国竞争对手可能无法低成本生产这些产品，等等。诸如此类的资源优势，可以成为本土企业成功捍卫本国市场的后盾。

高
全球化压力
低
飞机
相机
家用电子产品
计算机
全球化战略
汽车
通信
航天
合成纤维
水泥
钢材
服装
多国本土化战略
包装食品
低
本土化压力
高

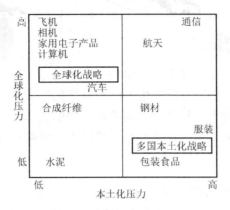

图 6-2　全球化对组织的影响

(资料来源：包铭心，陈小锐等. 国际管理教程与案例. 北京：机械工业出版社，1999)

不仅如此，本土企业的某些优势还可能成为向其他市场扩张的利刃。例如，公司可以利用本国廉价的原材料，降低外销产品的价格；又如，公司还可以运用专门技术在周边欠发达国家多快好省地建造工厂开展业务。此外，一些看来非常本土化的资源，例如在一些特殊的或者开展难度大的细分市场的服务经验，可能也适用于一些国外市场。事实上，当这些本土企业密切关注那些与本国有着相似市场状况的国家，可能会发现可以移植到国外的资源比想象的还要多。这种资源越多，企业在国外获得成功的机会就越大。

(二)本土企业的战略选择

将产业所面临的全球化压力和新兴市场本土企业拥有的优势资源作为两个变量，作出图 6-3，可以用来指导公司战略性的思考。

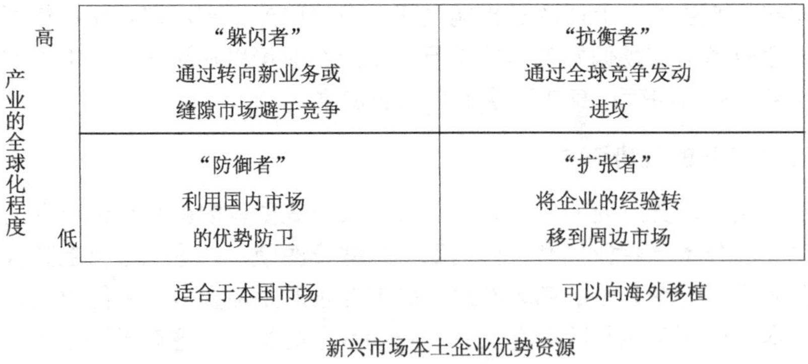

产业的全球化程度
高
低
“躲闪者”
通过转向新业务或
缝隙市场避开竞争
“抗衡者”
通过全球竞争发动
进攻
“防御者”
利用国内市场
的优势防卫
“扩张者”
将企业的经验转
移到周边市场
适合于本国市场
可以向海外移植
新兴市场本土企业优势资源

图 6-3　本土企业的战略选择

第六章 跨国公司的国际战略

1. "防御者"（defender）

如果企业面临的全球化压力较小，而其拥有的优势资源只适合于本国市场，那就需要集中力量保护已有的市场份额不被跨国竞争对手侵占。我们称采取这种战略的企业为"防御者"，其战略定位是利用国内市场的优势防卫。见图6-3左下角。

2. "扩张者"（extender）

如果企业面临的全球化压力不大，而其自身的优势资源又可以被移植到海外，那么企业就可以将本土市场的成功经验推广到若干国外的市场，我们称采取这种战略的企业为"扩张者"，其战略定位是将企业的经验转移到周边市场。见图6-3右下角。

3. "躲闪者"（dodger）

如果全球化压力大，企业就会面临更大的挑战。如果企业优势资源只能在本土发挥作用，企业就必须围绕仍有价值的本土资源，对其价值链的某些环节进行重组，以躲避外来竞争对手的冲击，从而保持企业的独立性。这类企业，我们称之为"躲闪者"。其战略定位是通过转向新业务或缝隙市场避开竞争。见图6-3左上角。

4. "抗衡者"（contender）

如果全球化压力大，而企业优势资源可以转移到其他市场，企业有可能与发达国家跨国公司在全球范围内展开正面竞争。我们称这种情况下的本土企业为"抗衡者"。其战略定位是通过全球竞争发动进攻。见图6-3右上角。

为了对这4种战略有一个更清晰的了解，下面阐述企业应当如何运用这些战略在全新的竞争环境下取得成功。以下的讨论从那些全球化压力较小的产业开始，进而过渡到那些全球化压力较大的产业。

（三）"防御者"的战略：利用本土优势进行防御

面对来势汹汹且实力雄厚的外国竞争对手，"防御者"要做的就是利用本土优势进行防御。具体做法可以考虑：

(1) 把目光集中于喜欢本国产品的客户，而不考虑那些崇尚国际品牌的客户。
(2) 频繁地调整产品和服务，以适应客户特别的甚至是独一无二的需求。
(3) 加强分销网络的建设和管理，缓解国外竞争对手的竞争压力。

在面临跨国竞争对手的挑战时应当注意：

(1) 不要试图赢得所有顾客。
(2) 不要一味模仿跨国竞争对手的战略。

（四）"扩张者"战略：向海外延伸本土优势

在某种情况下，本土企业可以不仅仅局限于保住现有市场，它们可以通过合理运用可移植的优势资源，并以其在本地市场的成功为平台，向其他市场扩张。慎重并有选择地将海外扩张战略应用于企业的核心资源，不仅可以增加企业收入，还能促进规模经济，同时也能获得颇有价值的国际化经营的经验。

在向海外延伸本土优势时应当注意寻找在消费者偏好、地缘关系、分销渠道或政府管制方面与本国市场相类似的市场，来最有效地利用自己的资源。例如，移居国外的人就更容易接受产于自己国家的产品。

(五)"躲闪者"战略：避开跨国公司的冲击

在全球化压力很大的产业中，"躲闪者"不能仅仅指望公司的本土资源，还必须重新考虑自身的商业模式。在这种情况下，如果这些企业的资源仅仅在本土才有价值，企业最好的选择可能是以下几个：

(1) 与跨国公司建立合资、合作企业。
(2) 将企业出售给跨国公司。
(3) 重新定义自己的核心业务，避开与跨国公司的直接竞争。
(4) 根据自身的本土优势专注于细分市场，将业务重心转向价值链中的某些环节。
(5) 生产与跨国公司产品互补的产品，或者将其改造为适合本国人口味的产品。

"躲闪者"战略可能是 4 种战略中最难付诸实施的一种，因为"躲闪者"必须要对其战略进行大手术，而且必须在跨国公司将其淘汰出局前完成。但是，只要"躲闪者"能够谨慎选择突破口，并专心攻克，还是能够利用本土资源拥有一片立足之地。

(六)"抗衡者"战略：在全球范围内对抗

尽管在全球竞争中发达国家跨国公司具备诸多优势，但新兴市场的企业也可以羽翼渐丰，最后成长为跨国公司。这种新兴市场中的"抗衡者"的数量正在稳步上升，不少公司已经成长为世界上大名鼎鼎的品牌企业了。这些公司成功的原因与那些在全球市场上蓬勃发展的其他企业大同小异，只不过作为"抗衡者"，它们通常不得不权衡各种机会和制约因素。

1. 比照行业中的领先公司来衡量自己的实力

大部分"抗衡者"来自日用品生产产业，这些产业具有丰富的自然资源和人力资源，可以给企业带来低成本的优势。但是，"抗衡者"不应该仅仅满足于资源优势，不要拘泥于成本上的竞争，而应该比照行业中的领先公司来衡量自己的实力。很多企业会发现自己在产品质量和生产水平上存在明显不足，或者是在服务、运送和包装上存在严重缺陷。这样一来，它们的成本优势就被其他方面的劣势抵消了。如果在生产力、产品质量和服务水平上不断追赶来自发达国家的竞争者，新兴市场的本土企业就可以为在长期的竞争中取得成功打下坚实的基础。

2. 找到一个定位明确又易于防守的市场

对于那些可能成为"抗衡者"却又无法获得关键资源的企业来说，找到一个定位明确又易于防守的市场缝隙至关重要。一个日益普遍的方法是加入一个发达国家跨国公司主导的战略联盟，联盟中的领导企业往往掌握着一个地区性或全球性的零件开发商和供应商网络。在一个分布广泛的生产网络中扮演领头羊，需要兼具市场形象、协调能力以及创新的技术。而新兴市场中的企业一般很少同时拥有上述三个条件，这些企业中的大部分需要专注于自己产业价值链中的某些特定环节来打造规模和专门技术。

3. 在全球化的产业中找到一个合适的突破口

新兴市场中的企业要想在一个全球化的产业中找到一个合适的突破口，通常必须进行大范围的重组。许多企业可能会将那些由于全球化而难以为继的业务剥离，将原先内部生产的零部件外包出去，并投资于新产品和新流程，这是"抗衡者"成为一个专业化和全球化生产商的关键。

4. 学习从发达国家获取资源以克服自身技能不足和资本匮乏

对于"抗衡者"来说，最大的挑战也许是克服自身技能不足和资本的匮乏。尤其在高科技产业，产品生命周期一般很短，而新兴市场中的企业由于接触不到位于市场前沿的供应商、客户以及竞争者，经常会处于不利地位。再加上新兴市场存在着较大的政治和经济风险，"抗衡者"资本成本要远高于它们的跨国竞争对手。所以，成功的"抗衡者"要学习从发达国家获取资源以克服前述缺陷。

第二节 国际战略的实施路径

跨国公司国际战略的实现需要一个庞大的网络结构为基础。在这样一个庞大的网络结构中，外国下属公司发挥不同的作用。

但是，没有几个跨国公司是从复杂的、内部结构多样化的组织开始的。大多数跨国公司都创建于某一个国家，多年之后才在外国建立起下属公司。这些下属公司一旦建立，最初的经营只是母公司业务范围的一部分，然后随着时间的推移，才承担更多的业务。而且，每个业务领域都是从执行有限的职能开始的，如销售或成品装配，再逐步开展更多的工作。通过沿着地域维(Geographic Dimension)、业务领域维(Line of Business Dimension)、职能维(Functional Dimension)这3个方向中的一个方向不断地发展，跨国公司就形成了复杂的、内部多样化的形式。结果，在一定数量的外国市场设有下属公司的跨国公司形成了。其中，每个下属公司都经营着某些不同的业务范围，并发挥着不同的作用。

本节主要阐述跨国公司如何沿着地域维、业务领域维、职能维这3个方向中发展的路径进行扩展，与第四章所阐述的如何进入一个单一市场不同的是，这是从整体上把握跨国公司国际战略的实施。

一、国际化战略实施路径

(一)地域的扩展

1. 渐进式扩展

大部分跨国公司都是首先在本国成立，然后通过进入外国市场而向外扩展。公司从本国到进入外国市场的次序是受以下 3 个因素影响的：地域的邻近性、文化的相似性和经济发展的相似性。

(1) 地域的邻近性。境外直接投资的第一个目标往往是邻国，进入邻国是一个自然的起步。因为与一个较远的国家相比，在邻国，公司更容易把握市场机会，收集关于竞争反应的重要信息和政府政策。另外，与其国外下属公司间的联系费用较低也是公司首先进入邻国市场的原因之一。一旦公司扩展到邻近的国家，它就可以接二连三地进入另外一些较远的国家。但在这个过程中，它要最小化每一次扩展所增加的距离。一段时间之后，通过以地域邻近性为基础的进入过程，公司就能够取得一个广阔的国际地位了。

(2) 文化的相似性。地域扩展的次序也反映了跨国公司本国与东道国之间文化的相似性。要在国外市场取得成功，需要了解当地的风俗习惯和消费习惯，需要同消费者、供应商、雇员保持有效的交流和沟通，以及与政府部门建立良好的关系。正是由于这些原因，公司更愿意进入到那些在文化上相近，也就是"心理距离"较近的国家。在那些与其自身文化相似的国家获得经验的过程中，跨国公司学会了如何在国外进行经营管理的技能，并且会依次进入到那些文化相似性低一些的国家。最终，他们就能够进入到那些与他们母国的"心理距离"相当远的国家。

(3) 经济发展的相似性。东道国经济发展的水平也影响着进入市场的选择。那些在消费者的购买习惯、可支配收入水平方面与本国市场具有相似性的外国市场，通常对跨国公司有很强的吸引力。在这些市场中，跨国公司也许只需对产品规格和营销策略进行一些适当的调整。当跨国公司学会如何在经济发展水平相似的外国市场中有效地竞争的时候，它就具备了进入差异越来越大的外国市场的能力。

尽管前面对地域的邻近性、文化和经济发展的相似性分别地加以研究，但实际上，可以把它们放在一起通过有组织的学习和能力培养加以理解和掌握。

2. 先难后易：高起点经营

与渐进式地域扩展方向不同的是，近年来一些发展中国家跨国公司创造了"先难后易"的地域扩展路径。其基本内涵是，跨国公司首先进入产品质量、顾客需求、技术标准等要求较高的市场，然后再向周围较容易的国家市场扩散。

"先难后易"策略的前提条件是全球化进程中技术迅速普及，全球同步使用同类产品已经成为现实。在这种情况下,发展中国家企业先集中精力开拓发达国家市场,然后再进入发展中国家市场就具备了以下优势:首先,无论哪个国家的消费者购买产品时都愿意买可信赖品牌,在发达国家畅销的品牌容易获得全世界消费者的信任;其次,发达国家的品牌易于在发展中国家传播,相反,在发展中国家很难树立起世界品牌;其三,企业为了开拓发达国家的市场,必须制订世界最高的质量标准,并为之全力以赴。

(二)业务多样化

大多数跨国公司之间的竞争不只局限在某个单一业务领域。这类企业的海外下属公司都是先开发和经营其母公司众多业务领域中的一部分或几部分业务,经过一段时间之后,再发展更多的业务,直至经营其母公司大部分以至全部业务。对很多跨国公司来说,多样化经营体现了公司在另一个方面的发展。

一项调查表明,跨国公司是按一定顺序进入市场的。它们往往从与当地公司相比最具竞争优势的业务领域入手,通过选择它们最具竞争力的业务领域,这些公司可以抵消对本地市场和竞争环境缺乏了解的不利因素。随着下属公司在当地的经营中不断获得经验,他们可以进入那些相比之下竞争优势不明显的业务领域。最后,当跨国公司已经掌握了在当地环境中有效地与当地公司竞争的方法时,它就可以进入那些不具备竞争优势,但可以从具有技术优势的美国企业那里学到东西的业务领域。图6-4 表示了这个次序。

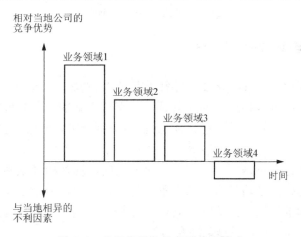

图 6-4　业务多样化的典型发展模式

(三)职能的转移

演进的第三个方向被称为职能的转移,这种转移在每一个业务领域中都会发生。职能转移是针对在一个国家内的业务活动的发展变化而言的。约翰森(Johanson)和瓦伦(Vahlne)有关国际化的著作表明,瑞士的跨国公司倾向于首先将其产品出口到外国市场,然后再建立管理这些出口产品的外国销售下属公司,最后建立全资拥有的下属公司。这些公司建立以后，母公司在本国的业务范围内的各项职能一般仍然发挥作用。这些职能有利于本国在研究和开发、生产规划、战略决策等方面形成规模经济。在东道国，他们最初所执行的只是那些需要当地知识的职能，如市场营销和分销。但是，经过一段时间以后，这些下属公司就会执行更多的职能，包括组装生产、本地化设计及物资采购。在一些案例中，当下属公司在其生产业务领域获得国际化专业技术的时候，它就可以担当起经营规划、甚至是战略领导的角色。在另外一些例子中，下属公司执行了特别的职能，成为跨国公司"优秀的核心"。图 6-5 表示了职能转移的一般顺序。

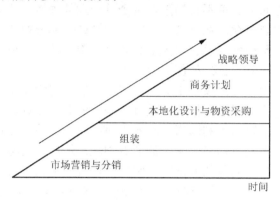

图 6-5　职能演进的典型模式

二、一体化过程中的战略演进

本节已经分别阐述了国际战略实施路径的每一个方向。跨国公司从单一国家进入到多个国家；在每个国家中逐步拓展新的业务领域；在每个新的业务领域中首先从有限的职能开始，然后逐步转移到高水平的职能。注意到，虽然收购能缩短演进的过程，但不会改变演进的基本模式。

上述演进的各个方向不是互相分离、互不相关的，而是相互联系着的。在各方向间传播技术知识的能力是跨国公司最重要的竞争优势。相应地，一个公司沿着一个方向的发展不能忽视在其他方向的发展，而应该与其他方面经营行为的改变相互配合。以下具体地阐述跨国公司在各个方面一体化发展的三种方法。

(一)加速演进

知识的积累使得跨国公司可以沿着 3 个方向中的任一方向发展。在外国经营的经验有助于公司进行更广阔的地域扩展，对某个国家的认识使得在该国逐步拓展业务领域成为现实。当然，在某国某业务领域中获得的经验不仅加深了对该国的了解，而且也能增加有关该业务的知识，将这些知识运用到其他国家，又加速了进入其他国家的这一业务领域的步伐。这样，在各个方面传播技术知识在任何时刻都会导致比以往更快、更广泛的发展。

在同一个国家内不同业务领域中执行特殊职能时积累起来的经验也能加速职能的转移。例如，对于进入一个国家的第一个业务领域来说，开创和执行一个新的职能是十分困难的，比如说在本地采办物资、设计产品、制订战略计划。一旦在这个新的领域里成功地添加了某项职能，那么它的经验就能被引用到该国其他业务领域中，从而有助于加速同等水平职能的转移。同样的，这些经验也能在别的国家得到应用，这样就可加速世界其他地域的职能转移。

(二)间断演进

在一个跨国公司的各个方向传播和应用已有的经验和知识，有可能导致不连续地演进，或者产生阶跃现象，称之为间断演进。间断演进会在三维(地域维、业务领域维和职能维)中的任一维上发生。当然，在每维需要说明的都是一样的，通过确定和充分利用范围经济和规模经济，企业能共享在各方向的生产能力，不再需要一步执行。这样，当公司达到范围经济和规模经济正效应最大化时，就实现了更为有效的演进。

假设下属公司的某个业务领域执行着一系列不同的职能，如果这时进入一个新行业，那么这个业务就有两种选择：执行自己的职能或者充分利用原有业务已开展的职能。例如，如果第一个业务领域已经发展了有效的原材料采购系统，或者已经建立了强有力的财务和法律部门，再假设这些职能都提供拓界经济，那么新设业务领域就可以充分利用这些职能，而不用重新执行这些职能了。

跨国公司也可以通过设在不同国家之间的同一业务领域共享职能。例如，如果某个业务领域有充足的生产能力，并且能够为邻国提供服务，那么邻国的该业务就没有必要去从事任何生产活动。同样，一个设在某国的实力雄厚的研究开发实验室可以满足另外一个国家的下属公司的需要，从而不需要在第二个国家再设立研发机构了。如某国执行某一职能而形成了规模经济，使其完全没有必要再在其他国家执行此项职能了。那些后进入的业务领域也许会很好地按照图 6-5 显示的顺序转移职能，但应该跳过那些在其他地方可以更有效地得到执行的职能。

如果说某个既定业务领域的全部职能都可以达到规模经济，那么就没有必要再到其他的国家去执行该业务的任何职能了。这种情况下，既然第一个国家的某业务已经能充分满足第二个国家的需求，那么就没有必要再在第二个国家拓展该业务。按此逻辑再进一步推理，如果所有业务领域都已经能满足一个邻国的需要，就根本无需再去该国建立下属公司了。

通过确定和利用范围经济和规模经济，跨国公司能以一种不连续的方式逐渐演进。这种方式通常跳过已有业务领域的一些职能；也能跳过一些国家中已有的业务领域；甚至可以决定根本不进入某些国家。尽管采用这种间断演进方式的公司的发展是不规则、不均匀的，但它使重复操作最小化，因而达到较高的效率水平。

(三)反向演进

由于消费者需求的集中,不断增加的范围经济和规模经济机会的实现,以及全球工业化水平的不断提高,全球竞争日趋激烈,许多跨国公司已经开始对他们的全球业务进行重组。在一些例子中,他们合并了一些已有的职能和业务领域,实施"归核化"战略(即回归核心主业);而在另外的例子中,他们又关闭了整个下属公司。这些行动的结果就是反向演进。

在导致反向演进的因素中,公司和产业两个因素都可能很重要。从公司方面来说,对那些已经发展了许多年的跨国公司来说,通过全球重组获得效益的潜力或许是最为普遍的。由于各国之间的下属公司的密切协调相对来说比较困难,老的跨国公司经常是将一国又一国的贸易组织起来,寻求一种多国战略。这些跨国公司经常在每一个业务领域都执行全部职能,从而导致了各个国家之间大量的重复操作。近年来,因为有了便利的全球通信和运输,出现了许多实现规模经济和范围经济的机会,从而导致了在业务领域之间的职能合并,以及在国家之间的业务领域合并。从全球行业来说,全球规模的竞争使得实现全球效益的需求更加迫切,因而重组的压力也会很大。当某一个行业中的公司开始在全球化的基础上管理他们的经营行为时,其他公司也就面临着做同样调整的必要。

由于公司内部对重组和合并有一种自然的抵触,因此反向演进的过程是十分困难的。但其最后结果与间断演进一样,在每个业务领域内有职能的不均匀组合,在每个国家有一系列不同的业务领域,在全世界内有一系列不规则的下属公司。当然,对范围经济和规模经济最有效的利用将是跨国公司的业务活动的真实写照。进一步讲,与加速演进和间断演进一样,反向演进也有其明显的含义,那些能发现潜在的规模经济和范围经济并且能迅速而又有效地重组业务活动的跨国公司,将在全球贸易中比那些已经逐渐演进的但没能完成这个重组过程的跨国公司更具有战略优势。

本章小结

(1) 关于跨国公司的国际战略,学术界有多种分类方法,产生出"国际战略""全球化战略""跨国战略""多国战略"等多种称谓。各种类别的国际战略之间的差异界限并不十分清晰。本书采用全球化战略与多国本土化战略这种简单的分类方法,旨在能够比较清晰地明确两类国际战略各自的特点。

(2) 全球化战略是指跨国公司向全世界的市场推销标准化的产品和服务,并在较有利的国家中集中地进行生产经营活动,由此形成规模经济和经验曲线效益,以获得高额利润。多国本土化战略则是根据不同国家的不同市场,提供更能满足当地市场需要的产品和服务。

(3) 促进跨国公司采用全球化战略的压力可以从广泛的推动因素以及不同行业的压力两个角度考察。广泛的推动因素包括更加自由的贸易、全球金融服务及资本市场和通信技术的进步;不同行业的压力包括普遍的顾客需求、全球客户、全球竞争者、高投资强度和降低成本的压力。

(4) 本土化的驱动因素可以从国家方面的驱动因素和跨国公司的特殊压力两个角度考察。国家方面的驱动因素包括区域一体化趋势、贸易壁垒、文化差异以及民族主义与本土利益；跨国公司的特殊压力包括组织对变革的抵制、运输困难、新的生产技术和准时制造系统。

(5) 进入 21 世纪的跨国公司国际战略调整呈现出两个相辅相成的显著特点：一是采用以全球市场为目标的全球化战略成为大型跨国公司的国际战略的主流趋势；二是在跨国公司实施全球化战略过程中，其经营的本土化特征有效地推动了全球化战略的发展。

(6) 尽管全球化战略在全球化产业中已被视为一个理想目标，但并非所有的公司都实施全球化战略。当跨国公司在全球竞争的压力下必须采用全球化战略时，应注意以下步骤：为关键的规模经济和其他全球化的利益定位；更频繁地让管理人员轮流在不同的国家工作，帮助他们培养全球化眼界；改变业绩评价体系以适应不同授权；认识不同行业面临的不同压力。

(7) 跨国公司国际战略的实现需要一个庞大的网络结构为基础。而这样一个庞大的网络结构可以沿着地域维、业务领域维和职能维 3 个方向中的一个方向不断地发展而形成。

(8) 沿着地域维扩展有渐进式扩展和先难后易两种模式。按照渐进式扩展模式从本国到进入外国市场扩展的次序受地域的邻近性、文化的相似性和经济发展的相似性 3 种因素影响；先难后易模式的基本内涵是，跨国公司首先进入产品质量、顾客需求、技术标准等要求较高的市场，然后再向周围较容易的国家市场扩散。这是近年来一些发展中国家跨国公司创造的地域扩展路径。

(9) 沿着业务领域维扩展的海外下属公司一般是先开发和经营其母公司众多业务领域中的一部分或几部分业务，经过一段时间之后，再发展更多的业务，直至经营其母公司大部分以至全部业务。

(10) 沿着职能维方向发展被称为职能的转移，这种转移在每一个业务领域中都会发生。职能转移是针对在一个国家内的业务活动的发展变化而言的。一般的情况是，跨国公司首先将其产品出口到外国市场，然后再建立管理这些出口产品的外国销售下属公司，最后建立全资拥有的下属公司。

(11) 一个公司沿着一个方向的发展不能忽视在其他方向的发展，而应该与其他方面经营行为的改变相互配合。跨国公司在各个方面一体化发展包括加速演进、间断演进、反向演进三种方式。

 实训课堂

案例分析一

基本案情：

苹果公司以创新闻名于世。苹果辉煌的起点，是从 2001 年推出的 iPod 播放器开始的，

跨国公司管理(第 2 版)

iPod 播放器外观时尚，制造工艺精湛，深受市场欢迎。2007 年苹果公司推出 iPhone，销量极佳，一跃成为智能手机市场上利润最高的公司，智能手机市场原有格局瓦解。在过去的 10 年中，苹果公司利润率一直处于行业内较高水平，尤其是 2004 年以来，苹果公司利润率一直保持着两位数的增长率，平均利润率近 32%。同时期，同样以创新闻名的索尼公司的利润增长率最高时仅为 13%，最低时为负增长，其平均利润率近 23%，而诺基亚的同期平均利润率仅为 10%左右。

仅 iPhone 一个产品，2010 年第三季度期间苹果公司以单家企业的身份便攫取了全球手机行业整体运营利润总额的 47%，几乎突破了 50%这条敏感的界限。与其惊人的利润相比，苹果公司手机产品仅占 3.9%的市场份额显得微不足道。

是什么因素导致了苹果公司获得如此大的成功？这是很多学者和企业界人士都很关心的问题，当然，苹果成功的因素有很多方面，本文仅从苹果公司作为一个跨国公司这个角度，分析其在全球竞争中采取了何种战略，讨论其战略导向的成功之处。

苹果公司有着世界一流的研发和工业设计能力，它的总部位于加利福尼亚州的库迪提诺，几乎所有的苹果产品的科技和设计都诞生于此，所以其科研集中度很高。苹果公司充分利用其在国际上领先的技术，建立起相当大的优势，又面向全球把产品制造集中在中心地区的几个高效率、最具生产成本优势的工厂(主要是在中国的富士康工厂)，这样就在全球范围内实现规模经济和范围经济，以规范化的流程来获得高质量与低成本的产品，以获得最低成本和最高的效率。

苹果公司将其创新的产品在全球范围内销售，以实现其战略目标。虽然在全球销售标准化的产品，必然比较少地考虑不同东道国的需求差别，缺乏对东道国当地需求的敏感反应和灵活性，但是，苹果公司借助其"全球化战略"所产生的高度的创新及优秀的设计能力，促使各国的习俗和偏好趋同。

综上所述，苹果公司采用的是典型的"全球化战略"，这也是苹果公司在战略方面的制胜之道。

与多国本土化战略相比较，苹果公司没有在东道国设立独立子公司，不要求每一个高层管理人员都能同时兼顾研发、设计、生产的各个环节，而是让高层管理者在战略上专注于公司最为擅长的领域。

(资料来源：吕文辰，王荣浩. 跨国公司全球竞争的战略导向分析——以苹果公司为例. 技术与创新管理, 2012(1): 32-34)

 思考讨论题：

1. 是什么因素导致了苹果公司获得如此大的成功？
2. 苹果公司的成功经验能否复制到所有跨国公司？

分析要点：

1. 分析苹果公司实施全球化战略在研发、生产、营销三个环节如何协调而促使各国的习俗和偏好趋同。

2. 分析全球化战略的实施条件。

案例分析二

基本案情：

云南白药历经百年历史，始终坚守国药立业之本，不懈追求自立自强。1999年，云南白药开始尝试应用到其他相关领域。

经过五六年的精心研发，云南白药将其有效成分添加到个人医用护理产品中，云南白药气雾剂上市后受到了广大消费者的喜爱。同时，云南白药拒绝与创口贴的强大劲敌——发达国家强生公司合资，而是独立研发具有本土优势的云南白药创可贴，最终打破强生公司邦迪创可贴产品主导中国市场的局面。截至2008年底，云南白药已占据中国小创伤护理品市场中的一半份额，从2001年的3 000万元销售额飙升至约3亿元。

创可贴的成功预示了个人护理市场存在的巨大潜力，也拓宽了企业对新市场的想象空间。2004年云南白药开始尝试进军日化市场。然而，此时的中国日化市场，本土企业正面临着强大的外资企业的残酷挤压。国际巨头们运用其规模经济、资金、品牌、技术、渠道和服务等竞争优势，在中国日化行业高端市场占据了大片领域，树立起绝对的优势地位。

而本土的日化企业由于普遍存在产品特色不突出、品牌记忆度弱的问题，加上自身实力的不足，多是在区域市场的中低端档次生存。好在中国的人口基数大，消费者需求层次差异较大，集中在中低端市场的一些本土企业得以生存下来。但是，随着互联网数字化的程度的不断提升和物流等硬件设施的不断完善，市场细分的条件被进一步弱化，同时，90年代进军中国并占领着高端市场的国际巨头们也开始将目光投向市场份额更大的中低端层次，本土企业生存发展受到多方面的严峻挑战。

云南白药进入日化行业先从牙膏市场开始。云南白药没有重蹈本土企业的中低端路线，而是反其道而行之。通过市场调研，云南白药了解到广大消费者对口腔健康的日益重视，如果用牙膏来解决口腔健康问题，是存在巨大潜在需求的。而当时市场上的牙膏产品大多专注于美白、防蛀等基础功能，解决口腔健康问题的牙膏还是市场"空白点"。于是，云南白药创出了一个独特的新品种——药物牙膏，综合解决消费者口腔健康问题，并以此树立起自身的"三高"形象：高价值、高价格、高端形象。之后，云南白药又逐渐将目标人群从口腔问题人群逐渐扩展到白领、特殊人群(心脏病、高血压、糖尿病等患者)、吸烟者等。

为了克服进入日化产业的诸多困难，云南白药全面部署，力求从总体上提高公司在日化产业的竞争力。

(1) 确立市场导向的研发理念和合作开发策略。云南白药牙膏的研发初期，由于中药的科学家们对牙膏的基本成分都无法认识清楚，于是企业借助于化妆品行业专家以及牙膏企业的合作来解决这些基础问题。云南白药牙膏以市场需求为导向，确定了"开发"和"设计"两条研发思路，并在短期内实现研发成果产业化，成为新的利润增长点。

(2) 有效控制成本。白药成分很珍贵，提取成本也很高，还要经过不断的品质和口感的测试和改进才能最终上市。面对如此高昂的成本和繁琐的工序，云南白药以信息化管理为契机，全面改造管理体系，实现了从订单、仓库、生产、采购到财务的管理一体化，以强化成本管理。为了保持良好的分销渠道，进一步降低产品的成本，使高质量的产品以尽可能低的价格进入市场，云南白药自 2000 年后开始实施纵向一体化。一方面，建立了独立的中药材种植基地，为产品的生产提供了原材料的保证，并降低了原材料的生产成本；另一方面，建立起自己的代理分公司和零售终端，有效地控制了自身产品的分销渠道，以保障其产品能以低廉的成本迅速地抢占市场。

(3) 探索营销策略，提升品牌知名度。

① 多元化分销渠道。云南白药牙膏从有深厚基础的药店入手，让消费者可以买得到产品；之后，逐步开发商超等其他分销渠道；待整个日化渠道相对成熟后，再将渠道全面理顺、整合，实现对不同业态终端的高度覆盖。

② 互动式终端营销。云南白药牙膏以富有创新和冲击力的终端活动，与消费者进行互动营销。例如，通过参加公益活动，树立品牌形象；组织学生参观公司，让更多的人了解公司文化；借助主题日"全球爱牙日"进行口腔健康知识宣传；设立体验店，让客户现场体验产品的包装、味道、解决口腔问题的效果等。云南白药牙膏还将医药行业的新闻式平面广告引入中国日用化工行业，已经被证明是一种非常有效的差异化创新。

③ 打造营销团队。为了有效开展营销活动，云南白药牙膏通过全国公开竞聘扩充了销售队伍，又在营销系统推行超额利润分成和末位淘汰相互制衡的内部奖惩机制，树立全员营销的经营理念，造就出一支极具市场攻坚力的营销团队。

(4) 走出去。云南白药在东南亚、南亚等目标市场国家开展产品注册登记，先后在印度、新加坡建立办事机构，在澳大利亚建立了子公司，积极寻求合作伙伴，开展药品推广销售工作。截至 2014 年，云南白药已在东南亚国家取得超过 45 个药品准入许可证；云南白药牙膏实现了在新加坡、马来西亚上市；部分产品在印尼、越南进入医院销售，实现中成药在主流医药市场的突破。

云南白药的产品创新一直没有停止。之后，云南白药还推出了包括中药提取物、中药保健品、中药日用品、中药化妆品等系列产品。云南白药不断创新的成功，不仅仅是产品的成功，还证明了创新能重塑消费模式，将民族的传统文化和现代生活完美融合在一起。

云南白药 2004 年才正式进入日化市场，几年时间表现突出，不仅打破本土品牌低端化的现状，还提升了整个牙膏行业价格体系。2011 年云南白药牙膏销量全国第五，2012 年全国第四。随着云南白药推出功能化的高端产品，国际品牌也纷纷推出功能化的高端牙膏抢占市场。这些功能化的高端牙膏产品出现后，整个市场显现出"销售额增长大于销量增长"的新特点，牙膏消费区间也不断向中高端移动。

(资料来源：彭澎. 基于核心竞争力的企业多元化研究——以云南白药集团为例. 暨南大学硕士学位论文，2015 年 4 月)

第六章 跨国公司的国际战略

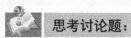思考讨论题：

依据新兴市场的本土企业的战略选择，简要分析云南白药面对众多跨国公司的进入，在全球化程度相对较低的产业的战略选择。

分析要点：

从"防御者"和"扩张者"两个角度展开分析。

第七章 跨国公司研发国际化

【学习要点及目标】

- 掌握跨国公司研发国际化的相关概念,了解跨国公司的基本特征。
- 了解跨国公司研发国际化的历史进程。
- 掌握跨国公司研发国际化的动因。
- 掌握跨国公司研发国际化的主要方式。
- 掌握技术外溢的渠道与防范技术外溢风险的措施。

【核心概念】

研发国际化　技术外溢

【引导案例】

海尔国际化研发创造新的领先

拥有世界一流的设计和校验服务支持的英特尔公司利用在深圳的应用设计中心(ADC)为海尔电脑提供设计与校验方面的服务支持,并为海尔电脑提供先进的产品开发和技术支持服务,以协助海尔强化其在全球的竞争实力。英特尔应用设计中心直接与海尔合作,提供故障排除、分析和调试等支持,帮助海尔在产品设计中集成英特尔的技术,从而解决其工程设计方面的问题。海尔&英特尔创新研发中心成立后,海尔不仅得到了 ADC 包括主板、台式机、笔记本电脑等方面的支持,而且英特尔总投资超过 3 亿元人民币(3900 万美元)的上海的芯片测试和封装工厂,利用海尔电脑进行严格的闪存芯片芯片组和微处理器芯片等全球重要的尖端技术和平台新品的测试研发。

同时英特尔全球 15000 多名人文科学家和诺贝尔科学家为海尔&英特尔创新研发中心的产品研发提供课题性技术支持,研发中心先后成功研发出屏幕可自由拉伸的钻石级酷睿 V60、汽车电脑、超低电压便携笔记本、家家乐、博越电脑、征服 VM 等针对不同用户群体的差异化产品和趋势产品。

(资料来源:海尔英特尔创新研发中心.海尔国际化研发创造新的领先.IT 世界网,2008-01-09)

【案例导学】

当今世界,科学技术正在以前所未有的速度发展,从创造新技术和在国际上传播新技术方面而言,跨国公司在很多产业都是世界的领导者。跨国公司支付了全球商业性研发费用的大部分,支配着新的专利,引领着全球技术和创新网络的建设与发展,并且以此带动管理和组织创新。

跨国公司不仅通过它们在母国的活动，而且还通过日益在国外的拓展，从而在全球研发中扮演着主要角色。研发国际化并非一个新的现象，也不乏像 IBM 这样的案例。但是，其近些年来的快速发展并延伸到发展中国家(尽管数量有限并主要集中在亚洲)却是应该引起关注的新动向。此外，跨国公司在发展中国家的研发活动不再仅仅使技术适应当地条件，而是越来越多地涉及"创新性"研究，其中包括为地区和世界市场进行技术开发。同时，来自发展中国家的跨国公司自身也投资于国外研发活动，其主要目的在于获取发达国家的先进技术和研究能力，以使产品适应新的市场或者利用其他发展中国家的专门人才。因此，本章着重从跨国公司研发国际化角度研究跨国公司的研发管理，能够反映经济全球化背景下跨国公司研发管理的主要特征。

第一节 相关概念

一、研发的定义

虽然研发只是创新活动的一部分，但它是最先进的、可广泛获得并具有国际可比性的、衡量产业创新活动的统计指标。

根据一些国际指南，研发(也被称为研究与试验开发)包含"在系统性基础上开展的"创造性工作，"其目的就是增加知识存量，其中包括有关人类、文化和社会的知识，并运用这些知识存量去创造新的应用领域"。

研发涉及新颖性以及解决科学和技术的不确定因素，包括连同开发在内的基础和应用研究。

1. 基础研究

基础研究的目标就是为了获得对研究对象的更全面的知识或认识，并不考虑其应用。在产业中，基础研究被定义为增进科学知识，但没有具体的直接商业目的的研究。

2. 应用研究

应用研究的目的就是为了获得知识或认识以满足某个具体的、已被认识到的需要。在产业中，应用研究包括调查研究，以发现在产品、工艺和服务方面具有特定商业目的的新科学知识。

3. 开发

开发是系统使用从研究中获得的知识或认识，目标就是生产有用的材料、设备、系统或方法，其中包括原型和工艺的设计和开发。

就收集数据的目的而言,可以发现研发和其他技术创新活动的界限在于生产前的开发活动。但在实践中很难这样来划分。在技术密集型产业中,区分"研究"与"开发"是特别困难的,因为所从事的大多数研发活动既包括私人或公共部门中研究人员之间的密切互动,也常常包括与顾客和供应商的紧密合作。

二、创新国际化的不同途径

创新国际化主要有 3 种类别(见表 7-1)。第一种是本国企业、跨国公司以及个人致力于使国内开发的技术在国际上商业化;第二种涉及在私人机构、公共机构,其中包括国内企业和跨国公司、大学和研究中心之间开展国内与国际科技合作;第三种是跨国公司所进行的创新生成的国际化。根据定义,跨国公司是能够在其公司内部范围内控制并实施全球范围创新过程的唯一机构。

表 7-1 创新国际化的分类

种 类	主 体	形 式
在国际上利用在国内生成的创新	追逐利润的公司(本国企业和跨国公司)或个人	• 创新产品出口 • 许可和专利转让 • 本国设计并开发的创新产品的国外生产
国际科技合作	大学和公共研究中心 本国企业和跨国公司	• 联合科研项目 • 科技交流 • 学生的国际流动 • 特定项目的合资企业 • 技术信息或设备交流的生产协议
创新生成的国际化	跨国公司	• 在母国与东道国进行研发和其他创新活动 • 在东道国收购现有的研发机构,或进行绿地研发投资

(资料来源:UNCTAD. 世界投资报告,2005)

三、创新型技术进步的阶段

技术创新意味着在市场上引入新产品、新工艺或新服务。创新并不一定意味着推进知识前沿,特别是对发展中国家而言更是如此。相反,创新对用户来说可以是新的,但对这个世界来说则不一定是新的。依据技术的复杂程度,创新的性质以及所需能力的性质在不同活动之间存在很大差异;新技术的创造是一回事,而现有技术的利用则是另一回事。图 7-1 提供了一个金字塔形说明创新型技术进步的 4 个阶段,技术职能复杂程度最低的处在底层,要求最高的处在顶层。虽然这一分类涵盖了初级产业、制造业和服务业 3 个部门的所有活动，但它们也可适用于不同的技术以说明各自特殊的机械、工艺、产品和组织等特征。

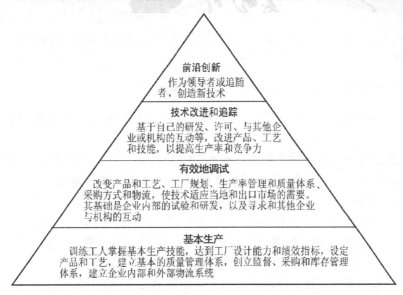

图 7-1 创新型技术进步的 4 个阶段

(资料来源：UNCTAD. 世界投资报告，2005)

(1) 起点是掌握基本的生产能力，以吸收和利用现有技术。这听起来容易，但实际上并非如此，至少为了使能力能够达到与相关的全球最好做法相当的水平，并且使生产活动不再仅仅局限于简单装配就很不容易。在复杂的活动中，使生产效率和质量达到国际认可的水平是很高的要求。许多企业即使在经营多年之后也未能做到这一点，除非它们投入足够的资金来收集信息，创造新的技能并建立适当的管理结构。

(2) 如果当地的条件和技术发源地存在很大不同，并且当地的支持和供应结构也很薄弱，吸收并使技术适应当地条件是特别具有挑战性的。

(3) 在付出系统的努力以改进产品和工艺绩效之后，技术的调适过程又会发展成为重大的技术改进及技术学习过程。在此阶段，很多企业在一开始就是跟踪国际技术趋势并选择能够注入自身努力的技术。

(4) 当企业设计、开发并测试全新的产品和工艺时，企业最终进入前沿创新阶段。

四、跨国公司国外研发的分类

跨国公司的国外研发是一种涉及多种因素的活动。例如，可以从它们所从事活动的性质进行分析，也可以从研发的动机进行分析。根据这两个标准，从不同的角度得出的分类会有相当多的重叠，要区分它们是很难的。而且，经过一段时间之后，随着研发单位的发展，区分它们的界限将会变得模糊不清。

以下提供了基于研发活动的性质和跨国公司动机的 4 种分类。前两种分类源于跨国公司设在发达国家的外国子公司的研发活动，但是在大多数情况下，它们也可以用于那些在全球研发背景中正崭露头角的发展中国家；而后两类则更多涉及发达国家与发展中国家企业之间的关系。

(一)基于外国子公司技术活动性质的分类

这种分类方法根据所从事的研发活动将外国子公司划分为 4 种广义的类型(有时也存在次级类别)。

(1) 当地调适者。这是一种"寻求市场型"研发单位，其目的是吸收和调适技术，基本上是为了支持产品和工艺工程部门，使现有技术在新环境中能够得到更有效的应用。这类单位也被称为"支持单位"和"技术转移单位"。

(2) 当地一体化实验室。也被称为"本土技术单位"和"国际独立实验室"，这些实验室比当地适应单位更为先进，能够进行针对当地(或区域)市场的独立创新。这类机构仍与当地生产保持联系，通常是由调适性研发自然演变而来。

(3) 国际技术创新者。这是外国子公司所从事的研发中的最高级形式，其地位和设在母国或其他发达国家的核心创新中心相等，也被称为"国际互助实验室"或"全球技术单位"，这些机构都能进行研究和开发，它们的成果被母公司用来瞄准全球开发。国际技术创新者可以由当地一体化实验室发展而来，并因而与东道国的生产保持着密切的联系；它们也可以不依赖当地生产而建立起来，其目的在于接近当地的创新集群和技术人才。

(4) 技术跟踪或监督单位。这种就是通常所说的"寻求资产型"研发单位在总部领导下所承担的"商业情报"功能，但若公司缺乏独立的研发机构时，技术跟踪也可以由跨国公司的其他部门来完成。

(二)基于跨国公司动机的分类

这种分类按照母公司的技术目标把子公司的研发活动分为不同的类别，包括以下 3 种类型。

(1) 研发领域寻求技术型对外直接投资。跨国公司试图通过在拥有互补性实力的国家建立研发机构或收购当地创新机构来弥补母国创新体系中某些领域的弱项。在美国的生物技术、电子和制药产业中的许多与研发有关的并购都属于这种类型。发展中国家拥有技术发展战略的公司也从事这类研发投资或并购。

(2) 研发领域利用母国基础(或资产)的对外直接投资。这基本上相当于上面分类中的调适性研发，这种研发的主要功能是对母公司转让的技术进行吸收和调适，从而使跨国公司能够有效地利用其技术资产。

(3) 研发领域增强母国基础(或资产)的对外直接投资。跨国公司对在本国和东道国都具有优势的技术领域进行研发。这也被称为跨国公司的"寻求战略资产型研发"。其目标不仅

第七章 跨国公司研发国际化

在于获取外国技术资产,而且还包括获取东道国技术集群创造的外在性。这种对外直接投资与寻求技术型对外直接投资的区别不是很明显,特别在发达国家的情况更是如此,因为这要以对母国和东道国创新体系相对实力的评价为转移。

(三)基于投资母国与东道国不同组合的分类

这种分类将发达国家、发展中经济体与转型期经济体分别作为投资母国和东道国,得出不同组合的类型,如表 7-2 所示。

表 7-2 研发扩张的类型

母国经济体 \ 东道国经济体	发达国家	发展中国家与转型期国家
发达国家	传统型	现代型
发展中国家与转型期国家	追赶型	扩张型

(资料来源:UNCTAD. 世界投资报告,2005)

(1) "传统型"研发扩张。即发达国家跨国公司投资于发达国家。
(2) "现代型"研发扩张。即发达国家跨国公司投资于发展中国家和转型期国家。
(3) "追赶型"研发扩张。即发展中国家和转型期国家投资于发达国家。
(4) "扩张型"研发扩张。即发展中国家和转型期国家投资于发展中国家和转型期国家。

美国电信设备制造商摩托罗拉第一批国外研发中心于 1950 年在加拿大和英国设立,后来又于 1960 年在其他欧洲国家建立,这是典型的"传统型"投资模式;英特尔在中国和印度设立的研发实验室、IBM 在印度的研发、微软在中国的研究实验室和富士通在马来西亚的研发中心等,又是"现代型"的研发扩张的实例;三星电子(韩国)设在欧洲的实验室以及宏碁(中国台湾)设在美国的实验室属于与研发相关的"追赶型"对外直接投资模式;而宏碁在中国的研究机构以及华为在孟加拉国的产品研发中心则是"扩张型"模式的实例。

(四)基于研发合作双方关系和地位发展演进的分类

这种分类主要体现在发达国家跨国公司在发展中国家建立研发机构的情景,如表 7-3 所示。

表 7-3 研究公司在发展中东道国建立研发机构的类型

研发机构	工作内容
卫星式实验室	• 充当监听前哨,以发现能够反映当地市场特点的新思想、新刺激与创新 • 对现有产品与工艺进行调适 • 容易受到削减预算的影响

续表

研发机构	工作内容
合约式实验室	• 利用低成本的技术人员、各种能力与基础设施 • 执行全球研发项目的特定模块 • 与总部以及其他分支机构的研发团队保持密切的互动 • 利用严格的机制来控制知识产权的泄露 • 存在密集的信息流动，但在知识交换方面是不平等的
(比较)平等的合作伙伴	• 与跨国公司的研发战略完融为一体 • 中心接受区域或全球产品指令 • 不受限制的全球交流

(资料来源：UNCTAD. 世界投资报告，2005)

例如，据 UNCTAD(2005)报告，跨国公司在中国的研发机构中，卫星式实验室与合约式实验室仍然占主要地位，但是已经有例子表明，特别在移动电信业开发中国的可替代标准，开放源软件与数字消费类电子产品等领域，平等的合作伙伴安排已经出现。

还有其他方式来对国外研发进行分类。例如，可以根据跨国公司的组织战略和跨国公司的研发管理方法来进行分类。但是从分析研发对发展中国家影响的目的来说，这些分类方法的意义都是比较有限的。

第二节 跨国公司研发国际化的发展趋势

一、跨国公司是研发的主力军

跨国公司承担着全球研发的大部分。2010 年，全世界研发经费投入最高的 1400 家公司(其中至少 98%的公司是跨国公司)研发经费之和约为 5703 亿美元。超过全世界企业研发经费总额的 2/3，约占全球研发经费总额的 1/2。如第一章所述，2007 年全球跨国公司的数量就已经达到 79 000 家，所以上述数字只是一个保守的估计。

表 7-4 显示了 2010 年世界研发支出前 20 名企业与发展中国家前 6 位企业，可以看到，排行前 4 位的制药跨国公司默克、罗氏、辉瑞、诺华 2010 年的研发支出都超出 90 亿美元，这一数值超过许多国家整个国家的研发支出，如 2009 年新加坡一个国家研发总支出约为 49 亿美元。

在世华科盈(GlocalWin)所提供的 2010 年世界研发支出排序前 100 名的企业中，80%以上的公司仅来自 5 个国家，依次为美国(41%)、日本(20%)、德国(8%)、法国(7%)和瑞士(4%)；此外，还有 6%的公司来自发展中国家。

第七章 跨国公司研发国际化

表 7-4　2010 年世界研发支出前 20 名企业与发展中国家前 6 位企业

排 序	公 司	母 国	行 业	研发支出(亿美元)
1	Merck & Co., Inc.(默克)	美国	制药	109.91
2	Roche Holding Ltd.(罗氏)	瑞士	制药	96.16
3	Pfizer Inc.(辉瑞)	美国	制药	93.79
4	Novartis AG(诺华)	瑞士	制药	90.7
5	Microsoft Corporation(微软)	美国	软件网络	87.14
6	Johnson & Johnson(强生)	美国	制药	68.44
7	GlaxoSmithKline plc(葛兰素史克)	英国	制药	61.21
8	International Business Mac(IBM)	美国	软件网络	60.26
9	Sanofi-Aventis SA(赛诺菲-安万特)	法国	制药	58.29
10	HONDA MOTOR CO., LTD.(本田)	日本	汽车	56.90
11	Siemens AG(西门子)	德国	机电	51.96
12	Eli Lilly & Co.(礼来)	美国	制药	48.84
13	AstraZeneca plc(阿斯利康)	英国	制药	46.64
14	Daimler AG(戴姆勒)	德国	汽车	46.04
15	Bayerische Motoren Werke A(宝马)	德国	汽车	41.32
16	The Boeing Company(波音)	美国	航天航空	41.21
17	Bayer AG(拜耳)	德国	制药	40.43
18	EADS NV(欧洲航空防务)	荷兰	航天航空	38.92
19	Google Inc.(谷歌)	美国	软件网络	37.62
20	Abbott Laboratories(雅培)	美国	制药	37.24
23	PetroChina Company Limited(中石油)	中国	石油石化	33.92
26	Petroleo Brasileiro SA - P(巴西石油)	巴西	石油石化	31.45
53	China Petroleum & Chemical(中石化)	中国	石油石化	16.18
79	Teva Pharmaceutical Indust(梯瓦制药)	以色列	制药	9.33
90	CNOOC Limited(中海油)	中国	石油石化	8.24
91	Hyundai Motor Company(现代)	韩国	汽车	8.24

(资料来源：世华科盈. 2010 年全球研发投入最多的 100 家公司. http://www.glocalwin.com/_d271739103.htm)

2010 年研发支出最多的 100 家公司集中于相对较少的几个产业，依次为制药(28%)、机电(19%)、石油石化(12%)、化工(11%)、软件网络(10%)、汽车(10%)、航天航空(4%)。

综上，跨国公司主导着全球的商业研发。少数国家通常作为研发支出最多的国家，承担了大部分的商业研发。而在这些国家中，少数几家公司控制了研发活动。大部分研发集中在制药、机电、石油石化、化工、软件网络和汽车产业。

二、跨国公司研发正在国际化

研发是跨国公司价值链中国际化程度最低的环节，而生产、营销及其他职能早已迅速转移到了国外。不过，某些研发活动已在国外进行了很长时间。从某种形式上讲，研发国际化可以追溯到对外直接投资的最初时日。跨国公司常常需要使技术适应东道国的销售，因此在许多情况下，为了实现这一目的，国外研发也就成为必要。此外，还有一些基础研究国际化的案例。例如，美国孟山都化学公司在第二次世界大战之后的一段时期内扩大其设在英国新港的基础研究中心；美国埃索石油公司设在英国的实验室也从事基础研究，除了其他发明以外，该实验室还率先研制出适用于高速喷气式飞机的新型合成润滑剂。一些来自经济发达的小国的公司也在其他发达国家从事创新型("寻求资产型")研发，以便接近其他创新中心并克服本国经济的约束(如知识和技术人才储备相对较小或者相对专业化)。因此，尽管研发国际化滞后于其他经营活动，但国外研发所占的比例却一直在稳步上升。

基于跨国公司全球化的空间过程，可以将跨国公司研发国际化的发展历程分为 3 个阶段。第一阶段是欧美公司之间进行海外研发的跨国公司研发国际化起步阶段，第二阶段是海外研发大三角格局(美日欧)形成的跨国公司研发国际化的成长阶段，第三阶段是真正意义上的跨国公司研发国际化的全面发展阶段。

(一)跨国公司研发国际化的起步阶段——20世纪60年代以前

研发国际化是与经济全球化进程紧密联系在一起的，跨国公司研发活动的国际化始于19世纪60年代，当时一些大型的欧洲和美国公司相互在对方国家建立研发实验室，其中又以英、美两国之间的相互研发投资最多。有据可查的公司研发国际化最早的一个例子是位于英国莱斯特的联合制鞋机械公司。事实上，它是总部位于美国波士顿的联合制鞋机械公司的海外子公司。在 1899—1910 年之间该公司的实验部在英国进行了许多研发创新活动。

两次世界大战期间，跨国公司将主要精力集中在扩大生产能力来满足各国的战争前后的需求。因此，外商独资企业数量在英国增长显著，研发投资也随之增加。在英国投资的公司中美国公司占主导地位。这些公司在英国的研发规模一般不大，说明海外公司进行的是适应性研发，目的是保证有效地转让在别处开发出的技术并对其他地方开发的产品进行修改，使其适应英国市场和监管条件。

第二次世界大战后一直到 20 世纪 60 年代，跨国公司研发国际化趋势更加显著，尤其是在技术密集型产业。根据 Kummerle(1999)的研究，在 1965 年，全世界 32 家著名电子和医药公司 6.2%的研发是在国外开展的。研究表明，在 20 世纪 60 年代来自欧洲的小国(如英国、荷兰、比利时、瑞士)的跨国公司的研发就已经相当国际化了。因此，一些分析认为，研发国际化在 20 世纪 80 年代以前很少发生的假定是不正确的，因为在这之前研发国际化就是很普遍的现象。

当时研发国际化的主要动力是进入外国市场,主要目的是要求产品和生产过程适应当地的条件,并提供持续的技术支持,这段时间跨国公司的海外研发活动进展缓慢,研发 FDI 主要集中在欧美之间,涉及的主要产业包括机械、电子及工程、汽车等产业。

(二)跨国公司研发全球化的成长阶段——20 世纪七八十年代

20 世纪 70 年代后期研发国际化开始显现,20 世纪 80 年代末出现加速趋势。20 世纪 30 年代,欧洲和美国的最大企业的全部研发支出的大约 7%是在海外进行的。第二次世界大战以后这一数值稳步上升,20 世纪 80 年代达到 18%。1986 年荷兰、瑞士跨国公司的国外实验室数量已超过国内;1983—1993 年,美国跨国公司海外研发的投资增长是国内投资增长的 3 倍;而在美国的外国研究开发投资占总研发投资从 1985 年的 6%上升到 1993 年的 10%,同期,外资控股企业的研究开发比例从 9%上升到 15%。

在整个 20 世纪 70 年代,一向保守的日本跨国公司也开始进行海外研发活动的尝试,改写了长达一个世纪的欧美之间相互进行研发投资的历史。因为普遍认为多数研究投资集中在美国、日本和欧盟的三角区域内,这一时期的研发国际化被称为"大三角化"可能更合适。Gammeltoft 的研究显示,将近 100%在美国之外注册的发明来自大三角地区。他的研究同时也显示,欧洲公司比美国公司更倾向于研发国际化,而美国公司又比日本公司在国际化上表现得更活跃。

(三)跨国公司研发国际化的全面发展阶段——20 世纪 90 年代以来

20 世纪 90 年代是一个全球化加速的时代,体现在国际经济互动的程度和范围加深,国际分工更加复杂。在同一时期,知识变得日益重要,成为竞争力、创新和经济增长的源泉。全球化和知识在经济中日益提高的重要性形成了一种趋势,即公司的知识产生、获取和扩散日益国际化,尤其是公司研发的国际化。虽然,跨国公司习惯上仍将研发保留在接近公司总部的母国,但跨国公司的科技和创新过程在整个 20 世纪 90 年代变得更加开放和分散成为不争的事实。

1990 年以来,不仅美欧跨国公司的海外研发投资快速增长,日本跨国公司的海外研发机构也在美国和欧洲迅速发展,仅在 1990—1993 年间就有 264 家日本公司在欧洲建立了研发机构,美、欧、日等国跨国公司研发活动的全球化程度都在进一步提高,这些活动主要集中在微电子、制药、信息通信、生物技术及新材料产业。

在经济合作与发展组织(OECD)国家内,海外研发支出已经占全部产业研发支出的 12%以上。在美国,海外研发子公司占 2001 年美国全部研发的 15%,在法国和德国占 20%,占英国、荷兰、加拿大、瑞典和西班牙的 30%~40%,占匈牙利和爱尔兰的 70%以上。表 7-5 则显示了 2004 年跨国公司研发外国子公司的地理分布。

表 7-5　2004 年研发外国子公司的地理分布

地区	全世界	发达国家	西欧	美国	日本	发展中国家	拉美与加勒比海	非洲	亚洲	南亚、东亚与东南亚
子公司数目	2584	2185	1387	552	29	264	4	40	216	207

(数据来源：UNCTAD. 世界投资报告, 2004)

令人瞩目的是，发达小国由于自身市场和科技发展有限，其跨国公司所从事的研发活动有一大半是在母国以外进行的。

总体上看，研发对外直接投资主要还是集中在欧、美、日等发达国家，到 1994 年，发展中国家在发达国家的研发投资不足 5%。然而，最近的研发投资日益转向发展中国家和转型期经济国家。印度、新加坡、中国及中国台湾地区的外国直接研发投资增加速度较快，全球研发的"大三角"格局正在被打破，发展中国家在跨国公司全球研发体系中的地位正在上升。

三、发展中国家和地区成为跨国公司的研发场所

发达国家目前仍然是跨国公司国外研发活动的主要东道区位，但跨国公司将国外研发活动更多地转移到发展中国家和地区、东南欧和独联体的趋势已是很明显的。

根据 UNCTAD 2004 年的一项调查，被调查的跨国公司中有 70%的公司表示，它们已经在国外从事研发活动，并且近年来已将更多的研发活动转移到发达国家以外的区位。与此类似的是，有关涉及研发的新建和扩建的 FDI 项目的信息表明，以发展中国家为目的地并且与服务有关的研发已出现高潮。所收集的世界范围内涉及研发的外国直接投资项目，绝大多数集中在发展中国家、东南欧和独联体，仅亚洲和大洋洲两个地区的发展中国家和地区就接近总数的一半。这些数据还表明，与研发相关的新建外国直接投资项目所创造的绝大多数就业机会流向了发展中国家，主要是印度和中国。

UNCTAD 的报告显示，在 2002—2004 年，发达国家跨国公司投资于其他发达国家的"传统"模式(发达国家投资于发达国家)在新的研发项目中所占的比例不足 1/3；而"现代"型的研发扩张(发达国家跨国公司投资于发展中国家和转型期国家)日益重要，几乎占有新的研发项目的 3/5。

UNCTAD 对跨国公司中研发支出最多的公司的调查证实了发展中国家区位日益增长的重要性。虽然国外研发大部分主要集中在其他发达国家(英国和美国是前两个最大的目的地国家)，但这些被调查对象也提及了一些发展中国家。目前这些公司在发展中国家寻求的国外研发区位主要有中国(全球第三大研发目的地国家)、印度(第六)、新加坡(第九)和巴西(第十一)。

对 UNCTAD 的调查作出回复的公司还回答了与研发领域中国际非股权合作有关的问

题。最经常提及的进行这种安排的区位仍然是美国,其次是英国,中国居第三位,其后是德国、法国和日本。在作出回复的公司中,与俄罗斯联邦有研发合作项目的公司和在印度有类似合作项目的公司所占的比例大致相等。其他提及的发展中经济体和转型期国家包括阿根廷、巴西、墨西哥、新加坡、中国台湾地区和突尼斯。

跨国公司在发展中国家研发的产业构成因地区和经济体而异。例如,2002年美国公司在亚洲地区(不包括日本)子公司研发的3/4集中在计算机和电子产品产业。在印度,同年美国子公司研发支出的75%以上集中于非制造业,而在1999年该比例仅为20%,这反映了美国公司的重点集中于印度的软件开发。另外,美国跨国公司设在巴西和墨西哥的子公司所有研发支出的一半以上集中在化学和运输设备两个产业。这一格局不同于所有东道国的总体情况。从总体上看,运输装备产业居于首位,其次是计算机和电子产品,再次是化学和制药产业。

跨国公司在发展中国家所从事的研发的类型也在发生变化。虽然这些研发在传统上主要涉及产品与工艺的调适,以适应当地市场的需求,但近期的发展表明,一些发展中国家、东南欧和独联体市场正在成为跨国公司全球研发体系的重要节点。与此同时,发展中国家参与这些体系的程度存在着相当大的差异,并且大多数发展中国家仍然未能与这些体系建立联系。

四、发展中国家跨国公司的国外研发也在不断扩大

发展中国家与全球知识网络建立联系的另一新趋势就是发展中国家跨国公司国外研发活动的出现和迅速增长。因为这个现象是最近发生的,所以发展中国家研发支出排在世界前列的公司仍然相对很少。但是,自20世纪90年代末以来,一些公司——几乎全部来自亚洲——在世界研发支出最多的公司排行榜上的排序已经上升了,而且在2002—2004年它们的研发正以相对较大的规模扩张。

一些发展中国家的跨国公司,如IT产业的公司Ingenuity Solutions(马来西亚),在对国外研发投资时,已将美国等发达国家的知识基础作为目标。与此类似的是,墨西哥的Bionova公司于1996年收购了美国的DNA工业技术公司,新加坡的Cordlife公司于2004年收购了美国的Cytomatrix公司。

也有一些发展中国家将研发领域扩展至外国的例子。一些来自马来西亚、韩国、新加坡和泰国的公司在印度建立特别与软件开发有关的研发机构。韩国三星电子公司2003年宣布在中国、印度和俄罗斯联邦建立研发中心的计划,LG公司扩大了其在印度的研发活动。印度尼西亚的Bogasari International公司(食品加工)选择了新加坡,这是由于新加坡对外国投资者提供了优惠的研发激励措施。

一项对中国大型跨国公司的最新研究表明,这些公司截至2004年年底共建立了77个研发机构,其中设在国外的就有37个。在国外研发机构中,有26个设在发达国家,主要

集中在美国(11个)和欧洲(11个)，其中大多数是充当监听前哨或承担产品设计的任务。剩下的11家分布在发展中国家，规模一般都很小。

印度跨国公司也在实行研发全球化，重点在于服务特定地区市场的客户。主要的软件公司全部都到国外投资，主要在发达国家，如印度的Infosys、威普罗、Birlasoft和HCL技术公司已在美国开展经营活动。它们还进入一些拥有重要客户的其他发展中国家，尤其是中国、东南欧和独联体。制药和化学等其他产业的印度公司也投资国外研发活动。

韩国跨国公司仅仅在20世纪90年代才开始建立国外研发机构。2005年，韩国工业技术协会所进行的一项调查确认韩国公司拥有60个国外研发中心。美国是这类投资的主要目标(17个研发中心)，其次是中国(15个)、日本(7个)、俄罗斯联邦(5个)和德国(5个)。设在中国的大多数研发中心(15个中有12个)自2000年起就已经开始运作。一些投资国外研发的韩国公司也在世界研发支出最大的700家公司之列，其中包括三星电子(世界排名第33，并且是发展中国家研发支出最多的公司)、现代汽车(第95名)和LG电子(第110名)。

第三节　跨国公司研发国际化的动因

跨国公司研发活动在发展中国家的增长，反映了研发活动国际化的驱动因素与决定因素的变化。由于竞争压力的增加、产品生命周期的缩短及降低创新成本的需要，企业被迫寻求新的方式来组织其研发活动。与此同时，一些发展中国家政府一直大举改进相关技能的供应，常常使其成本远远低于其他国家可比较的人力资源。研发活动的国际化现在已不再局限于发达国家的跨国公司，发展中国家企业也在国外开展研发活动，以利用国外的市场和卓越中心。

本节从研发国际化的驱动因素和区位决定因素两个角度展开。

一、研发活动国际化的驱动因素

在跨国公司的经营活动中，研发是最少外移的，这种区位的"黏性"存在多种原因。由于先进技术知识的复杂性与默示性，很难并且需要付出很高的成本才能将研发活动拆分，并将其中不同的环节安排在不同的地点。研究人员常常需要当面沟通，以交流信息与思想。此外，研究技能往往是以积累的方式建立起来的，因而起步较早的研究中心经常得以维持或者强化其领先地位。历史表明，技术领域的"卓越中心"往往存续很长的时间。研发也有广泛的溢出效应，即在创新企业之间存在着思想和人员的流动；研发具有显著的协同效果，可以形成强有力的集群和聚集优势，如果一些著名的公共研究机构和大学成为某个集群的一部分，这个区位的优势也就越加强大。

这些因素倾向于将创新活动锁定于一个国家，其中大多数是母国的特定区位或集群。

不过,最近研发的国际化趋势表明,这些因素正在发生变化,并使研发活动更加分散化。虽然许多跨国公司创新者仍然把其核心创新活动保留在某一区位,但许多大型公司,特别是那些拥有多个制造地点和多样化产品的公司,已将其研发机构分散化了。

学术界对研发国际化的驱动因素进行了大量探讨,将其归结为5个方面。

(一)使国外技术适应当地市场

使技术适应当地市场一直是国外研发活动的主要动因。即使在今天,当地调适仍然是跨国公司在国外从事的研发活动的最主要类型。但是,即使是国外分支机构的当地调适性研发活动,也只有在特定条件下才是划算的;东道国经济与母国经济必须存在足够大的差异,从而使进行重大的调适性研发活动成为必要;经营活动的规模必须足够大(如拥有庞大的国内市场或面向出口市场的生产活动);东道国还必须拥有所需的人力资源与制度框架。来自发展中国家的跨国公司也在国外从事调适性研发活动。例如,中国的华为公司在印度班加罗尔建立了大型研发机构,从事软件设计活动;反过来,印度的软件公司,如 Infosys 与 Satyam,也已经在中国建立了开发中心,以便使其产品适应当地市场的需求。

(二)向当地生产活动提供技术支持

由于制造业的生产活动与以 IT 为基础的服务业的国际化已经显示了其成本优势,研发国际化的另一个动因是向当地生产活动提供技术支持。一项有关外国公司在印度的研发活动的调查指出,对于传统产业的企业来说,接近制造基地或印度市场是它们在印度开展研发活动的主要动因。

(三)技术获取或追踪

技术获取或追踪是跨国公司在一些拥有卓越中心的地区设立研发机构的日益重要的理由。在这些地区设立的机构可以作为起监控作用的前哨阵地,以跟踪最新技术的发展。此类研发国际化旨在增加母公司的技术资产。这是为什么许多电子与信息技术企业在硅谷建立研发机构、制药公司在波士顿周围建立医药研发集群的原因。技术获取与追踪也成为发展中国家企业研发国际化的重要驱动力量。

一项对美国、欧洲与日本 200 多家跨国公司的研究识别了研发国际化的 9 种原因。对于样本企业 3 个最重要的动因是:使国外技术适应当地市场、获得熟练的研究人员、了解国外领先市场与顾客。4 个中等重要的动因分别是:利用外国公司开发的技术、与国外技术保持同步、向当地生产活动提供技术支持、遵守和应对当地市场进入的管理规则与压力。最后,两个重要程度最小的动因是:利用东道国的公共研究计划和规避母国不适宜的研发环境。这项调查是在 20 世纪 90 年代末期实施的,涉及在其他发达国家出现的研发活动离岸化。它或多或少地证实了以前有关研发国际化的研究结果。

(四) 研究人员的可得性与成本

研发活动近年来在"大三角"之外地区的扩展，说明一些新的驱动力量，如研究人员的可得性与成本越来越重要。研发开支的上升，连同削减成本及迅速将产品投向市场的日益强化的压力，迫使跨国公司寻找新的途径，以便更迅速地进行研究活动，把一些非核心的业务外包出去，并把研发活动安排到拥有低成本的并且拥有众多科技人员的国家。特别在一些以科学为基础的研究活动中，当企业无法在本国获得足够数量的熟练专业研究人员时，这就变得更加重要。例如，有报道说，欧盟若要实现将其 GDP 的平均 3%用于研发的目标，还缺少 700 000 名科学家与工程师。一项对亚洲地区研发的研究得出以下结论："离岸外包的主要原因是：在公司的母国常常没有足够的人才，可用于特定任务的国内研究人员不具备足够的资质，而来自其他国家，如印度的编程人员与科学家则具备所需的资质与技能，可以满足外包者的需要。"

对于新技术产业的企业而言，获得研发人才和低研发成本日益成为重要的驱动因素，而这一因素对于传统技术产业的企业来说则是不重要的影响因素。这个观察结果与下述事实是相符合的，即在过去 10 年里，在亚洲各地建立的全球导向的研发实验室中，电子、信息通信技术与软件产业占支配地位。

(五) 技术与组织方面的进展

技术与组织方面的进展也是值得考虑的重要因素，这些进展降低了对于跨国知识交流的约束，并推动企业实施研发活动的国际化。第一，自由化和技术进步使得竞争更加激烈，促使跨国公司进行更多的研发投资，并避免成本不受控制的盘旋上升。对于没有成功控制开发成本的公司，往往难以在股票市场上获得回报，因此，它们寻求更经济的方式来推动创新。第二，信息通信技术的进步使得远程信息交流变得更加迅速、便宜和密集。第三，在"新技术"产业，由于地理上靠近基础科学研究，使得一些拥有大量科学家与工程技术人员供给的国家即使缺乏产业经验，但是仍有可能吸引跨国公司的研发活动。第四，某些类型的研发"模块化"，或者研发过程更精细地专业化于分离的活动，使得企业能够拆分(产品与服务的)开发工序，以提高效率并降低成本。

二、研发活动的东道国区位决定因素

研发活动的全球分布图表明，其分布是很不平衡的，如设在发展中东道国中的研发活动主要集中在亚洲以及拉丁美洲和加勒比地区的几个大经济体。什么因素决定了跨国公司研发活动的区位选择呢？

研发活动的东道国区位决定因素有一些是共同的，但不同类型的研发活动，包括调适性研发、与面向当地或区域市场的生产活动相联系的创新性研发、针对新产品或新工艺开发的全球性创新性研发或基础研究与技术追踪，又被不同的因素所吸引。

(一)不同类型研发活动的决定因素

(1) 调适性研发活动通常与生产活动有着密切的联系，并涉及进口技术的调适。这是在拉丁美洲与非洲的外国分支机构所进行的主要研发类型。决定此类开发活动选址的因素是需要对生产活动给予支持并对技术进行调适、靠近消费者、与当地合作伙伴进行合作、改善公司当地的"形象"、同步推出某种产品、促进制造活动规模的迅速提升以及克服对于进口的保护主义障碍。东道国市场规模越大，产品与服务的当地调适的需求就越大。随着各国市场发展成为在地区范围更加一体化的市场，一些国家可能成为进行调适性研发的首选基地，这类研发活动不仅是为了服务于当地市场，也是为了服务于整个地区市场。在这种情况下，适当的技术人才和国家创新体系的其他方面(如技术与经济基础设施、接近供应商与核心顾客)就更加重要了。随着产业的深化，调适性研发所需要的是生产过程中非常专业化的技术和工程技术人员。成本因素很可能处于次要的地位。

(2) 创新性研发已发展成为南亚、东亚和东南亚一些国家和地区以及一些转型期国家中外国分支机构的一个特征。这类研发是针对全球市场的，其国际化的驱动力是为了寻求以科学为基础的相关技术领域中的高级技术人才。这类研发活动的目标可以是区域市场或全球市场，并且主要是由各国国家创新体系的质量所决定的。例如，在中国的调适性研发已经发展成为更高级形式的创新活动，当地市场则作为面向区域市场甚至全球市场的新产品的试验场。要吸引创新性研发活动，一个国家所需的具体特性取决于所涉及的产业和活动。对于发展中东道国吸引创新性研发的关键决定因素包括大规模的科技人才储备，以及一个功能健全的国家创新体系，这个体系拥有实力雄厚的公共研究机构、科学园区、适当的知识产权保护制度和政府激励措施。

(3) 追踪与获得技术的研发活动大多都被吸引到那些支持建立世界一流技术与产业集群的国家。技术寻求型研发活动绝大多数是在发达国家进行的。一项关于欧洲与美国制药产业的研究指出，欧洲制药跨国公司更有可能在美国建立此类研发机构，而不是相反，这可能反映了美国市场的规模与盈利能力、美国的科研能力以及在产业与大学研究机构之间的密切联系。

(二)共同的决定因素

1. 技术人才与研究能力的基础条件

在吸引创新型研发方面，竞争压力迫使企业更加关注工资成本以及大量科学家与工程技术人才的可得性。在发展中国家的研发机构，熟练研究人员的工资远远低于发达国家，这对跨国公司是很有吸引力的。相对于工资本身而言，跨国公司看重的是能否迅速建立起研发机构，接近现有的并且可以随时招聘到熟练研究人员的知识中心。在 UNCTAD 的创新能力指数中，中国与印度的排名都很低，可是，当跨国公司需要雇用大量的研究人员时，这些国家可以低成本地提供为数不断增长的熟练人员。

全球高等教育在学人数的分布发生了很大变化。亚洲的发展中国家与地区已经成为大学毕业生的主要来源，而且这种趋势还会持续下去。这就是为什么日益增多的跨国公司把其注意力转向中国与印度进行创新性研发活动的主要原因之一。

虽然熟练人才的绝对数量在研发活动选址方面发挥着重要的作用，不过对于一些规模较小的国家来讲，仍然有可能凭借高水平的技术人才来吸引全球性的研发活动，只要在当地的技术密集型产业已经有某个大型跨国公司的存在，并且可以提供专门化的研发能力。爱尔兰、新加坡与匈牙利都是很好的例子，这些规模较小的新来者已经吸引了大量跨国公司的研发机构。相反，对于那些拥有庞大技能库的国家来讲，如果其他条件没有得到满足，也可能吸引不到很多的跨国公司的研发活动，日本与俄罗斯联邦的情况就是这样。

2. 国家创新体系的实力

创新性研发活动选址的一个重要的结构性决定因素是一个国家的国家创新体系的实力。国家创新体系包括科学研究机构(如研发实验室、大学以及标准、质量与度量局)，也包括其他从事研发活动的企业(不管是当地企业还是外资企业)，以及研发与创新的制度框架。在一个强有力的国家创新体系中，科学研究机构与生产企业以及其他从事世界级研发活动的企业保持着密切的联系。这对寻找研发新地点的跨国公司来说是具有重要吸引力的因素。有活力的科技园区的存在对于需要与各种企业和研究机构进行互动的研发活动来讲是额外的吸引。基础研究要求更强有力的国家创新体系，同时使得科研机构能够提供世界一流的研究与出版物，承接产业界的合约研究工作。

知识产权保护制度也是这一框架的组成部分，其在吸引跨国公司研发方面的作用因产业而异，也因研发类型而异。调适性与生产支持型研发并不需要很强的知识产权保护，但它对于其他类型的研发活动却可能是必不可少的。

关于政府的激励是否有助于吸引跨国公司研发的研究结果表明，一般说来，只有在其他更为重要的决定因素已具备的情况下，激励才能有效地发挥作用。通过削减成本，政府的激励可以诱使跨国公司扩大或深化其研发活动。可是，如果缺乏所需的技术人才与研究能力，激励措施可能会诱使企业把一些日常的技术活动仅仅贴上新的标签，就报告为研发活动。事实上，拥有大量低成本科技人才的国家，很可能无须提供激励就能吸引国际性的研发活动。

此外，多元化的产业结构，连同技术复杂的经营活动，很可能会给集群提供能够支持创新性研发的技术人才以及关联供应商和买家。技术专业化很强的国家往往吸引跨国公司在相近领域的研发，并且跨国公司创新性研发(资产增强型)的国际化往往是为了补充其技术实力。

因此，一个国家的创新体系的有效运行是吸引跨国公司研发关键性的因素。成功吸引跨国公司研发活动的亚洲大多数国家已运用精心设计的政策来强化其创新体系，并创造一个适宜此类投资的环境。

第四节　如何进行研发活动的国际化

一、研发国际化的主要方式

一旦企业决定要在国外开展研发活动，它就必须作出一些选择：在国外是采取内部经营模式，还是外部经营模式(如是由子公司进行研发还是外包给一家独立的企业)。就内部研发来说，还要在新建机构与收购或兼并东道国企业之间进行取舍。

(一)研发外部化

研发国际化可以采取在国外子公司内部运作的方式，也可以采取向东道国的独立企业或研究机构外包的方式。当对某项活动的严格控制至关重要，或涉及很高的交易成本，或专有知识和信息是敏感性的、默示性的、生产成本很高、很复杂，但是却容易复制时，跨国公司通常倾向于将该项活动保留在公司内部进行。而且，一项服务职能的战略地位越重要，越接近于企业的核心能力，就越不可能外包给非关联企业。

不过，在发达国家，研发向国外地点的外包正在增长，目前这在某些产业(如制药业)已经非常普遍。长期以来，基础研究一直外包给公共实验室与大学；最近，其他类型的研发活动也有外包化的趋势，这些活动传统上一直是在制造业或服务业企业内部进行的。在以美国为首的一些发达国家，在合约基础上提供研发服务是增长最快的服务业之一。正如前面所提到的那样，研发工作也在越来越多地外包给发展中国家，特别是亚洲发展中国家的企业。

企业是选择在公司内部进行研发还是将研发外包出去，其主要决定因素如下。

(1) 知识的默示性质及所需协调的程度。某些研发环节中的知识是高度默示性的，其转移与协调的成本要远远高于来自外包的收益，因此这些环节往往保留在企业内部进行。不过，随着知识更容易形成文字、研究方法的进步、技术变得更加标准化以及协调变得更加容易，研发过程的"可分离性"可能会提高。

(2) 制造活动的外包程度。随着企业专攻核心业务活动，并把生产活动外包，对外部创新来源的需要也可能会出现相应的增长。

(3) 研发活动对公司核心优势的重要性。公司关键性的活动不会外包出去，以保护自身的竞争地位、核心技能及创新声誉。对于市场领先者来讲，失去创新优势的代价是巨大的。不过，关键活动与其他活动的界限是会变化的，这取决于公司战略、知识产权保护制度以及委托者对承包者的信任程度。

(4) 对专门化技能与设备的需要。一些产品创新是很复杂的并且是模块化的，涉及范围广泛的各种技能与专业人才(如半导体设计)，因此单个企业要承担所有阶段和职能的研发是不现实的。因而,产品创新不得不在数家企业之间进行"垂直分解"。

(5) 创新活动越来越具有多学科与多技术性质。跨学科技术交叉与借鉴的发展,以及由此形成的内容广泛的各种能力,这已成为以技术为基础的企业保持竞争力的基本要求。这对某些制造工序来讲是特别确切的,这些工序中有好几类技术相互作用,导致需要寻找外部知识与创新来源。

(6) 需要昂贵的常规工程与测试。这对外包是一个重要的刺激因素,特别在所需设施是资本密集的情况下。外包因而成为降低固定成本和风险的手段。例如,2004年,把一种新药推向市场的成本大约是8亿美元,如果再加上商业化成本,就上升到了17亿美元。企业可以把外包作为降低这些成本的途径。

(7) 快速创新的需要。在某些快速技术变化的领域,竞争的成功取决于企业把新产品(或者改进型产品)快速推向市场的能力。利用外部的研究机构,可以在很短的时间内做出反应,这是外包的主要优势。

(8) 削减成本的需要。在许多消费品产业,如电子产品产业,领先企业不得不提供所有系列产品并不断加以更新。以数码相机为例,要想使产品摆上佳购或电子城的货架,经常意味着品牌企业要提供全系列的款式,从只有200万像素的、价值100美元的数码相机到800万像素价格在700美元的款式等,竞争可以在数月内使热卖产品变成便宜货。所以这些企业必须迅速把产品推向市场以获得说得过去的利润。这些压力是外包吸引力不断增长的原因。再以手机为例,它正在变为一种时尚商品。一款新手机要开发出来,使用预定平台可以节省70%以上自研发成本。

研发业务外部化的另一种途径是与竞争对手、供应商或顾客建立战略联盟。有数据显示,跨国研发战略联盟不断增加。在某种程度上,研发战略联盟的驱动因素类似于研发活动外包的驱动因素。战略联盟可以被视为共担研发风险,利用彼此具有互补性的专有资产,以及解决专利申请可能不会成为其有效选择时的一种途径。当合作伙伴公司拥有互补性的能力时,研发联盟往往就会出现,而且这样的联盟可以在合作伙伴各自的学习和创新道路之间形成更强的互动。建立研发领域联盟的另一个原因是为了寻求比独自研发时更加迅速的新技术开发。在这里,战略联盟提供了一种有吸引力的组织形式,这种组织形式特别适合于创新速度很快而且技术诀窍来源又在地理上分散的情形。

(二)新建与收购

如果一家公司选择内部化方式来进行研发国际化,它还需要决定是采取新建方式还是收购一家现有的研发机构。在这里,首选何种模式取决于几种因素,其中包括研发的目的、有无适当的收购目标、竞争状态和其他的产业特定因素等。

当在国外建立调适性研发机构时,新建方式进入是最为常见的,因为这类研发活动是与生产活动紧密联系的。但是,如果说一家公司收购一家生产厂家的意图在于提高其在东道国的市场地位,而在这项交易中可能又包括一些研发活动的收购,此类收购促使许多公司实现了更大程度的研发国际化。在这种情况下，收购企业的研发战略以及被收购企业的研发活动的质量，将会影响到这些研发活动是集中化管理并转移到母公司(或者其他姊妹公司)，还是留在东道国，并且或许还要进一步扩大。

对于技术获取式(或资产寻求型)的研发领域的对外直接投资，收购有时可能是获得外国技术(或其他重要资产如商标与政府关系等)的唯一途径。有关日本跨国公司国外子公司的研究发现，被收购的企业与新建子公司相比往往拥有较高的研发密集度，这可能说明获得技术是此类收购的重要推动因素。

如果这种技术获取战略涉及要在国外卓越中心设立跟踪机构，那么许多企业也许愿意设立一个功能不那么齐备的当地公司。为了把有关的知识有效地传递给母公司，在东道国设立的研发单位需要与跨国公司的其他部分进行很好的整合。

对研发机构的收购大多数是在发达国家进行的，因为在这些国家有更多的目标研发机构。这与目前盛行的跨国并购的一般格局也是相同的。目标企业的创新能力越强，选择并购方式的吸引力就越大。发达国家在此领域的优势也可能反映了母国与东道国企业之间的专业化存在着类似之处。谋求在国外进行研发投资的跨国公司，如果当地企业拥有强大的而且类似的能力，它们就更加倾向于选择收购。

最后，产业的特点也影响进入模式的选择。较为集中的市场结构(不管是全球市场还是就给定的市场而言)可能诱使跨国公司收购当地主要企业中的某一家企业。事实上，制药产业和汽车产业的许多巨型合并案都是为了获得营销与分销活动的协同优势，同时也是为了获得研发的协同优势。在一些寡头竞争产业，并购的战略动因可能是通过收购竞争对手的技术资产，来消除其他企业的竞争。当在东道国获得技术或创新实力的速度具有重要意义时，并购进入方式就更具有吸引力。

二、防范研发国际化技术外溢风险

研发的国际化可以通过数种途径使发展中东道国受益。它可以作为一个培训基地，为科学家与工程技术人员提供具有挑战性的高技能的工作；它可以形成新的研究力量，从而有利于增强东道国的人力资源基础；它可以带来新的知识与研究技能，给国内企业或其他组织带来知识溢出效应，从而促进东道国形成研发文化；日益增强的研发能力又可以帮助东道国提升在价值链上的位置，进入比较具有动态优势的新领域。在这样一个越来越以技术为基础的背景中，这种变化的好处是巨大的。

鉴于知识作为公共物品的性质，一家外国分支机构的研发活动会对东道国的其他企业或研究机构产生技术外溢效应。

技术外溢是指通过技术的非自愿扩散，促进了东道国技术和生产力水平的提高，是跨国公司投资对东道国经济正外部性的一种表现。其具体溢出渠道主要包括以下几种。

第一，东道国企业以供应商的身份(即后向关联)和外商的高质量产品的用户身份(即前向关联),与跨国公司形成一种长期性交易关系,从而可获得外商较全面的技术支持,以及售后服务和技术性培训,这对于东道国企业改进工艺、提高生产技术水平、加强新产品开发,焕发以采用传统技术和适宜技术为主的国内企业的活力,都有着十分积极的意义。例如,中国格兰仕微波炉生产企业在作为变压器的供应商为跨国公司贴牌生产过程中,从美国和日本引入最先进的生产线,得以接触微波炉制造各个环节的生产技术,为以后自主研发微波炉核心部件——磁控管的制造技术,从而掌控整个微波炉制造流程打下了基础。

第二,受雇于跨国公司的东道国员工,一旦流入东道国国内企业,也会将其在跨国公司所掌握的技术和管理知识传播出去。例如,在中国,一家跨国公司研发中心研究主任招聘的整个研究队伍,后来全部回到中国科学院,部分原因在于后者为这些人员提供了独立进行研究的机会。在马来西亚,在类似摩托罗拉、德州仪器或英特尔这样的跨国公司的当地分支机构中,有些工程技术人员转到当地企业从事研发管理的工作。

第三,从跨国公司子公司剥离出来的企业运用掌握的技术和管理知识继续从事创新活动。例如,中国科信无线公司是一家独立进行研发的公司,也是中国独立从事无线电话设计业务中一家最大的公司。它于2002年7月由离开摩托罗拉中国公司的14人的团队组建。新分离出来的公司后来于2005年5月在纳斯达克上市。光纤联络公司是另一家中国的研发企业,是由来自朗讯的一批工程技术人员与研究人员组建的。

第四,在有效的竞争机制下,跨国公司的进入会对东道国企业产生示范效应,通过模仿和改进,东道国企业可以实现"干中学"式的技术进步,进而实现技术创新。例如,一项研究表明,中国汽车行业本土企业在与跨国公司合资企业竞争过程中,创新能力日益增强,企业申请发明专利的平均数量远远超过合资企业。

在技术外溢方面,东道国与跨国公司的利益存在着冲突。东道国把吸引外国直接投资视为建立技术能力的手段,试图使知识最大限度地扩散到其他企业;而跨国公司则常常希望最大限度地减少"外溢",因为这样的结果可能帮助当地企业成为竞争对手。

跨国公司因此试图利用以下各种手段防范对东道国技术外溢的风险,详见表7-6。

(1) 采取独资方式进入。跨国公司可能会坚持对其分支机构拥有全部所有权,从而限制当地企业获得知识。而作为合资伙伴,当地企业可能会获得这些知识。不过,当地公司仍然可以从外资研发机构挖走员工,当然这些员工所接触的知识很可能是有限的,不如和外资子公司分享所有权并派出自己的员工参与外资子公司所有活动所获得的多。

(2) 转让对转让者低价值的非核心技术。跨国公司对其核心能力(技术)的保护通常要强于对非核心能力的保护。它们乐于将非核心技术向国外分支机构转移,或将它们外包出去,或和当地合作伙伴合作进行开发。这并不意味着非核心技术是过时的技术,或者对东道国没有多少价值,它们可能是新的或有价值的技术,但对于跨国公司的核心活动来讲是边缘性的技术。

(3) 转让核心的(高价值)但有依赖性的(不完全的)技术。跨国公司可能会向国外分支机构转让某些核心技术,然后后者通过在当地的工艺性研发以提高生产效率。为了保护这些技术不被窃取，跨国公司会设法使研发成果和生产过程对母公司形成依赖，如在当地从事部件生产，这些部件除非与跨国公司在其他地点生产的其他部件组装在一起，否则没有多少价值。跨国公司可能决定利用在多个地点生产的部件构成的系统来从事新技术的开发，而系统中的任何一家子公司都无法接触全部技术系统。

(4) 采取默示方式转移技术，而不是明示方式。跨国公司也可能以默示方式转让技术，而不是采用明示方式，从而延缓当地雇员的吸收及其向当地伙伴企业的再次转让。这可以给跨国公司更多的时间来开发新的技术，同时又可以延缓国外分支机构开发自己的研发能力。

表7-6 跨国公司限制对东道国的溢出风险的做法

措　施	潜在影响
采取独资方式进入	减少监控成本与损失的风险，因为局外企业很难获得足够的有关特定技术的知识，来掌握这种技术
转让对转让者低价值的非核心技术	降低由于滥用这些技术对于转让者造成损失的成本，但是受让者仍然是满意的，因为对技术的估价具有不对称性
转让核心的(高价值)但有依赖性的(不完全的)技术	即使被盗用，对于受让者也没有多大的价值，因为这种技术需要与转让者拥有的互补性技术结合起来才能使用
采取默示方式转移技术，而不是明示方式	即使国外分支机构的员工了解该技术，但要向其他组织转移这种技术是很缓慢的，因为他们也必须经过默示方式来转移

(资料来源：UNCTAD. 世界投资报告，2005)

 本章小结

(1) 虽然研发只是创新活动的一部分，但它是最先进的、可广泛获得并具有国际可比性的、衡量产业创新活动的统计指标。研发涉及新颖性以及解决科学和技术的不确定性因素，包括连同开发在内的基础和应用研究。

(2) 创新国际化主要有3种类别。第一种是本国企业、跨国公司及个人致力于使国内开发的技术在国际上商业化；第二种涉及在私人机构、公共机构，其中包括国内企业和跨国公司、大学和研究中心之间开展国内与国际科技合作；第三种是跨国公司所进行的创新生成的国际化。跨国公司所进行的创新是第三种。根据定义，跨国公司是能够在其公司内部范围内控制并实施全球范围创新过程的唯一机构。

(3) 技术创新意味着在市场上引入新产品、新工艺或服务。创新型技术进步可以分为4个阶段：基本生产、有效地调试、技术改进和追踪及前沿创新。

(4) 跨国公司的国外研发是一种涉及多种因素的活动，基于研发活动的性质和跨国公司动机可以有 4 种分类方式。前两种分类源于跨国公司设在发达国家的外国子公司的研发活动，但是在大多数情况下，它们也可以用于那些在全球研发景观中正崭露头角的发展中国家；而后两类则更多涉及发达国家与发展中国家企业之间的关系。

(5) 跨国公司研发呈现以下发展趋势：跨国公司是研发的主力军；跨国公司研发正在国际化；发展中国家和地区成为跨国公司的研发场所；发展中国家跨国公司的国外研发也在不断扩大。

(6) 研发活动国际化的驱动因素包括：使国外技术适应当地市场；向当地生产活动提供技术支持；技术获取或追踪；研究人员的可得性与成本；技术与组织方面的进展。

(7) 研发活动的东道国区位决定因素有一些是共同的，如技术人才与研究能力的基础条件、国家创新体系的实力等；但不同类型的研发活动，包括调适性研发、与面向当地或区域市场的生产活动相联系的创新性研发、针对新产品或新工艺开发的全球性创新性研发或基础研究与技术追踪，又被不同的因素所吸引。

(8) 一旦企业决定要在国外开展研发活动，它就必须作出一些选择：在国外是采取内部经营模式，还是外部经营模式(如是由子公司进行研发还是外包给一家独立的企业)。就内部研发来说，还要在新建机构与收购或兼并东道国企业之间进行取舍。企业是选择在公司内部进行研发，还是将研发外包出去，其主要决定因素如下：知识的默示性质以及所需协调的程度；制造活动的外包程度；研发活动对公司核心优势的重要性；对专门化技能与设备的需要程度；创新活动具有多学科与多技术性质的程度；需要昂贵的常规工程与测试的程度；需要快速创新的程度；需要削减成本的程度等。而决定是采取新建方式，还是收购一家现有的研发机构，首选何种模式取决于几种因素，其中包括研发的目的、有无适当的收购目标、竞争状态和其他的产业特定因素等。

(9) 鉴于知识作为公共物品的性质，一家外国分支机构的研发活动会对东道国的其他企业或研究机构产生技术外溢效应。跨国公司因此试图利用以下各种手段防范技术外溢的风险：采取独资方式进入；转让对转让者低价值的非核心技术；转让核心的(高价值)但有依赖性的(不完全的)技术；采取默示方式转移技术，而不是明示方式。

实训课堂

案例分析一

基本案情：

作为国际高科技企业，华为在其十多年的国际化市场开拓进程中，逐步构建起了自己的全球研发体系，形成了较为完整的创新生态链，成为中国跨国公司研发国际化的典范。

1. 全球研发中心配置

截至 2013 年，华为在全球一共有 16 个研发中心，分别位于英国、德国、瑞典、美国、法国、意大利、俄罗斯、印度、中国大陆等地。各地区研发机构的功能与定位有了较合理的互补，同时各个研发中心具备自己独特的研发管理体系，16家研发机构既可以服务于研发机构的当地市场的技术支持，也能为全球其他研发分支提供支撑。

华为在全球研发中心的配置可依照区位、功能两类划分。

首先根据区位可划分为技术高地和人才腹地两类。技术高地的研发中心主要位于发达国家，如美国、英国、加拿大等地区。而人才腹地则包含发展中国家，如印度的班加罗尔、中国内地的北京、南京、杭州等地。

其次，根据其功能又可划分为：基础研究型，技术开发型和技术转移型三类。例如华为在1999年和2000年分别在印度班加罗尔和瑞典的斯德哥尔摩成立的研发中心主要应用于技术开发；2001年在美国达拉斯和硅谷的研发中心，主要功能为技术转移；而2009年在瑞典哥德堡和2010年在加拿大渥太华成立的研发中心则以基础研究为主。

不同的地区的研发机构各司其职，形成了紧密协调的全球研发体系。其中，华为设立在印度班加罗尔的研发机构不仅承担着华为核心的软件平台产品的开发工作，同时也作为全球研发体系管理的标杆，其模式被运用于其他的研发机构中。华为全球16个研发机构当中，除印度的班加罗尔有针对性的负责印度和中国的市场之外，其他研发机构都主要针对全球市场展开研发协调。

2. 基于市场导向的研发体系整合

华为一方面纳入IBM的集成产品研发流程IPD模式，另一方面坚持以市场导向为主的适度领先的创新。IPD研发流程基于对市场的分析与把握，有效地针对产品的立项、研发、生产、市场推广的全部流程进行管理。与此同时，华为将集成研发体系与关注过程管理的软件能力成熟模型(CMM)有机结合，形成了华为特色的IPD-CMM开发流程。IPD-CMM成为华为全球研发体系管理的重要工具，它是华为所有软件开发人员的统一规范，是华为研发人员共同的语言。华为运用统一的开发管理流程和管理工具在其印度、美国、瑞典、俄罗斯等国的研究机构实现同步研发，并能够有效地管理和协调世界各地的研发机构。

3. "利出一孔"原则下的全球合作研发

在技术快速更迭的通信行业，一家高科技企业要做到什么都精通是不太现实的，因此华为一方面紧紧坚持"力出一孔，利出一孔"的原则，仅仅抓住核心网络中软件与硬件的关键部分，在早期坚持自主研发，明确方向后便集中攻关，以所谓的压强原则形成其核心技术能力；另一方面，华为在研发国际化中与诸多的国外企业展开广泛的合作，例如，在2000年华为与英特尔公司签订的合作备忘录，涉及开放、合作和技术资源共享三个关键领域。同时，华为还与摩托罗拉、Agere、Altera、微软、NEC等世界一流企业建立了联合实验室。在近几年来的欧美市场的开拓中，华为又与3COM、西门子成立了合资公司。在2010年11月29日举办的"华为云计算战略"发布会上，华为表达了将来会更加开放，和合作伙伴共同发展的思想。

4. 强化国际标准与规范

想要成为一个真正意义上的全球企业，在通讯领域中掌握行业标准的制定权是统摄行业的制高点。华为在国际化经营的过程中，其全球研发体系也一直为达到国际技术水平付出了巨大的努力。针对软件开发过程和软件开发能力的评估和改进的 CMM 标准，华为印度研发中心分别于 2001 年和 2003 年获得 CMM4 级认证、CMM5 级认证。此外华为北京研发中心也在 2003 年取得了 CMM4 证书。到 2004 年，华为已有上海研究所、深圳中央软件部、南京研究所先后获得了 CMM 五级国际认证。

华为的应用研究已经走在世界的前列，跻身成为世界第二的电信设备供应商，并且开始向终端和云计算等领域进行延伸。华为能够建立起自己的全球研发体系有赖于华为超前的战略眼光和强大的行动能力。

(资料来源：周展. 华为有限公司知识积累的国际化战略研究. 湘潭大学硕士学位论文，2014 年 5 月)

思考讨论题：

1. 简要分析华为在全球建立的研发中心的类型。
2. 简要分析华为研发国际化的主要方式。

分析要点：

1. 从跨国公司国外研发分类的几个角度展开分析。
2. 从研发国际化"研发外部化"和"新建与收购"两个角度展开分析。

案例分析二

基本案情：

芯片设计是一个很好的例子，说明了当前促进发展中国家创新性研发扩张的各种因素之间复杂的交互作用。在对复杂知识具有高度要求的信息通信技术产业，芯片设计不仅创造了最大的价值，而且它所涉及的一般技术还影响了为数众多的使用这些技术的产业，其中包括高价值的服务业。芯片产业是最早实现生产全球化的产业之一，并且一直是世界贸易最为活跃的产业之一。目前，该产业的设计与开发看来正在紧步制造活动的后尘，向亚洲转移。

最近，芯片设计已经由美国、欧洲和日本的卓越中心转移到某些发展中国家，特别是东南亚与东亚地区。从 20 世纪 90 年代中期实际上的一片空白，到 2002 年该地区所占有的半导体设计的份额已经达到了 30%左右。东南亚和东亚现在是电子设计自动化工具市场增长最快的地区，在 2004 年第一季度增长了 36%，而北美(占全球市场的 60%)增长了 5%、欧洲为 4%、日本为-2%。目前，亚洲发展中国家或地区不仅承担了更多的与芯片设计相关的研发活动，而且在工艺技术的线宽(用 nm 来度量)、类似信号与混合信号设计的使用(比数字设计更为复杂)、系统设计的类型与份额(如芯片系统)以及这些设计使用的门户数方面，其复杂性也在不断提高。

考察芯片设计离岸背后的主要驱动因素,本部分利用了对在美国和亚洲从事集成电路及其系统设计的 60 家公司与 15 家研究机构的访谈。样本包括在亚洲从事芯片设计的全球性和区域性企业,其中有专业化的研究机构和 9 个参与全球设计网络的企业战略集团。除了某些中国公司以外,其余的样本企业都是跨国公司。这些企业的设计活动集中分布在中国台湾(新竹与台北)、韩国(首尔)、中国(北京、上海、杭州、苏州与深圳)、印度(班加罗尔、海德拉巴、诺伊达/新德里)、新加坡和马来西亚的少数集群地带。接受访谈的跨国公司强调指出,它们在亚洲的设计中心承担的职能是多种多样的,包括从常规的任务(如工程支持、调适与"技术营销"的信息搜集中心)到具有高度战略意义的任务(如特定的 IT 产品、部件与服务的全球开发任务)。指派给某个设计中心的任务性质取决于其区位特点,特别是该地区或者国家的创新体系的质量。

芯片设计在亚洲的增长始终是多种因素协同作用的结果,其中包括拉动因素、政策因素、推动因素与基础性因素。

1. 拉动因素

在亚洲雇用一名芯片设计工程师的成本要远远低于美国,通常只相当于硅谷成本的 10%~20%(见表 7-7)。但是这不是唯一的拉动因素,需求因素也是同样重要的。跨国公司需要将设计中心设在邻近亚洲迅速增长的通信、计算机和数据消费设备市场的地点,以便与新产品的主要用户进行交流。中国已经成为世界最大的电信设备市场(其中包括有线与无线电信设备),同时也是第三代(3G)与下一代无线电信系统的关键试验场所。而且它还是计算机与数字消费设备需求最大的市场之一。由于这类设备大部分都已经在中国生产,中国因此也成为世界第三大半导体市场,产生了对芯片设计的巨大需求。只要中国成功地建立 3G 移动通信的另一套标准,那么,为了应付这类标准的具体要求,在当地进行芯片设计的需要就会增加。在这种背景下,世界提供移动通信系统的主要企业都扩充了它们在亚洲的芯片设计中心,按照该地区事实上的标准进行自己的设计。

表 7-7 2002 年雇用一名芯片设计程师的年成本(美元)

地 点	年成本额
美国(硅谷)	300000
加拿大	150000
爱尔兰	75000
韩国	<65000
中国台湾	<60000
印度	30000
中国(上海)	28000
中国(苏州)	24000

(资料来源:UNCTAD. 世界投资报告,2005)

2. 政策因素

政策包括多方面的因素，如激励措施、管制、基础设施与教育等。这些措施的目的都在于将研发活动与跨国公司的其他创新活动，其中包括芯片设计，吸引到特定的区位。接受访谈的跨国公司对于一些亚洲国家的不明确和不可预见的管制变化，以及薄弱的知识产权保护制度也表示担忧。

在本国的芯片设计活动方面，接受访谈的亚洲企业承认，政策在建立关键的基础设施、辅助产业与设计能力方面，起到了强有力的催化作用。这使得企业能够投资并提升芯片设计活动。芯片设计领域的进步在很大程度上得益于政府与主要企业协调一致的努力，以建立新的创新来源和全球标准。在电信产业，韩国4家主要的企业(三星、SK电信、KT、LG)都试图成为复杂技术系统，特别是移动通信技术系统的主要平台与内容开发商。作为这些努力的基础是在公共研究实验室(如电子与电信研究所，ETRI)，以及在企业集团的研发实验室积累起来的、相当大规模的开发复杂技术系统的能力。中国试图开发另一套3G数字无线标准，这已对亚洲电子设计活动形成了强有力的刺激。因而，政府政策一直是推动创新的强有力的工具。

3. 推动因素

发达国家的许多因素也在很大程度上推动了企业在亚洲的芯片设计活动。这类推动因素可以分为3种。

(1) 芯片设计方法与组织的变化。

自20世纪90年代中期以来，改善设计生产率的压力不断增加，对电子系统性能特征的要求也不断提高，从而引起芯片设计方法的变动。"芯片系统设计"综合了"模块设计"与设计自动化，将设计由印制线路板上的单个元件发展到更加接近在一个芯片上的"系统集成"。这些变化背后的关键驱动因素就是设计与制作之间生产率差距的不断扩大。从20世纪80年代到1998年，芯片制作的生产率以每年58%的复合增长率增长，而芯片设计的生产率却只有21%。

芯片设计也变得日益复杂。首先，制造技术的进步("小型化")使得有可能在一块芯片上制作数以百万计的晶体管。复杂程度的提高也要求设计生产率相应做出大幅改进。其次，数字计算、通信与消费者器件的趋同也对电子系统的基本特性提出了要求。这些产品不仅要求更轻、更薄、更短、更小、更快和更便宜，还要求功能更多，能耗更低。这些特性将会不断得到改进。与此同时，由于某些产品的生命周期已经缩短到只有几个月。因此企业被迫加快产品推向市场的时间。因而，时间缩短是设计此类系统时的关键因素。

这些方法上的变化增加了芯片设计在两个层面上的复杂性，即在芯片("硅")上和在"系统"上。随着设计复杂性的提高，在早期阶段就要确认，设计能否以可接受的收益和性能用于芯片的生产，这已是至关重要的事情。现在所有芯片系统硬件设计的60%~70%都进行了确认，只有30%~40%进入了实际器件开发。这引起设计成本的膨胀。例如，复杂芯片系统设计的总开发成本可以高达1亿美元，没有几家设计公司与芯片用户能够承担得起这么高昂的成本。

(2) 更多的外包与多种设计的相互作用。

直到 20 世纪 80 年代中期，系统集成公司与集成设备制造商几乎都在内部进行全部芯片设计。此后，芯片系统的设计促进了项目执行的垂直专业化，使企业能够分解芯片设计的价值链，并在不同地区分散布局。这引起了复杂的、多层面的全球设计网络的出现，根据某个具体项目的需要，这些网络的构造是可以变化的(专栏)。到 20 世纪 90 年代初，设计网络仍然保留着相对简单的结构。但此后不久，垂直专业化增加了网络成员的数量与类别，商业模式与设计界面也多样化了，把来自不同规模、不同市场力量、不同地区和不同国别的企业的设计团队集结在一起。

一个网络可能包含以下成员：一家负责系统结构定义的中文系统公司，一家来自中国台湾的电子产品制造供应商，一家美国的集成设备制造商，一家欧洲的"硅知识产权"公司，来自美国或中国台湾的设计机构，来自中国台湾、新加坡或中国大陆的制作企业，来自中国的芯片封装公司，来自美国或印度的设计与测试自动化工具经销商，以及来自亚洲各地的设计支持服务供应商。

设计网络内部的垂直专业化改变了全球半导体产业的结构与竞争动力。同时，它也增加了设计网络在组织上的复杂程度。一个典型的芯片系统设计团队现在需要管理至少 6 类设计界面，即与系统设计者、硅晶片知识产权持有者、软件开发商、认证团体、电子设计自动化工具经销商与铸造服务(制作)6 类成员的界面。这些设计团体很少位于同一地点，这使协调变得相当困难。由于设计团队越来越大，并且在地理上也很分散，因此为了在它们之间进行有效沟通，必须有更多的正式界面。

由于产品生命周期常常已短到只有数月的时间，系统设计的要求变化很快。硬件与软件设计者之间的交流就成为特别严重的问题。因而，在地理上彼此接近和面对面的接触就十分重要了：全球设计网络已日益需要把芯片设计阶段安排在亚洲，以便与当地的移动通信企业、数字消费类电子产品生产企业进行密切的交流。由于世界主要芯片承包生产商(铸造厂)多数分布在亚洲，这就形成了一种强大的压力，迫使芯片设计的重要阶段也要安排在这一地区。新的设计程序与设计方法的变化也要求设计者与程序工程师之间保持密切的互动联系。

(3) 技能要求的变化。

对于需要大量的拥有不同知识与能力的参与者的设计项目来讲，邻近美国或欧洲现有的卓越中心有时是一项劣势。就参与芯片设计的跨国公司来讲，要把大量分散的设计团体集中并保留在一个地区，其成本已经变得非常高昂。这是为什么跨国公司要把芯片设计离岸到亚洲的另一个原因。

与此同时，技能要求与设计任务的组织作为一种推动因素也变得越来越重要。在访谈中，一些跨国公司表示担心说，美国与欧洲的科学家与工程师的供给是不足的。如前所述，一些亚洲国家政府部门一直采取政策，来增加受过良好教育的工程师、科学家与管理人才的供给。一些亚洲国家的工程技术人员接受过有关使用最新工具与方法的培训，亚洲一些主要的电子产品出口国家还建立了专门针对芯片设计的培训机构。这些方面的努力在印度与东亚尤其突出。

亚洲芯片设计的发展看来也受到了美国与欧洲的设计工程师这方面因素的影响，这些工程设计人员表现出的灵活性不足，不能适应更加结构性的(自动化的)组织模式(也称为"创新工厂")。同时，在20世纪90年代繁荣时期设计工程师的工资又大幅提高。为了降低设计成本，跨国公司采取措施增加工作量，并对设计工程师的工资设立了上限。成本考虑显然也支持在亚洲进行设计工作。

4. 基础性因素

第一个基础性因素是新的信息通信技术的发展促进了芯片设计活动的国际化。要垂直协调专业化的亚洲设计网络，将会出现很高的通信成本。这不仅存在地理距离的原因，同时也有发展水平与经济制度(劳动力市场、教育制度、公司治理、法律与法规体系及知识产权保护等)差异方面的原因。由于信息通信技术加强了新的信息管理，进而有助于减少成本，完善知识编码，进行远程控制，并使更多的知识能够通过音频与视频介质实现共享。

第二个基础性因素是"跨国知识团体"的扩散，如专业性网络组织，再加上亚洲拥有大量的移居海外的专业人才与信息技术人才。这些网络有助于分享复杂的设计知识，提供经验以及加强与市场或金融机构之间的联系。

总之，就芯片设计来看，拉动因素、推动因素、政策因素与基础性因素的共同作用，导致跨国公司将更多的设计工作转移到亚洲。这种趋势仍处于早期，并将会继续深化。在过去数年的时间里，所有接受访谈的跨国公司都在亚洲对芯片设计进行了大规模的投资，并计划进一步扩大这方面的投资。

(资料来源：UNCTAD. 世界投资报告，2005)

思考讨论题：

试分析芯片设计在亚洲发展中国家增长的原因。

分析要点：

从拉动因素、政策因素、推动因素与基础性因素分析当前促进发展中国家创新性研发扩张的各种因素之间复杂的交互作用。

第八章　跨国公司国际财务管理

【学习要点及目标】

- 了解跨国公司国际财务组织与体系的主要内容和大型跨国集团公司财务共享服务中心构建的发展趋势。
- 了解跨国公司资金融通与管理的主要内容。
- 了解跨国公司财务风险管理的主要内容。
- 了解跨国公司国际税务管理的主要内容。
- 了解跨国公司金融创新的发展趋势。

【核心概念】

国际财务组织与体系　资金融通与管理　财务风险管理　国际税务管理　金融创新

【引导案例】

荷兰皇家壳牌集团和花旗集团财务共享服务中心(FSSC)具体模式

荷兰皇家壳牌集团是世界著名的大型跨国石油公司，在世界 100 多个国家和地区拥有 2000 多个子公司，现有员工 10 万多人，从 1992 年开始采用 FSSC 模式管理海外财务业务。其分别在克拉科夫(波兰)、钦奈(印度)、吉隆坡(马来西亚)、马尼拉(菲律宾)、新加坡、格拉斯哥(英国)6 个城市建立 FSSC，统一提供财务服务与监管。该集团将财务业务中能固化的流程全部进行统一集中设计，建立了全球统一的会计核算标准、统一的财务报告制度、统一的报销流程及统一的资金支付审核流程，各中心各司其职，功能尽量不重叠，中心内部机构设置简洁、高效。中心整套财务管理体系基于 SAP 系统建立，财务审批流程全部定制开发，资金授权额度固化在 SAP 系统中，财务管理流程严密。

花旗集团是当今世界资产规模最大、利润最多、全球连锁性最高、业务门类最齐全的金融服务集团。其在中国、日本等国及亚洲地区都建立了 FSSC，不但将会计、资金付款等财务业务纳入共享中心，还将物资采购纳入共享中心，采用全球集中采购模式，小到办公用品大到大宗建筑材料的采购，全部纳入统一管理和统一支付，非常节省成本。

(资料来源：钟邦秀.大型跨国集团公司财务共享服务中心构建模式研究.财会月刊，2012(5)：83-84)

【案例导学】

随着经济全球化的推进，跨国公司的对外贸易、资本输入和输出、国际资金融通等业务日趋频繁，经营活动日趋复杂。对在跨国公司管理体系中处于核心地位的财务管理提出了越来越高的要求。荷兰皇家壳牌集团和花旗集团财务共享服务中心的建设显示了跨国公司财务管理新的水准和高度。

本章从跨国公司国际财务组织与体系、资金融通与管理、财务风险管理、国际税务管理、金融创新5个方面阐述跨国公司国际财务管理的基本内容。

第一节　跨国公司国际财务组织与体系

一、跨国公司国际财务管理的特点与内容

国际财务管理是指按照国际惯例和国际经济法的有关条款，根据有关国家的具体规定，遵循企业财务管理的基本原理，针对跨国公司资金收支的特点，组织跨国公司财务活动和处理跨国公司财务关系的一切管理工作的总称。国际财务管理和国内财务管理的基本原理和方法是一致的，但国际财务管理有自己的鲜明特点和特殊内容。它有着复杂的环境因素，从而具有更大的风险性，同时又具有更多的灵活性和套利机会。

跨国公司生产经营活动涉及多个国家，而各国的政治、经济、商业法律及惯例、会计制度、资本市场、市场机制、外汇管制等都有许多差异。企业在不同国家从事经营和财务活动要受不同的经济环境的约束。汇率变动、利率变动、通货膨胀、税种税率、国际竞争、民族主义威胁等，都可对跨国公司财务活动和财务成果产生直接影响，引起外汇风险、政治与法令风险，对企业资金财产造成损失，影响企业的获利能力。

另外，风险与机遇是共存的，复杂环境增强了组织财务活动的更大灵活性，跨国公司由内部一体化出发，可以利用各自所在国的资本市场、法令等差异，创造许多套利机会，获取新的经济利益。套利是指证券买卖中赚取买卖差价的投机行为，其广义是用来表述一大类利用市场的不完备性从中获利的财务活动。跨国公司在税收套利、金融套利、法规套利等方面具有得天独厚的优势。

跨国公司国际财务管理的内容包括外汇风险管理、国际营运资本管理、中长期融资管理、国际投资管理和国际税收管理等。

二、跨国公司国际财务组织及体系设计

(一)配置财务决策权

跨国公司财务组织与体系设计，首先要配置财务决策权，共有三种基本类型。

1. 集权式财务管理体系

集权式财务管理体系指国际财务管理的决策权集中在公司总部或总部指导下的国际部、国际公司。各区域、产品部、国外子公司、分公司按总公司制订的财务政策和财务决

策来具体管理各自的财务活动。其优点是：公司总部可以集中优秀的财务专家进行专业化理财，提高公司的财务管理水平；集中化管理可以在全球范围内寻求低成本的资金来源，统一筹措，降低成本；可以提高规避外汇风险的能力。通过统一安排调度各单位的外汇头寸、种类及结构以及在国际金融市场上统一进行外汇套期交易，可以有效地减少公司整体的外汇风险受险程度。

但是，财务决策权全部集中也存在一定的弊端：财务决策权是各子公司经营管理权的一个重要组成部分，集中化的管理必然在一定程度上削弱各子公司的经营自主权，挫伤子公司经理的积极性；集中化的管理以公司整体利益为目标，很可能与具体子公司的直接利益发生冲突，从而引起当地持股人及东道国的不满；不利于考核各子公司的真实绩效，因为从整体利益考虑，有些子公司不得不放弃可能得到的利益，而另一些子公司则可能获得本不属于它们的利益。

2. 分权式财务管理体系

分权式财务管理体系指财务管理决策权在跨国公司总部与其下属的国际部或地区总部或产品总部之间实行分权，即授予区域中心及海外子公司较多的财务决策权。公司总部负责制订财务目标、政策、方针等全局性的财务决策，国际部或地区总部或产品总部负责日常财务工作，涉及全局性问题须报请总部批准方能生效。

分权式模式的优点在于：能够充分发挥子公司的主观能动性；子公司在发展过程中能根据内外部的具体经营环境及时进行调整，增加决策的时效性；在分权模式下，子公司业绩的评价较为公正、客观。

但是，分权模式也有其不足之处：各子公司财务管理各自为政，缺少整体大局观，可导致公司整体战略目标难以实现；集团总部财务管理监管不力，效率低下；从双方所掌握的信息情况看，信息优势方是子公司经理，集团总部追求的是集团整体利益最大化，而子公司经理很可能为实现自身利益最大化而损害集团利益。

3. 统分结合式管理体系

统分结合式管理体系指在集权与分权的基础上综合分析后两者相融合的产物，跨国公司总部掌握着重大财务决策权，子公司只负责日常的财务决策。集团总部派出专门的财务专家向子公司提供相关业务的信息服务以及其他疑难的咨询和指导。这种管理体制融合了分权制与集权制两种模式各自的优点，规避了部分弊端，是当前大型跨国公司财务管理体制发展的主要方向。

根据跨国公司的发展程度不同，这种管理模式又分为以集权为主和以分权为主两种形式。集权为主、分权为辅的财务管理形式有效地解决了集团总公司对分公司的统一控制与分公司对自主性的需求，该种模式通常适用于起步阶段或发展初期的跨国公司。而分权为主、集权为辅的模式则在保证适度分权的基础上加强了集团部门之间的协调性，现在有一些发展已相对成熟,并且规模较大的跨国公司主要采取该种模式。

上述三种模式是有一定联系的,只不过是由于不同层次的划分而作出的具体分类。对于某一个跨国公司而言,要结合企业发展的不同阶段的战略特点,根据自身的具体情况加以选择,并且根据外部环境和公司内部变化及时加以调整。

(二)安排单位间的财务关系

在确定了公司内部财务决策权以后,进一步的任务是如何安排各单位之间的财务关系,即决定内部资金转移的数量、时机、地点及方法,以实现内部资金的调度。

内部资金的转移渠道与方法一般有转移定价、提前或推迟内部应收应付账款收付、内部贷款、股利支付、对海外子公司的融资和管理费及特许使用费的收取等。

一般来说,跨国公司内部资金调度的组织机构有以下几种形式。

1. 再开单中心

再开单中心(Reinvoicing Center)一般在低税率国家设立,对公司属下某一子公司向另一子公司或外部客户所出售的产品拥有所有权,负责向购买者收取货款,尽管这些产品将由生产工厂或仓库直接发送到客户手中。其作用是:第一,使公司迅速地对汇率的变动做出价格上的调整;第二,集中处理各子公司的商业信用和往来账项,建立起多边冲账功能;第三,为选择计价货币提供了极大灵活性,可以根据需要决定各子公司以何种货币支付货款,从而对外汇风险进行有效管理。

2. 基地公司

基地公司指一个企业集团出于第三国经营目的而在一个基地国(国际避税地)中组建的法人企业。绝大多数没有实质性经营活动,仅为了避税目的而加以合法利用的独立法人实体。根据需要,可以组建控股公司、金融公司、专利持有公司、贸易公司等不同类型。跨国公司运用"转移"定价,将全球范围内的利润转移到基地公司,积累以后又用于全球范围的再投资。由于充分利用避税港的优惠税收条款,可以使大笔收入免税。

3. 联系公司

联系公司(Link Co.)指出于税收目的,可"享受"双重居民身份的子公司,这样可以随时转移到对税收有利的地方活动。如果两地都对它征税,可申请减免重复征税。

4. 境外财务公司、银行业务中心

它是公司管理部门从事国际金融活动的重要工具,可协调各子公司金融活动,以求金融成本最小化、收益最大化。

进行财务关系安排,从数学角度讲是一个最优化问题,一般地说,若某跨国公司具有 n

个子公司，则转移方案达到 $\frac{10n(n+1)}{2}$ 个。可用模型描述并求解，但一定要考虑一些限制条件，如东道国的政治限制、外汇限制、税收限制。如果少数几个主要的子公司往来账目占整个公司内部资金流的主要部分，进行财务体系设计时要突出重点，从而简化决策工作。

总之，在跨国公司财务组织与体系设计时，应充分考虑到一些基本因素，如内部财务联系数目、内部交易规模、子公司所有权模式、东道国政府管制，也要注意其他一些重要信息，如子公司的融资需求、外部融资的渠道及成本、预期汇率变动、有关国家的税收政策等。这样才能将其特有的各种内部资金转移渠道与方法有机地整合起来，充分发挥其效率，实现税收套利、金融套利和法规套利的目的。

三、财务控制

公司的财务控制是指公司对国外分支机构进行财务监督和控制，并对它们的财务业绩进行考核、评价。

(一)财务预算制度

编制财务预算既可以预测未来的经营活动，又可以作为控制、考核、评价境外企业业绩的标准。由于境外的管理人员对经营环境较为熟悉，境外各附属单位的预算由他们编制较为切实可行。其内容主要包括投资的资本预算和经营预算。

(二)财务管理制度

应建立适合各自特定经营环境的各项具体财务管理制度，如现金调配管理制度、资产管理制度、财务收支制度、成本管理制度、开支标准与审批制度、外币资金管理制度、利润分配制度等，以此来约束和规范企业的财务行为。

(三)财务报告制度

根据不同的需要拟制三种类型的财务报告。

(1) 综合性财务报告。其主要是向母国政府报告，如资产负债表、损益表、资金运用表等。

(2) 子公司财务工作报告。其主要是按当地指令的要求向所在国政府报告，如按当地会计制度报送的资产负债表、资金运用表、资金损益说明书等。

(3) 公司实际财务业绩报告。其主要是为公司上层领导做出企业管理决策提供依据，如营销分析、资金分析等。

(四)财务评价制度

跨国公司对国外各附属单位经营业绩的评价要比国内企业复杂得多。因为国外子公司或分公司一定时期的经营业绩是在多种因素共同作用下形成的，如政治法律、市场条件、税收政策、汇率波动等，既有可控因素，又有不可控因素。为了公正、合理地评价，采用的各种评价标准必须以子公司的可控范围为基础。

评价国外分支机构经营业绩的财务尺度应着眼于其盈利能力，包括净收益、投资报酬率、资产报酬率、剩余收益及营业现金流量。此外，还有实际业绩与预算的分析比较，完成战略和长远计划情况，经过通货膨胀调整后的业务实绩，对技术发展、市场份额、销售策略等各种信息资料的收集等管理和考核标准。

四、大型跨国集团公司财务共享服务中心构建模式

财务共享服务业务诞生于 20 世纪 90 年代后期，跨国企业集团纷纷将各个子公司共同、重复、标准化的财务业务集中到一个组织，实施统一的共享服务，这个组织被称为财务共享服务中心(FSSC)。大型跨国集团公司通常采用财务共享服务中心的管理模式，尤其是海外项目多的企业，使海外业务单元能够共享专业化和标准化的服务，减轻海外派驻人员的财务管理负担，降低风险，进而有效提升海外财务管理水平。目前，全球 70%以上的财富 500 强企业正在应用财务共享服务管理模式，90%的跨国公司正在实施财务共享服务。

(一)财务共享服务中心优势

FSSC 业务通常包括财务应付账、应收账、总账、资产、存货、工程费用、报销、资金集中支付、档案集中管理、财务报告统一出具等基础性工作的处理。FSSC 的优势在于其规模效应下的财务管理水平提升、效率提高及成本降低等。具体表现在以下几个方面。

1. 整合能力

基础财务业务统一由 FSSC 专业化的财务会计完成，将财务管理人员从繁杂的基础业务工作中解放出来，公司财务管理人员可以将精力集中于经营分析和战略规划工作中去。同时，FSSC 能为预算管理、资金管理、核算和经营决策分析等提供全方位的数据支撑。

2. 加强监控

各基层单位内部的环境和人际关系对基层单位财务会造成潜移默化的影响，当会计准则或总部政策与基层单位意愿发生冲突时，财会人员有时会选择向基层单位妥协。实施财务共享服务后，FSSC 直接隶属总部管理，而且基于流程和业务分工的财务作业模式使单据随机分配到各个业务处理人员手中，业务人员面对的不再是固定的财会人员，而是经过封装的财务共享服务中心分配的单据，串通舞弊的可能性被大大降低。

3. 控制成本和提高效率

FSSC 能够集中、高效地处理业务，在公司规模不断扩大、财务业务量不断增加的情况下，财会人员规模能够维持相对稳定。公司在新的地区建立子公司或收购其他公司时，FSSC

能马上为这些新建的子公司提供财务支持。集中处理业务还能减少审计成本，节省培训费用等。

4. 提高会计信息质量

FSSC 人员的总体专业技能较高，提供的服务更专业。FSSC 严格遵守企业会计准则和公司财务规定，能够提高公司会计信息披露的准确性和及时性。

(二)财务共享服务中心构建模式设计

目前国际大型跨国公司的财务流程和会计核算基本都已经达到公司级统一，而且生产业务部门也都建成了 ERP 系统，为构建财务共享服务模式奠定了坚实的基础。

构建 FSSC 一般要考虑以下几个要素。

1. FSSC 总体架构

FSSC 的总体架构设计见图 8-1 所示。

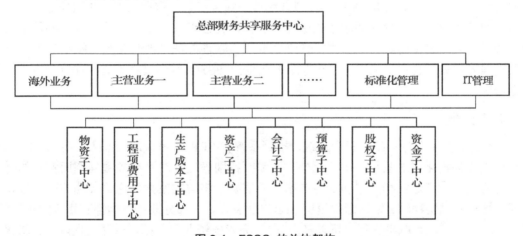

图 8-1 FSSC 的总体架构

一级为总部财务共享服务中心。二级按公司主要业务类型分为海外共享服务中心、主营业务一共享服务中心、主营业务二共享服务中心、标准化共享服务中心、信息共享服务中心等。如果公司业务部门已经统一推广 ERP 系统，那么每个二级中心再根据 ERP 中各业务模块分类，下设三级子中心，即物资子中心、工程项目费用子中心、生产成本子中心、资产子中心、会计子中心、预算子中心、股权子中心、资金子中心等。这样 FSSC 中负责各业务模块的财会人员对自己所提供支持的业务领域能够有较深入的了解，从而有效地支持业务和财务管理人员进行经营决策，同时，借助财务共享服务中心，总部的各项战略和财务管理需求可以直接传递至各单位的业务管理层，为公司的财务战略推进作出贡献。

2. FSSC 职责

FSSC 要体现专业性和独立性，以统一的标准反映和衡量各单位的运营成果。FSSC 应设置为与总部财务部平行的部门，但其在业务方面应接受总部财务部的领导。在职责划分层面，FSSC 的主要职能应包括以下内容：接受财务部的业务管理；严格执行公司财务政策；为各基层单位和总部财务管理部门提供会计核算、资金结算、会计报表、预算编制、内部控制设计、股权研究等相关财务基础工作服务。财务部在会计政策制定、资金管理、风险控制、会计核算质量等方面对共享服务中心实施业务管理。

3. 流程与制度体系

FSSC 需要制订较为完善的流程与制度体系，中心流程的规范不仅涉及财务内部流程，而且将与财务流程相关的业务流程也纳入统一规划、统一调整，借助 ERP 系统实现这个目标。FSSC 流程与制度体系由流程规范、岗位职责、管理办法和考核办法四大部分组成。流程规范主要包括各主要业务流程的描述和运作流程规定、审批要求，并将内部控制相关要求固化到 ERP 系统和 FMIS 系统中，拟订统一的业务流程、审批权限、原始凭证稽核规范和统一的各类业务原始附件要求、原始凭证和会计凭证审核要求；岗位职责主要是指按照流水线运作后各岗位的具体职责和操作细则要求；管理办法主要包括员工报账管理、会计档案管理等相关配套制度规定；考核办法主要是指 FSSC 运作过程中进行评价和内部考核的办法等。

4. IT 支持

FSSC 需要将会计系统、资金系统、报销系统和 ERP 等系统联合起来，将 FSSC 制订的财务制度都固化在这些系统中。此外，还需要特别设计针对几个关键问题而实施的财务信息化模块。①满足实物票据和业务单据传递需要。将实物票据传递给异地的财务处理人员需要增加票据实物流、票据影像模块。ERP 实施后，大部分业务单据都有相应的电子版，各审批环节也都在系统中进行，可以基于 ERP 完善电子业务单据，以便远程审核。②解决绩效测评问题。FSSC 工作人员需要与各单位的财务管理人员和业务人员等各种人员沟通，并为之服务，为此应建立绩效测评系统模块，以强化他们的服务意识。

(三)海外财务共享服务中心实施方案

1. 海外 FSSC 职能范围

海外 FSSC 的职能是将海外现有的基础会计业务包括报销、各合同模式下各种会计主体的会计核算、报表调整、财务报告编制及落实制度等职能集中起来。由于共享中心的专职人员主要由外语好、专业技能强、通晓国际会计准则的专家型人才组成，所以中心除了提供专业化的会计政策和核算服务，还可以对海外项目中的复杂交易事项，如金融工具、企业并购、递延税等集中在共享中心预处理，然后转至海外机构。

总部海外管理机构作为海外财务管理的归口单元，集中对海外的财务提供高层次管理和支持，如财务分析、预算管理、资金规范管理、股权管理、并购支持、财务审计管理和税务保险管理等。此外，对原有的海外财务单元在职能上做些调整，主要在搜集资料、绩效管理和决策支持方面做好协调工作。

FSSC 能够为总部海外管理机构和海外项目财务单元提供及时、有用的数据，协助管理人员深入分析海外各项目生产进度、资产管理、财务数据分析、预算完成情况以及其他重大交易事项的重要综合信息。

2. 海外 FSSC 工作流程

共享中心需要整合、优化工作流程。FSSC 建立标准化的工作流程包括：整合、规范海外项目财务人员和中心、中心和总部海外管理机构内部间的核算数据传递流程；整合海外项目人员报销流程；整合财务报告编制中关键事项确认控制流程；建立并整合财务报告数据模板，作为国际公司的常规报表规范，以一套相对固定的基础数据满足中国大陆、中国香港地区、美国以及本公司内部管理层等对披露信息的要求；建立财务报告模板和各类合同模式的海外项目经营目标的调整转换流程，以加快报表报送速度。

建立标准化流程的同时要不断优化流程。由于公司海外项目众多，各项目成长阶段不同，财务资源配置差异很大，需要充分调动海外派驻人员的积极性，合理配置资源，充分发挥总部的支持和服务作用，使共享中心能够与海外项目人员实现互动和协同发展。

3. 搭建 FSSC 信息管理平台

财务共享服务的信息管理平台非常重要，直接决定了 FSSC 的工作效率和质量。统一的海外财务信息管理平台需要有规范的境外公司标准化体系，并以固化的系统流程为基础。海外的财务信息系统在满足国内会计一级集中核算系统的基础上，还要针对海外特点增加诸多功能，以便能够支持多语言、多准则、多本位币、多会计期间；支持多级别、多层次的自动重估与自动折算；满足多合同模式会计集中核算需要；满足本地化会计核算的需要；满足国际化环境下外部监管部门、投资者、当地政府及税务部门对会计数据的需要；适应复杂的应用环境及当地监管环境。

综上所述，实施财务共享服务是国内外大型企业集团财务管理体制的发展趋势，大型跨国集团公司可以从建立海外财务共享服务中心开始尝试财务管理模式创新，探索建立符合自己公司实际需求且具有自身特色的财务管理新模式，使财务管理再上一个新台阶。

第二节　跨国公司资金融通与管理

一、国际营运资本管理

营运资本是企业流动资产减去流动负债的净额。营运资本的管理就是对流动资产和流动负债的管理。流动资产管理又称短期投资管理，流动负债管理的主要内容是短期融资决策。

(一)短期国际融资决策分析

短期融资渠道众多，既可以从外部融资，也可以从母公司或其他姐妹公司处得到资金融通。在进行短期国际融资决策时，一般要考虑以下问题。

(1) 分析影响短期融资决策的关键因素。
(2) 确定短期融资的目标。
(3) 选择可行的短期融资渠道。
(4) 评估各融资来源的实际税后融资成本。
(5) 将融资决策与公司的外汇风险管理结合起来。

短期国际融资考虑的主要因素有融资成本高低、风险大小、速度快慢、弹性强弱以及汇率风险、税制差异、政治风险等因素。例如，若存在严格外汇管制，即使当地融资不是最低成本，许多公司仍愿意从当地借贷，以保证资金安全。

企业短期融资的方式主要有商业信用、银行信用、商业本票等。跨国公司的海外子公司短期融资的主要方式有公司内部融资、当地货币融资、国际贸易短期融资及欧洲票据融资。欧洲票据又称欧洲商业本票，是以一国货币计价，在另一国发行的商业本票。由于可以使用多种欧洲货币发行，所以这种方式已经成为最流行的短期融资方式之一。

国际贸易短期融资包括银行对出口商的短期融资和银行对进口商的融资。前者如打包放款、出口押汇、包理账款等；后者如进口押汇、信托收据借贷、银行担保提货等。

公司选择最佳的融资来源的目标是：经外汇风险调整后，使外部资金的成本降低到最低限度；在选择公司集团内部资金时，使公司的全球性税负及政治风险降至最低；公司各个经营单位都应以谋求整个公司全球性综合资本成本最优化为其经营的宗旨。

(二)国际流动资产管理

国际流动资产管理包括国际现金管理、应收账款管理和存货管理等内容。除了一般国内公司所面临的问题之外，跨国公司的流动资产管理还必须考虑外汇风险、外汇管制、各国税收差异等因素的影响。

1. 国际现金管理

由于现金流动的渠道多、来源广，受到许多外生变量的影响和约束，所以国际现金管理比国内现金管理复杂得多。其目标是：迅速、有效地控制公司的现金资源；将公司的现金余额降低到足以维持公司正常营运的最低水平。

国际现金管理策略是：现金计划及预算；确定公司总体的最优现金结余水平；制定加速现金流入和延缓现金流出的方法；进行短期投资组合管理。

国际现金管理一般均采取集中式的管理模式，各海外分公司及分支机构平时只需保留进行日常活动所需的最低现金余额,其余部分均转移至现金管理中心的账户加以统一调度和运用。其好处是:能够集中信息;便于统筹运用资金;提高经济效率与效益。

在此模式下,一般设立和建立多边净额支付系统和现金报告调度系统。多边净额支付是当某一公司账户上出现支付需要,以其他子公司对同一客户的债权进行划拨冲销,然后只支付净额,从而减少公司内部资金转移的次数及金额,避免不必要的货币转换,节省外汇交易费用。通过现金报告调度,合理安排现金调出和调入,达到资源有效配置。

2. 应收账款及存货管理

跨国公司的应收账款有两种类型:一种是公司内部的应收账款;另一种是公司外部的应收账款,反映了公司与客户之间的债权关系。公司的外部应收账款属于一般意义上的应收账款,它反映了公司的商业信用政策,其管理目标在于保证公司产品市场竞争能力的前提下,尽可能降低应收账款投资的成本。一般公司要制定合理的信用政策,确定信用标准、信用条件和收款方法。修改信用政策时,要对每一政策所对应的成本和收益进行比较分析,从而决定优劣。

而内部应收账款作为整个跨国公司财务体系的一个组成部分,其管理并不反映公司的赊销政策,而是作为调控内部资金的手段,以实现公司整体财务资源的最优配置和组合。

跨国公司的存货通常包括原材料、在制品、制成品。一般都有许多先进的存货制度,由计算机加以控制,根据存货控制模型决定"经济订货量"。

在通货膨胀,东道国货币预计发生贬值的情况下,可以通过调整进口原料或商品的存货水平,达到保值的目的,这在外汇严格限制的情况下,是一种现实的财务策略。

二、中长期国际融资管理

(一)国际融资的主要来源

跨国公司中长期国际融资主要来源有国际商业银行贷款、发行国际债券和国际金融组织贷款等。

国际商业银行贷款简称银行贷款或商业贷款,按期限长短可分为短期信贷和中长期信贷。中长期银行信贷具有使用较自由、借取方便,但利率水平高和限制性条款较严格等特点。其贷款方式有双边银行贷款(又称独家银行贷款)和银团贷款两种。

国际债券融资已成为跨国公司融资的主要来源之一,可分为外国债券和欧洲债券两类。前者指一国政府、企业等在某一外国债券市场发行的、以该外国的货币为面值的债券,如法国企业在美国发行的以美元为面值的债券;而后者指一国政府、企业等在外国的债券市场上发行的,不是以外国的货币为面值的债券,如法国企业在德国、英国发行的以美元为面值的债券,称为欧洲美元债券。此外,还有欧洲马克债券、欧洲英镑债券等。国际债券融资具有融资成本低、资金来源广、币种选择余地大、用款期限长等特点。国际债券的发行方式有私募发行和公募发行两种方式。国际债券的种类繁多，不断创新。按照可转换性可分为直接债券和可转换债券；按利率确定方式可分为固定利率债券、浮动利率债券、零息票债券和限度下浮债券；按照发行货币，可分为单一货币债券、双重货币债券和货币选择权债券等。

国际金融组织贷款包括世界银行集团贷款和区域性开发银行贷款。世界银行集团由世界银行(IBRD)、国际开发协会(IDA)、国际金融公司(IFC)三大组织所组成。区域性开发银行有亚洲开发银行(ADB)、美洲开发银行(IDB)、欧洲投资银行(EIB)、非洲开发银行(AFDB)。

(二)国际融资的主要工具

跨国公司有着特殊的长期融资工具，主要包括金融互换、国际租赁、出口信贷。

金融互换包括利率互换、货币互换，是国际金融市场的创新工具，可以利用它们来安排复杂的创新融资计划，以达到减少借贷资本、增强对利率风险和外汇风险控制的双重目的。

国际租赁是指跨越国界的租赁业务，出租人和承租人分属两个不同的国家，其租赁方式有融资租赁和经营租赁两类。派生形式有转租、回租、杠杆租赁、综合租赁等。在租赁决策时，要考虑各国税法对租赁业务的不同规定，计算各种方式的租赁成本(租金)，从而对租赁与购买、经营租赁与融资租赁进行选择。

出口信贷主要形式有出口卖方信贷、出口买方信贷和包买票据。包买票据是出口信贷的一种新方式，指出口商把经进口商承兑的远期汇票卖给出口地银行，由其进行无追索权的贴现，使出口商得以提前取得现款。

三、国际融资战略设计

对中长期国际融资战略进行设计时，必须综合分析以下各方面因素：各种可能的资金来源及相应的融资成本；各种融资方式对公司经营风险的影响程度；公司的资本结构、外汇风险、税收、资金来源的分散化、跨国度转移资金的自由度等，在此基础上做出各种方案的选择，以实现既定的目标。

跨国公司在设计中长期融资战略时，主要考虑降低融资成本、减少经营风险和优化资本结构三方面问题。

由于世界各国资本市场的不完备性，以及税收、政府对信贷及资本的管制，可能造成资本市场的局部扭曲，各种融资来源的实际成本之间肯定存在着各种差别。如果对此差异加以利用，则既可以获得有利的融资机会，也可以降低融资成本。例如，发行零息票债券，可以节省所得税支出；发行无记名债券，由于债券持有人可避税，则利率可适当降低；母公司向子公司融资时采用债务融资，则其利息费用可以抵减所得税，相反，股息支出则要缴纳预提所得税。

为了减少经营风险，必须保存一定数额的流动资金和一定的举债能力，以备急用。同时应积极与各种金融机构打交道，以开拓资金来源，使融资来源分散化，避免对某一金融市场产生的过分依赖性，从而保证融资能力。对于外汇管制，可最大限度地使用当地融资，采用背靠背贷款或平行贷款等措施。对于外汇风险，前面已经加以讨论，一般原则是通过融资方式，使受险的净资产(负债)头寸为零。

公司的资本结构就是其负债与权益的比例。资本结构的优化就是选择负债融资和权益融资的最优组合，实现财务风险与融资成本的适宜配合。在征收所得税的情况下，负债比率越高，公司价值越大，但达到一定程度后，破产风险和有关成本也会急剧增加。所以应在综合分析同行业和其他企业情况基础上，根据公司在未来各种环境下的偿付能力和各子公司情况，确定最优负债比率。对于海外子公司的资本结构确定的要求是：既要与母公司的资本结构相协调，又要反映东道国的资本化规范，并且要尽可能利用市场的不对称性以减少公司的总成本。

四、跨国公司融资战略的新趋势——高资本化

法国学者阿尔贝尔(Albert)在《资本主义反对资本主义》一书中，提出两种资本主义模式：一种是依赖银行融资的莱茵模式，主要指莱茵河流域国家的企业，以德国为代表，日本也可归于此类；另一种是依赖股市融资的新美国模式，主要指北美和英国的企业。他在书中预言了莱茵模式的衰退。但在1999年中文版序言中，他说没想到莱茵模式近几年令人瞠目的衰落——越来越多的欧洲大陆企业转向股市融资。近年来，日本企业也出现了重视股市融资的趋势。有评论认为，沃达丰恶意兼并曼内斯曼的成功，标志着莱茵模式的灭亡。

一方面，由于金融全球化，股市融资日益成为大企业的战略要素；另一方面，如前面章节所述，跨国并购已成为许多跨国公司主要的战略手段，企业要想在全球市场中以优势地位实行战略并购，实现更高的市场资本价值则成为前提条件之一。

在金融全球化与市场化条件下，不断提高市场资本价值已成为大企业战略的重要内容。这一新的趋势可以称为"高资本化"。为此，麦肯锡公司的人员提出"战略控制图"，用于这方面的战略分析，见图8-2。图8-2的纵轴是业绩(市值/账面价值比)，横轴是规模(股票面值)。那么，市场资本价值=业绩×规模。

如果把一个行业的众多公司按其市场价值逐个标在该图上，就能划分出4类公司。

(1) 完全控制的公司，位于右上角。它们业绩好、规模大，属于能完全控制自己命运的公司。它们能在全球范围内收购竞争对手，并可避免成为收购目标。

(2) 通过规模进行部分控制的公司，位于右下角。它们凭借巨大的规模参与全球竞争，而且很难被收购。但它们必须售出劣质资产或抓住高利机会，否则还可能被前一类公司收购。

(3) 通过业绩进行部分控制的公司，位于左上角。它们通过良好业绩获得暂时控制，通

常限于局部市场。它们必须尽快向图右移动,以避免被位于右方的公司收购。德国曼内斯曼就属这类公司。

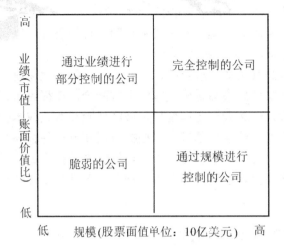

图 8-2 战略控制图

(4) 脆弱公司,位于左下角。它们面临的前景是:要么急剧提高业绩;要么卖掉这些业务转行;要么被收购。

显然,每一个企业都可以随时在战略控制图上标出自己的位置及竞争对手的位置,以制订出更好的高资本化战略与策略。

在美国有人提出:自 20 世纪 50 年代开始兴起的"经理资本主义"(指大企业的经理们成为主宰者),自 20 世纪 90 年代开始正在被"投资者资本主义"所取代[①]。可以认为,这是从另一个角度强调了:提高股市融资能力的相关战略对于大企业今后顺利发展的重要性。

五、对外直接投资管理

对外直接投资要求注重投资环境评析,减少风险;对投资效益进行全面评价,优化投资方案;加强投资项目管理,尽力降低成本。

在作出投资决策之前,必须对投资环境进行认真评估,可供评估的模型很多,如 BERI 评估法、投资冷热国模型、综合模型等。

在确定投资计划可行性及风险程度的基础上,对项目的获利能力做出客观评价,以寻求风险小、收益大的投资项目。国际上通行的评价项目获利能力的指标是"净现值"标准(NPV)。用公式表示,设项目的寿命期为 n 年,第 t 年($t=1$,2,$\cdots$,n)产生的净现金流量为 NCF_t;贴现率为 K(K 也为项目的资本成本);项目期初投资为 I_0,则:

---

① Useem M. Investor Capitalism, Basic Books, 1996.

$$\text{NPV} = \sum_{t=1}^{n} \frac{\text{NCF}_t}{(1+K)^t} - I_0 \tag{8.1}$$

如果 NPV > 0，说明该项目的平均投资报酬率大于项目的资本成本。

另外，采纳该项目还要考虑对原有产品的影响，是增加了还是减少了原有产品的销售。对 I_0 的估算，也应根据该资源的真实经济成本，即"机会成本"。最后，转移定价也可能扭曲某个项目的真实获利能力。

然而，子公司作为项目管理者，往往只考虑项目本身获利能力大小，公司总部则关心的是该项目为全公司带来的价值。为解决这一矛盾，应从3个方面对项目进行评价：第一，将项目作为一个独立实体进行有关现金流量的估计，即从项目角度评价；第二，从公司总部角度出发，分析项目向母公司所转移的现金数量、时间、方式及转移的成本(税收、外汇管制)；第三，分析项目对公司其他分支机构所造成的间接收益和成本。综合3个方面的评价结果，最后得出总的结论。

影响对外直接投资项目财务绩效的主要因素有项目预期总投资额、消费者需求及产品价格、生产成本、项目寿命期及其残值、资金转移的限制、汇率及东道国膨胀率、税负因素、项目的资本成本(项目贴现率)等。

对外投资项目的分析方法有两类：一类是风险调整法；另一类是敏感性分析法和模拟分析法。

风险调整法具体包括确定性等价法和调整贴现率法。确定性等价法，是根据项目各项风险大小，对 NCF_t 进行压缩，乘以调整因子 CE_t，其值在[0，1]之间，若 t 期项目风险越大，则 CE_t 越小。公式变为

$$\text{NPV}' = \sum_{t=1}^{n} \frac{\text{NCF}_t \cdot \text{CE}_t}{(1+K)^t} - I_0 \tag{8.2}$$

贴现率法是根据项目风险大小适当调整项目的资本成本，以调整后的资本作为项目贴现率。

敏感性分析法是分析项目净现值对各种风险因素的敏感程度。而模拟分析法是敏感分析法的推广和发展，它依据财务学理论建立资本预算的决策模型，由计算机求得项目净现值的概率分布，进行数理统计推断，比较分析项目的优劣。

在对外直接投资财务评价过程中，需编制各种预测表，依次为：投资费用和资金来源预测表；进行项目损益计划时需编制销售预测表、总成本预测表、预计损益表、贷款还本付息表；进行现金流量计算时，需编制国外子公司现金流量计划表、母公司与国外子公司有关的现金流量计划表。

当母公司在国外投资的净现值不小于零，内部报酬率不小于本国类似项目的税后投资报酬率时，认为该投资项目在财务上是可行的。

第三节　跨国公司财务风险管理

财务风险是企业财务成果的风险和财务状况的风险，是企业未来财务收益不可能实现的概率。因此，财务风险管理，就是在财务风险和财务收益之间进行权衡，以便能作出科学的财务决策，将财务风险控制在企业所能承受的限度之内，努力提高企业的收益，从而增加企业的价值。它是经营主体对其理财过程中存在的各种风险进行识别、度量和分析评价，并适时采取及时、有效的方法进行防范和控制，以经济合理可行的方法进行处理，以保障理财活动安全正常开展，保证其经济利益免受损失的管理过程。

跨国公司财务风险管理是指跨国公司在国际经营环境中，通过一系列管理手段和措施来保护自己的资产和保证盈利能力，减少和避免意外事故造成损失的管理工作。跨国公司财务风险管理是跨国公司在经营中处理各类财务问题，权衡财务风险和财务收益，并在此基础上作出科学决策，最终提高企业收益的管理过程。

跨国公司财务风险主要有两大方面：宏观风险，即为国家风险，主要包括政治风险、外汇风险和材料价格风险；微观风险，即为公司经营管理风险，主要是公司的经营风险、融资风险、投资风险以及内部控制风险、跨国资金使用风险等。

一、宏观财务风险分析及对策

(一)政治风险与防范

如本书第三章所述，政治风险是指国际经济活动中因政治因素导致经济损失的风险。主要包括国有化风险(征收风险)、外汇管制风险、战争风险及其他风险。

政治风险的宏观评估分析采用综合评价指标体系，主要有政治社会的安定性指标和经济运行的正常性指标。通过上述指标的分析和加权综合，最终可得到各个国家政治风险总体水平的得分，以此作为一国政治风险大小的度量。

但同样的政治环境对每一跨国公司有着不同的影响和作用，所以还必须从公司本身的基本特征出发，对政治风险进行微观评估分析。也就是说，在对项目进行财务评价时，将政治风险作为重要的影响因素加以考虑，以度量政治风险对项目净现值的影响大小。

对政治风险的防范和管理可分为 3 个方面：投资决策时的统筹规划、项目营运过程中的风险管理和资产被征收后的对策。

(1) 在投资决策时，项目处于投资前的评估阶段，此时拥有防范风险的绝对主动权，可供选择的方法有：回避，即放弃在该地区的投资计划；保险，即对海外投资的资产进行保险；协商，与东道国就投资事宜的责任和权利达成必要的协议；构造，在投资方案中加入一些特别的防范措施,如在营运政策上,使当地子公司强烈依赖于公司集团的内部市场与供应,财务政策上资金来源多元化。

(2) 在项目营运过程中对风险管理的手段有有计划地放弃权益、短期利润极大化、改变收益与成本比率、寻求当地合伙人或者适应风险。

(3) 资产被征后的对策有进行理性谈判、发挥公司力量、采取法律补偿措施、管理妥协。例如,在资产被征收后,可以采取受托代理出口、提供技术与方法、出售关键零部件等补救性措施,力争多挽回一些损失。

(二)外汇风险管理

外汇风险管理是指跨国公司对外汇市场可能出现的变化作出相应的决策,通过对汇率变动方向、变动幅度和变动时间的预测和控制,对承受风险的外币资产或负债项目进行调整或保值,从而使公司的汇兑损失达到最小的过程。

1. 汇率预测

外汇汇率(Foreign Exchange Rate)简称汇率,它是一个国家的货币折算成另一个国家货币的比率,即用一个国家的货币单位所表示的另一国货币单位的价格。简单地说,汇率是两种不同货币之间的比价,又称汇价或外汇行市。

外汇汇率也是一种价格,因此它的变动也是受供求关系决定的,受到来自多方面因素的影响。这些因素可分成基本因素和非基本因素两大类。其中基本因素包括两国的宏观经济状况、两国的相对价格水平、两国的国际收支状况等。非基本因素包括方针政策的改变、市场的各种变化和重大突发事件的影响,以及政府对汇率的干预等。此外,市场预期心理和国际政治形势的变化等心理、政治因素也对汇率产生重要影响。

能否准确地预测今后汇率的变动,对于国际企业在筹措长期资金、选择供给来源、确定产品定价策略、对外直接投资等方面的决策具有重要意义。当然,不同汇率制度下预测的机理是不一样的。

(1) 浮动汇率制下的汇率变动预测。浮动汇率制有自由浮动和管理浮动两种基本形式。

① 自由浮动。即未受政府干预的市场,则有一系列的经济理论,包括购买力平价、Fisher效应、国际 Fisher 效应、利率平价及远期汇率为未来即期汇率的无偏预测等来解释价格、利率、即期汇率和远期汇率等变量之间存在的一组平衡关系,从而预测浮动汇率的变动趋势。

② 管理浮动。其汇率变动的基本特征与自由浮动的场合类似,即主要由经济因素决定。但又具有固定汇率制的某些特征,即存在着政府对汇率的干预。

汇率预测方法分为市场预测法(Market-based Forecasts)和模型预测法(Model-based Forecasts)两大类。

① 市场预测法。这是指利用金融市场上即期汇率与远期汇率、利率等基本变量的关系,

来预测将来的即期汇率的可能变化。例如,远期汇率通常作为未来即期汇率的无偏估计。若记 f_1 为从当前开始至某段时期的远期汇率,e_1 为相应的即期汇率,则 e_1 的预测值 $\hat{e}$ 为 $\hat{e}=f_1$。由于外汇合同不超过一年,这种方法只能用来进行短期预测。若对一年以上的汇率变动进行预测,还要考虑两国利率差异。若记 r_h^n 和 r_f^n 分别为当前货币和外国货币 n 期存款利率,e_0 为当前的即期汇率,则 n 期后的即期汇率 e_n 的预测值 $\hat{e}_n$ 为

$$\hat{e}_n = \left(\frac{1+r_h^n}{1+r_f^n}\right)^n e_0 \tag{8.3}$$

② 模型预测法。其包括基本分析法(Fundamental Analysis)和技术分析法(Technical Analysis)两类。

基本分析法是最常用的预测方法,是在对影响货币特征的宏观经济变量和经济政策进行周密考察的基础之上,建立这些要素与汇率变动之间的经济计量学模型,由模型给出汇率变动的预测。常用的经济变量(又称经济指示器)有相对的通货膨胀率和利率、相对国民收入增长率、货币供应的变化率、一国的国际收入状况、黄金及硬通货储备水平等。常用的模型有传统的流动模型和资产市场模型及经常运用的购买力平价(PPP)。

技术分析法不同于基本分析法,后者是依据有关经济理论和客观基础,而前者是基于汇率变动的时间序列数据本身,从中找出规律性,由此预测汇率未来的变动趋势。技术分析手段有图表法和趋势分析法,其与股票、期货等金融技术分析方法极其相似。

(2) 固定汇率制下的汇率变动预测。在固定汇率制下,政府有义务在外汇市场上进行干预以维持汇率的稳定,汇率变动预测的重点不是市场因素,而是估计货币的贬值或升值压力大小,以及政府能够承受和愿意承受这种压力的时间长度。其步骤是:首先,计算均衡汇率,预测本国国际收支平衡状况。其次,在此基础上计算货币贬值(或升值)压力系数,由此推测政府可能采取的反应措施,如外汇管制、紧缩通货等。最后,评估政府有关政策会对货币供给、政府赤字、生产力等产生的影响,以及最终对汇率变动产生的影响。除了经济分析外,还要对政府的目标等政治因素进行分析。

跨国公司如果系统地进行汇率预测,可以提高企业对外汇和经营环境的醒觉性,使企业财务和其他经营策略有更好的反应能力和适应能力,从而提高外汇风险管理决策的正确性。

2. 外汇风险受险程度的测定

外汇风险(Foreign Exchange Risk)是指在国际经济活动中,以外币计价或定值的债权债务、资产及负债,由于汇率变动而引起有关货币价值的上升或下降,致使交易双方中任一方遭受经济损失的可能性。

凡是外汇风险,一般是由本币、外币和时间三个因素共同构成的。从财务管理的角度,可分为会计折算风险和经济风险两大类,经济风险又可划分为交易风险和营运风险两种。相应地,有测定会计受险程度和经济受险程度的两类方法。

(1) 会计受险程度的测定。

会计折算风险产生于跨国公司海外各子公司财务报表的折算过程。会计折算是指最初以当地货币计价的海外子公司的资产、负债、权益、收入和支出，都需按照一定的汇率进行折算，以母公司所在国货币表示，以便汇总编制整个公司的财务报告。如果汇率发生变动，则上述折算过程可能导致账面上的外汇增益或损失，这就是折算风险。折算风险不影响跨国公司未来的现金流量，但它将导致公司净资产账面价值的变化。

会计受险程度取决于两个方面：一是海外子公司的资产负债结构和收入与支出结构；二是母公司在进行折算汇总时所采用的折算方法。会计折算方法有：流动与非流动方法、货币与非货币方法、暂存方法和即期汇率方法等。在其他条件相同时，选择不同的折算方法将导致不同的会计受险程度的测定结果。因此，为了统一口径，各国对折算方法的选择制定了各自的会计准则。为了使市场正确理解折算结果，所使用的折算方法应予以解释并公开。

(2) 经济受险程度的测定。经济风险是指由于汇率变动所引起的公司价值(即公司未来预期的现金流量)的可能变化。经济风险分为交易风险和营运风险两种。

交易风险是公司由于各种需要以外币结算的交易所引起的外汇风险。这些交易包括国际间贸易往来、外币借贷、海外子公司在当地的采购及销售活动。有关交易可分成已完成交易和未完成交易两类。

营运风险是指由于汇率变动对公司经营的影响所导致的公司财务状况的可能变动。例如，美国汽车公司是一家生产、销售均在美国本土进行的国内企业，其使用的原料和劳工也全部来自美国，因此，它不存在任何的会计风险和交易风险。但该公司主要产品是经济型的小汽车，这一市场存在来自德国、韩国和日本进口小汽车的激烈竞争。若美元贬值，该公司可以提高其产品在市场上的竞争力；反之，若美元升值，则将对其销售产生不利影响。

经济受险程度主要取决于：公司产品需求的价格弹性；在相对价格变化时公司调整投入要素组合的能力；公司定价决策的灵活性；公司运用当地融资的状况；公司营运净资本与销售收入之比等因素。可以通过编制交易受险程度报告表、回归分析等具体方法加以测定。

3. 外汇风险的防范方法

(1) 会计折算风险的防范。防范折算风险的基本方法是套头交易，即根据会计受险程度，适当增加硬货币的资产和减少软货币的资产；同时，适当减少硬货币的负债和增加软货币的负债。从母公司角度出发，对子公司折算风险的防范措施可分成两类，即资金流量的调整和远期外汇买卖。

① 资金流量调整。这是指在预期汇率将发生变动之前，改变母公司及其各子公司、分公司计划资金流量的数额、币种，从而达到减少会计受险程度的目的。典型的方法有资产负债平衡法，这种方法是将有风险的资产和有风险的负债做一平衡，当面对风险的资产和

面对风险的负债相等时，风险可以抵消。这可以通过转移定价等内部资金的转移和当地货币借款等手段达到改变当地货币净资产头寸(资产-负债)的目的，即若要消除净资产(负债)头寸时，可减少该货币资产(负债)或增加负债(资产)。

② 远期外汇买卖。采用远期外汇买卖对折算风险的暴露进行保值时，须先在远期市场上出售被暴露的通货，之后在即期市场上购进该种通货，再把购进的通货按照远期合同交割。远期外汇交易可以产生与某种货币资产或负债对冲的负债或资产，从而达到消除该种货币净资产(净负债)头寸、避免折算风险的目的。

在防范折算风险的实际操作中，可将这两类方法结合起来加以运用，即首先根据公司总的会计受险程度及经营目标选择适当的资金流量调整方法，然后再通过在远期市场上的交易对避险措施做进一步修正。

(2) 交易风险的防范。交易风险的防范方法可分为事先防范法和事后防范法两类。前者指在签订交易合同时就采取措施防范外汇风险，有风险转移、风险分担等措施。后者是指已经用软货币签订了出口合同或用硬货币签订了进口合同，无法在合同条款上加以弥补，就只能通过前述的外汇远期买卖，以及货币市场套头交易、外汇期权交易、外汇期货交易、在货币市场进行借款和投资等方法来防范外汇风险。

风险转移是指公司预计汇率可能发生变动时，在进行交易的过程中采取相应的措施，将可能的外汇风险转嫁给交易对方的做法。常用的方法是选择有利的计价货币，争取收汇用硬货币，付汇用软货币。然而在实施时会遇到相当大的阻力，因为交易双方都要选择对自己有利的货币。因而要根据实际交易情况，作出适当决定。这时可以采取黄金保值、"一揽子"货币保值、硬货币保值等手段，也可以适当调整商品价格，采取加价保值和压价保值的方法转移汇价风险。

风险分担是指以某一种货币计价成交时，在合同内加列风险分摊条款，规定商品的基价、基准汇率及中间带等。在付款日，如果即期汇率落入中间带之外，则相应的汇兑损益由双方事先约定的比例分摊。

货币市场套头交易，是指通过在货币市场上进行两种货币的借贷交易，达到消除某种货币净资产(负债)头寸的目的。

外汇期权交易是在套期保值的现金流量能否实现不能确定的情况下，购入某种货币的"买权"或"卖权"，在到期日根据情况，而进行实际货币交割，或放弃买卖权利。如果让合同过期作废，损失的只是手续费用。

外汇期货交易在实际操作时，若买了若干期货合同，又不想要了，则可卖出相同数量的相同合同，轧平头寸，清除今后履行的义务。

利用借款和投资防范风险类似于前述的资产负债平衡法，是利用借款和投资改变某种货币净资产(负债)头寸。

(3) 营运风险的防范。营运风险反映在公司未来的投资、销售、原料及劳务采购等方面。因此要依赖于企业营销管理、生产管理等方面与财务管理的协调一致，从而在整体上提高企业本币获利能力。

在营运风险的营销管理上,根据实际或预期的汇率变化,选择包括市场选择、市场分割、定价策略、产品策略等营销策略。例如,本币贬值或外币升值是推出新产品的理想时机,因为此时具有比较价格优势。

营运风险的生产管理着眼于降低产品的成本以提高竞争力,采取的措施包括:改变生产投入要素的组合,根据汇率变动情况,不断寻求国产和进口投入要素的替代品;转移生产地点,实现产品生产场所的最优配置;或者采取关闭无效率工厂、提高自动化程度等提高资产运用效率的措施。

总之,在实践中,汇率风险管理要抓得早、安排细,使营销管理、生产管理的实施与财务管理相协调。要合理调整企业负债中不同币种的结构,对管理的收益和成本要认真加以评估,据此选择最优避险工具。一般采取集中化风险管理模式,利用风险组合,从整体上协调外汇风险管理工作,降低公司的风险管理成本。

二、微观财务风险分析及对策

微观风险即为跨国公司经营管理风险,主要是公司的经营风险、融资风险、投资风险以及内部控制风险、跨国资金使用风险等。

(一)微观财务风险分析

随着经济全球化的推进,跨国公司无论在数量上还是在规模上都有了很大的发展,公司之间的对外贸易、资本的输入和输出、国际资金融通等日趋频繁,不可避免遇到各种问题。经营活动的复杂性,加之企业组织结构不合理或内部控制的欠缺,投资决策缺乏科学性,或不合理的资产债务结构,或财务管理人员对风险认识不足等,均给跨国公司带来不同程度和不同种类的财务风险。

此时,跨国公司应根据自身的风险情况,采用正确的风险管理方法,制订严格的控制计划,降低风险。在经营管理中,要建立财务危机预警指标体系,加强融资、投资、资金回收及收益分配的风险管理,实现企业效益最大化。

首先,构建财务分析指标体系,利用财务分析指标,建立长期财务预警系统。公司可通过及时评价其经济效益即获利能力、偿债能力、经济效率、发展潜力等方面入手防范财务风险。

从营运能力考察,监测的指标有应收账款周转率、存货周转率、固定资产周转率、总资产周转率及总资产报酬率,通过这些指标评价企业资产经营的效果,发现在资产营运过程中存在的问题。从偿债能力考察,监测的指标有:流动比率,该比率越高,短期偿债能力就越强;速动比率,该值越大短期偿债能力越强;资产负债率,衡量企业利用债权人资金进行经营活动的能力,也可以衡量企业在清算时保护债权人利益的程度。从盈利能力考察，监测的指标有：净资产收益率(净利润/平均净资产)，该指标越高，反映盈利能力越强；总资产报酬率(息税前利润/平均总资产)，该指标越高，说明企业资产的运用效果越好，资产盈利能力越强；收入利润率和成本利润率，反映收入、成本、利润三者关系，判断商品经营盈利能力等。

财务比率分析中的 z 指数分析法又称"z 记分法"，是一种通过多变模式来预测公司财务危机的分析方法。"z 记分法"是由美国学者阿尔曼(Altman)在 20 世纪 60 年代中期提出来的，最初阿尔曼在制造企业中分别选择了 33 家破产企业和良好企业为样本，收集了样本企业资产负债表和利润表中的有关数据，并通过整理从 22 个变量中选定预测破产最有用的 5 个变量，经过综合分析建立了一个判别函数；在这个模型中赋予 5 个基本财务指标以不同权重，并加计产生"z"值，即：

$$z = 0.012x_1 + 0.014x_2 + 0.033x_3 + 0.006x_4 + 0.999x_5 \tag{8.4}$$

式中：z——判别函数值；

x_1——(营运资金/资产总额)×100；

x_2——(留存收益/资产总额)×100；

x_3——(息税前利润/资产总额)×100；

x_4——(普通股优先股市场价值总额÷负债账面价值总额)×100；

x_5——销售收入/资产总额。

该模型将反映企业偿债能力的指标 x_1 和 x_4，反映企业获利能力的指标 x_2 和 x_3 以及反映企业营运能力的指标 x_5 有机地联系起来，通过综合分值来分析预测企业财务失败或破产的可能性。按照这个模式，一般来说，z 值越低企业越有可能发生破产，通过计算某企业连续若干年的 z 值就可以发现企业是否存在财务危机的征兆。阿尔曼根据实证分析提出了判断企业财务状况的几个临界值，即：当 z>2.675 时，则表明企业的财务状况良好，发生破产的可能性就小；当 z<1.81 时，则表明企业潜伏着破产危机；当 z 值介于 1.81 与 2.675 之间时被称为灰色地带，说明企业的财务状况极为不稳定。

上述模型主要适用于股票已经上市交易的制造业，为了能够将该模型适用于私人企业和非制造业公司，阿尔曼又对该模型进行了修正，即：

$$z = 0.065x_1 + 0.0326x_2 + 0.01x_3 + 0.672x_4 \tag{8.5}$$

式中：x_1——(营运资金/资产总额)×100；

x_2——(留存收益/资产总额)×100；

x_3——(税息前利润/资产总额)×100；

x_4——(企业账面价值/负债账面价值)×100。

在这个预警模型中当目标企业的 z 值被测定为大于 2.90 时，说明企业的财务状况良好；当 z<1.23 时，说明企业已经出现财务失败的征兆；当 z 值介于 1.23 与 2.90 之间时为灰色地带，表明企业财务状况极不稳定。

其次，设立辨认、分析和管理相关风险的机制，积极应对财务风险。企业针对不同情况，采取风险降低、风险规避、风险共担、风险承受策略。同时，合理利用防范风险的技术方法，包括：分散法，即通过企业之间联营、多种经营及对外投资多元化等方式分散财务风险；回避法，即企业在选择理财方式时，应综合评价各种方案可能产生的财务风险，在保证财务管理目标的前提下，选择风险较小的方案，以达到回避财务风险的目的；转移法，包括保险转移和非保险转移；降低法，即企业面对客观存在的财务风险，努力采取措施降低财务风险的方法。

最后，加强财务活动的风险管理，对每一个经济活动环节和会计记录环节进行控制。

(二)各类风险与应对策略

1. 融资风险与应对策略

跨国公司融资风险指跨国公司融资效益的不确定性给跨国公司带来的损失。跨国公司可采用财务杠杆系数来衡量融资风险。财务杠杆系数=每股普通股收益变动率/经营收益变动率，在企业资金总额一定的情况下，借入资金的比例越大，财务杠杆系数越大，由于企业投资报酬率的不确定性，相应的融资风险越大。另外，经营杠杆系数=经营收益变动率/销售变动率，此值越大，经营风险越大，即企业经营收益的变动幅度越大，如果此时企业大量借款，则面临的融资风险将迅速上升。综合判断，则用复合杠杆系数，即前二者相乘，此可以看出企业真正的融资风险水平。当公司财务杠杆系数较大，经营杠杆系数较小，最终的复合杠杆系数较小时，说明公司可用较小的经营风险来抵消较大的融资风险，使公司负担的风险与预期收益均衡，从而实际融资风险不会太高。

通过以上分析，应建立公司的最佳财务结构，充分利用财务杠杆，控制财务风险和经营风险。财务结构即是企业资产的融资形式，包括短期债务、长期债务及股东权益。当公司的债务/股本比率较高时，其股本利润率也较高，但其后续融资能力较低，所以公司倾向于选择资金报酬率较高、规模较大的投资项目；当债务/股本比率较低时，公司未能有效地利用财务杠杆，扩大企业的盈利能力。

2. 投资风险与应对策略

跨国公司投资风险指公司投入一定资金后，因市场需求变化而导致最终收益与预期收益偏离的风险，主要有直接投资和证券投资两种形式。

直接投资受国际环境和投资国各因素影响，存在一定的技术风险，因此跨国公司可以通过分析市场环境，考虑投资产业、投资地域、投资时机、投资规模、投资方式及资本投入形式和结构等，计算投资项目的净现值(未来报酬总现值-初始投资)和项目的内涵报酬率，决定项目是否可行。

对于证券投资，可通过证券投资组合，分散投资风险，并以一系列指标计算项目的可行性。一种是计算证券投资收益是否低于期望收益的概率，不过此方法由于严格遵循定义往往与实际有差异；第二种是计算证券投资出现负收益的概率，不过此方法也存在忽略出现亏损的数量不足；第三种是计算证券投资的各种可能收益与其期望收益之间的差距，即证券收益的方法或标准差。这种方法计算了证券各种可能收益出现的概率，也计算了各种可能收益与期望收益的差额，因此往往更适合计算投资风险。

3. 资金使用风险与应对策略

跨国公司资金使用风险是由于跨国公司生产经营活动复杂、资金流量较大等引起的在资金使用和管理过程中出现的资金缺口、资金滞留或收支失衡等问题的风险。

跨国公司应注重其营运资金的管理，以减少资金成本，合理有效地使用资金，实现企业利润最大化。狭义的流动资金指企业的流动资产和流动负债的差额，也称净营运资金，是分析判断企业流动资金运营情况和财务风险的重要依据。因此一方面要加强流动资产的管理，对应收账款进行账龄分析和信用分析，对存货的成本和数量予以控制，通过计算包括周转期、周转率、成本率在内的财务指标来评估和管理。另一方面加强流动负债的管理，包括商业信誉管理和短期银行借款管理。

除融资风险、投资风险、资金管理风险之外，跨国公司同样面临着经营风险、市场风险、信用风险、内部管理风险等，跨国公司应结合本公司特点，运用相应财务管理知识，及时防范、及时处理。

第四节　跨国公司国际税务管理

一、国际税收概述

国际税收是指各国政府与其税收管辖范围之内从事国际经济活动的企业和个人之间就国际性收益所发生的征纳活动以及由此而产生的国与国之间税收权益的协调行为。

国际税收学研究的主要内容有国际税收管辖权、国际税收征管规范、国际税收政策、国际联属企业的征税、国际重复课税及其消除、国际避税与偷漏税、国际税收协定等。

(一)税收管辖权

税收管辖权是一个主权国家管辖权的重要组成部分，客观上要受国际社会共同遵循的原则和国际公法的制约。依照属地原则和属人原则来确认，可相应地产生了以下三种类型的管辖权。

(1) 税收地域管辖权。国家仅对产生于或位于本国境内的课税对象行使课税权，又称为从源课税。

(2) 税收公民管辖权。国家对具有本国国籍或被认定为具有本国国籍的公民(包括自然人和法人)产生于或位于世界范围内的课税对象行使课税权。

(3) 税收居民管辖权。国家对于取得本国居民地位或被认定为本国居民的自然人和法人产生于或位于世界范围内的全部课税对象行使课税权。

公民纳税人的确定：在各国民法中通常指具有本国国籍的自然人。公民的概念拓展到公司，就是国籍公司，凡是根据本国有关法律组建并注册的公司均为本国国籍公司。

居民纳税人的确定：针对自然人而言，确定标准有住所或居住地标准、时间标准和意愿标准。对公司的标准有法律标准(如美国)、总机构标准(如日本)、控制和管理中心标准(如英国)、控股权标准(如澳大利亚)及主要经营活动标准。

(二)国际税收负担政策及征管规范

对本国纳税人境外所得课税，各国通常遵循税收中立原则，一方面"国内中立"，投资于国外的本国纳税人的税负应该与其在母国投资时相同；另一方面"国外中立"，本国公司设在另一国的分公司的税负应该与该国其他外国竞争者相同。出于这种考虑，一些国家往往要对本国单方面采取避免或减轻国际重复课税的办法作出规定。

对外国纳税人(主要指非居民公司)的本国境内来源所得课税，是根据其参与本国经济的程度而实行不同的征管办法。对于在本国直接从事经济活动并由此取得所得的外国纳税人，一般按照与本国居民纳税人相同的办法课税。对于不在本国直接从事经营活动，仅通过在本国消极投资取得股息、利息、特许权使用费等项所得的非居民纳税人，各国一般均以预提所得税的方式课税。

二、国际税收权益分配关系的协调

(一)避免国际重复课税

国际重复课税是指两个或两个以上的国家在同一期间内对同一纳税人的同一课税对象征收类似的税收。其产生的原因是不同国家税收管辖权交叉重叠和冲突的结果。例如，IBM公司在印度的子公司(合营企业)获得利润200万美元，根据属地的原则，印度政府按税率35%对其课税；但又由于这个子公司的总公司设在美国，是在美国注册登记的法人，美国政府按照属人原则，也要按美国的所得税率46%课税。结果，该公司利润中的162万美元被两国政府征收，只剩下实际所得38万美元。为了避免国际重复课税，各国政府都通过一定的方式对各自行使税收管辖权的范围进行限制。

在实践中，一般遵循属地优先原则，采取单边方式和双边方式两种方式。

单边方式是在本国税法中单方面作出规定，对本国居民或公民纳税人已被外国政府征税的境外所得自动采取避免或消除重复课税的措施。单边方式可分为抵免法、免税法、扣除法三类。

双边方式是通过两国协商，签订双边国际税收协定，对各自的税收管辖范围加以规范。各种国际税收协定内容不尽相同，但有两点是共同的：第一，如何分享课税所得；第二，外国公司为国外所得所付出的所得税总额,不能超过签约双方中较高一国的所得税税率所纳税额。

国际上避免重复课税协定的主要内容有:①划定纳税人和税种范围;②确认相互抵免的责任;③确定是否实行税收抵免制,即在某些国家实行鼓励外资政策,当享受所得税减免的投资利润汇回国内时,应税未税的部分税额也和实际缴纳的税额一样可以抵免本国的应征税额。

(二)跨国公司国际税收筹划

税收筹划是以合法手段、利用税收制度中的规定或漏洞减轻或规避税负的一种行为。其产生的客观条件是由于各国征税范围及税率的差异;各国税收优惠措施方面的差异;各国行使的税收管辖权类型及其行使范围和程度上的差异。

国际避税的方法可谓千差万别。归纳起来,大致有以下几类。

1. 转移定价

转移定价是跨国公司的一种经营策略,它是根据跨国公司的全球战略目标和谋求最大限度利润的目的,经过人为安排的内部交易价格和费用收取标准。跨国公司转移定价的一个主要目的,是为了规避各类税收。

2. 公司居所的选择及迁移

公司居所的选择从避税的角度看,可选择的国家有两类:一类是低税国或无税国,即国际避税地;另一类是提供较多税收优惠的国家。组建这类公司不仅在于减轻该公司自身所得的税负,更重要的是使其成为一个"利润积累中心",即可以将公司组建者在其他国家的所得通过各种方式向这一公司实体转移,并利用有关国家延缓课税的规定,将利润积累起来规避税收。

事实上,由于住所迁移的成本耗费高,一般公司不会轻易采用这一方法。而是用一些技术手段,在不进行实质迁移的情况下,改变本公司的居民身份,以改变在有关国家的居民纳税人地位,即"虚假迁移",消除成为实际管理中心、注册地、总机构和控股权的象征。具体做法有:避免在某些国家注册;避免从某国发出电话、传真指示;不在某些国家召集股东会议或管理决策会议等。

3. 公司居所的非迁移方式

这种方式是指公司并不离开原居住国或改变居民身份,而是指使别人在另一国为其创造一个介质,通常是采取信托的办法,造成形式上所得与本人分离,从而达到本公司在居住国避免就这部分所得缴纳所得税的目的。例如,公司若以自己名义在国外直接投资,则其所得要向居住国政府纳税。如果公司将投资资金委托给避税地的某一信托公司,以其名义进行本公司原计划进行的投资活动,则其取得的投资报酬将隐匿在信托公司名义下,从而达到避税目的。

4. 资金、货物或劳务的流动

以这种方式避税更为隐蔽,其具体办法有避免成为常设机构、通过转移定价实现收入或费用的转移、选择分公司或子公司的形式。例如,在营业初期采用分支机构形式,以便用营业初期的亏损冲销总公司世界范围内的利润;当分支机构由亏转盈后,再将其转变为子公司,以取得较多的税收优惠。

5. 利用延续课税规定

通过这种方式进行所得的积累,一方面可利用缴纳税款的时间差获利,另一方面可将子公司积累起来的利润用于海外再投资,从而彻底避免在本国的负税。

上述跨国公司的国际避税活动中,利用国际避税地是主要途径之一。国际避税地是指那些对个人或公司免征或只征较低税率的所得税,并提供特殊税收优惠的国家及地区。国际避税地一般不存在外汇管制,金融机构发达,交通、通信便利,对客户的财产、经营活动及收益情况严格保密。

利用国际避税地的具体形式有建立基地公司和利用信托两类。基地公司一般建立在诸如巴哈马、开曼群岛和英属维尔京群岛等国际避税地。在这些地区,跨国公司往往没有实质性的经营活动,有些仅租用一间办公室,甚至只挂一面招牌,仅为了避税目的而存在。

利用信托,是指高税国的公司纳税人将其资产委托给避税地的信托公司,达到公司居所的非迁移而避税的目的。这种形式下,委托人的资产情况无须公开,受托公司的财务状况有严格的保密规定。信托资产往往以有价证券及借贷资本形式存在,从而使信托关系复杂化,以摆脱居住国对信托的控制。

6. 选择适当的融资形式、币种和地点

除了上述几种避税手段外,选择适当的融资形式、币种和地点也能够达到规避税收的目的。

(1) 选择适当的融资形式。目前,在几乎所有的国家,子公司支付国外债务的利息,无论是支付给母公司还是支付给国外其他金融机构,都享受税收抵免,而红利支付在税收方面则不享受同等待遇,因此,跨国公司母公司以债务形式而不是股本的形式向国外子公司提供资金就具有某种税收优势。

(2) 选择融资币种。利息享受税收抵免优待还进一步影响到跨国公司融资货币的选择。从理论上讲,选择哪一种货币筹措资金并不会影响融资税前成本。根据利息平价理论,不同货币利息成本的任何差别都将为货币之间的比价的变动完全抵消,即任何两种货币的利息之差基本上等于两者的远期贴水或升水之差。因此,无论选择哪一种货币融资,其税前成本都是相同的。但是,如果纳入税收因素,那么就会发现采取不同货币融资的税后成本是不同的。我国学者滕维藻等 (1992)曾举例(本书有所修改)说明由利息税收优待所导致的不

同货币融资税后成本的差异，见表 8-1。

表 8-1　融资货币选择分析

项目	美元	比索
利息率	$r_{us}=20\%$	$r_{mex}=40\%$
即期汇率	$x_{t_0}=10$(比索/美元)	
依利息平价理论远期汇率	$x_{t_1}=\dfrac{r_{mex}-r_{us}}{1+r_{us}}x_{t_0}+x_{t_0}=11.67$ (比索/美元)	

子公司融资成本(单位：百万比索)

美元融资	本金	利息	本利和
1. 借 1 百万美元兑换成 10 百万比索			
2. 归还 1 百万美元＝11.67 百万比索	11.67		11.67
3. 按 10.835 比索/美元的平均汇率分期支付美元利息(1×0.2×10.835)		2.167	
4. 税前成本			13.837
5. 税后成本(13.837−0.5×2.167)			12.75
比索融资			
1. 借 10 百万比索			
2. 归还 10 百万比索	10.0		
3. 支付 4 百万比索		4.0	
4. 税前成本			14
5. 税后成本(14.0−0.5×4.0)			12

(资料来源：滕维藻等. 跨国公司战略管理. 上海：上海人民出版社，1992)

由本例可以看出，如果东道国墨西哥对境内国外子公司外币损益不课税，而且对利息支付的税收按公司税率的 50%扣除，那么美元债务的税后成本就明显高于比索债务的税后成本。因此，选择比索融资就更有利。在这里，美元与比索税后融资成本的差别主要取决于两个因素：一是利息享受部分或全部税收抵免；二是美元的名义利率低于比索的名义利率，因而美元债务的税收抵免额小于比索债务的税收抵免额，也就是说，比索债务比美元债务带来了更大的税收节约。从上述分析可以引出跨国公司融资决策中的一个基本策略目标取向，即如果：①利息平价理论在现实中基本成立；②对外汇损益不加课税或实行税收优惠待遇；③利息支付享受部分甚至全部税收抵免，那么，成本最低的融资方案，应该选择名义利率最高国家的货币(即软币)。

世界上有许多国家(如澳大利亚、印度尼西亚、南非和德国等)都不对外币交易或债务带来的外汇损益课税，但也有一些国家(如英国、瑞典)规定都对外汇损益课税，而且这些国家关于外汇损益的具体课税方法也不尽相同。因此，跨国公司在选择融资货币时，除考虑上面提出的基本原则外，还要权衡具体的外汇损益税收因素。

(3) 选择融资地点。跨国公司还可通过选择融资地点来减轻国外项目融资的税收成本。以美国为例，美国根据与其他国家签订的双边税收协定，对支付给国外投资者的红利和利息通常要课征高达 30%的预提税。从名义上看，尽管支付国外债务利息的税负是由国外债权人承担，但是，国外投资者常常要求较高的税前收益率作为补偿，这样纳税负担又转嫁到本国债务人身上。因此，相对于不征或少征利息预提税国家的债务人来说，欲在国外融资的美国公司或者处于不利的竞争地位，或者必须支付更高的毛利率。为了避免这种纳税负担，在欧洲货币市场上拥有较大的竞争力，美国跨国公司的融资地点策略往往是选择那些不征或少征这种预提税的国家作为融资地点，如卢森堡、瑞士、巴哈马和荷兰的安第列斯群岛。在这些国家或地区设立离岸金融子公司，专门负责在国外发行证券筹措资金，然后，将其通过内部交易或其他渠道转移到国内母公司或其他子公司，供投资之用。这样可以降低公司整体融资成本和纳税负担。

企业的避税行为造成国家税收的流失，为此，各国政府制定了一系列反避税的规定和措施，对一些避税行为进行制约。首先，在完善税收立法方面，增加反避税条款，制定针对国际避税惯用方法的特殊条款(如公司内部定价的特殊规定)；同时规定纳税人的特殊义务与责任，如举证责任、报告义务等。其次，加强税收征管，加强国际间税务合作，努力获取税务情报，运用现代科学技术、统计技术，提高税务审计质量。因此，跨国公司在实施避税手段时，应努力使自己的行为限于各国政府法规允许的范围之内。

第五节　跨国公司金融创新

金融创新是指金融业务各种要素的重新组合，具体是指金融机构和金融管理当局出于对微观利益和宏观利益的考虑而对机构设置、业务品种、金融工具及制度安排所进行的金融业创造性变革和开发性活动，其核心是金融业务和金融工具的创新。

跨国公司财务管理的特点和领域导致各类金融产品层出不穷，其创新程度主要表现在信用风险转移工具的惊人扩张上。这些工具将信用风险作为一类单独的资产进行转移、对冲并进行活跃的交易，其形式和内容非常复杂并加快了创新的速度。如信用违约互换(CDSs)和担保债权证(CDOs，以原始证券等现金工具、贷款或资产支持证券、CDSs 或 CDOs 本身等衍生债权为基础) 等结构化产品。

由于国际金融业渗入跨国公司管理的各个方面，使其在财务管理中形成财务资金用不同的货币反映，以及汇率变化对财务收支和财务成果产生重大影响的复杂性。在当今金融创新不断拓展的新形势下，跨国公司必须更加关注国际金融市场和金融创新，同时也要更加注意防范金融风险。因此，熟悉金融环境及适应金融创新，并尽可能地以此来完善跨国公司财务管理,已成为当今跨国公司财务管理的主要战略。

一、金融创新对跨国公司财务管理的影响

金融创新改变着以往跨国公司所处的财务环境和金融环境,金融创新产品的不断出现影响着跨国公司原有的财务管理模式和流程,给跨国公司带来新的利益的同时也带来新的风险。

(一)优化跨国公司财务管理

金融创新产品从以下三个方面优化了跨国公司财务管理。

1. 金融创新有利于跨国公司提高资金收益率

跨国公司进行闲散资金管理时,可以直接利用能带来较高收益、风险相对较低且投资期较短的金融工具进行盈利活动,以此提高闲置资金的收益率。

2. 金融创新有利于跨国公司提高经营效率

金融创新为企业提供了良好的风险规避工具,运用金融衍生工具能有效地帮助企业规避因汇率变动所带来的额外投融资成本,同时其引入和发展有利于企业在不同国家金融市场之间开展投资活动,有利于企业节省管理成本和筹资成本,提高经营管理效率。

3. 金融创新有利于跨国公司增强管理风险的能力

金融创新产品具有规避和转移风险的功能,可将风险由承受能力较弱的个体转移至承受能力较强的个体。各种衍生工具以其特有的对冲和套期保值功能,能有效地规避利率、汇率等不利变动所带来的风险。此外,企业更有机会通过这些衍生产品将不利因素转为有利因素,为企业谋求更多盈利机会。

(二)带来新的财务管理风险

金融创新产品是一把双刃剑,是重要的风险规避工具,但在实际运用中往往又会给跨国公司带来很多风险。主要表现在以下几个方面。

1. 价格波动风险

金融衍生工具衍生于基础商品,其价值自然受基础商品价值变动的影响。由于其价格是基础商品价格变动的函数,故可以用来规避、转移风险。然而,也正因如此,金融衍生工具较传统金融工具对价格变动更为敏感,从而大大增加了风险系数。

2. 信用风险

达成金融衍生工具合约不需要缴纳合同的全部金额，参与者只需动用少量资金(甚至不用资金调拨)即可进行几十倍金额的金融衍生工具交易。由于绝大多数交易没有以现货作为基础，所以极易产生信用风险。在交易金额巨大的今天，若某一方违约，就可能会引发整个市场的履约风险。此外，保证金的杠杆作用把市场风险成倍放大，即使微小的基础价格变动都会引起轩然大波。

3. 运作风险

开发衍生产品的金融工程师把基础商品、利率、汇率、期限、合约规格等予以各种组合、分解、复合出金融衍生产品，其中不乏形式复杂多样、内容艰涩难懂的品种。近年来一系列金融衍生产品灾难产生的一个重要原因，就是对金融衍生产品的特性缺乏深层了解，无法对交易过程进行有效监督和管理，运作风险也就在所难免。

二、金融创新在跨国公司财务管理中的具体运用

(一)货币互换与利率互换

货币互换与利率互换是跨国公司进行利率风险管理的常用套期保值工具。随着金融创新活动的继续，在传统货币互换基础上又出现了许多新的互换方式，主要有远期互换、卡特尔互换、可断式互换、可展式互换等。利用货币互换和利率互换，可以防范外汇风险、利率风险，可以调整投资组合，提高投资效益，还可以降低筹资成本。这些创新金融产品的出现，大大丰富了跨国公司财务管理的方式和手段。

(二)外汇期货合约与外汇期权合约

外汇期货合约是以外汇为标的资产的金融期货合约，即买、卖双方签订在未来特定日期、以约定价格买进或卖出标准数量外汇的合约。外汇期权合约是一种能在未来特定时间、以特定价格买进或卖出一定数量外汇的权利。期权是一种选择权，期权买方支付权利金后，获得在未来特定时间、以约定价格买进或卖出标的资产的权利，而不负有必须买进或卖出的义务。外汇期货合约与外汇期权合约共同构成了跨国公司进行汇率风险管理常用的套期保值工具。

(三)更多融资方式的选择

金融创新不断为跨国公司提供更多融资选择的方式，跨国公司可以选择有利于提升其资金管理水平的方式进行融资。近年来，比较典型的创新融资产品总体可以归纳为以下几种。

1. 浮动利率产品融资

这是针对通货膨胀而创新的金融产品，包括浮动利率债券、浮动利率银行长期贷款、浮动股利股票等。如果存在通货膨胀，尤其是通货膨胀严重的情况下，企业最好发行浮动利率债券，使债券的利息率随物价的上涨而上涨，保障购买者的利息收入和实际购买力，这样企业的债券融资才能得以顺利进行。

2. 认股权证融资

认股权是指以特定价格购买某设定数目股票的选择权。这种债券具有负债及权益的某些特性。认股权证也可以带来额外的资金，其行权价格通常比债券发行日的股票市价高出10%～30%。如果企业业绩发展良好，股价超出其行权价格，则权证持有人行使此项权利，以既定价格购买股票。

3. 可转换债券融资

可转换债券是指一种以企业债券为载体，允许债券持有人在规定时间内以规定价格转换为发行公司或其他公司股票的金融工具。可转换债券具有规避风险和筹集资本的双重功能，比单纯的避险工具(如期货、期权等)和融资工具(如股票、债券等)更具优势，在当今国际金融市场中日益占据重要的地位。目前，可转债已成为大多数发达国家金融资产的重要组成部分，并受到各个跨国公司的广泛关注。

三、金融危机对跨国公司财务管理及金融创新的启示

利用金融创新优化财务管理是新时期现代跨国企业研究的新课题，有特定的研究领域，并有其发展的客观性。在当今后金融危机时代，研究如何加强金融创新在跨国公司财务管理中的地位以及如何有效利用并防范风险，具有重大而深远的意义。

1. 注重金融创新，熟悉和掌握国际金融工具，有效利用其转嫁经济风险

国际金融市场上一般的股权、债权、票据等融资性金融工具品种繁多，这就必然要求跨国公司财务管理人员学习和掌握这些国际金融工具，同时注重开展金融工具创新，以利用其转移风险，并满足跨国经营的需要。

2. 在适度的范围内运用金融工具

任何一种金融工具在给跨国公司带来收益的同时，必然伴随着风险。安然公司从事大量超出公司自身风险、自控范围的交易，所涉及的金融产品复杂程度远远超出了它能够处理的能力，导致公司金融产品交易中存在的问题积重难返，不得不从事更具风险的交易，最终导致破产。因此跨国公司要考虑自身的承受能力，权衡风险与收益，在适度的范围内运用创新金融工具。

3. 加强风险控制，积极防范金融创新风险

金融创新在带来便利和收益的同时，风险也会随之而来。因此跨国公司在利用金融创新时，必须加强风险的防范和化解。面对当今日益复杂的市场环境，大型跨国公司可以通过设置首席风险管理官等专门人员对风险进行分析和控制，使其投融资风险控制在最佳程度。

本章小结

（1）跨国公司财务组织与体系有3种基本类型：集权式财务管理体系、分权式财务管理体系、统分结合式管理体系。对于某一个跨国公司而言，要结合企业发展不同阶段的战略特点，根据自身的具体情况加以选择，并且根据外部环境和公司内部变化及时加以调整。

（2）跨国公司内部资金调度的组织机构有再开单中心、基地公司、联系公司、境外财务公司、银行业务中心等几种形式。组织与设计时应充分考虑到内外部环境的多种因素，才能将其特有的各种内部资金转移渠道与方法有机地整合起来，充分发挥其效率，达到税收套利、金融套利和法规套利的目的。

（3）跨国公司的财务控制制度包括财务预算制度、财务管理制度、财务报告制度、财务评价制度等。

（4）大型跨国集团公司通常采用财务共享服务中心的管理模式，尤其是海外项目多的企业，使海外业务单元能够共享专业化和标准化的服务，减轻海外派驻人员的财务管理负担，降低风险，进而有效提升海外财务管理水平。

（5）跨国公司国际营运资本管理包括短期国际融资决策分析和国际流动资产管理。中长期国际融资管理主要来源有国际商业银行贷款、发行国际债券和国际金融组织贷款等。跨国公司有着特殊的长期融资工具，主要包括金融互换、国际租赁、出口信贷。对中长期国际融资战略进行设计时，必须综合分析各方面因素，在此基础上做出各种方案的选择，以实现既定的目标。

（6）在金融全球化与市场化条件下，不断提高市场资本价值成为大企业战略的重要内容。这一新的趋势可以称为"高资本化"。

（7）对外直接投资要求注重投资环境评析，减少风险；对投资效益进行全面评价，优化投资方案；加强投资项目管理，尽力降低成本。影响对外直接投资项目财务绩效的主要因素有项目预期总投资额、消费者需求及产品价格、生产成本、项目寿命期及其残值、资金转移的限制、汇率及东道国膨胀率、税负因素、项目的资本成本(项目贴现率)等。对外投资项目的分析方法有两类：一类是风险调整法；另一类是敏感性分析法和模拟分析法。

（8）跨国公司财务风险主要有两大方面：宏观风险，即为国家风险，主要包括政治风险、外汇风险和材料价格风险；微观风险，即为公司经营管理风险，主要是公司的经营风险、融资风险、投资风险以及内部控制风险、跨国资金使用风险等。

(9) 跨国公司税务管理包括国际税收管辖权、国际税收征管规范、国际税收政策、国际联属企业的征税、国际重复课税及其消除、国际税收筹划、国际税收协定等。

(10) 跨国公司财务管理的特点和领域导致各类金融产品层出不穷，其创新程度主要表现在信用风险转移工具的惊人扩张上。金融创新改变着以往跨国公司所处的财务环境和金融环境，金融创新产品的不断出现影响着跨国公司原有的财务管理模式和流程，给跨国公司带来新的利益的同时也带来新的风险。因此跨国公司在利用金融创新时，要加强风险的防范和化解。

实训课堂

案例分析一

基本案情：

双汇国际是中国最大的肉类加工企业双汇发展的控股股东，也是双汇发展第一大股东双汇集团的控股股东。史密斯菲尔德食品公司1998年成为美国排名第一的猪肉生产商，是全球规模最大的生猪生产商及猪肉供应商。2013年，由于中国猪肉市场的巨大消费潜力、美国企业完善的上游产业链、史密斯菲尔德所拥有的食品安全生产技术和先进管理经验以及双汇产品结构调整需求等诸多动因，促使双汇对史密斯菲尔德进行并购。

双汇早在2002年就开始和史密斯菲尔德正式开展业务往来。在2009年，双方就表达过收购意向，后来由于双方意见不一致而没有成功。2013年5月29日，双汇国际和史密斯菲尔德联合公告称，双方已经达成一份最终并购协议。2013年9月26日，双方完成交易，根据收购协议，双汇国际以每股34美元的价格从史密斯菲尔德的股东手中购得100%全部股份，史密斯菲尔德股票自26日收盘后将在纽约股票交易所退市，成为双汇国际的全资子公司。

此次并购的主体是双汇国际。2007年，双汇国际在香港落地，从诞生之日起，这个境外机构的主要使命就是以香港为投资平台，去海外投资。很多中国企业在实施跨国并购时，往往直接以境内企业作为并购主体，这种方式涉及国内监管机构对跨境资本运作的各种严格审查，会给跨国并购增添一定的不确定性，为跨国并购带来额外的政策风险。如果境内企业是上市公司，由于会牵涉到公众股东的利益，还会受到更严格的监管。此外，如果并购融资的来源在境内的话，还会受到汇率风险的影响。而此次并购中，并购主体双汇国际是设立在香港的境外控股公司，并购当中的资本运作并不涉及境内的上市公司双汇发展。由于双汇的海外控股架构在多年以前已经搭建好，从时间点上规避了跨境资本运作可能遭受到的政策风险，有利于并购的顺利完成。同时，以香港控股公司作为并购主体，可以充分利用香港国际金融中心的地位筹集大量低成本资金，还可以选择与支付环节相同的货币进行融资，避免不必要的汇率风险。

目标企业价值的评估在跨国并购当中是十分重要的一个环节,为了避免由于双方信息的不对称导致评估环节的失误,双汇和史密斯菲尔德早在2002年就已经开始业务上的合作,可见双汇对目标企业的选择是经过长期的考察和慎重的判断的。同时,双汇在此次并购当中,聘用了摩根士丹利担任财务顾问,普衡律师事务所和长盛律师事务所担任法律顾问。这些机构在跨国并购方面有着十分丰富的经验,对美国的经济和市场环境十分熟悉,有利于双汇对史密斯菲尔德的经营状况和双方的战略匹配性进行全面的调查,在事前充分挖掘出这次并购当中可能存在的各种风险因素,做好防范措施,避免风险事件发生后带来更大的损失。

双汇采用相对价值法中的可比企业平均市盈率法对史密斯菲尔德在并购时点的股权价值进行估算(计算方法为:目标企业的每股价值=可比企业平均市盈率*目标企业的每股收益),2013年史密斯菲尔德每股收益为2.01美元,对其股价进行估计:股价=2.01*14.6=29.35美元,小于收购价34美元,溢价率15.84%。从计算结果可以看出,双汇国际的收购价存在一定的高估。但在这次并购中,双汇购买的是史密斯菲尔德的控股权,而股票市场上的交易价格反映的是少数股权的价值,二者之间存在着本质上的区别,这是因为,拥有控股权的股东在制定公司发展战略、选择管理层等重大问题上拥有较大的发言权,对公司的发展方向产生较大的影响,对于控股股权,投资者通常需要支付控股权溢价。因此,在采用市场法进行估值的时候,除了要考虑交易当时的经济情况、市场环境等因素之外,还要适当考虑控股权溢价的影响。目前国外确定控股权溢价的方法主要还是历史数据的统计分析法。Barclay和Holderness(1989)对1978—1982年间纽约证券交易所发生的63笔大宗股权交易进行分析,发现交易价格的平均溢价水平为20.4%。Hanouna和Shapiro(2002)对西方七国在1986—2000年间发生的9566宗收购案例进行分析,得出控股权交易相对少数股权交易的溢价在18%左右。因此,可以认为双汇给出的收购价格处于合理的范围之内。

双汇国际控股的双汇集团2012年收入500亿~600亿元人民币,史密斯菲尔德2012年的收入为130.9亿美元(约合800亿元人民币)。由此可见,这次并购可以形容为"蛇吞象"。要顺利完成如此大手笔的并购,其中的融资与支付环节将是十分关键的一步。对于此次"蛇吞象"式的收购而言,双汇融资的方式本应采取一个比较合理的结构以控制财务风险,但是由于双汇需要确保成功收购,其采取了先全额负债收购、后上市股权融资的路径。

由于在国际市场上发行股票或债券需要经过一系列烦琐的程序,耗时也较长,并不能很好地满足此次并购的需要。另外,国内并购中常用的换股并购方式也不适用于跨国并购,因为中国企业的国际竞争力还不是很强、知名度不高,目标公司的股票持有者并不一定愿意接受并购方的股票作为支付方式。债务融资方式当中,以银行贷款最为方便快捷,能够在短时间内筹集大量资金并迅速用于对价的支付,所以双汇最终选择了国际银团贷款的融资方式和全额现金的支付方式。

2013年9月,并购交易最终完成,双汇国际最终以48.14亿美元的现金对价收购了史密斯菲尔德100%的全部股权,这部分现金主要来源于中国银行纽约分行牵头的国际银团贷款,贷款额度达到 40 亿美元,可以推断双汇国际用于此次收购的自有资金不超过 8.14 亿美元。另外,摩根士丹利为双汇提供 24 美元的融资额度,用以收购史密斯菲尔德后对其现有债务进行债务重组。

要在短时间内筹集大量资金完成"蛇吞象"的交易,通常企业都会采取杠杆收购(LBO)的形式。杠杆收购一般适用于以下情况:杠杆收购的标的企业要有稳定、充沛的现金流、较少的资本性开支以及稳健的资产负债表,为收购完成后的债务清偿打下比较好的基础。然而,从史密斯菲尔德近年来的财务状况来看,双汇国际要对其实施杠杆收购(LBO)并不是一个合适的做法。2006 年以来,史密斯菲尔德股票的累计回报长期跑输大盘和行业指数,从侧面显示了其竞争力越来越不被市场所认可。其中的原因之一是史密斯菲尔德的资产负债率偏高,财务费用消耗大。高负债率带来的直接后果是史密斯菲尔德的财务费用侵蚀了其大部分营业利润,对其盈利能力的提升形成很大的制约。另外,史密斯菲尔德近年来的盈利状况也不甚理想,2008 年和 2009 年出现了较大的亏损,利润率的波动比较大。如果双汇国际对史密斯菲尔德采取典型的杠杆收购形式进行收购的话,40 亿美元的外部负债融资就会压到史密斯菲尔德身上,对本来财务状况就不甚理想的史密斯菲尔德会起到雪上加霜的作用。

为了避免 40 亿美元的新增负债全部压在收购标的史密斯菲尔德身上,双汇国际采取了非典型的杠杆收购方式,可以说只是杠杆比例比较高的现金收购。双汇国际作为并购主体,自身承担了 40 亿美元的负债。收购史密斯菲尔德后,双汇国际的盈利资产主要是境内上市公司双汇发展和史密斯菲尔德,40 亿美元的债务就可以由两家子公司未来的利润来共同偿还。为偿还境外银行贷款,双汇国际、罗特克斯及双汇集团在贷款协议中向境外银行承诺,双汇发展将按不低于每年可分配利润 70%的比例用于分红。

在成功收购史密斯菲尔德半年之后,双汇国际马上启动了 IPO 计划,向香港联交所提交了上市申请。在上市之前,2014 年 1 月,双汇国际还更名为"万洲国际"。但是上市过程一波三折,由 4 月份最初的计划募资 53 亿美元到被迫中止 IPO,再到 8 月份重启,最终成功募集资金 20.52 亿美元,进一步减轻了债务压力。

采用财务危机预警模型中的 Z 值模型对双汇跨国并购案的财务风险作定量评估。搜集双汇国际 2011~2014 年的相关财务数据进行 Z 值的计算。计算结果如表 8-2 所示。

表 8-2 双汇国际并购前后的 Z 值计算及比较(单位:百万美元)

	2011 年	2012 年	2013 年	2014 年
流动资产	1603	1770	5167	5374
流动负债	1119	888	2822	3122
总资产	3882	3497	14156	14720
总负债	1334	947	11018	9590
营业收入	6055	6243	11253	20243

第八章 跨国公司国际财务管理

续表

	2011 年	2012 年	2013 年	2014 年
留存收益	929	1073	1365	2478
税前利润	359	702	162	1120
利息费用	57	15	120	371
股东权益账面(市场)价值	2548	2550	3138	6256
X1：流动资产-流动负债/总资产	0.1247	0.2522	0.1657	0.1530
X2：留存收益/总资产	0.2393	0.3069	0.0964	0.1683
X3：息税前利润/总资产	0.1072	0.2050	0.0199	0.1013
X4：股权市场价值/总负债	1.9100	2.6927	0.2848	0.6523
X5：营业收入/总资产	1.5598	1.7852	0.7949	1.3752
Z 值	2.9851	3.9919	1.1759	2.5188

从 Z 值的计算结果可以看出，双汇国际在并购前的 2011 年和 2012 年财务状况较好，面临的财务风险很低。但在 2013 年 9 月并购了史密斯菲尔德后，由于采用了高杠杆比例负债融资和全额现金支付的收购方式，双汇国际 2013 年末的 Z 值迅速下降至 1.1759，面临的财务风险急剧上升，已经处于十分危险的状况。经过了 2014 年 IPO 融资等风险管理措施后，双汇国际的 Z 值已经回升到 2.5188，但仍然面临着较大的财务风险，需要采取进一步的措施降低风险。

(资料来源：廖思政. 我国企业跨国并购财务风险管理研究——以双汇并购史密斯菲尔德为例. 华南理工大学硕士学位论文，2015 年 4 月)

 思考讨论题：

1. 简要分析双汇并购史密斯菲尔德过程应注意规避哪些风险？
2. 简要分析双汇并购史密斯菲尔德的国际融资战略设计及其面临的相关风险。

分析要点：

1. 从"宏观财务风险"和"微观财务风险"两个方面展开分析。
2. 从融资的资本结构(负债与权益的比例)，根据阿尔曼 Z 指数理论与测算结果展开分析。

案例分析二

基本案情：

D 公司是全球四大快递公司之一的邮政集团，是一家大型的跨国企业。D 公司的中国分支企业在 1986 年成立，是中外企业的投资各占 50%的中外合资公司。D 公司以传送国际快递为主要经营业务，成立 20 多年来，已经在中国建立了最大的航空快递网络，其快递服务覆盖了中国的大部分城市，国内快递服务也已经开通了 100 多个城市，在全国各个城市中建立了具有物流中心、配件中心、服务中心以及办事中心等 200 多个办事处。为了适应经济全球化的变革，D 公司对其中国分支企业财务管理模式进行了改革，在 2012 年于成都建立了其中国首个财务共享服务中心，对其财务业务进行统一化集中管理。

1. D 公司财务共享服务的实施准备

(1) D 公司实行财务共享服务的服务定位。

① 前期评估。D 公司在构建财务共享服务模式之前做了充足和完善的前期评估。评估活动是通过对整个公司的公司文化、人员状态、业务流程以及信息技术等各方面逐步进行的。公司组建了一支由财务高层人员和信息技术人员相结合的评估小组，并分成组建团队、搜集数据以及数据分析三步来对公司的整体情况进行评估。

② 服务定位。D 公司对财务共享服务中心的服务定位分成了两个阶段来进行。

首先是在建设初期，财务共享服务中心的主要服务目标是要建立起基本的财务职能和规范基本的操作方式。基本的财务职能包括财务业务中的应收账款、应付账款业务，以及对于员工的工资和费用的报销业务，固定资产的处理以及税收方面的核算和控制等，企业要从整体出发重新计划日常业务的处理以及职能的分配，要打破原来的传统，改变原先的财务管理的基础，为日后的发展做好准备。

然后是在发展的后期，财务共享服务中心还应具备战略规划以及更高一级的管理控制职能。财务共享服务中心不仅仅是处理 D 公司整体财务业务的一个统一的财务部门，同时也是为企业提供决策依据并参与到企业的规划和建设中的一个建设者。发展后期，财务共享服务中心的办事重点会逐渐从处置日常业务上转移到企业的战略决策层面上来。

(2) D 公司财务共享服务中心的选址。

在企业构建财务共享服务中心时，首先应该考虑到的是成本因素，所以选择一个人力资源丰厚的地区能够为财务共享服务有效降低成本；同时，财务共享服务中心是建立在网络平台上的财务管理模式，这就对通信设备以及城市发展水平有一定的要求。D 公司在进行选址时，除了拜访了当地政府熟悉环境，还找到德勤咨询公司来了解情况，对几个候选城市的成本、人力资源、基础建设水平和城市建设水平分别作了评估，最终在成都、大连、天津等城市中选择了成都作为其财务共享服务中心的地理位置，并依据成都的城市特色来规划财务共享服务中心的发展。

(3) D 公司财务共享服务平台信息软件的选择。

一个强大的信息管理平台和适当的财务管理软件是财务共享服务实行的基础。在财务管理软件的选择方面，除了 ERP 系统之外，D 公司还选取了影像系统、电子报账系统、网上支付系统以及专门的数据分析系统作为辅助系统来进行协调管理，其中，影像系统的投入使用为原始凭证的流通不便这一固有问题带来了解决方法，分散在各地的分公司可以将其自有的原始凭证通过扫描进行传递，D 公司财务共享服务中心可以即时拥有原始凭证的电子单据,并依据其内容入账和对账,对这些基本财务业务进行处理;并将原始资料的电子扫描件存入财务共享服务中心的数据库内,方便以后审核时的查阅。电子报账系统的使用使各分公司的财务数据能够及时上报,为 D 公司财务共享服务中心的工作人员整合报账信息提供了方便,也同时使母公司能够更及时地了解各个分公司的财务信息,方便企业进行决策。而网上支付系统解决了远程支付的难题,原先的地方距离差异导致的支付困难现在全部转移到了网络平台上,在这个系统对支持下,D 公司可以远程进行支付,这为财务共享服务中心的工作提供了方便,同时也对财务业务的及时完成起到了很大作用。专业的数据分析系统能够对取得的财务信息及时地进行分析,有利于企业数据库的更新,也为随时进行整个企业集团的规划提供了方便。D 公司通过数据分析系统能了解整个公司的财务动态信息,并依据当前市场的经济情况,作出对企业当前最有利的战略决策。在 ERP 系统以及这些辅助系统的帮助下,D 公司在这个适宜有效的信息平台上,合理设计自己适用的财务管理信息系统,这对财务共享服务中心的成功建立起到了关键性的作用。

2. D 公司财务共享服务业务流程的设计

(1) 影响 D 公司财务共享服务流程设计的因素。

从整体上来看,下面几个因素会对 D 公司财务共享服务流程的设定产生重要影响:

① 与客户接口的设计。D 公司客户资源遍布全球,每一个子公司都有其固定的客户。财务共享服务中心的建立将 D 公司整个企业集团所有的财务业务都集中到一起进行处理,企业原先的与客户的交接方式就会发生变动。财务业务流程的设计应做到与客户的接口尽量简单清楚,使与客户接口的流程和数据的变动降到最低,最大程度的减少客户的不便和与客户财务数据交流的误差。

② 内部流程的详细程度。D 公司在财务流程的设立过程中,将内部流程尽可能地设置到最详细,其中每个流程的操作步骤都详尽到最小的一个工作环节,将财务员工的工作复杂度降到最低,使得财务人员都可以依据相关步骤的设定来进行业务的处理,其中若有部分没有涉及的情况也可以通过详尽的流程图进行推断。这就避免了财务共享服务中心的财务人员在接受培训的时候对部分内容了解得不够仔细或产生了误解而导致的中间性误差,同时也大大缩短了财务人员的培训时间。

③ 企业关键绩效指标(KPI)的设定。企业关键绩效指标(KPI)是对企业的内部数据进行科学的计算分析来对企业流程的效果进行衡量的一种目标导向的量化管理指标。这种指标的作用是将企业的战略决策作为工具来对企业进行绩效管理,是公司衡量流程的绩效管理的重要依据。因此,D 公司在涉及财务业务流程时应尽量考虑到对 KPI 指标的影响,选取在关键环节可对 KPI 指标进行量化考核的流程设计,使得最终设计出的业务流程能够在企业进行绩效评价时得到最好的效果。

④ 相关人员的配置。财务人员的重新配置是业务流程的设计中一个重要的部分,在流程的设计中,对于每一部分人员的分配要以成本最小化为原则,坚持做到人员的合理充分利用,结合每个员工的总和素质和专业水平将其分配到最适合的部分去处理相应的流程业

务，做到对相关人员的合理分配。同时也要坚持人员最小化的原则，保持相关人员的精简，确保流程的设计上没有重复的步骤，减少相关人员的浪费。

⑤ 财务管理信息系统与流程的结合度。财务业务的流程设计要与 D 公司的财务管理系统紧密结合。财务共享服务中心的各项活动都离不开网络平台的通讯以及财务软件的应用，在企业业务流程的设计中必须要考虑到财务信息系统的应用程度，流程最终设计的成果要做到最大程度的发挥财务管理系统的效用，并对其起到辅助的作用。

(2) D 公司财务共享服务业务流程具体设计。

① 应收账款流程设定。新型流程的设定是首先由 D 公司的全球账单中心接收应收账款的各类账单，然后分类发往 D 公司各分公司进行发票的打印以及收据的开出，各分公司处理过后通过网络平台将扫描件以及数据的统计发送到财务共享服务中心，财务共享服务中心的财务人员再通过 ERP 系统进行入账和数据库的更新，最后等到月底或年末财务共享服务中必再对统一处理的应收业务进行对账服务和账单的处理。这一系列的流程设定既有对原来财务业务处理流程的保留，也有适应财务共享服务的创新，清楚地反映出 D 公司财务共享服务中心特有的应收账款的流程设定。其中，由于 D 公司的账单接收在其全球账单中心的工作已经十分完善，D 公司在进行了科学的成本评估后决定维持原有的账单接收流程，继续由原有的全球账单中心进行账单的接收工作；而必须在各个地方完成的账单的处理过程也仍由各个地方的财务部完成，并通过影像扫描技术等方法将各类凭证单据传递到财务共享服务中心，除此之外的其他工作全部已送到财务共享服务中心交给集中的工作人员来完成。财务共享服务中心从 D 公司的各个分公司接收应收账款业务，并使用 SAP 系统将收款信息传递到数据库中，及时完成对数据库的更新以及对应收账款的统一处理。

② 应付账款的流程设定。

第一，一般付款业务。一般的付款任务包括员工的报销以及对各类供应商的付款等。D 公司的总部、财务共享服务中心以及各分公司都先对其自己的发票和报销凭证进行相应的审批，然后再集中到财务共享服务中心进行支付、核对以及入账等相关工作，其中各分公司本地支付的业务仍由本地企业进行相应的处理。财务共享服务中心的财务人员将各类的采购业务通过 SAP 系统进行记账，并成功实现将 D 公司整个企业集团的采购业务集中到一起进行统一的操作，使得采购工作从开始的需求设计，到实际的采购行动与后期的支付整个连成一体，方便 D 公司进行整体性的规划和审查。为了方便远程的审批，D 公司还专门开发了 BCA 系统(Business Case Application 系统)来实现网络的审批功能，这使得财务共享服务中心的财务人员可以对经过审批的票据单证进行整体集中式的确认，并最终完成支付。除此之外员工的报销也都是通过 BCA 系统发送到财务共享服务中心进行统一的审批，各地的员工将其报销的凭证信息传递给财务共享服务中心，由中心人员进行统一的审核确认，最终完成对员工的报销。

第二，固定资产业务。对于固定资产处理的流程，D 公司将其分成两部分。其中固定资产实物的管理仍是由固定资产所在的企业分别进行管理，因为固定资产的特殊性，D 公司在设计固定资产业务流程的时候没有改动其实务管理部分的流程，选择了仍按原先已有的流程来实施；而固定资产的账面业务的处理则是全部交接给财务共享服务中心，这部分的流程设计同一般的付款业务处理的模式类似，也是将总部和分公司的固定资产的相关业务交付给财务共享服务中心，中心的财务人员再通过 BCA 系统来实现固定资产付款的相应审批和确认，最终完成支付，再通过 SAP 系统将新增的固定资产业务记账并将固定资产的新增信息添加到数据库中去，使得库中的数据信息能够随时更新。

第三，税务的处理。对于税务的处置，D 公司专门设计了一套流程。首先由 D 公司的总部以及各分公司来进行本地企业税务的申报工作，然后将归总好的数据传送到财务共享服务中心，由中心的财务人员来进行后续的一系列详细的工作，具体包括准备好相关的税收数据、做好总体的税收申报以及税务的记账等工作。与之前的财务管理形式不同的是，D 公司在财务共享服务中心建立后把税务工作的主要处理都转移到财务共享服务中心中去，中心的财务人员通过 SAP 系统对 D 公司的税收进行记录，实现了 D 公司对税务的整体监测和处理。此外，D 公司为了方便各分公司将本地税务传递到财务共享服务中心，还联合技术部一起设计了一套获取本地税务申报数据的链接，使各分公司的税务数据的传递更加方便简单。

③ 总账的流程设定。对于总账方面的流程设定，D 公司将基本上的总账工作都设定在财务共享服务中心中。总账的处理工作包括日常对总账相应科目的处置、对总账业务的监管和调控以及财务报表的编制工作。D 公司财务共享服务中心的主要工作就是总账财务人员通过 SAP 系统进行对总账的财务工作的处理和数据统计，并在会计年末进行报表的制作。但是在总账处理的流程中，也有一部分是沿用原有的流程继续使用，由于对外汇报的财务数据每月都需要由总公司的财务部门专门进行汇总和核对，如果将这项工作转移到财务共享服务中心，就会造成流程的重复和过度复杂，再加上总公司财务部对这项工作的流程已经趋于完善，不会影响到财务共享服务中心的正常流程，反而有利于流程的简化和顺畅，所以这部分的总账工作是仍延续原先的流程进行的。D 公司的各分公司财务人员将总账业务处理时所必需的原始凭证单据等资料通过网络平台传递给财务共享服务中心，并定期向财务共享服务中心进行业务的改变和汇报工作，以及各个阶段性的总账业务的申报工作，财务共享服务中心的财务人员就汇总这些信息通过 SAP 系统及时入账完成工作，并定期更新数据库的财务数据来保证总公司对数据的掌控情况。

3. 财务共享服务中心的建立对 D 公司发展的价值体现

(1) 实现了财务的统一化管理。D 公司成功实现了财务业务的集中治理，各分公司的日常财务业务将被统一到财务共享服务中心进行统一处理，这样不仅能及时地处理各分公司的财务业务，统一了处置的时间，也方便了财务数据的及时更新。这样 D 公司的总部就能随时查看到更新的财务数据，为 D 公司扩大自身规模提供了统一管理的保障，对于其制订战略目标以及下一步的发展策略都起到了很大的作用。

(2) 实现了降低成本的目标。财务共享服务中心的成立使 D 公司原先分散的财务人员集中到一个中心里，集中处理财务业务，面对复杂的业务时就多分配财务人员来进行处理，虽然没有做到人员数量的急剧减少，但是提高了集中处理财务业务的效率，从侧面实现了人力资源成本的节约和对财务人员的合理分配以及集中管理，而流程的重复率过高导致成本偏高的问题也在随着财务共享服务中心的逐渐实行而得到了改善。D公司在创建财务共享服务中心的同时，也对其财务业务的处理流程进行了改善，原有的财务管理模式下流程的重复现象得到了很好的缓解，这虽然没有直接起到减少成本的作用，但是间接地提高了财务流程的效率，节约了成本，最终实现了D公司最初降低成本的目标。

(3) 实现了跨国企业的战略化管理。D公司财务共享服务中心的构建，使业务工作人员摆脱了繁忙的日常业务；财务人员利用ERP系统来处理收集好的日常业务，将高端人才从普通财务工作中解放出来，能够参与整个跨国企业的战略调整，真正站在战略角度上推行管理目标的财务管理职能。

(资料来源：王筱婷. 跨国企业财务共享服务问题研究——以D公司为例. 天津财经大学专业硕士学位论文，2015年5月)

思考讨论题：

1. 依据"财务共享服务中心优势"，简要分析财务共享服务中心的建立对D公司发展的价值体现。

2. 简要分析案例中D公司"财务共享服务的实施准备"和"财务共享服务业务流程的设计"是如何具体体现教材中"财务共享服务中心构建模式设计"和"海外财务共享服务中心实施方案"的主要思想的。

分析要点：

1. 从"整合能力""加强监控""控制成本和提高效率""提高会计信息质量"几个方面展开分析。

2. 本案例是对教科书内容的具体运作，按照教科书上的内容，比照案例内容具体分析。

第九章 跨国公司的组织结构与管理

【学习要点及目标】

- 掌握跨国公司组织结构演变进程中各种形式的内涵和应用条件。
- 掌握跨国公司战略与组织结构关系的相关理论。
- 掌握跨国公司下属公司选择分公司或子公司不同形式的依据。

【核心概念】

出口部 母子结构 国际部 全球性职能分部 全球性地区分部结构 全球性产品分部结构 全球性混合结构 跨国结构 网络结构 内部市场 结构跟随战略 结构影响战略 分公司 子公司

【引导案例】

组织网络化成为跨国公司结构调整的新趋势

近年来，特别是 21 世纪以来，跨国公司采取了全球一体化的经营方式，将产品的研发、生产和销售等环节根据各自不同的区位优势分布于全球各地，把所有分支机构连接成统一的一体化进行经营和管理，形成联系日益紧密的全球网络。特别是在信息技术飞速发展、经济全球化的影响下，一些跨国公司对组织结构形式进行了大量的调整，最明显的特征就是大幅度减少了管理层次，使跨国公司的组织结构形式从金字塔式的等级制不断向网络型的模式转变，由此应运而生的网络管理体制不仅更利于企业在全球范围内充分利用各地的信息和资源优势发展自己，而且使分散于世界各地的研发、生产、销售等活动能够服务于企业的全球发展战略。

(资料来源：黄妮. 跨国公司组织结构变革与发展趋势研究. 现代商贸工业，2009(18):96-97)

【案例导学】

跨国公司在国际经营中所制定的战略，对于企业组织结构的设计和变革具有深刻的影响。而跨国公司的组织结构合理与否，又是决定企业经营战略能否顺利实施的重要因素。从 20 世纪 90 年代开始，日益增长的全球化压力使跨国公司的经理们重新审视企业进行各项活动的组织结构以及国际战略和结构之间的相互作用。如引导案例所述，进入 21 世纪，组织网络化成为跨国公司结构调整的新趋势。本章阐述跨国公司组织结构设计与管理的基本理论与实践，有助于更好地理解和分析上述跨国公司组织结构调整的新趋势。

第一节　跨国公司组织结构的演变

　　跨国公司组织结构的演变，是指跨国公司组织结构总体形态的演变。其基本轨迹是先在销售部下设出口部，接着经历了母子结构阶段、国际部阶段，然后进入到全球性的组织结构阶段。进入20世纪90年代以后，经济全球化进程促使跨国公司的组织结构向更新的层次发展，跨国结构、网络结构、内部市场等新形式层出不穷。就个别跨国公司来说，组织结构的演进并不一定要逐次经历这些阶段，演进的速度也因企业而异。而跨国公司总体组织形态所经历的上述阶段，每一阶段都是对上一阶段的适应和改进。

一、出口部

　　当一家企业通过产品出口初入外国市场时，由于对海外贸易业务不熟悉，往往将其产品委托给本国独立的贸易公司经销。但是，随着企业产品的国外销售量不断增大，这种外销方式不仅使企业损失了一大笔由贸易公司所得的产品销售利润，而且由于企业未能与消费者直接接触，不利于及时捕捉国际市场的信息和提高产品的国际竞争力。这时，企业将在销售部下组建自己的出口部，委派中级管理人员担任出口部经理。

　　出口部设在公司销售部之下，全面负责企业产品的出口业务，并在国外建立销售、服务机构和仓储设施。出口部是责任中心，国外的销售机构是利润中心。这种组织结构的优点是：有一个统一的对外机构来引导和协调企业的对外经营，有利于了解国际市场行情，扩大企业产品的出口。缺点是：单一的产品出口受到国外各种关税壁垒和非关税壁垒的限制，简单的出口部结构难以适应企业随后发展起来的综合性业务的要求，并且出口部起初隶属于销售部，倾向于反对到国外设厂生产，容易同国内的其他部门产生利益矛盾。

　　企业出口部结构形式如图9-1所示。

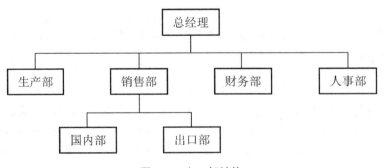

图9-1　出口部结构

　　日本厂商在通过出口进入外国市场方面采取了与他国不同的做法。长期以来，日本企业一直依赖大型综合商社为其提供出口服务，而不建立自己的出口部。综合商社是日本特有的从事国内外贸易和海外投资的垄断企业，对日本经济贸易的发展起到极其重要的作用，其中三井物产、三菱商事、伊藤忠商事、住友商事、丸红、日商岩井、东洋棉花、兼松江商事、日棉实业这九大商社的进出口额占日本总进出口额的 45%左右。但是日本一些生产汽车和家用电器的大企业，处于调整其组织结构的压力之下，也在追随欧美企业的做法。因为这些企业必须在国外市场上建立售后服务设施，并满足消费者对产品的一些特殊要求，仅靠贸易公司难以提供这些方面的服务。

二、母子公司结构

当企业在外销市场上遇到激烈的竞争，受到关税壁垒和各种非关税壁垒的限制，并且当企业的国际业务从单一的出口转为包括出口、许可证贸易和国外生产在内的综合性业务时，企业内部各部门之间就会产生许多利益冲突。在这样的情况下，仅仅设有出口部难以解决这些冲突，这就促使企业在国外设立销售机构，进而在国外设立子公司，就地生产和销售。这时，企业才开始演变成为真正意义上的跨国公司。尽管当时企业的海外子公司数量很少，规模也还不大。

母子公司结构是一种直接由母公司总经理或董事会管理国外子公司的组织结构形式。各国外子公司不需要通过任何诸如地区总部或国际部这样的中间环节，而是直接向母公司汇报经营情况。子公司通常生产母公司指定的产品，也可以经销另外的产品，有比较大的经营自主权。母公司对子公司的经营不负直接责任，大多数只是控股公司，同国外子公司之间关系松散，只注重财务上的联系。母公司的领导权限一般集中于公司总经理，母子公司之间最重要的联系方式是个人访问，即母公司总经理对国外子公司进行定期或不定期的考察，并带有非正式监督的色彩。在日本的跨国公司中，母公司经理与子公司经理往往保持密切的私人关系，并由此形成一种自上而下的决策系统。

母子公司结构的优点是：国外子公司的经营自由度较大，可以作为一个独立的企业在特定的环境中进行经营活动，能够迅速调整经营策略以适应所在国市场和政府的要求，易于吸收当地资本，并为所在国提供就业机会。

母子公司结构的缺点是：一方面，国外子公司直接与母公司总部联系容易影响母公司最高管理层的工作效率，而母公司最高管理者的个人知识和能力也将限制其对子公司的有效指导；另一方面，子公司所具有的经营自主权也会使其在制定决策时，往往只着眼于本公司的利益，因而也有很大的局限性。

图 9-2 是典型的母子公司结构形式。

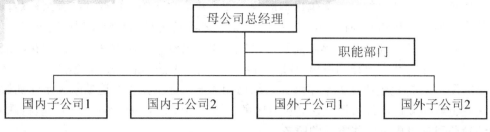

图 9-2　母子公司结构

　　母子公司结构是欧洲早期跨国公司所普遍采用的组织形式。绝大部分的欧洲跨国公司，由于其国内市场容量狭小，生产规模稍一扩大就有可能越过本国国境，因此在组织结构发展的早期，就对国外业务和国内业务给予同等的重视。但是因为那时还没有出现现代的运输和通信手段，要建立更加高度一体化的组织还不可能，故而多采用母子公司结构。一直到 20 世纪五六十年代，欧洲一些著名的跨国公司仍然保持着这种结构。

　　美国的跨国公司也曾经采用母子公司结构。例如，20 世纪 20 年代前后，福特汽车公司就曾在欧洲许多国家设立分厂。但是对大多数的美国跨国公司来说，母子公司结构只是组织结构形式发展过程中的一个过渡阶段。因为美国企业在成为跨国公司之前，由于国内市场容量大，企业规模已经相当庞大，在成为跨国公司之后，投资对象除了美洲国家以外，主要是远隔大西洋的欧洲国家，若采用母子公司结构显然不适合美国母公司与欧洲子公司之间的联系，所以较多地采用了国际部结构。

三、国际部

　　随着企业国外子公司数量的增加、经营规模的扩大，各子公司之间会产生利益冲突，使跨国公司难以实现整体利润最大化的目标。加之企业国际经营活动的日益复杂化，要求企业在国内事业部的基础上建立一个相对独立的国际事业部，简称国际部，统管国外各子公司的组建以及投资、生产、销售等业务活动，协调各子公司的经营活动，按既定的目标评价它们的业绩，而不再仅仅消极地对国际经营中面临的环境变化做一些简单的反应。

　　国际部是指当跨国公司的国外子公司达到一定数量和规模时所设立的、与其他国内事业部处于同等地位的、由企业副总经理负责、直接受企业总经理领导的经营母国以外一切业务的国际部门。国际部通常直接负责、母国以外各国子公司的经营管理，并涉及母公司的出口、许可证贸易和海外直接投资活动。如图 9-3 所示就是国内产品部与国际部并列的一种结构形式。有的跨国公司还单独成立一个国际公司，担负着与国际部同样的职责，如美国 IBM 公司即设有此机构。

　　国际部结构的特点是：国外子公司一般不与企业总部建立直接的汇报关系，不直接接受母公司最高管理者的指示，而是在遇到重大的决策问题时向国际部报告。由于国际部的业务由母公司副总经理负责并直接向总经理汇报，所以国外子公司与企业总体的联系比较紧密，并且这种联系涉及计划、财务、销售、研究与开发、人事和情报交流等各方面。这时，国外子公司同母公司的联系不再像母子公司结构那样属于非正式接触，转而成为一种正式的联系。

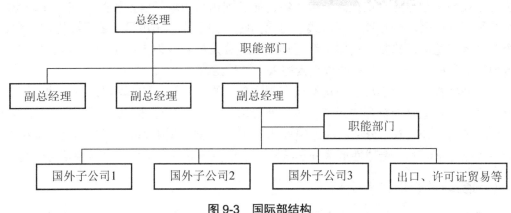

图 9-3　国际部结构

国际部结构的主要优点在于：它能有效协调国外子公司的经营活动，有助于实现整个企业的利润最大化。比如，依靠国际部能加强各子公司之间的联系，使各子公司之间信息能够有效沟通；由国际部为各国子公司划分各自的销售市场，能够避免子公司之间的盲目竞争；由国际部统筹资金，能减少各子公司自筹资金时需要付出的利息；国际部还可以在各子公司进行相互交易时制定内部转移价格，以降低整个企业的税收负担，使企业整体利益最大化。

国际部结构也有一定的局限性：第一，国际部不可能拥有大量有关子公司所在国环境条件的资料信息，在这种情况下由它来统一制定有关决策就对子公司的发展有所阻碍；第二，国际部还不是子公司的最高决策机构，情报信息需要经过上下反复的传递过程，容易造成决策不及时，给子公司的经营带来损失；第三，国际部通常没有自己的研究和开发机构，不得不依赖国内各产品部，容易使跨国公司的国内、国外业务经常发生矛盾。

20 世纪 60 年代早期，建立国际部是美国一些大企业最常采用的组织形式。它们往往跳过母子公司结构阶段，从销售部下设出口部阶段直接发展到国际部阶段。进入 20 世纪 80 年代，大约 2/3 的美国跨国公司仍采用国际部组织来管理其世界范围内的业务。采用这种结构的典型企业是美国 IBM 公司。

四、全球性结构阶段

全球性组织结构是跨国公司的国外子公司发展到全球性规模时所采用的组织形式。全球性结构就是把国内一般企业分部的组织形式扩展到全球范围，从全球角度来协调整个企业的生产和销售，统一安排资金和分配利润。它打破了企业经营分割为国内经营和国外经营的格局，从而把企业的组织结构分裂为国内结构和国外结构，视世界市场为一个整体。

到20世纪60年代中期，那些处于国际部阶段的美国企业发现，在企业内建立国际部往往使企业最高领导层只重视国外市场经营而忽视国内市场经营，于是一些企业纷纷放弃这种组织形式而采用全球性组织形式。与此同时，许多原本采用母子公司结构的欧洲、日本企业，为了适应日趋复杂的国际经营环境，充分发挥企业内国际生产一体化的功能，也越过国际部阶段，从母子公司结构直接进入全球性结构。

全球性结构，不同于母子公司结构和国际部结构的设计，它基本上放弃了地区上的国内外二分法，根据全球范围的经营一体化的要求，重新划分分部门。这是一种在超越国家范围内将公司划分为若干分部门的组织设计方法。全球性结构大体上可分为以下4种形式：全球性职能分部结构、全球性地区分部结构、全球性产品分部结构、全球性混合结构。

(一)全球性职能分部结构

全球性职能分部结构是欧洲跨国公司广为采用的一种传统的组织形式。这种结构是根据各种不同的职能，在母公司总部之下设立若干分部，各分部之间相互依存度较高，并由母公司总部协调相互间的关系，是一种决策权高度集中于母公司的组织形式。典型的职能分部结构，是按照生产、销售、财务等职能分部来管理企业的全球业务；负责生产的副总经理直接控制企业在国内和国外所有工厂的产品生产、质量控制、研究和开发等活动；负责销售的副总经理直接控制企业在国内和国外的销售机构的活动；负责财务的副总经理直接控制企业在国内和国外的各子公司的财务状况。这种组织形态参见图9-4。

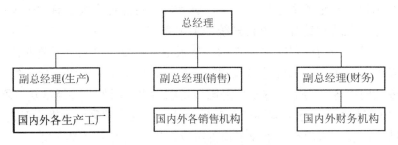

图9-4 全球性职能分部结构

全球性职能分部结构的优点是：①企业各种业务职能专业化，有利于增强全球范围内的竞争能力；②强调集中控制，成本核算、利润获取均集中在母公司总部，便于协调各部门的利益关系，避免了产品分部结构下以利润为中心的各分部间的冲突。

全球性职能分部的缺点是：①不易管理，该分部结构要求各职能部门中都应具有熟悉不同产品的管理人员，而管理人员的知识和能力毕竟有限，使得企业难以开展产品多样化经营；②在同一职能部门中，地区间协作困难；③在缺乏必要的信息沟通的情况下，各职能分部的工作相互脱节，生产目标和销售目标会产生差异和矛盾。

全球性职能分部结构比较适合于那些规模较小、产品结构单一、市场相对集中、销售限制较少的跨国公司。例如，瑞典滚珠轴承公司(SKF)的组织结构就符合这种情况。另外还适合于一些规模虽然较大，但技术特点使企业各种职能部门的内部依存程度较高、要求集中管理的跨国公司，不少采矿企业就属于这种类型。

(二)全球性地区分部结构

全球性地区分部结构就是按照地区设立分部，由母公司副总经理担任各地区分部经理，负责企业在某一特定地区的生产、销售、财务等业务活动，而总公司负责制定全球性经营目标和战略，监督各地区分部执行。这种结构主要适用于那些产品高度标准化的企业(比如饮料、制药业)和产品线较少、生产技术接近、市场条件相似的跨国公司(比如过去的石油企业)。

图 9-5 描绘的就是全球性地区分部结构的一种形式。

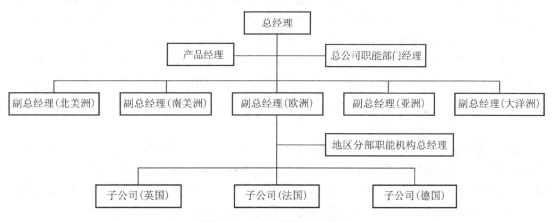

图 9-5　全球性地区分部结构

地区分部结构通常被奉行多国本土化战略的公司采用。东道国长期一直使用"袖珍翻牌"来描述传统的多国本土下属公司。用这个词是因为下属公司就像母公司的小型版本，它为较小的"国内"市场规模，较少地生产同样的产品。下属公司的生产成本通常比母公司高，因为它要以相对小的规模生产各种产品。但在很多情况下，贸易壁垒把国际市场隔离开来，使下属公司仍能盈利地运转。图 9-6 描述了传统的多国本土下属公司的结构。

地区分部结构使地区和国家经理有高度的自主权，可以改变本国的产品战略，使它能适应于所在国家或地区的特殊环境。密歇根州巴特尔·克里克(Battle Creek)的克洛格(Kellogg)公司就曾对它的地区分部结构下放了很大的权力。克洛格公司拥有世界上最畅销的 15 个速食谷类食品品牌中的 12 个。但是，生产、销售哪个品牌是由地区决定的。这个公司的 4 个地区经理(欧洲、亚洲、北美、拉美)在营销、生产和原料选择(这些都支持并帮助其建立起世界性品牌)等方面有很大的决策权。福特、IBM、通用汽车、飞利浦电器等跨国公司都以强大的地区总部而闻名。

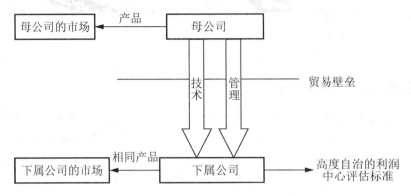

图 9-6　多国本土下属公司的结构

通常，当地情况对消费者需求影响越大，国家经理所获的自主权也应越大。这样做的主要成效是公司获得了迅速适应本地的能力。因此，地区分部结构对追求跨国策略的公司最适用。以罗杰斯烧烤(Kenny Rogers Roasters)在中国的案例为例，关键决策集中在公司是否应该投入大量时间和资源以确保它通过北京进入全中国的市场。为保住市场份额而进行的投资无一例外是以对市场规模和发展潜力的估计为基础的。如果当地市场占有重要地位，当地经理也就非常重要。罗杰斯公司在中国进行的任何投资决策的重要方面在于是否应该和怎样对当地管理者进行控制。

在地区分部结构下，绝大部分活动"分散"到公司参与竞争的那些国家里。例如，壳牌石油公司主要的精炼厂就设在世界上各主要市场处。原油购买活动分散了，市场营销活动也分散到世界各地。在地区部门结构下，这些分散的活动间只有松散的协调，这意味着每项活动都独立进行。壳牌公司在美国的购买决策就不必同它在法国或印度尼西亚的购买决策相协调。

多国本土下属公司的评价一般采用注重结果的利润中心标准，而不是看它是否遵从总公司的政策。通常，当地人被委任为国家经理，管理层人员流动比较慢。每个下属公司都有各自的特点和个性，形成自己的内部战略。国家经理的职责类似于母公司的首席执行官，只不过其活动的地理区域更有限罢了。

地区分部结构的优点是：跨国公司能在同一地区的市场上协调产品的生产和销售，能根据地区市场的特点和变化采取灵活的营销组合策略，有利于简化企业最高领导者对全球业务的管理；当企业决定向该地区可管辖的地理范围内的某一新东道国进行投资和营销拓展时，易于达到目的；把地区分部作为利润中心，还有利于地区内部各国子公司之间的协调。此外，对许多公司来说，地区分部结构抓住了全球化带来的绝大部分效率优势，只有相对较少的活动真正需要全球规模来实现其经济效益的最大化。很多时候，地区性的结构比更为复杂的组织形式交货更迅速，允许更多地采用定制，存货更少。

这种结构的最大缺点是：难以获得专业化分工带来的规模经济等方面的好处，地区结构的低效率是众所周知的；各地区分部都从本地区的利益出发，各地区在管理上的不一致性，不利于企业整体经营战略的实施，各地区之间在生产标准和价格转移上的矛盾也很难解决；当企业生产多样化程度稍有加深时，地区分部结构会阻碍地区间的新产品、新技术的转让以及地区间的生产协作；地区分部公司的自主权无助于多国公司之间相互学习，地区分部下属公司的自主权越大，优秀的经验和产品能被传播和利用的可能性就越小；地区分部结构还容易造成企业内部在人员和机构上的重叠，从而大幅度增加企业的管理成本。

以通用电气加拿大公司为例，它从20世纪70年代中期开始就已通过它的下属公司卡莫(Camo)建立了一个范围很宽的家用电器生产线。卡莫公司早已有相对独立的传统。不幸的是，这种独立性与低规模效益导致了它在加拿大生产的冰箱成本比美国的通用电气公司工厂高20%以上。1987年和1988年，通用电气公司投资约10亿美元革新和扩大了它位于美国的冰箱生产线，导致了加拿大分公司与母公司之间成本差异的进一步扩大。因此，卡莫不得不从范围很广的业务组合(研究开发、采购、生产、营销、销售和服务)转移到相对较少的业务(对从母公司进口的家用电器进行营销、销售和服务)。除非国内市场是受保护的，或顾客愿意为独特的地方特色或服务支付额外费用，否则公司将要费很大工夫来调整地区结构引起的增加成本。

由于多国本土下属公司有高度自主权和以结果衡量业绩的制度，有人认为东道国政府相对来说对跨国公司多国本土化的结构比较满意。但实际上东道国政府对这种结构也会有诸多不满，最常见的就是这种"袖珍翻版"的下属公司无法负担自己的研制开发费用，很少进行研究开发活动，只在需要的时候引进母公司的技术，然后做一些改动；再则，这种"袖珍翻版"的下属公司很少出口产品，造成这种现象的原因，不是母公司不愿意让子公司出口，而是下属公司对出口竞争无能为力。这很大程度上源于下属公司缺乏成本竞争的能力，它只为相对较小的市场生产多种产品，无法实现规模经济，因而成本比母公司高，又因为使用母公司的技术而缺少产品差异。

(三)全球性产品分部结构

全球性产品分部结构适用于那些规模庞大、生产技术要求高、产品多样化程度高、消费市场又较为分散的跨国公司。这种结构把企业经营的重点放在产品市场和技术诀窍上，认为各产品的差异性比东道国的差异性更为重要，因此以全球作为目标市场，按照产品种类设立分部门，以产品部作为该产品在全球范围内产销活动的基本组织单位。图9-7描绘的是全球性产品分部结构的一种形式。

随着国外产品种类的增加，很多成功的公司已采用了全球性产品分部的结构。杜邦公司在20世纪初成为第一个主要采取产品部门结构的美国公司，到1970年，《财富》杂志排名前500家公司中有90%的公司已采用了产品分部结构。

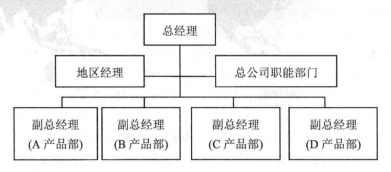

图 9-7　全球性产品分部结构

产品分部结构通常与跨国公司的全球化战略相匹配。当跨国公司在全球范围内进行资源寻求时，产品经理可以根据各国成本和技术的差异来设置活动。在全球产品分部结构下，一些活动会被分散进行，如零件加工和装配，而其他活动则集中进行，如研制开发活动。为了降低成本，欧美公司通常是把一些劳动密集型的活动转移到那些工资水平低、拥有熟练技术工人的国家和免税地区。

在全球性产品分部结构下，由企业总部确定企业的总目标和经营战略，各产品部根据总部的经营目标和战略分别制定本部的经营计划。下属公司的运营并没有太大自主权，它们成为全球组织的一个组成部分，下属公司生产的产品是提供整个公司使用的某一模型或部件，产品的设计和说明很少由下属公司来决定，因为它的主要目标不是这个下属公司自己的市场。在这些情况下，母公司和下属公司的协调变得非常关键，通常可以通过委派母公司的执行官员去下属公司工作 3~5 年的办法来实现。因为专门化是全球性公司战略的核心，因此各下属公司应以服从为重，并被作为一个成本中心来评估，"利润中心"的策略不符合这个战略。全球性的下属公司几乎没有战略自主权，也不采取什么自发行动。

在全球性产品分部结构下运作的下属公司在很大程度上被视为供货的来源。工艺和零部件由母公司或其他下属公司提供，输入到这个纵向控制的结构中进一步加工，部件被精制、装配，再输送回母公司或下属公司的兄弟公司。部门经理控制每一输入品的目的地和售价，直至最后的装配完成。通常来说，由母公司管理整个国际市场的营销，而下属公司可能雇用自己市场的营销人员，这些营销人员一般对部门营销经理负责。图 9-8 描述了全球性产品分部结构的下属公司的结构。

全球性产品分部结构的主要优点是：它是跨国公司在全球范围内整合产业链、价值链和供应链的组织保障；促使企业在全球范围内降低产品生产成本；有利于一家跨国公司在全世界进行同类产品的标准化生产；有利于在不同地区间同一产品的生产技术进行内部转移；有利于实现产品的全球销售。

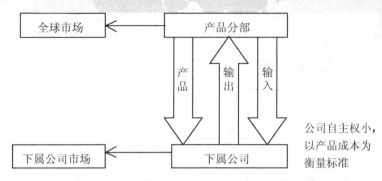

图 9-8　全球性产品分部结构下属公司的结构

全球性产品分部结构的主要缺点表现在 3 个方面。第一，这种组织形式意味着企业随产品种类的不同而在任何一个特定的地区建立有多个机构，导致机构设置重叠和管理人员的浪费。第二，在同一地区各产品部之间协调比较困难。因为在这种结构中地区不作为利润中心，难以对该地区范围内不同产品的营销活动做出及时、有效的调整。例如，某全球产品分部型跨国公司组织结构如图 9-7 所示，其 A 产品部为了开拓欧洲市场，花大量费用去委托欧洲某个公司生产 a 产品，而与此同时，该企业 B 产品部正好在欧洲有一家工厂，因生产任务不足而发生亏损。本来由于技术上的相似性，这家工厂很容易转产 a 产品，但是因为各产品部之间信息封闭，导致企业整体经济利益蒙受损失。为了克服这种障碍，跨国公司逐渐在产品部的基础上引入了地区管理体系，地区经理不对企业的盈利直接负责，其主要职责是使各产品部能够了解某一地区的经营状况。第三，随着时间的增长，下属公司越来越依赖于母公司，从而得不到实质性的思想和创意，因此，全球性产品分部结构明显地缺乏灵活性。以下松下电器的事例就很说明问题。松下公司于 1993 年首先引入了产品分部结构，该公司将每一个生产部门看作一个独立的小企业，从而造就管理人才，促进企业内部的竞争，实现最大限度的国际发展。该公司还建立了海外营销子公司，国际销售额剧增，利润在全球基础上被集中。到 20 世纪 80 年代中期，松下电器已成为世界上电子消费品的最大生产商。尽管取得了这些成功，但作为主要产品的彩色电视机和录像机的需求逐渐下降，毛利大幅度滑坡。许多观察家将此归咎于松下电器一度很成功的产品分部结构。松下电器的研究开发活动全部设在日本，这使它错过了欧美一系列重大的发明革新。公司还面临东道国对当地生产和革新不断增长的要求。当半导体、计算机、机器人等技术之间的界线变得模糊时，松下电器对于严格定义的产品分部的依赖就加剧了由产品分部不灵活引起的问题。

(四)全球性混合结构(矩阵结构)

全球性混合结构也称为矩阵结构，是将上述 3 种全球性结构加以综合的一种组织结构形式。全球性混合结构有多种类型，其中最常见的有两种，一是产品分部和地区分部并列的混合结构,称为产品—地区混合结构;二是产品分部和职能分部并列的混合结构,称为产品—职能混合结构。

1. 全球性产品—地区混合结构

全球性产品—地区混合结构,如图 9-9 所示。

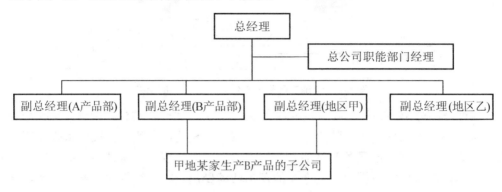

图 9-9　全球性混合结构(产品—地区混合结构)

在全球性产品—地区混合结构中,产品分部和地区分部都由副总经理负责,企业总部从全球范围来协调各产品分部和地区分部的活动,以取得各种产品的最佳地区合作,管理各子公司的经营活动。跨国公司凭借这种混合结构,能够针对不同产品或劳务的具体特点进行不同程度的集中决策和控制,并尽可能使集中决策和分散决策结合起来。全球性产品-地区混合结构适用于那些产品多样化程度很高、地区分散化程度也很大的跨国公司。尤其是那些销售、计划、财务、人事、研究与开发等职能难以全部下放到产品分部或地区分部,而这些职能又对各分部以下的子公司之间的协调具有重要意义的企业。

全球性产品—地区混合结构同样利弊兼有,它既吸收了产品分部结构和地区分部结构的优点,使企业能够根据自身特点设计出较为灵活的设计单位,同时,这种结构的不对称性又使得分部门之下的子公司必须接受产品部和地区部的双重管辖,往往会延误决策时间,一旦产生矛盾又容易引起权力摩擦。这种多头领导所引发的矛盾,还增加了企业总部协调的复杂性。

2. 全球性产品—职能混合结构

全球性产品—职能混合结构,如图 9-10 所示。

在全球性产品—职能混合结构中,产品分部和职能分部都由副总经理负责,企业总部从全球范围来协调各产品分部和职能分部的活动,以取得各种产品的最佳职能合作。工作在混合结构的交界处的通常是下属公司经理,他们同时向两个上级报告有关工作情况。

产品—职能混合结构还能够为组织节约稀缺的人力资源。例如,采用混合结构,使工程师们一方面从属于公司的工程部门,同时又分别对单个产品集团负责,这不仅节约了稀缺的人力资源,还有助于鼓励工程师们互相交流,增进有关产品与顾客方面的专业知识。

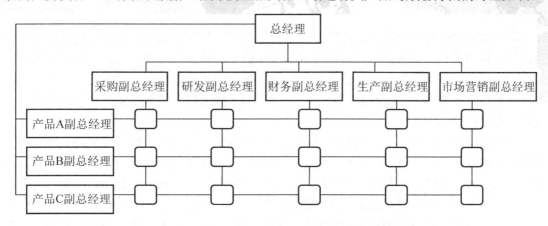

图 9-10　全球性混合结构(产品—职能混合结构)

与全球性产品—地区混合结构一样,产品—职能混合结构的缺点也是显然的,一些下属公司经理可能会发现他们被夹在两个权威之间。例如,如果某个职能部副总经理和某个产品部副总经理对下属公司的要求发生冲突,混合结构不能确定哪个副总经理的需求应该优先,因为他们在企业内部处于同等的地位。

(五)跨国结构

如前所述,地区分部结构与产品分部结构是在跨国公司的国际战略中具有典型意义的两种组织结构,它们分别与跨国公司多国本土化战略和全球化战略相配套。表 9-1 对这两种组织结构作了综合比较。

表 9-1　全球性地区分部结构与全球性产品分部结构对比

比较项目	全球性地区分部结构	全球性产品分部结构
适用战略	多国本土化战略	全球化战略
市场重心	本国	国际
产品线	复制式	专门化分工
转移	工艺/技术	产品/工艺
下属公司评估	利润中心	成本中心
下属公司任务	发展和贯彻战略	贯彻战略
下属公司自主权	大	小
下属公司管理	当地的、长期的	国外的、短期的

根据跨国公司想要达到的目的,地区性分部结构或产品性分部结构都可能是正确的。当国际销售额在总销售额中占有重要比例且对当地市场反馈要求高时,全球性地区分部结

构最为有效。当公司所生产的产品数目激增且全球统一性的要求高时，全球性产品分部结构最为有效。

当公司采取一种与它的国际战略不一致的结构时，地区结构与产品结构的弱点都大大强化了。换句话说，如果公司的战略是强调下属公司对地方市场的投入，而它又采取全球化的产品结构，那么下属公司缺乏独创性就成了严重的障碍。相反，如果公司能通过重组生产和规范不必要的差别来提高效率，而它又采用地区结构，那么下属公司经理的自治又成为严重的障碍。

全球化进程中产品分部结构和地区分部结构各自的弱点都会制约公司的进一步发展。电信行业就是个很好的例子。电信公司向全球化发展时面临的强大压力来自昂贵的研发成本和可利用的规模经济，向本土化发展时的巨大压力来自各国系统和行业政治差异。因此，跨国公司需要更适用的组织结构，这种组织结构能够兼顾地区分部与产品分部结构的优点。

一些企业试图通过发展混合型的结构来同时获得两种结构的优势，跨国结构因此而产生。跨国结构是从前述全球性产品—地区混合结构思路出发，从下属公司的功能与权力角度，对组织结构作进一步优化。

跨国结构的关键要素包括观念和资源的双向流动，各单位间人员的频繁流动，广泛采用地方董事会以及母公司和下属公司共同的全球视野。跨国结构的下属公司比全球化产品分部结构中的下属公司有更多的自治权，但它们仍是公司全球战略一体化的一部分。在跨国结构中，母公司与下属公司各有独创性，下属公司之间的联系也加强了。跨国结构不是分级式的结构，而是一个平行决策的网络。全球化与本土化之间的选择，则由第一线的经理们做出，他们必须对公司及其竞争目标负责，并了解地方市场的反常和差异。组织面临的挑战是确保在长时间内持续供应这类经理人才。

跨国结构试图同时获得地区分部结构和产品分部结构的所有优势。为获得这两种好处，企业活动的配置和协调应是相互关联的。下属公司应对某些业务有领导权，而对其他业务提供支持。决策建立在最大限度增大公司的经营技巧和实力的基础上，而不考虑业务的地点及下属公司所处的国家。为了有效和高效地运作，公司总部与分支机构之间、分支机构相互之间的联系要适应迅速的变化，因此，一个具有跨国结构的公司本质上是一个运作网络，其多个总部分布在不同国家。下属公司对本地产品有绝对的控制权，对某些全球化产品提供支持，并且控制其他部分全球化产品。下属公司角色随时间变化，相互了解和资源共享显得更重要了。为了有效地运作，跨国结构强调广泛的横向联系、有效的交流和极度的灵活性，使得不仅公司总部，而且周边的下属公司都能增强对竞争的反应能力。

ABB 公司就是一个具有跨国结构的公司范例。1995 年，ABB 公司的销售额达到 340 亿美元，它在世界上 140 多个国家里雇佣了大约 21 万人。ABB 公司下属有 4 个不同的商务部门，36 个商务区和 1000 个公司。分布在世界各地的分支机构，使 ABB 公司的实际组织形式成为一个矩阵。商务区经理有权为各自商务区制定全球化的战略，但各国经理对在其地理管辖范围内的利润中心和下属公司保持有效地控制。因此，商务区经理需要各国经理的合作，以在全球范围内合理地运作。当发生冲突时，商务区经理和国家经理可提交公司执行委员会裁决，但一般不鼓励申诉。公司经常强调的是建立在有利于全球化组织基础上的结构流动性和迅速决策。

在 ABB 公司看来，跨国结构是理想的，这是因为它在每个专业化地区提供通向世界市场的直接途径。如果没有全球顾客需求的第一手资料，那么由子公司进行开发和产品革新的价值是相当有限的。当越来越多的关键客户已建立了全球的购买标准，ABB 下属公司的各国经理和商业区经理就可以共同努力实现对客户适应能力的最大化。这样，跨国结构既提供了全球化的规模经济，又承认下属公司拥有大量技术和资源。在跨国结构中允许子公司自行开发产品来满足当地的需求。

跨国结构不仅能获得协调的利益，还能在解决全球经理人才的供应方面占有优势。在跨国结构中，全球经理人才的供应并不那么依赖于总部，由于下属公司有令人感兴趣的足够的职责来吸引人才，人才会加入下属公司，并在公司的其他部门包括总部找到差事。全球的高质量的经理人才相当缺乏，将这些人才限制在总部或本国会更加剧人才短缺。

跨国结构的目的是力求同时最大限度地提高效率、地区适应能力和组织学习能力。下属公司仍可生产一两种提供给世界市场的产品，但它们不但要起到工厂的作用，还要对其他产品承担世界范围的责任。换句话说，下属公司可在某些地区起类似国内产品分部的作用，而在另一些地区则要承担全球产品的责任，图 9-11 给出了跨国结构的这些特征。

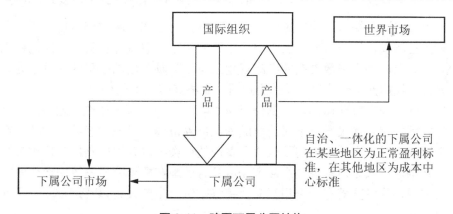

图 9-11　跨国下属公司结构

下属公司在跨国结构下依然保持着旺盛的生命力，原因在于其通向世界市场的直接途径，它是通过全球产品被授权在专门领域的发展而建立的，全球产品责任代表了由下属公司而非母公司控制的全球性战略。表 9-2 提供了具有全球化产品授权的下属公司的例子。在每个例子中，全球化产品的总部都位于关键下属公司所在国家。从技术上来说，母公司所在国被认为是这些产品的国外市场。

表 9-2 具有全球产品授权的下属公司的例子

公司	母公司所在国	东道国	产品授权范围
美国电报电话公司	美国	法国	有线电话
现代电子	韩国	美国	个人计算机
摩托罗拉	美国	加拿大	收音机
西门子	德国	英国	航空交通管理
西门子	德国	日本	压缩磁共振成像仪
杜邦	美国	瑞士	莱卡生产
雀巢	瑞士	英国	糖果
荷兰化学制品公司(Akzo)	荷兰	德国	纤维
罗纳-普朗克(Rhone Poulenc)	法国	加拿大	疫苗
佩西内(Pechiney)	法国	美国	饮料罐头
索尼	日本	美国	电影/电视节目
飞利浦	荷兰	英国	电视机
爱立信	瑞典	美国	光纤通信系统

(资料来源：包铭心、陈小悦等. 国际管理教程与案例. 北京：机械工业出版社，1999)

然而，尽管有这些知名企业的先例，大多数母公司也都不愿放弃对自己所开发产品的研发和革新的控制权。这一方面是由于一些主要的专家不愿调任，另一方面他们也不认为非这样做才行。因此，大多数现有的产品规划来自于鼓励革新的公司的自发行为。在许多事例中，大公司收购拥有全球化产品的企业后，就将其转成下属公司。

为了使跨国结构有效地运作，下属公司需要能力很强的高级经理，能够在母公司的高级经理中间发挥作用。如果一个下属公司成为在世界范围内供应和营销一种特定产品领域的唯一或主要的来源，它的经理们不久就会发现他们会在母公司的高层管理委员会里起作用。母公司必须对下属公司管理其产品市场以及有效地在整个公司系统中运作的能力充满信心。一般来说，这意味着有一个相互交换销售队伍、生产设备以及进行联合研究和开发的下属公司的网络。

值得注意的是，鼓励下属公司的战略独创性通常有一定危险。如果处理不好，会严重削弱下属公司的业绩，很容易导致下属公司的迅速瓦解和下属公司总经理的离任。例如，没有母公司的认可，下属公司不可能在大型兼并活动中获得成功。实际上，下属公司的独创性在某些活动区域内比在其他地区更易被接受。当然，每个公司都是不一样的，表 9-3 给出了在外部环境与内部条件不同的组合下，对下属公司的独创性与服从性的不同要求。

表 9-3　下属公司能力和下属公司独创性

压力种类	下属公司能力较弱	下属公司能力较强
高度本土化的压力	成立联盟或进行兼并	推行战略独创性
高度全球化的压力	服从母公司指令	影响母公司战略

(资料来源：包铭心、陈小悦等. 国际管理教程与案例. 北京：机械工业出版社，1999)

表 9-3 说明，下属公司推行独创性应十分谨慎。首先，他们应估计自己在所属地区的能力。其次，他们应估计母公司的能力。一般而言，母公司在下属公司市场运作的能力取决于下属公司市场是否与母公司市场有重大差异(即高度本地化的压力)。如果有，并且下属公司对这个地区有深入地了解，下属公司就应提供战略性的领导；如果母公司和下属公司都缺乏必要的能力，公司应撤出这一部门，或下属公司可尝试通过联合或收购建立生产能力。在全球化潜力很大的产品领域，下属公司市场与母公司的专业知识相关。当下属公司技术与市场的知识与母公司相比较低时，下属公司应只服从母公司指令；但当下属公司的能力也很高时(即在产品授权的情况下)，下属公司应尝试影响母公司的战略。

在跨国结构中，不管是推行独创性还是服从母公司指令，下属公司与总部及其他下属公司之间保持经常的、有效的沟通是至关重要的。下属公司与总部需要相互依存，而相互依存需要一个协调的共同工作的标准。

必须看到，在多重授权下的管理是相当困难的。其困难主要来自 3 个方面：第一，地区适应性和全球化效率需要的平衡点难以确定，最优平衡是主观的和经常变动的，企业就很难知道它是否已达到了最优平衡点。第二，矩阵结构中产品经理和国家经理之间的协调往往很困难。大多数经理想明确地知道自己的角色和衡量标准。在 ABB 公司的例子里，36 个商务区的经理在许多方面都很像一个航空交通的主管，他们知道在哪里开展业务比较好，并且能制订飞行计划。但各国经理最终的角色是飞行员，一些经理可能偏离计划，一些经理可能不听指挥。为了平稳地运作，跨国公司要求经理们为公司整体利益努力。但当公司正在裁员的时候，要求雇员们首先考虑公司的利益通常是很困难的。下属公司相互之间心存疑虑，许多国家经理可能会不考虑整体要求，继续满足本国雇员和市场的要求。第三，由于地区适应性和全球化效率需要的平衡点难以确定，所以对各分部经理的业绩评价标准难以把握。

由于有效执行的困难，跨国结构往往被看成是一种理想化而非现实的形式。

五、网络结构

越来越多的公司追求的目标是发展成一个网络组织。正式的结构和网络结构相反。正式的结构承认并造成了总部与下属公司之间、下属公司与下属公司之间、公司与供应商和客户之间的障碍，这些障碍阻碍了其相互了解，造成低效，并且使反应变得迟钝。网络结构建立在打破组织内外部障碍的意向基础上,各公司正努力扫除这些障碍,以最大限度为顾客实现最终价值,同时促成一种员工们都承担责任并努力工作的组织氛围。

图 9-12 是蛛网形网络结构的示意图。处于一个网络中的各个团队,可能按照职能、地理区域、顾客类型或产品种类为基础来进行组织。但这些团队间的联系,却更多的是按照对所承担的共同任务的一些要求来管理,而且这些要求是经常变化的,并不是像其他结构那样,按照一些正式的权威级别来实施管理。如今,大多数公司都与供应商、经销商、政府甚至自己的竞争对手建立某种形式的网络结构。如果说,收购和接管是要将企业单位合并成一个更大的联合公司,那么网络关系的特点则是在享有自治权的合伙人之间,在自愿组成联盟的基础上,建立相对比较固定的业务关系。信息网络的发展促进了组织网络的发展,这一发展使网络形式成为以知识为基础的经济社会所需要的一种结构模式。

网络组织的基本单位是团队。团队包括多组为达到一个共同目标而一起工作的人员。团队可以好几个星期或好几年都保持原样。成员可以来来去去,团队的目标也可以发展。团队使公司的界限变得模糊起来,典型的有与供应商和买方之间各种形式的联盟。例如,波音公司在设计新型的 777 客机时,花了几年时间与一群它的最大的航空客户一起工作。航空公司人员参加了此机型最后配置的全部工作,有一段时间,美国联合航空公司有多达 500 名员工同波音公司一起进行 777 客机的设计。这些参与提高了最后机型的整体质量,并使航空公司产生了对于波音 777 客机本身及对波音公司整体的信赖。其他投入大量努力来开展与顾客的无障碍接触的公司有联邦快递(通过全球追踪)、EDS(通过计算机系统的现场管理)和布伦斯威克(Brunsuick)公司,布伦斯威克公司的 Sea Ray 造船部门请购船者(船价超过 100 万美元的)飞到该公司设在佛罗里达州的梅里特岛(Merritt Island)的工厂,挑选每个所能想象到的船的部件,并确定船的内部配置。

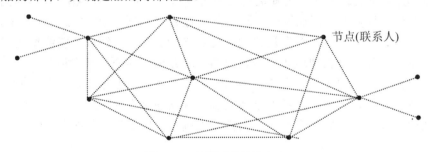

图 9-12　蛛网形的网络组织

与供应商一起更紧密地工作消除了供应链的界限。例如,大多数重要的汽车装配商都已确定了一系列主要供应商,将其包括在设计、生产安排和质量决策中。又如,世界上最大的零售商沃尔玛特公司,利用自己的卫星系统,给世界上主要供应商提供每个沃尔玛特分销中心和商店的销售和存货信息。这个系统不但取消了昂贵的销售代理人,而且将存货管理(及其成本)转移给了供应商。在中国,ARCO 和它的合资伙伴南海 West 公司与一大批工程公司、钢铁厂、运输公司及海洋建设公司(包括 30 艘供给船)紧密配合,铺设了一条长达 880km 的海底天然气管道,将中国南海一个油田与香港地区连接起来。这条价值 5.6 亿美元的管道提前完工(1995 年年中)且没有超过预算,是因为这些公司能消除障碍并作为一个网络团队朝一个共同的目标前进。

网络组织也致力于消除公司内部界限。20 世纪 90 年代,大量的机构重组和精简都是为了减少管理层次,消除官僚主义,把需要相互交流的员工拉近。团队已成为公司使用的一种普遍的方法,用于连接不同部门、职能和地区的员工。内部的团队代表了一种组织结构,它可能会消除正式组织框图中死板的条条框框。在一个全球化和技术加速变化的时代,团队能帮助提高组织的应变能力和决策的整体质量。把来自各种背景的人联系起来,会促使新观点地产生,消除骄傲自大的情绪。

六、内部市场

从 20 世纪 80 年代开始,在美、欧、日的一些公司,一种完全超越层次结构的、与现有机构截然不同的组织机构——内部市场,正在悄悄出现。内部市场的出现经历了一个演变过程,哈拉尔(Halal)将这一过程归纳为联邦组织、网络关系、内部承包关系、重新设置机构、虚拟机构和内部市场。其中,网络关系前面已经阐述,其他几种结构类型含义如下。

(一)联邦组织

联邦组织(The Federal Organization)采取比多部门形式更为松散的关系,各部门具有更大的独立性。就像联邦政府将很多权力下放给半自治的州政府一样,联邦公司让下属的各部门能按自己最佳的方式来组织一切活动,因而创造出一种由很多半自治性质的业务单位组成的一种非中央控制的体制。联邦公司一级通过每年一度的实绩检查来进行监督,并有权任命部门总裁和行使其他一些关键性的职能。

(二)内部承包关系

在 20 世纪 80 年代,欧美企业流行承包,多数大企业在其内部开发了新的体制,以鼓励具有创新意识的普通雇员来承包新企业,实现自己的设想。这些新体制允许公司雇员脱离原来的工作去开发他们的新设想,公司还为他们提供开发资金、咨询和其他帮助。内部承包关系(Intra-Preneurship)在公司内引进了市场概念,诸如"内部顾客""按绩效定工资""内部管理者收购"等。

(三)重新设置机构

重新设置机构(Reengineering)是进一步更新公司机制努力的一部分,常被称为"更新业务流程""重新设计组织机构"和"改造政府"。这样做的目的是将某些分散的业务流程整合成一个具有"交叉功能"的协作小组,使企业能以快捷、有效的方式提供产品或服务,其目标是要将机构改组成能集中精力为顾客提供服务的各种类型的协作小组。但是，重新设置机构需要有自动信息系统作为保障。例如，美国谢纳道(Shenandoah)人寿保险公司配备了一套价值 200 万美元的赔偿处理系统，但工作效率未见提高，原因是所有赔偿案仍要经过不同部门的 32 位职员之手。在经过更新业务流程、组建了一个 7 人综合小组之后，他们不但完成了过去由 32 人所做的工作，而且处理的时间由过去的 27 天降低至现在的 2 天，工作效率提高了 60%。

(四)虚拟机构

由于信息革命已使任何员工可以在任何地方与别人合作，因此，这种合作就不一定非要在机构上进行合并，它可以采用电子手段进行合作，以建立一种有组织的全球性的协作网络。在这种虚拟机构(The Virtual Organization)中，人们既看不到对方，又不能互相天天见面，因而从某种意义上讲，它已经不再是"真正"的机构，而只是一个"影子"。

(五)内部市场

以上所描述的各种组织形式，最终是为了实现企业内部市场的目的。内部市场(Internal Markets)的概念其实很简单：一个内部市场体系就是由很多自我管理的内部企业所组成，这些企业互相做生意，同时也与体系外的客户做生意。因此，在本机构内部也具有外部市场的种种特点，这样就创造了完美的"内部市场经济"。

哈拉尔给出了内部市场的 3 个原则，从这 3 个原则中可以领略到内部市场完整的内涵。

(1) 从层次结构向内部企业单位过渡。传统的权力结构将被"内部企业"所取代，而将来的公司就由这些内部企业所构成。所有的内部企业，包括生产部门、职能部门和其他单位都要对效益负责，但在执行自己的业务计划时，享有如同外部企业那样的自主权。可以通过将权力分散到享有自治权利的工作小组的办法将上述的概念贯彻到最基层。在各机构里工作小组和内部企业之间建立了某种联盟，而这种联盟又将各种公司联系在了一起，从而组成了环球经济。

(2) 创造一种指导决策的经济基础。行政领导不再用指挥系统来管理企业，而是通过设计和调节企业的经济基础来实施管理，就好比政府管理国家经济那样，设法建立财会、通信、财政刺激、管理政策、企业家文化等方面的共用系统。最高管理层也可鼓励成立在经济体系中能够生存下去的各种类型的企业部门，诸如风险资本公司、咨询服务、经销服务等。

(3) 为搞好协调和合作而提供领导。内部经济不仅仅是一个自由放任的市场，也是一个在内部或外部合伙人之间经常进行合作和协调的企业家团体，比如合资、分享技术和解决共同性的问题等。公司的行政领导就是这个团体的高级成员，由他们组成领导班子，鼓励开发各种战略，指导内部市场的健康发展。

图 9-13 展示了对产品、职能、地区三维矩阵结构进行改造后的内部市场结构。这一结构的关键是由生产部门通过"拆产易股"的办法,成立独立的新企业,来开发产品和服务项目。职能辅助单位便成了向其他单位或公司外企业推销支援服务的利润中心。各个地区部门也是利润中心,负责向各地区所在的客户推销全线产品及服务。不难看出,公司的组织机构已不再是一个权力金字塔,现在它构成了一个在市场经济规律指导下由一连串不断变化着相互关系的内部企业所组成的网络。

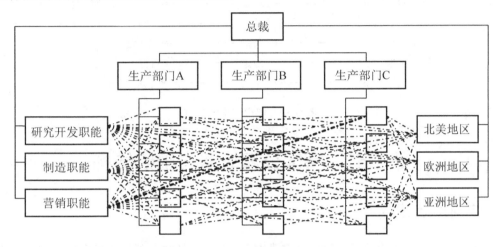

图 9-13 内部市场组织结构

内部市场结构的发展似乎与企业理论产生了矛盾。企业理论曾说明,因为市场在选择过程中、在处理财务交易等问题中会产生交易费用,而等级制度的优越恰恰在于能够克服市场的交易费用。那么内部市场取代等级制度,岂不又增加了交易费用?事实上,企业组织从等级制度到内部市场的发展变革是一次经济学与管理学思想上的革命,这一革命的前提条件是信息技术的迅猛发展。美国麻省理工学院教授托马斯·马隆(Thomas Malone)的研究表明,信息技术可减少交易费用,并"将促使公司由管理层决策转移到采用市场方式进行决策"。企业的实践也证明了信息技术正在削减交易费用,采用内部市场结构所增加的费用可从人头开支的节省及创新所带来的收益中得到补偿。美国西方航空公司用信息技术代替了 500 位管理人员的工作,节省了大量的开支,还因此减少了官僚主义而提高了服务质量。

哈拉尔用图 9-14 展示了组织结构的演变,它有助于更好地理解上述几种主要的组织机构的特点、演变过程与运用条件。

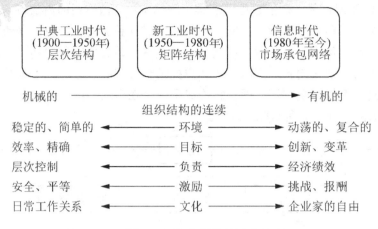

图 9-14 组织结构的演变

第二节 跨国公司战略与组织结构

一、结构跟随战略

在探索战略与结构的关系方面,钱德勒(Chandler)在其经典著作《战略和结构》一书中,首次提出结构跟随战略的理论[①]。《战略和结构》给出了一系列有关杜邦公司、通用汽车公司、新泽西标准石油公司(后来成为埃克森公司)及西尔斯公司的组织结构演化的案例研究。在这些案例研究的基础上,钱德勒得出结论,企业组织结构的变化受战略变化的驱使,而战略变化又与企业面临的外部状况相联系。钱德勒的理论可以从以下两个方面展开。

(一)战略的前导性与结构的滞后性

战略与结构的关系基本上是受产业经济发展制约的。在不同的发展阶段中,企业应有不同的战略,其组织结构也相应做出反应。企业最先对经济发展做出反应的是战略,而不是组织结构,即在反应的过程中存在着战略的前导性和结构的滞后性现象。

1. 战略前导性

这是指企业战略的变化快于组织结构的变化。这是因为,企业一旦意识到外部环境和内部条件的变化提供了新的机会和需求时,首先会在战略上做出反应,以此谋求经济效益的增长。例如,经济的繁荣与萧条、技术革新的发展都会刺激企业增加或减少现有企业的产品或服务。而当企业自我积累了大量的资源以后,也会据此提出新的发展战略。当然,

---

① Chandler A D. Strategy and Structure, Cambridge, MA: MIT Press, 1962.

一个新的战略需要有一个新的组织结构,至少在一定程度上调整原来的组织结构。如果组织结构不做出相应的变化,新战略也不会使企业获得更大的效益。

2. 结构滞后性

这是指企业组织结构的变化常常慢于战略的变化速度,特别是在经济快速发展时期里更是如此,结果导致组织内部机构的职责在变革的过程中常常含糊不清。造成这种现象的原因有两种:一是新、旧结构交替有一定的时间过程,新的战略制定出来以后,原有的结构还有一定的惯性,原有的管理人员仍习惯运用旧的职权和沟通渠道去管理新、旧两种经营活动;二是管理人员的抵制,管理人员在感到组织结构的变化会威胁他们个人的地位、权利,特别是心理上的安全感时,往往会以运用行政管理的方式去抵制需要做出的变革。

从战略的前导性与结构的滞后性可以看到,经济发展时,企业不可错过时机,要制定出与发展相适应的经营战略与发展战略。一旦战略制定出来以后,要正确认识组织结构有一定反应滞后性的特性,不可操之过急。但是,结构反应滞后时间过长将会影响战略实施的效果,企业应努力缩短结构反应滞后的时间,使结构配合战略的实施。

(二)企业发展阶段与结构

钱德勒有关结构跟随战略的理论是从对企业发展阶段与结构的关系的研究入手的。在前面关于组织结构类型的分析中,图 9-14 所展示的哈拉尔关于组织结构的演变过程,已经深入地分析了企业发展阶段与结构的关系。在这里,再将企业发展阶段与结构的关系做一个简单的归纳,其中包括对钱德勒研究的进一步延伸。

(1) 与单一经营发展阶段相适应的是早期的层级结构。
(2) 与市场与产品多样化阶段相适应的是多部门结构。
(3) 与以项目为中心的经营活动相适应的是矩阵结构。
(4) 与战略联盟发展相适应的是网络结构。
(5) 与企业更新业务流程要求相适应的是企业内部市场。

(三)结构跟随战略的论点在国际化经营企业组织中的应用

结构跟随战略理论已被应用于那些参与国际竞争的企业。随着多样化经营的企业变得越来越大,它们开始向海外扩张,并最初创立了"国际部"来管理在国外的业务,但这种结构却在对国外的业务进行协调时逐渐变得无效,从而导致了企业按多国结构进行重组,即针对不同的国家设立各自独立的部门。

随着多国企业的海外业务的进一步发展,它们面临着来自跨国协调的进一步压力和在国家内部进行专业化分工的问题。这就导致了把全世界都看作是企业利益市场的全球战略的产生。那些选择全球战略的企业,为了促进在全球的生产和分销活动中实现规模经济而进行了重组。

近年来，越来越多的跨国公司发现，它们需要在对当地情况做出快速反应和为获得全球范围内的规模经济而要求的集中之间进行平衡。这就导致了跨国结构的产生，它正逐步与更加灵活的组织形式相联系，这种结构把矩阵结构和网络结构结合到了一起。

二、对结构跟随战略的不同看法

尽管钱德勒有关结构跟随战略的理论已得到实证研究的广泛支持，但是对结构与战略的关系仍有一些不同看法。

(一)结构影响战略

哈蒙德(Hammond)认为，结构会影响战略[1]。这是因为在一个大公司中，重要的知识和决策能力是分散在整个公司之中，而并非集中于高层的管理人员。这样，一个企业的结构就将会决定低层的决策者们以怎样的方式和按什么样的顺序，把他们的信息汇集在一起来为公司决策服务。正因为结构为企业设定了议程，它就决定了在进行决策时，应该考虑哪些可供选择的方案，需要对哪些进行比较，以及按什么顺序进行比较。

哈蒙德还认为，组织结构决定着决策时会考虑哪些选择，以及对这些选择进行评估的标准。由于经理们所考虑的选择，必须部分地基于企业当前的活动以及与当前的产品市场状况有关的信息，而对多数企业来讲，这些信息均按照企业结构来自一些较低层的个体员工。因此，不同的结构将会传递给管理人员不同的可供选择的方案集合。例如，如果一个企业还未按照不同的产品，组织成一些独立的、可以买卖的分部，那么在这样的企业中，将很难发展出一种重视并购的战略。

结构同时还会通过制定一些用来解决争端的规则，来对战略的实施产生影响。这些规定可以与企业战略的要求相一致，也可能不一致。企业的结构同时还会影响到那些到达高层管理人员的有关战略实施的信息。如果企业的结构为了避免某些类型或数量的冲突上报，从而有所偏重，那么高层经理们接收到的信息也将随之发生偏倚。

(二)结构作为一种累积效果和启发艺术

尼尔森(Nelson)和温特(Winter)提出了两种关于战略与结构之间关系的论点[2]，它们都与钱德勒的论点不同。第一种论点认为战略和结构都是从企业与环境的互动中不断演化而来的，而并非是高层经理们所制定和实施的某种复杂的重组决策。企业同环境之间的联系，

---

[1] Hammond T H. Structure, Strategy, and the Agenda of the Firm. In Rumelt, R., D. E. Schendel, and D. J. Teece (eds), Fundamental Issues in Strategy, Boston: Harvard Business School Press, 1994, pp.97-154.

[2] Nelson R R and Winter S G. An Evolutionary Theory of Economic Change, Cambridge, MA: Belknap, 1982.

以及通称为企业"结构"中的个体之间的联系方式,都是企业对环境的刺激进行长期的适应而最终产生的累积效果。大规模的战略转变对企业来说是很少见的,企业当前的有关战略与结构的决策,将在很大程度上受制于过去的决策。另一种论点认为,战略和结构是一种高层次的启发艺术,或者说是一些决策的原则,它们节约了决策者们处理一些非常规问题所花费的时间。如果说战略是为了解决企业的生存问题和盈利问题所遵循的一系列原则,那么类似的,结构就是用来对企业内部的不同角色进行协调,从而使其行为与企业的活动相一致的一系列原则。

第三节 国外子公司与分公司的选择

从法律形式上看,跨国公司在国外投资设置生产经营机构时可以有两种选择,即设置分公司或子公司。

一、两种形式的比较

(一)分公司

分公司(Branch)是指母公司根据需要在国外设置的分支机构。从法律意义上讲,分公司只是母公司的一部分,不是独立的法律实体,不具有所在国的法人资格,本身也没有独立的名称,全部的生产经营活动由母公司统一指挥。因此,分公司在所在国不被视为当地的公司,而是外国公司。

跨国公司在国外设置分公司的有利方面,主要有以下几点。

(1) 设置程序简单。分公司不是独立的法人,在设置上只需以母公司的名义向所在国有关管理部门申办即可。

(2) 管理机构精简。分公司在所有的经营决策上均服从于母公司,不需要过多的管理部门与层次,只需保证顺利地执行母公司的决策即可。

(3) 直接参与母公司的资产负债。分公司自己不具有资产负债表,其收益与亏损都反映在母公司的资产负债表上,而且直接分摊母公司的管理费用。

(4) 与母公司合并纳税。分公司作为母公司的一部分,其收入必须与母公司的收入合并纳税。大部分国外分公司在成立初期会亏损,可能减少母公司的纳税额。

跨国公司在国外设立分公司也有不利方面,主要有以下3点。

(1) 母公司要为分公司清偿全部债务。在特殊情况下,所在国的法院还可以通过诉讼代理人对母公司实行审判权。

(2) 母公司在设置分公司时,所在国的有关部门往往会要求其公开全部的经营状况,这不利于母公司保守其财务秘密。

(3) 所在国往往关心自己本国的企业,对作为外国公司一部分的分公司来讲,一般很少关心其经营状况。

(二)子公司

子公司(Subsidiary)是指那些资产全部或部分地为母公司所拥有,但根据所在国法律在当地登记注册的独立的法人组织。从经营形式上看,子公司可以是母公司的独资企业,也可以是合资企业。

企业在国外设置子公司有利的方面如下。

(1) 子公司可以使母公司以相同的资本额控制更多的企业,即母公司原用于控制分公司的百分之百的股份,可以分成若干部分分别控制不同的子公司。

(2) 子公司独立承担债务责任,减少母公司的资本风险。

(3) 子公司可以有较多的资金来源渠道,充分利用所在国的资金市场。

(4) 子公司可以享受所在国的税收优惠政策。同时,子公司之间、子公司与母公司之间可以充分利用转移价格、转移利润,达到少纳税或不纳税的目的。

(5) 子公司具有所在国企业的形象,可以被当地所接受,在经营业务上也很少受到限制。

跨国公司企业在国外设置子公司不利的方面如下。

(1) 子公司在国外注册登记的手续比较复杂,需要经过严格的审查程序。

(2) 子公司在所在国除了缴纳所得税以外,还必须缴纳利润汇出税。

(3) 子公司不能直接分摊母公司的管理费用。

母公司与子公司之间的管理关系也存在着集权与分权的矛盾。子公司产品技术复杂程度高、多种经营程度高、地域分布广、所处经营环境不确定性大、母公司国际管理经验少等原因,都会使母公司放权给子公司,使其可以独立进行自主管理;反之,母公司会实行相对的集权管理。

二、子公司与分公司的选择

跨国公司在选择国外组织的法律形式时,需要从企业的实力、社会形象、预期的经营状况及所在国的法律,综合地加以考虑,采用更为合适的组织法律形式。

一般来讲,企业实力雄厚、国际知名度高,可以选择分公司的形式,以利于借助母公司的名誉,打入国外新的市场。同时,如果预期企业在国外的机构在初期时会有亏损,则需要选择分公司形式,以减少总体的亏损。但是,如果所在国的法律对分公司的形式有较严格的限制时,则需要考虑采用子公司的形式。

总之,国际企业要从上述因素出发,综合分公司与子公司各自的利弊,以实现企业总体目标为目的,选择最适合企业利益的国外组织的法律形式。

第九章 跨国公司的组织结构与管理

 **本章小结**

(1) 跨国公司组织结构的演变，是指跨国公司组织结构总体形态的演变。其基本轨迹是先在销售部下设出口部，接着经历了母子公司结构阶段、国际部阶段，然后进入到全球性的组织结构阶段。进入20世纪90年代以后，经济全球化进程促使跨国公司的组织结构向更新的层次发展，跨国结构、网络结构、内部市场等新形式层出不穷。就个别跨国公司来说，组织结构的演进并不一定要逐次经历这些阶段，演进的速度也因企业而异。而跨国公司总体组织形态所经历的上述阶段，每一阶段都是对上一阶段的适应和改进。

(2) 全球性组织结构是跨国公司的国外子公司发展到全球性规模时所采用的组织形式。全球性结构就是把国内一般企业的分部组织形式扩展到全球范围，从全球角度来协调整个企业的生产和销售，统一安排资金和分配利润。它打破了企业经营分割为国内经营和国外经营的格局，从而把企业的组织结构分裂为国内结构和国外结构，视世界市场为一个整体。

(3) 全球性职能分部结构是根据各种不同的职能，在母公司总部之下设立若干分部，各分部之间相互依存度较高，并由母公司总部协调相互间的关系，是一种决策权高度集中于母公司的组织形式。全球性地区分部结构就是按照地区设立分部，由母公司副总经理担任各地区分部经理，负责企业在某一特定地区的生产、销售、财务等业务活动，而总公司负责制定全球性经营目标和战略，监督各地区分部执行。全球性产品分部结构把企业经营的重点放在产品市场和技术诀窍上，以全球作为目标市场，按照产品种类设立分部门，以产品部作为该产品在全球范围内产销活动的基本组织单位。

(4) 全球性混合结构也称为矩阵结构，是将上述3种全球性结构加以综合的一种组织结构形式。其中最常见的有两种：一是产品—地区混合结构；二是产品—职能混合结构。跨国公司结构试图同时获得地区分部结构和产品分部结构的所有优势，是从全球性产品—地区混合结构思路出发，从下属公司的功能与权力角度，对产品—地区混合结构作进一步优化。由于有效执行的困难，跨国公司结构往往被看成是一种理想化而非现实的形式。

(5) 正式的组织结构承认并造成了总部与下属公司之间、下属公司与下属公司之间、公司与供应商和客户之间的障碍。网络结构建立在打破组织内外部障碍的意向的基础上，以最大限度为顾客实现最终价值。在网络组织结构中，为了减少管理层次，消除官僚主义，大量的组织机构进行重组和精简。网络组织的基本单位是团队，团队包括多组为达到一个共同目标而一起工作的人员。典型的团队有公司与供应商或买方之间各种形式的战略联盟，团队也致力于消除公司内部界限，促成一种员工们都承担责任并努力工作的组织氛围。团队使公司的界限变得模糊起来。

(6) 从20世纪80年代开始，在美、欧、日的一些公司，一种完全超越层次结构的、与现有机构截然不同的组织机构——内部市场正在悄悄出现。内部市场的出现经历了一个演变过程，这一过程可归纳为联邦组织、网络关系、内部承包关系、重新设置机构、虚拟机构和内部市场几种形式。

(7) 结构跟随战略理论认为,企业组织结构的变化受战略变化的驱使。在不同的发展阶段中,企业应有不同的战略,企业的组织结构也相应做出反应。尽管结构跟随战略的理论已得到实证研究的广泛支持,但是对结构与战略的关系仍有一些不同看法。结构会影响战略,结构作为一种累积效果和启发艺术,都与结构跟随战略理论有不同的观点。

(8) 从法律形式上看,跨国公司在国外投资设置生产经营机构时可以有两种选择,即设置分公司或子公司。跨国公司在选择国外组织的法律形式时,需要从企业的实力、社会形象、预期的经营状况及所在国的法律,综合地加以考虑,采用更为合适的组织法律形式。

实训课堂

案例分析一

基本案情:

华为国际化经营的组织结构大致可以以2002年为界分为两个阶段。

2002年前,华为以国内市场为核心,将国内开发的产品销售到世界各地。此时其组织结构是以集权为主要特征的职能部结构(设出口销售部门)为主,专业化、规范化程度高。在国际化经营初期,职能部组织结构有利于统一领导。但随着华为海外市场的扩大,职能式组织结构的弊端逐渐显现,各部门间协调性差,难以应对高度不确定的国际环境。

2003年,华为对组织结构进行了重大调整,由以往职能式结构向地区分部结构改变,以应对各地区快速变化的市场。2007年华为再次进行组织变革,将地区部升级为片区总部,成立七大片区,各大片区拆分成20多个地区部,使指挥作战中心进一步向一线转移。2010年华为重新梳理业务部门,原来按照业务类型划分为设备、终端、软件服务等,现在按照客户类型划分为面向企业、运营商、消费者及其他业务。经过不断变革,华为逐步形成比较完善的矩阵式结构,实现了全方位信息沟通。矩阵式结构横向是按照职能专业化原则设立的区域组织,为业务单位提供支持、服务和监管,使各业务运营中心在区域平台上以客户为中心开展各自的经营活动;纵向是按照业务专业化原则设立的四大业务运营中心,并分别设置经营管理团队(EMT),按照其对应客户需求的规律来确定相应的目标、考核与管理运作机制。

华为实施矩阵式组织结构显现出诸多优势:

第一,从应对环境不确定性角度考察,华为组织环境的不确定性来自较高的复杂性、动态性、敌对性。扁平的组织结构可以更快感知到各种环境因素的变化;由于其决策链缩短,华为可以及时对外界环境的变化做出反应,对运营管理中出现的问题及时进行调整,降低环境高度不确定性给华为造成的威胁。

第二,从响应本地市场角度考察,各地市场存在很大差异,尤其是发展中国家和发达

第九章 跨国公司的组织结构与管理

国家之间,由于客户对产品的需求不同,各地经济环境、政府政策上的差异,一视同仁地看待全球市场会忽视本土市场的发展机遇,错失市场机会。华为横向的区域组织正逐步向一线转移,有利于加强对当地市场的组织和管理,及时捕捉到本地市场信息,快速响应本地市场的需求。

第三,从促进产品差异化角度考察,华为的组织结构是面向市场设计的,根据不同的客户对业务部门进行了细分,具有强烈的市场导向意识。四大业务运营中心针对不同的细分市场,可以根据不同客户的需求研发新的产品,推进产品多元化发展。而且矩阵式结构具有良好的前瞻性和扩展性,当华为进入新的产品或者竞争领域时,可以根据需要增加新的利润中心。

(资料来源:苏超. 华为战略导向下的组织结构设计. 科技创业月刊,2011(8): 73-74)

思考讨论题:

1. 试述华为组织结构的变化。
2. 分析华为所采用的几种组织结构的适用条件、优点与可能的弊端。
3. 分析华为组织结构的变化所反映的国际战略的变化。

分析要点:

1. 依据本章"出口部"(或"职能部")、"地区分部结构"、"矩阵结构"的几种类型,分析案例中华为几种组织结构的类型。
2. 依据本章"出口部"(或"职能部")、"地区分部结构"、"矩阵结构"的几种类型,分析案例中华为几种组织结构的类型的适用条件、优点与可能的弊端。
3. 依据"结构跟随战略"理论,说明华为组织结构的变化所反映的国际战略(全球化/多国本土化)的变化。

案例分析二

基本案情:

长期以来各大跨国石油公司主要按地理位置来安排公司的组织结构,公司建立洲一级的地区总公司,而且在有关国家或地区建立分公司。每个分公司都要从事勘探开采、炼油、销售等业务,总部的后勤服务部门负责向分公司提供法律、财务、信息及其他各项服务。近些年来,随着这些公司海外业务与分支机构数目和规模的不断增长扩大,跨国经营程度不断提高,对跨国子公司的管理难度也越来越大,传统的管理结构受到了挑战。全球性业务结构为跨国公司实施全球性战略提供了一种理想的组织结构模式。各大跨国公司纷纷对传统的矩阵结构进行调整,调整的主要内容是按公司的主要业务范围建立管理结构,从过去按地区范围管理转变为按业务范围直接进行管理,使公司在组织结构上变得更加清晰明确,有利于在全球范围内合理分配和优化资源,有利于对不同的市场做出快速有效的反应。

在公司组织结构的具体设置上，公司的总裁(CEO)负责统一管理公司的整体运营，并根据公司的业务发展需要及分类，在总部内设置多个业务板块的事业部，统一管理该业务在全球范围内的正常运营。由副总裁级别的高管具体负责，并向总裁进行汇报。同时，根据公司具体管理要求，在总部内设置管理类的副总裁分管职能部门，分管人事、财务、法律等事务，为业务板块提供支持。

经过对目前国际上主要的跨国石油公司进行研究，可以发现通常这些公司将业务划分为上游勘探开发生产板块、销售与贸易板块，下游炼化板块、天然气及发电、化工产品、新能源利用等多个专业板块。埃克森美孚、雪佛龙、道达尔等跨国石油公司都采用这种组织结构。石油石化业界称这种组织结构为以全球为导向的专业化公司结构。该结构由原来区域性多业务的组织转变为业务型全球化的事业部制组织，将原来的大部分按照地区设置的事业部改革成全球化的事业部。这种及时的组织结构调整，确保组织结构与公司的经营环境和发展战略保持一致，同时，现代信息技术的迅猛发展又为组织结构的优化和顺畅运转提供了强有力的保证。

总结以上这种组织结构有以下几个特点。

其一，在全球专业化事业部下设置地区公司，使专业化事业部里有矩阵结构，使其具有全球性职能，有利于其在全球范围内合理分配和优化资源，有利于对当地市场做出快速反应。

其二，地区公司设置在专业化事业部内部，强调以专业化业务管理为主，加强了核心业务专业化集中管理，有利于新技术的迅速转移，符合其发展核心业务的战略思想。

其三，由于这种结构强调了纵向专业化的主导作用，避免了典型矩阵结构中纵、横向多头管理，甚至以地区公司为主管理的矛盾，提高了管理效率。

针对各大跨国石油公司这种组织结构设置，下面重点研究其销售与贸易板块的业务职能设置及范围。总体上，各大跨国石油公司销售与贸易板块主要包括以下业务职能：销售公司上游所产份额原油；为系统炼化企业提供原料采购服务；原油、成品油及化工品贸易；租船业务及船舶安全管理；为系统内上下游提供价格风险管理；原油及成品油的贸易执行。这里要特别说明一下成品油贸易的业务范围界定。通常这些跨国石油公司成品油的批发、配送及零售由其炼化板块直接负责，主要供应其遍布世界各地的销售终端与加油站。但当炼厂生产的成品油与系统需求存在差异的情况下，则将由销售贸易板块在炼厂的指令下，负责采购系统内的短缺量或向系统外销售所产过剩成品油，以平衡系统总的产量与需求。同时，保证在国际贸易市场中仅出现一个公司的声音，且是最专业化的声音。

以上的销售贸易板块业务范围设置，可以归纳为以下几个优势。

统一平衡国内外原油、成品油资源和系统内整体炼化需求。根据上、下游市场行情的变化，优化销售采购策略，将对于炼厂效益较差的份额原油或成品油外销或套利到别的地区，实现销售价值的最大化。同时采购更适合炼厂的原油资源和更适合销售终端的成品油，为下游系统降低采购成本，提高经济效益。

第九章 跨国公司的组织结构与管理

原油和成品油销售、采购及贸易一个声音对外,增加原油和成品油定价的话语权,提升公司整体竞争力。

销售贸易的一体化,促使跨国石油公司依托自身上、下游的结构优势,在风险可控和有经济效益的前提下,积极地展开原油和成品油贸易业务。在给公司带来良好效益的前提下,也使公司的营业额得到了巨大地提高,从而获得了当地政府相当的优惠政策,为公司带来可观的效益增值。例如,在 BP 和壳牌的总的原油营业额中,销售量与贸易量比率为 40:60, 雪佛龙的比率为 50:50,道达尔的比率为 56:44。

销售及采购贸易的一体化,为优化运输方案提供了更大的空间与机会,降低企业运营成本。根据上、下游的资源与需求,合理控制上、下游价格风险,提高公司抗风险能力。

总之,国际跨国石油公司将原油和成品油销售、采购、贸易、运输诸多环节实施一体化管理的概念,在激烈的市场竞争中,优化资源的合理配置,提高了企业生产经营的效率,促进了上、下游的协调发展。在国际化进程日益加剧的今天达到了最佳的管理效果,提升了公司整体的核心竞争力。

(资料来源:王葵."走出去"的组织结构匹配.中国石油石化,2011(3): 80-82)

思考讨论题:

1. 试述各大跨国石油公司组织结构的变化。
2. 分析各大跨国石油公司目前的组织结构的适用条件、优点与可能的弊端。
3. 分析各大跨国石油公司组织结构的变化所反映的国际战略的变化。

分析要点:

1. 依据本章"全球性结构"的几种类型,分析案例中所述的大跨国石油公司组织结构的类型(过去的与现在的)。
2. 分析"全球性产品分部结构"的适用条件、优点与可能的弊端。本章阐述的"全球性产品分部结构"只介绍了最基本的框架,案例中详细介绍了大跨国石油公司"全球性产品分部结构"具体的运作方式。
3. 依据"结构跟随战略"理论,说明各大跨国石油公司组织结构的变化所反映的国际战略(全球化/多国本土化)的变化。

第十章 跨国公司利益相关者与社会责任

【学习要点及目标】

- 了解跨国公司的主要利益相关者及与其利益追求、矛盾、冲突与均衡。
- 掌握利益冲突与协调中跨国公司策略和行为选择。
- 掌握跨国公司履行社会责任所遵循的原则、主要形式和主要途径。

【核心概念】

利益相关者 冲突与协调 社会责任

【引导案例】

华为在美国投资的利益相关者

2007年至2012年,华为在美国投资经历了数次失败。华为在美国投资涉及的美国国内的利益相关者分为三类:反对者、支持者和摇摆不定者。反对者主要包括美国联邦政府和华为在美国的同业竞争者。联邦政府的利益在于维护国家安全,在华为在美投资问题上拥有最大的影响力,反对华为对美投资以及与美国公司的合作;华为的竞争者为了维持自己的市场份额和高额利润,通过他们强大的国会影响力阻碍华为的投资。支持者主要涵盖美国的地方政府和美国中小型电信运营商。地方政府出于拉动地方经济和提高就业的目的欢迎华为对美投资;中小型运营商出于经济利益也与华为展开广泛合作。摇摆不定者主要包括美国电信业协会和美国大型电信运营商。电信业协会支持联邦政府在国家安全问题上的立场,但对联邦政府过于干涉电信企业正常经营表示担忧;大型运营商为了维持与政府的良好合作关系被迫牺牲经济利益放弃与华为合作。总体上看,支持者和摇摆不定者的影响力无法与反对者抗衡。美国联邦政府对于电信业的保护,华为缺少对美国国内决策及利益机制的认知,以及华为公司治理与西方公司的差异性导致了华为对美国投资失败。

(资料来源:王志超 华为在美国投资的案例研究. 山东大学专业硕士学位论文,2014年6月)

【案例导学】

跨国公司的使命与目标是公司内外的主要利益相关者利益与权力均衡的结果。因此,权力与利益相关者分析是跨国公司战略分析的重要组成部分,跨国公司战略的制定与实施与其各利益相关者利益与权力的均衡密不可分。本章阐述跨国公司主要的利益相关者和利益追求,及与之相关的冲突管理和跨国公司的社会责任。

第一节 跨国公司利益相关者

有关利益相关者的定义很多，本书采用以下定义：利益相关者是对企业产生影响的或者受企业行为影响的任何团体和个人。利益相关者理论认为企业各类利益相关者的利益期望、利益冲突、利益均衡及相对权力是问题的关键。

一、企业主要的利益相关者及其利益期望

就一般企业而言，企业主要利益相关者可分为内部利益相关者和外部利益相关者。

(一)内部利益相关者及其利益期望

企业内部利益相关者主要有以下几个方面。

1. 企业投资的利益相关者，包括股东与机构投资者

投资者向企业提供资本，资本不仅是机器设备、厂房建筑、原料动力及土地资源的一般形式，而且是获得其他生产要素，如一般劳动力、信息技术及管理人才的必要前提。有些投资者直接经营企业，在现代企业制度中，投资者一般不直接经营企业，而是将企业委托经理人员经营。不论投资者是否直接经营企业，他们都要直接参与企业的利益分配。投资者对企业主要的利益期望就是资本收益——股息、红利。

由于股息、红利是以企业利润为基础，按股权进行分配，所以投资者对企业的主要期望就是利润最大化。如果一个企业的投资者不止一方，那么，争得多数股权也是各方股东的利益所在。

2. 经理阶层

一般指对企业经营负责的高、中层管理人员。他们向企业提供管理知识和技能，将各种生产力要素结合成整体。由于现代企业制度中所有权与经营权的相对分离，经理人员可以利用信息不对称控制企业。企业使预期利润最大化是大多数经济理论的一个假定，然而，普遍的感觉是，在现实中企业经理有其他目标。例如，使企业的规模、成长及管理职位津贴最大化。企业的增长能够给经理人员带来金钱和非金钱方面的好处，例如，增长能够给经理和员工以职业发展的机会，尽管这种增长未必会带来符合股东利益的企业利润的增长。企业增长又主要表现在销售额的增长，所以，经理对企业的主要利益期望是销售额最大化。

3. 企业员工

企业员工是一个包括企业操作层劳动者、专业技术人员、基层管理人员及职员在内的

具有相当厚度的阶层。他们向企业提供各种基本要素，是企业的基本力量。企业员工对企业的利益期望是多方面的，但从影响企业目标选择角度看，企业员工主要追求个人收入和职业稳定的极大化。

(二)外部利益相关者及其利益期望

企业外部利益相关者主要有以下几个方面。

1. 政府

政府向企业提供许多公共设施及服务，如道路、通信、教育、安全等，制定各种政策法规，协调国内外各种关系，这些因素都是企业生产经营必不可少的环境条件。政府对企业的期望也是多方面的，如政府力图使企业在提供就业、支付税款、履行法律责任、促进经济增长、确保国际支付平衡等多个方面作出贡献。其中最直接的利益期望是政府对企业的税收。

2. 购买者和供应者

购买者包括消费者和推销商，他们是企业产品(或服务)的直接承受者，是企业产品实现价值的基本条件。供应者为企业提供必需的生产要素，与企业、购买者一道构成产业价值链中的一个组成部分。购买者与供应者对企业的利益期望是在他们各自的阶段增加更多的价值。

3. 贷款人

贷款人与投资者一道，向企业提供资金，但与投资者不同的是，企业以偿付贷款本金和利息的方式给予贷款人回报。因此，贷款人期望企业有理想的现金流量管理状况，以及较高的偿付贷款和利息的能力。

4. 社会公众

企业是社会经济生活的一部分，它的行为会给社会公众带来各种影响。社会公众期望企业能够承担一系列的社会责任，包括保护自然环境、赞助和支持社会公益事业等。值得一提的是，对于股票上市公司来说，社会公众中还有相当一批企业的股民，这是企业内部利益相关者与外部利益相关者的交集部分，这些股民对企业的期望除了利润最大化以外，还要求企业对广大股民负责，遵循正确的会计制度，提供公司财务绩效的适当信息，制止包括内幕交易、非法操纵股票和隐瞒财务数据等在内的不道德行为。

二、跨国公司对外直接投资所涉及的利益相关者及其利益期望

与单纯的一国企业相比，从利益相关者的构成来看，跨国公司对外直接投资所涉及的

主要利益相关者的构成与一般企业基本相同：东道国政府、跨国公司母公司、东道国投资者、东道国下属公司经理、东道国的员工以及与跨国公司对外直接投资相关的债权人、供应者与购买者、社会公众等，是其主要利益相关者；但是，其利益格局有所变化，东道国政府与跨国公司母公司成为利益格局中两大显赫的利益主体，它们二者之间的利益追求、矛盾与冲突以及各自权力大小与均衡成为研究跨国公司利益格局的主要内容。

(一)东道国政府

除税收目标外，东道国政府对跨国公司直接投资还有诸多利益追求。第二章所论述的跨国公司垄断优势的各要素是东道国国家吸引外资的主要利益追求。

1. 资本供应

如钱纳利和斯特劳特的"双缺口"模型所述，跨国公司由于其巨大的平均规模和其他特殊的优势，可为其取得广泛的资金来源。这些资金可能从内部得到，也可能从各种外部资本市场或金融机构中取得。通过这些不同途径所提供的资金，有助于填补东道国的期望投资和国内储蓄之间的缺口。除了直接投资外，跨国公司在提供资本方面，还可能有间接的积极影响。首先，跨国公司可能通过为当地资本市场提供有吸引力的投资机会而动员当地的储蓄，没有跨国公司的活动，这些储蓄可能闲置着，或者用于非生产性活动。其次，外国直接投资可能刺激来自跨国公司母国和国际机构的官方援助。

2. 技术

就东道国特别是发展中东道国而言，仅靠国内进行技术生产往往是不可行的。通过研究与开发来创造新技术的过程，不论成功与否，都会耗费巨大。因此，有理由认为，东道国可以通过采用外国投资者的已有技术，绕过有风险的发明和革新阶段，减少必要的投入成本，并可由此向前做出重大跳跃。

跨国公司直接投资在东道国的技术扩散效应是在技术转让与技术外溢两种情形下发生的。技术转让方式早已为众人所熟知，东道国企业从技术转让中直接获得技术利益。然而，诸多研究表明，多数技术扩散是通过技术外溢(Spillover)的方式实现的。在第七章，本书比较详尽地阐述了跨国公司在东道国技术外溢的 4 条途径，东道国总是试图使知识最大限度地扩散到本国其他企业。

但不能由此认为，跨国公司的技术转让肯定对东道国有利。东道国是否得到利益，首先取决于技术转让的条件，包括转让的价格和供给的方法，这直接影响转让技术对东道国的经济利益。其次，取决于转让的技术与有关产品的先进性与适用性如何。最后，还取决于转让的技术对东道国技术水平的长远影响，如消化吸收情况怎样、本土化水平如何等。

3. 管理

如前面所述，跨国公司提供外国管理人员和管理技术会给东道国带来重要的利益。企业家经营能力和熟练管理人员的进入,将改善当地的经济平衡,有助于促进当地企业家经营能力的提高;跨国公司对东道国的供应者和竞争对手,还可能起到有利的示范作用。

4. 贸易与国际收支

跨国公司的投资可以减轻东道国外汇不足的压力,其全球统一调配的销售网还可增加东道国的对外贸易数量,因而,东道国吸收外商直接投资,可以通过扩大出口或替代进口的商品和劳务实现增加外汇方面的收益。当然,跨国公司对东道国国际收支的影响是多方面的,除了国际贸易对其产生的正效应外,东道国虽能从任何跨国公司的创始资本流入中得到明显的利益,但这只是一次性的影响,随之而来的,则是国际收支经常项目上不断的不利影响,其中包括支付给母公司的红利、利息和特许费及行政管理费等。

5. 劳动就业

创造就业机会是发展中国家经济发展的一个重要目标。跨国公司资本的投入,无疑会增加东道国的就业人数,而且最有关联的是跨国公司子公司购买中间产品对东道国就业的间接影响;但可能会由于跨国公司所转移的技术对东道国所赋予的要素不适用,而没有创造足够的就业机会。

6. 企业运行机制

从制度经济学考察,发达国家跨国公司对发展中国家直接投资可能会优化企业的运行机制,这种作用在跨国公司并购国有企业中更为显著。跨国公司自身适应市场的产权结构与运行机制能够有效地提升国有企业的存量,而这一作用仅靠国有企业自身是难以实现的。

东道国政府作为一大利益相关者参与跨国投资的利益分配,为了能够实现上述的利益,可能对跨国公司的投资给予多种保护与优惠,如贸易保护、金融支持、税收优惠等;但是,东道国政府在期望获得上述利益的同时,也必须防范可能带来的风险,最主要的风险是东道国引进外资后经济安全受到的威胁和风险。例如,跨国公司对东道国的产业、市场与股权控制;对外开放可能导致的金融风险;以及自然资源的安全受到威胁等。所以,东道国政府在期望实现自己利益的同时,也要对跨国公司行为进行干预,以防范可能带来的各种风险。干预一般可分为 3 类:①金融干预,包括可用的外汇额度限制、利润汇回限制、出口比例要求、硬通货清偿手段要求、价格控制和研究开发比例要求等;②股权干预,包括股权限制、单方面重新谈判要求、强迫合资要求等;③经营上的干预,包括当地增加值最低限制、当地市场份额限制、原材料来源中当地市场所占比例、限制雇用外国人等。

(二)跨国公司母公司

东道国的区位优势又是跨国公司母公司利益追求的主要目标。

1. 市场购销因素

东道国市场规模、市场增长、发展阶段及当地竞争程度等特征，会对跨国公司直接投资的决策产生影响。尤其是在东道国贸易壁垒较高的情况下，一张"当地制造"的标签将有助于避开进入障碍，进入东道国。

2. 劳动成本

国际劳动力市场的不完全性可能导致各国工资成本的差别。在这种情况下，特别是当技术已经标准化的时候，跨国公司就可能把生产活动转移到劳动力成本较低的发展中国家。

3. 获得原材料

对特殊原材料的需求，可能是影响跨国公司选择国外采掘、加工或生产活动地点的东道国的特殊因素，另外，原材料获取的成本高低也是跨国公司选择东道国的一个重要指标。

4. 实现全球资源最佳配置

经济全球化进程中，跨国公司投资的区位选择是以优化其产业链、价值链和供应链为目标的，前述的各种区位因素也都纳入到跨国公司的全球分工体系的安排中。

同样，在期望实现上述利益的同时，跨国公司也必须防范在东道国投资可能遭受的政治与经济风险，如前面所提到的东道国政府在金融、股权、经营等方面对跨国公司的各种干预手段。跨国公司也往往采用对东道国的产业、市场与股权控制等手段，以防范政治与经济风险。

(三)东道国的投资者

跨国公司在东道国投资可以建立分公司，也可以建立子公司，子公司可以是全股子公司，也可以是合资企业。分公司与全股子公司的投资者自然只是跨国公司母公司一家，而合资企业的投资者则一般涉及东道国的投资者(也有的投资者在第三国)。而企业股东的利益追求主要体现在对企业资本收益的分配份额上，按照股份公司的一般规则，资本所得的份额以股东的投资份额为依据，所以控股权就成为各方股东争夺的主要目标。

(四)跨国公司在东道国下属公司的经理与员工

跨国公司在东道国下属公司，经理与员工的利益追求与一般企业基本一样；经理阶层往往将企业销售额、企业市场占有率、企业稳定增长率等作为自己追求的主要目标；而企业员工的主要利益追求仍然是两个方面：工资收入最大化与稳定的就业。不同点则表现在两个方面：一是这些经理和员工可能来自不同国籍，也可能受其各自母公司利益的约束；二是跨国投资可能对东道国带来不利于资本而有利于劳动的分配，因而跨国公司的直接投资更有利于实现企业员工的利益。

三、利益相关者的利益矛盾与均衡

跨国公司在东道国的成功运营是各方利益相关者利益实现的根本条件,是利益相关者的共同利益所在。但是,由于利益相关者的利益期望不同,他们对企业发展的方向和路径也就有不同的要求,因而会产生利益的矛盾和冲突。事实上,跨国公司在东道国运营的过程也是各方利益相关者利益的博弈、协调与均衡的过程。

跨国公司对外直接投资涉及多方利益相关者,利益相关者之间的矛盾与均衡涉及跨国公司母公司与东道国政府之间、投资股东之间、投资者与经理人员之间、员工与企业之间。后面 3 对关系事实上是一般企业共同的问题,而非跨国公司独特的矛盾所在。在这里着重研究跨国公司母公司与东道国政府的利益矛盾与均衡[①]。

(一)科恩的"4 个概念模型"

早在 20 世纪 70 年代,英国学者科恩(Cohen)建立了"4 个概念模型"[②],该模型有助于恰当地理解跨国公司母公司与东道国政府之间的利益关系。4 个分析概念介绍如下。

1. 剥削损失

根据机会成本原则,如果从现有关系中被剥削者得到的绝对收益是 X,从最佳选择中得到的收益是 Y,那么 $Y-X$ 就代表剥削损失。

2. 剥削收益

按照同样原则,如果剥削参与者从现有关系中得到的收益为 W,从最佳选择中可得收益为 V,那么 $W-V$ 代表了剥削收益。

3. 逃逸成本

为了避免剥削损失,被剥削者必然要为向一种新关系转变承受转移成本,如果逃逸成本的现值大于剥削损失的现值,那么试图改变现状,就会对该参与者不利。这一解释说明了为什么在实际生活中剥削常常持续较长时期;相反地,如果逃逸成本小于剥削损失,被剥削者将不会接受现状,而要试图改变其战略以便逃逸。

4. 维持成本

为了保持剥削收益,剥削参与者必定要防止逃逸行为和向一个新的关系组织机构转变。不过这只有当维持成本的预期价值小于剥削收益价值时才值得,如果维持成本大于剥削收

[①] 其他 3 对关系的研究可参见:邹昭晞. 企业战略分析(第四版). 北京:首都经济贸易大学出版社,2011.

[②] Cohen B J. The Question of Imperialism: the Political Economy of Dominance and Dependence, London: Macmillan, 1973.

益,尽管它还有剥削收益,但试图维持现状并不会对剥削一方有利。

科恩的模型假设的一个非零和博弈理论,其 4 个变量在决定结果中都是重要的。在研究跨国公司母公司与东道国政府利益关系时,科恩模型中的"剥削损失"可以理解为东道国引进外资后经济安全受到的威胁和风险。例如,跨国公司对东道国的产业、市场与股权控制;对外开放可能导致的金融风险;以及自然资源的安全受到威胁等。因此,东道国往往要采取"逃逸行为",以防范和减少这些威胁和风险。例如,限制跨国公司在合资企业中的股权比例,甚至采用没收、征用等国有化手段;推行引进技术的国产化政策,避免纳入跨国公司的全球分工体系;进行金融管制,以防范金融风险;严格限制跨国公司的产业投向等。这些"逃逸行为"一方面会给发展中国家带来"逃逸成本",另一方面也会给跨国公司带来投资风险(政治风险与经济风险)。对于东道国来说,如果这种"逃逸成本"小于"剥削损失","逃逸行为"就会发生,反之"逃逸行为"就会被抑制;对于跨国公司来说,为了防范投资风险,维持投资收益(即科恩模型中的"剥削收益"),跨国公司也要采取"维持行为"。如果这种"维持行为"能够提高东道国的"逃逸成本",或者减少东道国的"剥削损失",从而使东道国的"逃逸成本"大于"剥削损失",同时,跨国公司的"维持行为"所导致的"维持成本"又不高于跨国公司的"剥削收益",跨国公司与东道国的博弈就达到了一种均衡,合作可以继续下去;反之,如果跨国公司的"维持成本"高于跨国公司的"剥削收益",或东道国的"逃逸成本"小于"剥削损失",那么由于一方合作意愿大大降低,合作面临危机;如果二者兼而有之,合作就会解体。图 10-1 简单地表明了以上的分析。

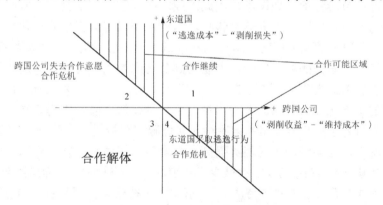

图 10-1　跨国公司与东道国利益博弈

(资料来源:邹昭晞. 对外开放与国家经济安全的博弈研究. 数量经济技术经济研究,2002(5):104-106)

无论对于跨国公司还是对于东道国来说,维持合作都是最佳结果。在可能的情况下,双方都愿意做出维持合作的努力。图 10-1 中第 2、4 象限中的阴影部分是描述跨国公司和东道国虽然面临合作危机,但如果一方做出适当让步,还可能会促使合作继续下去。在第 2 象限的阴影部分中,虽然跨国公司的"剥削收益"-"维持成本"是负值,但其绝对值较小,而东道国的"逃逸成本"-"剥削损失"为绝对值较大的正值,在这种情况下,东道国减少

"逃逸行为"的力度,降低"逃逸成本",但仍使"逃逸成本"－"剥削损失"为正值,这就有可能降低跨国公司的"维持成本",使"剥削收益"－"维持成本"成为正值,从而合作可以继续维持下去。在第4象限的阴影部分中,东道国的"逃逸成本"－"剥削损失"为绝对值较小的负值,而跨国公司的"剥削收益"－"维持成本"是绝对值较大的正值,只要跨国公司在保证"剥削收益"－"维持成本"为正值的前提下,适当加大"维持行为"的力度,就有可能减少东道国的"剥削损失"或提高东道国的"逃逸成本",使东道国的"逃逸成本"－"剥削损失"成为正值,合作也能继续维持下去。

(二)东道国政府与跨国公司母公司利益矛盾与均衡的几个主要问题

研究东道国政府与跨国公司母公司利益矛盾与均衡涉及很多方面。以下几个方面的问题是近年来具有代表性的问题。

1. 跨国公司的全球配置资源的利益要求与东道国本土化要求(即对跨国公司资源寻求当地化要求)的博弈

经济全球化进程中的跨国公司把产业价值链放在全球不同区位,以利用专业分工优势与全球协作网络的整合优势实现资源投入与产出的最大化。从当前世界范围的国际分工模式来看,国家间竞争力的重铸不再单独依靠某些产业的绝对完全占有,而是根据综合比较优势与合作优势,尽力参与并抢占产业中的高技术和高附加值的生产环节,而将低技术与低附加值的生产环节转移给其他国家,由此形成的产业空间转换突破了原产业空间转换的外向转移,变为产业价值链的内向分割转移。这种新型国际分工模式往往导致跨国公司对东道国技术与产业更大的控制权力,这可以看成是东道国忍受的一种"剥削损失"。

东道国为了维护本国的经济安全,摆脱跨国公司的控制,比较可行的"逃逸行为"就是坚持独立自主的本土化政策。这就难免要承担"逃逸成本"——本土化的成本惩罚与技术惩罚。东道国的本土化要求对跨国公司来说也是一种投资风险,因为它往往导致跨国公司在东道国的子公司无法按照母公司的意愿纳入其资源配置最优的全球分工体系。

在这种情况下,如果跨国公司能够提高在其全球分工体系中发展中国家所承担技术的水平,增强东道国产品出口的能力,就减少了东道国的"剥削损失"。而跨国公司的这种"维持行为"并不需要花费过多的"维持成本"。事实上,在跨国公司将自身的有限资源力量投入价值链增值最快的环节的同时,通过相互协作也做大了该产业利益的蛋糕,因而即使是处于相对低附加值生产环节的国家和地区,也能够在不断的学习合作中获得竞争优势。中国学者江小涓、冯远曾对将中国纳入母公司全球生产体系的外商投资企业的特点进行研究,发现这类外商投资企业在引进技术的先进性和扩大出口两个方面都具有优势,但是在带动东道国配套产业发展方面的直接效果较差。

这样,如果发展中东道国权衡利弊的结果,认为逃逸成本大于剥削损失;而对跨国公司来讲,维持成本小于剥削收益,合作就能够维持下去。但是,如果东道国认为跨国公司转让技术的先进性和出口能力的提高不足以抵消跨国公司对本国产业控制的"剥削损失",仍然会采用"逃逸行为",脱离跨国公司的分工体系,从而使合作面临危机。

2. 跨国公司对东道国市场和企业的控制与东道国获得外资资源利益的博弈

抢占东道国市场,是跨国投资的主要目的。发展中东道国通过引进外资获得先进技术的同时,必须承受跨国公司对本国市场的侵占。中国学者刘恩专曾对20世纪90年代中期以来外国投资企业产品在中国一些主要行业的市场占有率,以及国产品牌与洋品牌在若干消费品市场的占有率状况进行对比分析。分析表明,在国内各行业市场上,从一般消费品到主要工业品,从日用品到先进的电子、机械和运输产品,外资企业产品几乎无所不在,并占据了相当一部分的市场份额,外资企业品牌在越来越多的行业中占上风。此外,20世纪90年代中期以后,通过并购和"嫁接"等形式,跨国公司投资与国内企业实现了大范围、大规模的结合,国内许多关键性行业几乎都有外资进入,而且涉及的金额越来越大,在一些外资比较集中的行业中,外商股权已出现明显占优的情形。正如原联合国贸易与发展会议的秘书长里库佩罗(Ricupero)所说:"我们发现,在许多发展中国家,伴随着大跨国公司收购当地主要公司数量的增多,出现的问题也日益增多。人们担心外国收购会导致一些产业完全受外国控制,以致威胁到国家主权的完整,以及技术能力的建立。"

面对上述"剥削损失",东道国最强硬的"逃逸行为",就是采用国有化手段,征用或没收跨国公司子公司的资产。例如,如本书本第三章所述,从20世纪60年代到70年代初,有22个资本出口国的1535个公司受到76个国家511次的征用。东道国相对缓和一些的"逃逸行为"则是严格限制跨国公司在合资企业中的股权比例和跨国公司进入的领域、在合资企业中坚持使用东道国的品牌等。这些"逃逸行为"在给跨国公司带来巨大的投资风险的同时,也会给东道国自身带来相当高昂的"逃逸成本"——失去跨国公司投资的大量资源与效率。

面对东道国的"逃逸行为"所带来的投资风险,跨国公司直接的"维持行为"一般表现为尽量减少东道国的"剥削损失"。如本章引导案例所述,1975年IBM公司面对印度政府的"逃逸行为"(要求国际商用机器公司(IBM)将其在印度的产品不能全部出口的子公司股份的60%转让给当地企业),提出了妥协方案,这一妥协方案的确降低了印度的"剥削损失"。最初,印度政府打算接受,但后来迫于国内压力而没有接受。

跨国公司间接的"维持行为"则表现为加强对东道国企业的技术与产业控制,以提高东道国的"逃逸成本",这一般是吸取"前车之鉴"的结果。例如,根据中国学者张平对中外合资企业北京吉普有限公司的调查研究,在缺少股权优势的条件下,美方公司从市场预期、技术优势、品牌及知识产权到生产体系进行产业控制,其收益也更多地来源于非权益分红部分。张平的研究反映了跨国公司在发展中东道国投资的普遍现象:以技术与产业控制的这种"前馈控制"手段制约东道国可能采用的"逃逸行为",降低跨国公司在东道国的投资风险。

3. 经济全球化进程中的跨国公司母公司与东道国政府的利益博弈

需要指出的是，经济全球化的进程大大降低了发展中东道国引进外资的"剥削损失"，也大大提高了东道国为摆脱跨国公司控制的"逃逸成本"。因而，与20世纪70年代相比，东道国为维护国家经济安全而采用的"逃逸行为"更趋于缓和。其原因是多方面的。

(1) 跨国公司的产业空间转换由原产业空间转换的外向转移，变为产业价值链的内向分割转移。全球产业价值链的分工，大大提高了许多先进技术产业的国际化与全球化程度。在这种趋势下，发展中国家如果不参加跨国公司在这些产业的全球化生产与市场网络，就很难加入这些产业发展的主流，经济全球化的优势也就无处获取，在全球竞争中必然进一步拉大差距。

(2) 在经济全球化的进程中，各国企业之间"你中有我，我中有你"将越来越成为普遍的现象，严格区分哪个品牌是哪个国家的产品将变得很困难。例如，美国某机构曾做过一个民意调查，将一辆"丰田"车和一辆"福特"车放在美国人面前，请人们判断哪一辆是"国货"，哪一辆是"外国货"。其结果是，哪辆丰田车是在美国加州制造的，而哪辆福特车是在墨西哥组装的，品牌的国别界限变得模糊不清。随着全球经济一体化的深入，各国企业之间的合作只会更多，企业和产品品牌的交融只会更普遍。对引资收益更为适用的评价标准应该是跨国公司是否能创造新的需求，跨国公司的技术是否真正为东道国所掌握，跨国公司技术转让能否带来更多的技术溢出效应，跨国公司的进入对产业组织带来什么影响等。

(3) 不论是跨国公司还是东道国，对控股权与控制权关系的认识都有所变化。随着跨国经营经验的增长，人们逐渐认识到，跨国公司即使处于少数股权的地位，仍可通过控制生产、工艺、技术和销售渠道；或掌握资金的来源及运用有效手段选派经理人员(包括技术、财务等专业人员)；或在合资企业合同中规定外国公司享有少数否决权；或把经营管理置于另外规定的经营合同之下等来影响子公司。而东道国也可以通过立法对跨国公司在诸如雇佣当地劳动力、汇回利润、技术转让和出口水平等方面的行为进行控制。从这种意义上讲，控股权并不一定等于控制权。

第二节 利益冲突与协调中跨国公司策略和行为选择

一、利益相关者讨价还价的行为模式

企业利益相关者利益的均衡是各方利益相关者讨价还价的结果。如果用合作性和坚定性两维坐标来描述各方利益相关者讨价还价的行为模式，可以分为以下5种类型，如图10-2所示。

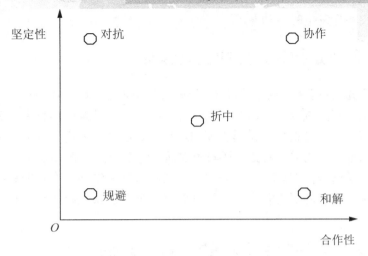

图 10-2 对待矛盾与冲突的行为模式

(一)对抗

对抗是坚定行为和不合作行为的组合。企业利益相关者运用这种模式处理矛盾与冲突，目的在于使对方彻底就范，根本不考虑对方的要求，并坚信自己有能力实现所追求的目标。

(二)和解

和解是不坚定行为与合作行为的组合。一方利益相关者面对利益矛盾与冲突时，设法满足对方的要求，目的在于保持或改进现存的关系。和解模式通常表现为默认和让步。

(三)协作

协作是坚定与合作行为的组合。在对待利益矛盾与冲突时，既考虑自己利益的满足，也考虑对方的利益，力图寻求相互利益的最佳结合点，并借助于这种合作，使双方的利益都得到满足。

(四)折中

折中是中等程度的坚定性和中等程度的合作性行为的组合。通过各方利益相关者之间的讨价还价，相互做出让步，达成双方都能接受的协议。折中模式既可以采取积极的方式，也可以采取消极的方式。前者是指对冲突的另一方做出承诺，给予一定的补偿，以求得对方的让步；后者则以威胁、惩罚等要挟对方做出让步。多数场合，则是双管齐下。

(五)规避

规避模式是不坚定行为与不合作行为的组合。以时机选择的早晚来区分，这种模式可分为两种情况：一种是当预期将要发生矛盾与冲突时，通过调整来躲避冲突；另一种情况是当矛盾与冲突实际发生时主动撤出。

二、跨国公司决定行为选择的主要因素

基于本书研究的主要标的是跨国公司(母公司与在东道国的下属公司)，以下的讨论主要集中于跨国公司的行为选择；在跨国公司对外直接投资所涉及的多种利益关系中，跨国公司与东道国政府之间的利益关系是最主要的，也是跨国公司考虑其行为选择的主要方面，所以以下的讨论也主要侧重于跨国公司与东道国政府的利益矛盾与冲突。

当发生利益矛盾与冲突时，跨国公司首先要考虑冲突结局对企业的重要性、企业自身实力及其他相关因素，然后选择自己的管理策略和方法。决定跨国公司行为选择的主要因素有以下几种。

(一)利益矛盾与冲突的结局对跨国公司利益的影响程度

当发生矛盾与冲突时，跨国公司首先会想到矛盾与冲突的结局对自身利益的影响程度，也就是说，矛盾与冲突理想解决所带来的利益有多大，不理想的解决又会给自身带来多大的损失。如果跨国公司母公司认为矛盾与冲突的结局会直接影响到其全球战略，影响其对关键资源的控制能力，则跨国公司会尽最大努力避免冲突不理想的结局出现。

各个跨国公司及其下属公司的情况并不完全相同，某种矛盾与冲突对某类企业至关重要，而对其他类型的企业则可能并不重要。企业之间关键资源的不同，决定了对不同类型矛盾与冲突看法的差异。此外，企业在评价某一冲突的重要性时，还要考虑下述方面的影响。

1. 企业的财务状况

如果企业经营很成功，盈利颇丰，对这类企业来说，同样的矛盾与冲突的代价就显得不那么严重，从而有可能做出让步；反之，当企业的财务状况不佳，甚至在面临破产的情况下，微小的损失也会看得很重，做出让步的愿望会大大降低。

2. 是否有连带的结果

如果这次让步会引起其他子公司的同样矛盾与冲突或其他相关的对母公司的负作用时，矛盾与冲突能否理想解决的成本和收益都很大。如已有先例可循，让步所导致的间接成本和间接得利会大为降低。

3. 是否经过保险

资产经过保险的企业对某种矛盾与冲突带来的损失的看法显然会改变，如美国海外私人投资公司对美国公司在海外资产的没收、禁止利润汇回等引起的资产损失提供保险。已投保的企业，对东道国在这些方面的要求做出让步的可能性较大。

4. 是否存在可替代的机会

矛盾与冲突引起企业在该国经营缩减，可以通过在其他国家同样机会成本前提下经营的扩张来弥补时，则企业对这种冲突所愿投入的"赌注"就会减少；反之，若无替代机会，国际企业所下的"赌注"就会增加。

5. 矛盾与冲突的紧迫性

推迟矛盾与冲突解决的机会成本的大小，也与跨国公司对待冲突的坚定性策略及其政策行为有关。机会成本越大，矛盾与冲突的紧迫性越强，做出让步的可能性就越大。

上述几种因素共同决定跨国公司愿意在矛盾与冲突中投入的"赌注"量。"赌注"越大，说明它对冲突理想解决的结局越坚定；反之，坚定性就越弱。

(二)实力对比

"实力"即议价的能力。跨国公司相对实力的强弱，决定着冲突理想解决结局实现的可能性。影响议价能力的因素很多，包括规模、成员素质、金融地位、潜在资源、领导素质、管理能力、威信、声誉、说服技巧、组织程度、内聚力、知识、专家化、可利用的替代机会等。

对跨国公司来说，有效的实力则更多地体现在以下几个方面。

1. 对资源的控制能力

它包括：对能产生实力的资源的控制；对自己拥有或控制的资源的了解；利用这些资源影响其他人的能力；把这些资源转化为可利用实力的技巧等。

2. 本国政府的支持程度

如美国在中东施加影响，使美国的石油公司得以在中东开展业务。

3. 联盟的存在与否

自身实力虽然不强，但却有两个或两个以上的同盟者，将大大增强自己讨价还价的能力。

4. 可供选择的机会存在与否

不论对于跨国公司还是对于东道国政府，可选择余地越大，谈判地位就越强。

5. 对冲突情形的准确判断力

如果能够准确地判断双方冲突的格局、冲突结果对双方的影响程度、冲突双方议价实力大小等，也能增强讨价还价的能力。

因此，跨国公司在作实力判断时，既要考虑对立双方各自控制的影响实力的诸因素的数量，同时还要考虑这些因素的有效性。

(三)目标与手段的相关性

如果说坚定性行为和策略取决于目标实现的重要性和相对实力的强弱，那么合作性行为和策略则取决于矛盾与冲突双方的目标与手段的相关性和以往关系的好坏。矛盾与冲突双方的利益关系有 3 种情况：一致、对立以及既有一致的一面又有对立的一面。当矛盾与冲突双方的目标、手段呈正相关时，合作能给双方带来好处，冲突双方都倾向于合作。当矛盾与冲突双方的目标、手段为负相关时，双方都倾向于不合作。只有在双方的目标、手段完全一致的场合，才可能出现完全合作，这一般是很少见的。而如果矛盾与冲突一方目标的实现是在另一方无法实现其目标的前提下，完全不合作行为则会出现。

多数情况下，矛盾与冲突双方在目标或手段上既存在共性，又存在差异。有时，双方在目标上没有差异，但在手段选择上存在分歧，如由于双方的社会制度、经济发展水平及社会文化的不同而导致的管理差异，都可能引起矛盾与冲突。

对于那些与跨国公司在目标、手段上相关度较高的利益集团，跨国公司很可能也有动力去满足对方要求，采取合作行为和策略，通过协作或和解的策略模式使共同的利益得到协调和发展，而对于那些相关度较低的集团，国际企业则可能采取不合作行为。

(四)以往关系的好坏

矛盾与冲突双方以往关系很融洽，有很好的合作经历，有助于推动彼此间的信任，对双方的要求坦诚相见，并做出积极的反应；反之，如果以往关系很糟，彼此互不信任，当分歧出现时，威胁感异常强烈，随时准备对对方的要求作反向的反应。关系是否融洽可以以许多形式表现出来。关系不融洽的认识和感觉来自以往冲突或分歧发生时彼此的对立、相互间的轻视、价值观念的差异和制度障碍等。

综上所述，跨国公司的冲突管理行为和策略，实际上都是上述 4 个变量相互作用的结果。如果结局的重要性和相对实力都很高，矛盾与冲突双方利益负相关，且以往关系不佳，那么跨国公司就会选择对抗模式；反之，就会选择和解模式。当然，4 个变量各自的不同等级的组合是相当多的，如果每种变量简化成只有好、坏或强、弱两个等级，4 个变量的组合还有 16 种。在各种情况下，跨国公司的行为和策略往往是混合的、多角度的。其选择可能会遍布图 10-2 所示的整个平面。

此外，还应看到，矛盾与冲突是一个动态发展过程。矛盾与冲突的发展大体包括 5 个阶段，即潜在的矛盾与冲突、已出现的矛盾与冲突、明显的矛盾与冲突、矛盾与冲突的解决、矛盾与冲突的影响。当然并非所有冲突都经过这 5 个阶段。一个跨国公司在同一时间内可能面临多种矛盾与冲突，但并非都处于同一阶段，有些矛盾与冲突可能还处于潜在阶段，有些却已经发生，而有些可能已经解决。由于决定跨国公司行为的 4 个因素不是静止的，因而不同阶段上的矛盾与冲突可能会逐步升级，也可能逐步下降。这就为跨国公司如何在冲突管理中争取有利的结果提供了条件。

三、力争利益矛盾与冲突有利结局的途径

如果冲突解决得不好，会给跨国公司带来多方面的损失，轻则可能使企业成本增加、收益降低，重则使跨国公司不得不从东道国完全撤出。面对被动卷入的矛盾与冲突，跨国公司并非无能为力，它完全可以以主动的姿态去影响矛盾与冲突的结局。

(一)提高议价的能力

大量调查研究的结果表明，不同的跨国公司在东道国所受到的待遇大不相同，一些跨国公司子公司不情愿地在东道国组成合资企业，被强加各种税收与价格限制；但另一些跨国公司却被允许100%独资经营并获得东道国的财政资助。即便在法律机构要求对所有的外国企业平等对待时，这种歧视性待遇仍是一种普遍的现象。其原因就在于跨国公司议价能力的差异。

东道国对跨国公司议价的能力来自两个方面。一是当跨国公司的管理、技术以及相似的资源储备可以在东道国国内取得或是可以通过咨询、许可协议等方式获得时，东道国的议价能力就提高了。当跨国公司母公司对其子公司资源的支持已经不再是子公司盈利的必要条件时，当地的利益集团就会要求政府代表它们的利益对跨国公司进行干预。东道国议价能力的另一个来源是它对本国区位优势——原材料、劳动力及资本的控制能力。随着这些要素变得越来越重要，会有更多的跨国企业竞争以在这里落户，从而使东道国议价最大化。

跨国公司母公司议价能力则主要体现在成功地运作子公司所需资源的控制力。跨国公司提高议价能力可以考虑以下的途径。

1. 保持对东道国技术、管理、出口能力以及资源寻求渠道的领先优势

跨国公司最常用的提高议价能力的方法就是保持对东道国技术、管理、出口能力的领先优势。

(1) 通过持续的产品改进与革新来提高子公司技术和管理的复杂性。每隔一段时间，就对现有生产线做一次重大技术革新。如果技术革新的速度落后于东道国的学习速度，或者技术水平不是足够复杂，就需要引进新的产品。

从管理的角度看，产品改进与革新也能够增强管理的复杂性。那些适应了技术快速变革的跨国公司在这方面具有特别的优势。容器生产商是个典型例子，这种企业的产品线可以自然发展到技术水平复杂化的规模。容器生产企业经历了从生产软木塞到塑料瓶盖，再从3层罐到真空罐、耐压罐，直到销售及维护复杂的制瓶设备的发展过程。让管理者和技术人员进行这些技术革新，比起让普通职员处理全新的产品或高度复杂的技术要容易得多。

(2) 保持产品在国际市场的竞争优势，从而使东道国产品出口离不开跨国企业的支持。

提高跨国公司出口能力以提高议价能力常为管理人员和观察家们所重视,但要成功实施却十分困难。这将要求生产在具有世界规模的工厂和在国际价格的基础上进行。这些苛刻要求的压力也许会在慷慨的东道国政府的资本、运作津贴和出口补贴的帮助下部分缓和,但还是会遇到一些诸如缺乏具有竞争定价的进货、不具有竞争力的工资和生产率、经营人员更习惯于在关税壁垒的保护下运作等阻碍成功实施的问题。

这个出口战略在涉及多行业的跨国企业应用是可能成功的。生产多种产品的企业可以在东道国建立一个出口型工厂。其他运作,如成熟产品的本地化生产(甚至进口)可以与出口型工厂组合。

(3) 加强跨国公司子公司纵向一体化程度,强化东道国子公司资源寻求对跨国公司的依赖性。即使在东道国资源寻求本土化的压力下,跨国公司也必须力求使子公司元件或产品的采购渠道多样化,防止东道国政府利用自己作为跨国系统内唯一供货商的有利地位,胁迫跨国公司。日本的跨国公司就一直通过使用全球化的工厂和商社来执行这个战略。

2. 影响东道国政府和公众对跨国公司实力的预期

例如,有些跨国公司故意增加外国工程技术人员的数量,加强安全措施,使公众误认为子公司营运很复杂;通过公关宣传使公众了解国际企业对子公司在技术转让和其他资源方面的贡献;通过公关宣传,将它们的发展计划告诉公众,使社会知道保持子公司产品竞争力的困难和近期公司的技术革新计划等。另外,国际企业还通过多种途径搜集信息情报,以便适时地安排与政府官员的接触,了解政府的意图。

3. 选择提高其实力的合适时机

议价能力升级的时机选择是一个复杂的问题,无论过早还是过晚都会给国际企业带来损失。升级过早,固然牢靠,但却使技术过早扩散,损害跨国公司总体利益;升级过晚,则起不到作用。以与东道国的冲突为例,由于东道国本身技术管理水平的发展及跨国公司技术的扩散,东道国的实力地位呈递增趋势。所以一般认为,跨国公司提高议价能力水平应选在东道国政府发现子公司的地位较弱的时点上。

图 10-3 从概念上描述了跨国公司提高议价能力的时机选择。通常,跨国企业刚进入东道国都具有相当高的议价能力(A 点)。这时子公司的技术水平、管理技能都高于东道国。随着时间的推移,东道国可以从子公司或通过其他外资公司、培训、海外教育等途径直接学习相应的知识,逐步缩小二者之间的差距。这种学习效应将降低对作为这些资源供应者的跨国公司的依赖。也就是说,随着这项技能为东道国国民所掌握,跨国企业的议价能力就消失了。

第十章 跨国公司利益相关者与社会责任

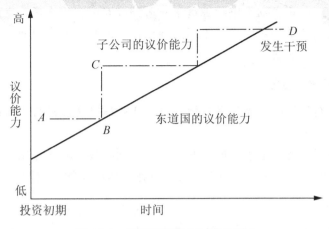

图 10-3 不同时期的相对议价能力

(资料来源：包铭心，陈小悦等. 国际管理教程与案例. 北京：机械工业出版社，1999)

从概念上讲，采取提高议价能力的行动的最佳时机是在东道国与子公司的议价能力相等（B 点）之前。在 B 点，东道国的政府或利益集团开始认为它们可以用国内技术、管理采购等来替代跨国公司的所为，而这种替代不会带来太大损失。这时，即使跨国企业以撤回服务或技术相要挟，也难以制止当地的企业家和其他利益相关者促使政府对跨国公司进行干预。

本章前述的提高议价能力的办法在 B 点都可以使用。为了说明这一点，以一个进口零件组装电气设备的子公司为例，提高议价能力可能涉及在东道国制造其难以生产的更复杂的电子器件，这一战略使子公司的位势达到 C 点。如果这种提升议价能力的努力失败的话，终将会为某种干预付出高昂的代价（在 D 点），如被迫合资或零部件采购本土化。

(二) 提高与东道国利益的正相关性

1. 加强与当地企业的合作关系

例如，积极扶植当地企业成为其供应商或经销商，此种关系可对跨国公司在当地的投资形成无形的保护。

2. 与当地人士进行联合投资

最普遍的提高利益相关性的办法，莫过于与当地人士进行合资经营。当地股东必然会积极保护其投资的事业不受政府管制的侵害。当地合作者若为政府人士，则这种保护作用的效果更明显。IBM 公司的策略具有一定代表性。IBM 一般在当地设立两家公司：一家独资，一家合资。其中独资公司负责制造，合资公司负责市场销售。这样做有两个好处：第一，独资公司负责生产，可以保证国际企业对关键技术的垄断；第二，虽然合资公司仅负责销售，但其产品由独资企业提供，独资企业遭到政府威胁，不能正常向合资企业提供产品时，势必会影响到合资公司中当地股东的利益，当地股东就会出面对本国政府对供应商的"不友好"态度进行干预。

3. 资产分离与业务转移

跨国公司可将有形资产与无形资产相分离，让东道国企业拥有实体资产，则被东道国征收的危险自然会减少。

跨国公司还可根据各东道国环境的差异，充分利用其本身多元化经营的优势，极力回避会引起东道国政府和人民反感的领域，向未受东道国限制的产业发展。

4. 股权多国籍化

跨国公司若能取得多国国籍，或者由两个以上的国家在东道国共同投资，则受到东道国管制的情况会大为减少。例如，壳牌石油公司，拥有荷兰与英国的双重国籍，该公司的这种策略常会产生独特的效果：壳牌石油公司曾在印度尼西亚进行投资，当苏加诺政府和荷兰关系紧张时，它即强调它的英国国籍。

采取多国国籍策略的常为从事采矿业的跨国公司，而且这些跨国公司经常把其产品以期货方式卖给其他国家。这样，由于涉及众多国家的利益，东道国不敢对该企业进行征收。

5. 调整资本输出国国籍

基于政治、法律、税收及管理上的需要，跨国公司常以其第三国子公司的名义到东道国进行投资。经过资本输出国国籍的调整，跨国公司在东道国往往会取得较母国出资更为有利的政治与法律地位。

(三)改善相互关系的质量

改善矛盾与冲突各方的相互关系贯穿于跨国公司所有的经营活动过程中，如果抛开利益追求因素，从纯关系角度考虑，跨国公司改善矛盾与冲突各方相互关系的努力至少可以从两个方面入手。

第一，充分发挥国际公共关系的职能，利用各种公关手段，通过各种方式加强本公司与各类公众之间的关系，在公众心目中树立起公司的良好形象，求得公众对本公司的支持和合作。

第二，要努力提高跨国公司对由于异国的制度、技术经济发展水平和社会文化的不同而形成的管理差异的适应性。特别重要的是要注意选择那些对异国差异具有足够的敏感性、语言交往能力和人际交往能力，了解东道国的社会、历史、经济、立法和政治经济体制，并能够进行积极的自我评估和情感上成熟、能够承受差异的冲击、并不失去个性的人员来担任子公司的经理人员。

(四)进行跨文化管理

跨国公司运作的每一个国家都有它特定的经济、文化、法律、政治和竞争市场,在这些因素中文化是关键因素之一。不同文化之间,价值观念、思维方式、行为准则、语言、习惯和信仰都存在着明显的差异。文化背景不同的人,其经营理念和管理方式往往大相径庭。这也是产生矛盾甚至冲突的一个重要因素。

跨国公司跨文化管理就是在跨国经营中,对不同民族、不同文化类型、不同文化发展阶段的子公司所在国的文化冲突进行协调和融合,找出超越文化冲突的公司目标,创造出公司独特的文化管理过程以维系不同背景的员工共同的行为和观念准则。

跨国公司的子公司遍布世界各地,在一个员工众多、民族不同、价值观不同的复杂环境中,跨国公司文化管理的首要任务是,明确自身企业文化的核心。只有在有了核心的企业文化作为内在动力后,跨国公司才能在此基础上根据不同的环境调整自己的文化管理战略,对不同的文化环境进行协调、整合和创新。

跨国公司文化管理战略可分为以下4类。

1. 本土化策略

通常跨国企业在海外投资必须雇佣相当一部分当地职工。这是因为,一方面各国政府为了保护当地劳工,增加就业机会,几乎都要求跨国企业必须雇佣相当数量的当地雇员;另外最主要的一方面是,当地雇员熟悉本地的风俗习惯、市场动态及政府的各项法规,雇佣当地雇员有利于跨国企业站稳脚跟,拓展市场。因此,挑选和培训当地管理人员,依靠当地管理人员经营子公司,是许多跨国公司人力资源管理的基本指导思想。

2. 文化移植策略

母国企业通过派到东道国的高级管理人员,把母国的企业文化全盘移植到东道国的子公司中,让子公司的当地员工逐渐适应并接受这种外来文化,并按这种文化背景下的管理模式来运行公司的日常业务。

3. 文化相容策略

文化相容的最高形式,在习惯上称为"文化互补",就是在跨国公司的子公司中,作为主体文化的不是母国或东道国的文化,而是发挥这两种文化之间的互补性,让它们很好地融合在一起,同时运行于公司的操作中,从而体现出跨文化的优势。

4. 文化渗透策略

这是一个需要长时间培育的过程。跨国公司派往东道国工作的管理人员,基于母国文化和东道国文化的巨大不同,并不试图在短时间内迫使当地员工服从母国的人力资源管理模式,而是对子公司当地员工进行逐步的文化渗透,使母国文化在不知不觉中深入人心,令东道国员工逐渐适应母国文化，并成为该文化的执行者和维持者。

第三节　跨国公司的社会责任

与利益相关者相关的问题是企业的社会责任问题。20世纪90年代以来，伴随着经济全球化的进程，随着全球环境压力的增加，以及消费者和非政府组织压力的增强，企业的竞争环境和竞争规则发生了重要变化。参与市场竞争不仅仅为股东利益最大化负责，而且要为股东之外的企业利益相关者创造价值；参与竞争的目标不仅为企业的生存和发展，还要将企业发展与社会和环境的发展协调起来；参与竞争的方式从弱肉强食变为合作竞争，竞争的结果也从你死我活变为互利共赢。在这样的背景下，跨国公司在全球范围进行战略和结构调整基础上，开始了公司理念的调整，其核心是强化公司的社会责任。1999年以联合国秘书长安南提倡的"全球契约"为标志，跨国公司的社会责任对于企业自身发展以及全球经济发展的重要性突现出来。2000年7月26日，以"人权""劳工""环境""反贪污"为主要内容的全球契约在联合国总部正式发起进入实施。

伴随着跨国公司社会责任潮流的前行，企业社会力理论日益为理论界和实际工作部门所重视。企业社会力是指企业在运动过程中对社会(社区)所延伸的能量和力量，表现为企业社会力。它是在企业与社会的互动中形成和发展的，包括作用力、影响力、吸引力和控制力。20世纪90年代以来，跨国公司的跨国并购与国际战略联盟成为主要跨国经营战略，研发的国际化也将跨国公司带向了新的时期、新的企业制度和治理结构(如企业组织结构柔性化、网络化等)，使得跨国公司开始从"经济公民"向"社会公民"转化。发生这种变化的根本原因是，企业经济力(垄断优势、技术、资源、内部化力量等)的有限性制约了跨国公司原有经营战略的实施，使跨国公司越来越认识到，经济力已经不能构成全球化经营的动力系统，必须寻求新的动力源——社会力。把承担社会责任、环境责任作为培育社会力的核心，并形成跨国公司新的核心竞争力。

一、跨国公司社会责任所遵循的原则——全球契约

1999年联合国秘书长安南提倡的"全球契约"成为跨国公司履行社会责任所遵循的原则。全球契约的基础是各国签署的联合国一系列重要的宣言或原则，如《世界人权宣言》《国际劳工组织关于工作的基本原则和权利宣言》《关于环境与发展的里约宣言》及《联合国反贪污公约》等。全球契约希望各个公司接受并实施这些宣言或原则中体现的人权、劳工标准、环境保护和反贪污方面的价值理念和原则。

全球契约提倡10项原则，即：

人权：原则1　企业应该在其影响范围内对国际人权保护给予支持和重视。

　　　　原则2　企业保证不践踏人权。
　　劳工：原则3　企业应维护结社自由权及集体谈判的有效承认。
　　　　原则4　消除一切形式的强迫和强迫制劳动。
　　　　原则5　有效废除童工现象。
　　　　原则6　消除就业和职业方面的歧视。
　　环境：原则7　企业应支持采用预防性措施来应对环境保护的挑战。
　　　　原则8　采取主动行动，促进在环境保护方面采取更负责任的做法。
　　　　原则9　鼓励开发和推广对环境有利的技术。
　　反贪污：原则10　企业应反对各种形式的贪污，包括敲诈勒索和行贿受贿。

二、跨国公司履行社会责任的主要形式

遵循全球契约提倡的人权、劳工标准、环境保护和反贪污4个方面的10项原则，跨国公司履行社会责任主要形式可以归纳为以下5个方面。

1. 员工福利和劳工保护

20世纪90年代，某些国际知名品牌在发展中国家的分支机构和供应商雇用和虐待女工、童工事件被媒体频繁曝光，遭到社会各界的广泛谴责。各国政府、国际组织、民间团体纷纷站出来倡导人权与劳工权利，抵制跨国公司的血汗工厂(Sweatshop)。迫于社会压力，许多公司开始努力改善员工工作条件，提高企业形象。

许多跨国公司从更加人性化的角度为员工提高福利。例如，摩托罗拉公司充分考虑到工作背景、工作习惯等方面的差异，对员工实行弹性工作制，为了帮助员工合理安排作息时间和做到劳逸结合，摩托罗拉还在美国、加拿大、德国、印度、以色列先后设立了6个儿童日托中心和15个健康中心。又如，杜邦公司提出生产过程中"目标为零"的口号，追求零伤害、零安全事故、零污染、零排放、零职业病等的安全生产的终极目标，还积极与社会分享自己在安全方面的专业理念和经验。在中国，杜邦公司应邀为许多企业进行安全培训，与中国的企业管理者分享"所有的安全事故都是可以避免"的理念。杜邦的安全经验正在中国的油田、矿山和建设工地推广。杜邦还出版了《中小学生安全知识手册》，在中国大陆和台湾地区的中小学生中开展安全知识竞赛，传播安全习惯和理念。

2. 环境保护

尽管在一些发展中国家环境标准可能低于全球统一标准，但一些跨国公司坚持按照全球统一的环境标准来进行生产经营活动。这一点在高环境影响(High Environmental Impact，HEI)行业(如采矿业、造纸业、化工业、钢铁业等)中更为普遍，原因是社会对这些行业环境标准的变化很敏感，擅自降低环境标准对环境造成的负面影响是巨大的，将严重影响跨国公司的声誉。巴斯夫、拜耳集团、宝马汽车、杜邦公司都在每年发布的社会责任报告中承

诺遵守全球统一的环保标准。

跨国公司环境责任的深化表现在3个方面。首先，跨国公司实施清洁生产，减少排放，降低环境负担；其次，跨国公司积极节约资源，提高资源利用率；最后，推动资源再生利用，实施循环经济。

例如，瑞典利乐公司一直致力于利乐包回收再利用的研发工作，通过技术支持和引导，利乐在中国上海、杭州、深圳、呼和浩特等地帮助建立了近10家回收再利用企业，一条覆盖华北、华东、华南的废弃牛奶包、饮料包的回收再利用产业链也已经形成。

又如，诺维信天津工厂积极推进环保和循环经济，通过完善配套的环保设施、工艺污水和发酵残渣的资源化等措施降低能源、水、原材料的消耗，不断优化生产实践减量化。

3. 为消费者提供符合基本的人权标准和环保标准的商品

跨国公司必须认真倾听消费者的声音，考虑利益相关者的诉求，采取措施保证产品的质量以满足消费者合理的需求。同时，在生产过程中还必须满足上述两个基本要求(员工利益、环境保护)，为消费者提供符合基本的人权标准和环保标准的商品。

为了落实这一标准，跨国公司还要将强化社会责任的措施延伸至供应商。过去跨国公司对供应商要求的重点是供货质量、成本和交货期，现在按照这一标准，跨国公司还要求供应商按照企业社会责任标准进行生产，换言之，在供应商业务流程中注入社会责任标准。为此，跨国公司对供应商进行更为严格地筛选和管理，要求供应商遵守其制定的行为守则或取得相关的社会责任认证，并委托社会责任监督员到供应商的工厂予以指导或进行检查。

例如，从2002—2004年年底，通用电气公司总共对3000多家供应商进行了审核，终止了与200多家不合格供应商的商业往来。2004年，通用电气又对766家在一年前已经成为得到首次评估的供应商进行重新审核，保证供应商的行为标准不断提升。索尼公司在采购过程中主张遵循公正、公道、公平的采购原则，严禁采购人员与供应商建立私人关系。此外，索尼公司还制定了《索尼供应商行为规范准则》，要求供应商严格遵守，并派人到供应商工厂视察，了解准则的执行情况。

4. 反腐败和商业贿赂

透明国际组织每年对全球163个国家的腐败与贿赂情况进行调查并予以指数化评价。近年来，最廉洁的国家如芬兰、冰岛、新西兰的得分远远高于伊拉克、刚果、海地等国家。在有些国家，政府和中间商给予少量"润滑费"已经成为当地的商业惯例。但是，商业贿赂首先会降低经济运行效率、损害公平、将成本转嫁给其他利益相关者；其次，商业贿赂妨碍了同行业厂商公平竞争的权利；最后，各国法律、各种非政府组织制定的行为准则和国际公约均明令禁止商业贿赂行为。因此，许多跨国公司都通过各种手段杜绝和打击商业腐败行为。

壳牌公司对经营准则、商业操守的规定甚至细到对"送礼"都有明确规定。例如，壳牌规定，如能有助于提高壳牌的企业形象，你可以向非壳牌人士送礼物。送礼通常发生在发展新的商业关系的情景下，或在举行商业活动、签字仪式和高层人物互访的时候。黄金规则是礼物不允许被作为一种酬赏赠送给某个正在为壳牌的利益做某件事的人。为了增加商业透明度，壳牌公司内部专门设立了"举报专线"和辅助网站，允许员工对商业贿赂行为进行匿名举报。摩托罗拉通过网上培训的形式向员工普及反腐败知识。除了在美国本土之外，摩托罗拉宣称不参与任何政治上的捐赠活动。

5. 慈善捐赠和公益活动

慈善捐赠和公益活动是公司社会责任历史上最为悠久的内容，曾被认为是公司社会责任的同义语。跨国公司慈善捐赠的内容大都与本企业的生产经营活动相联系，体现了慈善捐赠活动与企业战略的紧密结合。企业根据自身所处的经济环境和行业特点针对某一具体领域集中进行慈善和资助活动，可以改善企业整体的竞争环境，提升企业的竞争优势。花旗集团设立的基金会是策略性慈善的一个良好例证。截至 2006 年，该基金会已经累计捐赠 1.6 万次，共 3.8 亿美元。2006 年，该基金会捐赠额达到 9.3 千万美元，遍及全球 86 个国家。基金会的捐赠方向主要分为 3 个板块：金融教育、建设和谐社区、教育下一代。1996 年它开始在阿根廷资助模拟银行项目，教育当地学生银行是如何运转的、银行同业间如何竞争以及如何应对国际金融风险。仅 2006 年就有 28 个国家的 3.1 万学生接受该项目的培训。当地居民的金融知识和理财意识由此获得增强，从而对金融产品的需求不断增加，当地金融业也随之获益和繁荣起来。金融教育背后蕴藏着改善竞争环境的慈善动机，充分体现了花旗集团慈善捐赠的策略性。[①]

三、推进与保障跨国公司履行社会责任的主要途径

跨国公司履行社会责任，必须有完善的制度作为保障。总结近年来的跨国公司的实践，可以考虑以下几条途径。

1. 组建国际性社会责任组织或制定国际性企业社会责任行为守则

(1) 倡议商界遵守社会责任组织(Business Social Compliance Initiative，BSCI)。从 2002 年开始，总部设在比利时布鲁塞尔的对外贸易协会(FTA)就致力于为欧洲许多不同的行业行为守则和监督体系建立一个共同的平台，并为建立一个欧洲共同的监督体系打好基础。在 2002 年和 2003 年这两年间，各大零售业公司和协会为建立此类体系的框架举办了多次研讨会。2003 年 3 月 FTA 正式成立了 BSCI，旨在制定欧洲商界针对遵守社会责任的统一途径和程序。企业通过采用 BSCI 的监控机制来实施并加强生产设施在社会责任上的标准持续发展。该计划得到了众多欧洲大型零售商的支持。

---

① 盛斌，胡博. 南开学报(哲学社会科学版)，2008(4)：116-123.

(2) 英国道德贸易组织(Ethical Trading Initiative，ETI)。这是由英国起草的一个议案，目的是通过设立针对在发展中国家采购公司社会责任的论坛以改善全球工人的工作条件。ETI 成员包括国际品牌商、零售商、工会及非政府组织。截至 2008 年年底，ETI 拥有 45 个成员，遍布欧美及亚太地区；其基本法规所实施的范围涵盖了 3 万多家供应商，约 330 多万名工人。

(3) 社会公约(Initiative Clause Sociale，ICS)。法国商务和发行联盟(FCD)的成员根据国际劳工组织(ILO)在社会责任管理方案上的指引，并采纳 SA 8000 标准中的理念，在 1998 年的第三季度正式发布了"社会公约"。公约的主要目的，是对非食品类消费品的产品来源国家，做出适当的指导。如 ICS 社会公约所述，其宗旨是为了在各成员的产品供应链中，促进和支持供应商对工作环境的相关持续改善项目，当中的范围包括社会责任和职业健康及安全方面等。ICS 的社会公约中已定义了对 ICS 成员的基本核心要求，各成员可自行制定其本身的社会责任规范(Code of Conduct)，规范所覆盖的范围可能多于现有规定或加强现有条款的要求。为了避免在供应链中多余的反复审计，所有由 ICS 成员自发进行的审核，审核结论将会上传到 ICS 的数据库中并且开放给 ICS 各成员。SGS 是市场中极少数被 ICS 认可的独立社会责任审核机构之一。

(4) 全球社会责任合规方案(Global Social Compliance Programme，GSCP)。这是众多知名国际零售商，如沃尔玛、家乐福、麦德龙、乐购等，为提高全球供应链中的劳工标准及环境保护，于 2007 年共同商讨制定的一套全球统一的各行业通用的社会责任最佳行为守则。截至 2010 年，已有 650 家全球零售商、制造商、服务提供商及其他利益相关者参与了这一组织。和以往其他社会责任方案不同，参与 GSCP 的企业和组织都已拥有本身的社会责任行为守则，且多数是基于诸如倡议商界遵守社会责任组织(BSCI)、道德贸易联盟(ETI)、社会公约(ICS)等制定的。但是，这些守则在内容和审核方法上都有细微的差别，所以同一供应商就要接受来自不同买家的不同社会责任审核，这就造成了原本可以用于生产的资源的浪费及审核成本的增加，供应商及公众也不明确究竟怎样才算是履行了良好的社会责任。GSCP 的产生即是为了解决这样的问题。GSCP 致力于在全球范围内建立起对最佳社会责任的一致认识和理解，为全球供应商传达统一清晰的信息，为全球买家提供一个平台，商讨如何解决供应链中社会责任问题和挑战。

2. 企业成立专门的社会责任机构

为了在全球层面统筹公司社会责任，并将其纳入公司长期的管理战略中，许多跨国公司成立了专门负责促进与监督公司社会责任的部门，如宝洁公司的治理与公共责任委员会、陶氏化学公司的环境健康安全委员会、可口可乐的公共政策与信誉委员会、丰田公司的环境管理委员会都是企业专属的社会责任机构。这些机构大都处于企业各层结构的顶端，接受企业总裁或副总裁的统一领导，是跨国公司履行社会责任的"大脑"。

更重要的是，这些机构还负责公司社会责任政策的具体制定和实施。公司社会责任政策是在理念和实践不断拟合的过程中产生的。一部分企业将国际公认的社会责任标准作为社会责任政策,但更多的公司是在综合考虑国际公约、政府法律、市场、行业等因素的基础上自己制定的。为了保证政策的有效性,跨国公司根据执行效果和社会反响对社会责任政策进行评价,并参照评价结果对政策进行修正和完善。据此,公司社会责任政策构成了一个包括形成、制定、执行、效果评估 4 个环节在内的动态循环过程,见图 10-4。

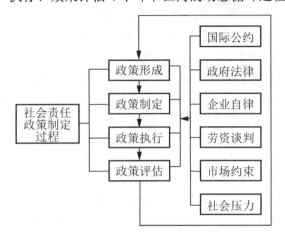

图 10-4　跨国公司社会责任政策和制定过程

3. 把公司社会责任融入业务流程

从跨国公司投资项目建设启动就开始强化公司的社会责任。中海壳牌石油化工有限公司在广东省大亚湾经济技术开发区兴建年产 80 万 t 乙烯及 230 万 t 产品的石化工厂的整个过程就是一个很好的范例。

可持续发展是中海壳牌管理体制中不可或缺的组成部分,体现在项目设计、施工和运营阶段的所有商业决策中。中海壳牌制定了 7 项相互关联的原则来衡量可持续发展的业绩,包括:使收益率最大化;实施的可行性;对环境的影响降至最低;有效地利用资源;尊重和维护公民利益;促进社区效益最大化;让项目利益相关者参与。总之,就是承担经济、环境和社会责任,实现公司和当地居民及其他利益相关者的共赢。

(1) 严格遵循国际环保标准进行设计。中海壳牌南海石化项目严格遵循国际环保标准进行设计。在参照省级和国家标准的基础上,结合了世界银行、欧洲和壳牌的设计标准,以达到能效最大化、用水量最少化和废物最少化的原则。

(2) 减少排放,提高资源利用率。壳牌在中海壳牌项目中,使用了拥有 13 项专利的先进的自有技术,这些技术涉及原料使用、工艺流程、循环利用的各个方面。排放的废气通过多种方法被再次利用,包括各种高效燃烧装置、低氮烧嘴、除尘和余热回收装置等。单位产品的耗水量比目前国内的石化项目低 20%～25%。所产生的废物将被最大限度地回收利用。中海壳牌还自行升级了环保要求,做到了还未生产,污染治理设施已经到位。建设阶段的建筑和生活垃圾先在原地初步进行分类,再运到垃圾集中分类处理场。

(3) 保护环境，保护生物。为了保住蓝海海域碧蓝的海水，中海壳牌项目的施工方做出了周密的安排。石化项目所在地一面环山，一面靠海。南方多暴雨，一旦暴雨冲刷工地，泥浆顺地势即可直接流入大亚湾，海水将被染成黄色。为了阻止泥浆直接入海，施工方优化了施工方案，在动土之初，就在工地靠海一侧开挖了一组雨水净化池，下雨后，雨水从污水管网进入净化池，经沉淀后的雨水部分排入大海，其余用作工地绿化、洒水用水。

控制工地扬尘是施工过程保护环境的另一个重头戏。大亚湾地区原本山青水碧，但是今年南方遭遇了多年未遇的大旱。干燥的土壤在工地的道路上形成大量灰尘，如果不加控制，不仅工地将笼罩在黄色的灰尘之中，而且还将影响附近更宽广的区域。为此，施工方安排了数十辆洒水车，每天24小时出动，昼夜不停地在施工道路上洒水，压制灰尘飘散。

(4) 保障社区共发展。与国内其他公司在项目设计之初只做"环境影响评价"不同，中海壳牌做的是"环境与社会影响评价报告"。他们所考虑的，不仅是要最大限度地降低对自然环境的影响，而且要最大限度地使项目周边的社区从项目中受益，特别是配合当地政府帮助搬迁村民恢复生计。

在中海壳牌石化项目的基地上，原来居住着东联村和岩前村的8000多名居民。为了支持建设这座国际一流的石化基地，他们被搬迁至附近的其他地区居住。中海壳牌把恢复居民的生计列入了可持续发展的规划之中。在动迁居民的聚居地，一幢幢崭新的小楼已拔地而起。居民告别老屋后都迁入了宽敞的新房，接进了自来水、有线电视等。目前，已有400多名村民在项目工地上工作。两家公司还直接从石化项目获得了承包工程合同，如施工道路的路灯、自行车专用道修建工程、临时围墙维修工程等。搬迁居民在为项目施工做出贡献的同时，也获得了今后赖以生存的新技能。

中海石化项目建设过程表明，这样一个主动承担社会责任和环境责任的公司，有可能会将它的这种负责任的现代公司理念向社会传播，带动周边甚至更大范围可持续发展。

4. 引进和建立发布公司报告制度

跨国公司不仅在全球范围发布公司责任的报告，而且在各东道国引进和建立公司社会责任报告制度。例如，以下跨国公司近年来已经开始把全球报告中国化，或者编制在中国的报告。

(1) 德国拜耳公司出版了中文版公司责任报告。从公司的经济责任、生态责任和社会责任3个方面论述了公司对于公司社会责任的理解及实际行动。颇具特色的是，拜耳公司的报告附录了大量系统的数据来说明公司承担3方面责任的进展和今后努力的目标。

(2) 日本东芝公司从2005年起出版中文版公司责任报告。报告阐述了东芝公司的经济、社会和环境3个方面的责任。在这3方面报告中都用相当大的篇幅介绍了东芝公司在中国致力于经济、社会和环境责任的努力。

(3) 日本松下公司已经连续多年出版中文版公司责任报告。报告主要阐明松下公司对环境的基本态度及防止温室效应，产品回收利用，化学物质管理等问题上的作为；以及介绍

第十章 跨国公司利益相关者与社会责任

松下公司为客户负责，发挥员工的个性，为供应商负责等方面的责任。

(4) 壳牌公司针对中国的经营发布了中国可持续发展报告。总结其一年来公司的环境和社会表现，包括废物管理、健康、安全、环境社会和健康影响评估、社会投资、多元化与包容性、与利益相关者的沟通以及可持续发展推广行动等。在"2004可持续发展报告"中从"废弃物管理""健康""安全"和"渗漏"4个方面报告了公司在中国环境中的社会表现。特别在谈及安全时，报告检讨了2004年公司在中国发生的4起死亡事故。报告对于这4起死亡事故进行了分析，明确了杜绝事故的措施。

通过中国化的公司责任报告，跨国公司不仅直接向中国政府、企业和媒体报告了本公司强化公司责任的进展，更具意义的是这些报告推广了跨国公司全球范围发展的新理念，极大地推进了强化公司责任的潮流在中国的发展。

5. 加强员工操守管理

许多跨国公司高度重视员工的操守管理。它们把公司制定的业务行为准则推广到公司员工中。

例如，埃克森美孚公司的《业务行为准则》构成了全球经营体系的框架，规定了每位员工在日常工作中需要遵守的原则。该准则规范了公司经营的各方面活动，其基本政策涵盖16个方面，即道德标准、利益冲突政策、公司资产、出任非关联公司/机构董事、礼品馈赠和款待、政治活动、国际业务、反垄断、健康、环境、安全、产品安全、客户关系和产品质量、酒精和药物的使用、平等雇用机会、工作场所的骚扰。

许多跨国公司都有类似的行为准则或者道德规范。这些公司每年要求员工特别是高级管理者签署声明认可该公司的行为准则。

本章小结

(1) 就一般企业而言，企业主要利益相关者可分为内部利益相关者及外部利益相关者。与单纯的一国企业相比，从利益相关者的构成来看，跨国公司对外直接投资所涉及的主要利益相关者的构成与一般企业基本相同。但是，其利益格局有所变化，东道国政府与跨国公司母公司成为利益格局中两大显赫的利益主体，它们二者之间的利益追求、矛盾与冲突以及各自权力大小与均衡成为研究跨国公司利益格局的主要内容。

(2) 除税收目标外，东道国政府对跨国公司直接投资还有诸多利益追求。第二章所论述的跨国公司垄断优势的各要素是东道国国家吸引外资的主要利益追求，如资本供应、技术、管理、贸易与国际收支、劳动就业、企业运行机制等；而东道国的区位优势又是跨国公司母公司利益追求的主要目标，如市场购销因素、劳动成本、获得原材料、实现全球资源最佳配置等。

(3) 英国学者科恩建立了"4个概念模型"，该模型有助于恰当地理解跨国公司母公司与东道国政府之间的利益关系。

(4) 企业利益相关者利益的均衡是各方利益相关者讨价还价的结果。如果用合作性和坚定性两维坐标来描述各方利益相关者讨价还价的行为模式,可以分为以下 5 种类型:对抗(坚定行为和不合作行为的组合);和解(不坚定行为与合作行为的组合);协作(坚定行为与合作行为的组合);折中(中等程度的坚定性和中等程度的合作性行为的组合);规避(不坚定行为与不合作行为的组合)。

(5) 当发生利益矛盾与冲突时,跨国公司首先要考虑冲突结局对企业的重要性、企业自身实力及其他相关因素,然后选择自己的管理策略和方法。决定跨国公司行为选择的主要因素有:利益矛盾与冲突的结局对跨国公司利益的影响程度;实力对比;目标与手段的相关性;以往关系的好坏等。

(6) 力争利益矛盾与冲突有利结局的途径一般包括:提高议价的能力;提高与东道国利益的正相关性;改善相互关系的质量;进行跨文化管理等。

(7) 1999 年以联合国秘书长安南提倡的"全球契约"为标志,跨国公司的社会责任对于企业自身发展以及全球经济发展的重要性突现出来。2000 年 7 月 26 日,以"人权""劳工""环境""反贪污"为主要内容的全球契约在联合国总部正式发起实施。

(8) 遵循全球契约提倡的人权、劳工标准、环境保护和反贪污 4 个方面的 10 项原则,跨国公司履行社会责任主要形式可以归纳为以下 5 个方面:员工福利和劳工保护;环境保护;为消费者提供符合基本的人权标准和环保标准的商品;反腐败和商业贿赂;慈善捐赠和公益活动。

(9) 跨国公司履行社会责任,必须有完善的制度作为保障。可以有以下几条途径:组建国际性社会责任组织或制定国际性企业社会责任行为守则;企业成立专门的社会责任机构;把公司社会责任融入业务流程;引进和建立发布公司报告制度;加强员工操守管理等。

实训课堂

基本案情:

投资专家预测,5 年内中国海外直接投资的规模将超过海外对华直接投资的规模。中国海外直接投资正处在一轮指数级飙升的起点,到 2020 年,中国企业将在世界各地积累 1 万亿~2 万亿美元资产。Cone 公司的调查报告显示,中国受访者比全球其他九个国家受访者更加关注企业社会责任,更加期待企业发挥其积极影响,帮助解决社会和环境问题。己所不欲,勿施于人。中国企业在国内越来越多地认识到企业社会责任的重要,越来越多地投身企业社会责任的实践,走出国门的中国企业也应该在国外做履行企业社会责任的榜样。

哥伦比亚大学可持续国际投资研究中心主任卡尔·索旺在谈到中国企业如何更好地投资美国时指出,中国必须制定和执行适用于国企和私企的更高的透明标准(如符合国际标准的会计准则);中国投资者需要学会驾驭华盛顿的决策机构,从而获得更多商业机会;中国企业要吸收国外文化运行的主流价值观,因为文化挑战和政治挑战同等重要。这 3 点建议无不与企业社会责任相关。

1. 政府应制定和完善社会责任法规和规则，引导企业融社会责任于海外投资

中国企业要走出去，就必须拥有企业社会责任的全球标准。中国的法律法规已经对有关企业社会责任的内容，如环境保护、产品质量、工作环境、商业贿赂及安全标准等方面给予强制性的规定。一些法律法规如《中华人民共和国劳动合同法》《中华人民共和国环境保护法》《中华人民共和国反腐败法》《中华人民共和国社会保障法》等相继颁布，形成了企业履行社会责任的法律基础。除了强制性法规外，中国政府还可以尽可能多地吸收企业社会责任的国际标准，将其融入企业经营管理的相关法规，规范企业的行为，倡导企业履行社会责任。中国企业要"走出去"，就既要做合格的中国企业公民，更要做合格的全球企业公民，遵循更高标准的企业社会责任规则。中国政府应加强与国际企业社会责任机构的交流与合作，遵循国际规范和惯例，在完善企业社会责任法规之外，制定相应的社会责任标准、指导原则和行为指南，帮助国内企业不断向国际标准靠拢。尽管中国政府出台了诸多涉及企业社会责任的法律法规，但尚未形成完整和系统的法律体系，在相关法规的具体实施上仍缺乏相关监控和执法标准。因此，与企业社会责任相关的法律需要对企业应承担的社会责任范围、权利，以及企业不履行社会责任所应承担的法律责任给出明确的规定。

2. 企业应引进社会责任国际标准，在海外并购要责任先行、追求多赢

企业社会责任已经成为国际投资和贸易规则的一部分，成为跨国投资者共同接受的"软法"。中国企业要进一步拓展海外投资并购，必须尽快学习、适应和采用体现企业社会责任的国际通行的社会和环境标准。中国企业要引进国际通行的公司治理机构、财务制度和管理工具(如 SAP 等)，还要使用海外诸多利益相关者"听得懂"的"语言"进行沟通，这些"语言"就包括企业社会责任。

中国概念股近期在美国遭调查，表面看是"浑水"公司以及一些做空中国的投资势力借打压中国在美上市公司以牟取私利；理性客观地看，确实有不少中国赴美上市公司治理结构不清晰，运作不透明，披露不及时、不准确，财务制度不符合国际规范，关联交易、内幕交易、虚假盈利信息司空见惯。中国企业可以对比国际上广泛认可的《OECD 跨国企业准则》，找出差距，努力改进，力争打造符合国际惯例的真正的国际化公司。

对于寻求海外投资和运营的中国企业，除财务报告要符合国际标准外，企业在公司治理、合规、劳务、安全、环境指标等方面的表现，也会受到境外投资者和利益相关方的关注。

对于全球范围内备受跨国公司关注的一些具有"域外管辖力"的法规，如美国的《反海外腐败法》、英国新颁布的《反贿赂法》及各主要国家的反垄断法，中国海外投资企业都应该耳熟能详。

中国企业海外投资推进到哪里，中国企业的社会责任就应该延伸到哪里。中国企业必须考虑到当地政府和民众的关切，在为中国、为企业自身谋利益、谋发展的同时，要保护好当地的自然环境，尊重当地人民的风俗习惯，提供就业机会，帮助消除贫困，促进教育

和卫生事业发展，将商业活动和企业社会责任有机结合起来，树立中国企业的良好形象。

3. 企业可适当借助全球公关公司，做好海外并购的沟通工作

中国企业海外并购进展神速，但也阻力不小，阻力之一便是中国企业海外投资的"负面形象"。这些"负面形象"有客观的成分。例如，中国企业海外并购集中在资源领域，这会让东道国担心战略资源失去控制，环境受到污染；在工程承包、工厂经营管理方面，中国企业大量聘用中国员工，也受到不少诟病；一些中国企业把国内的"潜规则"带到了国外，行贿受贿，粗制滥造；一些国有企业产权不清晰、财务不透明、经营不合规，也会受到西方国家投资者、政客的抵制和监管机构的处罚。

"负面形象"的主观成分则表现在，西方国家及一些发展中国家的民众对中国不了解，对中国企业不了解，以为中国企业都有政府背景，认为中国投资就是为了掠夺资源，认为中国海外并购就是觊觎技术、商业机密。一些西方媒体也热衷于炒作中国投资威胁国家安全，抢夺工作机会，带来低价倾销，给中国海外投资并购戴上"新殖民主义"的帽子，以至于中国的海外并购遭到怀疑和抵触。

积极主动的沟通交流将帮助展现健康向上的中国和积极进取的中国企业，减少"妖魔化的中国"和不讲诚信、缺乏社会责任的中国企业的负面印象。2011 年春节期间纽约时报广场播放的"中国国家形象片"，就曾吸引了大量美国民众的眼球，让他们看到了一个更加真实祥和的中国。

对于大型海外并购项目，在聘请国际一流的投行等中介机构的同时，中国企业可以聘请国际公关公司，帮助进行必要的沟通和游说。比起大部分中国企业，这些国际公关公司更加了解西方文化，了解西方国家政客、媒体、民众、商界的价值观和关切点。因此，可以通过他们制定全盘沟通计划，介绍投资项目的经济和社会效益，介绍中国公司的使命和价值观，将中国公司塑造成一个具有竞争力、讲求社会责任、诚实可信的战略合作伙伴。

(资料来源：王仁荣. 企业社会责任和中国企业海外并购. 上海经济，2012(1): 38-43)

思考讨论题：

1. 中国企业对外直接投资应该如何处理好各方利益相关者的利益关系？
2. 中国企业对外直接投资应该如何履行社会责任？

分析要点：

1. 分析案例中所涉及的利益相关者，运用利益相关者理论与冲突管理理论，分析如何处理和解决利益相关者的利益矛盾与冲突。
2. 运用跨国公司履行社会责任所遵循的原则、主要形式和主要途径，针对案例情况进行分析。

参 考 文 献

[1] 罗进. 跨国公司在华战略[M]. 上海：复旦大学出版社，2001.
[2] 吴文武. 跨国公司新论[R]. 北京：北京大学出版社，2000.
[3] UNCTAD. 世界投资报告[R]. 1998—2011.
[4] 中华人民共和国商务部，中华人民共和国国家统计局，国家外汇管理局. 中国对外直接投资统计公报[R]. 2003—2010.
[5] 中华人民共和国国家统计局. 中国统计年鉴[J]. 1995—2016.
[6] 李晓峰，仲启亮. 中国对外直接投资发展现状的实证分析[J]. 湖南科技大学学报(社会科学版)，2012(3)：55-60.
[7] [英]尼尔·胡德，斯蒂芬·扬. 跨国企业经济学[M]. 叶刚，等，译. 北京：经济科学出版社，1994.
[8] [日]小岛清. 对外贸易论[M]. 周宝廉，译. 天津：南开大学出版社，1987.
[9] 林彩梅. 多国籍企业论[M]. 台湾：台湾五南图书出版公司，1991.
[10] 滕维藻等. 跨国公司战略管理[M]. 上海：上海人民出版社，1992.
[11] 包铭心，陈小悦等. 国际管理教程与案例[M]. 北京：机械工业出版社，1999.
[12] 徐二明. 国际企业管理概论[M]. 北京：中国人民大学出版社，1991.
[13] [美]迈克尔·波特. 竞争战略[M]. 陈小悦，译. 北京：华夏出版社，1997.
[14] [美]迈克尔·波特. 国家竞争优势[M]. 李明轩，等，译. 北京：华夏出版社，2002.
[15] [韩]W.钱·金，勒妮·莫博涅. 蓝海战略[M]. 吉宓，译. 北京：商务印书馆，2005.
[16] 赵先进. 中国跨国企业如何防范东道国政治风险[J]. 上海企业，2011(5)：82-85.
[17] 史占中. 企业战略联盟[M]. 上海：上海财经大学出版社，2001.
[18] 康荣平. 大型跨国公司战略新趋势[M]. 北京：经济科学出版社，2001.
[19] 伍力. TCL 并购汤姆逊(电子)公司的动机、风险与整合[J]. 广东培正学院学报，2005(3):15-19.
[20] 王志超. 华为在美投资案例研究[D]. 山东大学硕士学位论文，2014.
[21] 高子萱. 嘉实公司战略转型案例分析[D]. 兰州大学专业硕士学位研究生论文，2013.
[22] 李传坤. 海尔空调中东地区国际化战略研究[D]. 中国海洋大学硕士学位论文，2015.
[23] 黄永灵，邵同尧. 我国汽车企业全球价值链的低环嵌入与链节提升[J]. 对外经贸实务，2011(5)：25-27.
[24] 宁智慧. 海尔的供应链管理案例[J]. 时代经贸，2014(9)：36-37.
[25] 汪建成，毛蕴诗，邱楠. 格兰仕技术能力构建与企业升级案例研究[J]. 管理世界，2008(6)：48-155.
[26] 吕文辰，王荣浩. 跨国公司全球竞争的战略导向分析——以苹果公司为例[J]. 技术与创新管理，2012(1)：32-34.
[27] 彭澎. 基于核心竞争力的企业多元化研究——以云南白药集团为例[D]. 暨南大学硕士学位论文，2015.
[28] 周展. 华为有限公司知识积累的国际化战略研究[D]. 湘潭大学硕士学位论文，2014.
[29] 王志超. 华为在美国投资的案例研究[D]. 山东大学专业硕士学位论文，2014.
[30] 王仁荣. 企业社会责任和中国企业海外并购[J]. 上海经济，2012(1): 38-43
[31] 郭庆玲. 企业社会责任对中国跨国公司国际竞争力的影响分析[D]. 山东大学硕士学位论文，2012.